JN436765

고려대학교 112주년 개교기념 행사 인촌기념관. 2017. 5. 2

정기 고연전(농구) 잠실실내체육관. 2012. 9. 15

수유리 광복군 합동묘지 앞에서 1995. 8. 15 광복절

의암 손병희 선생 묘소 앞에서 1995. 5. 19

고려대학교 4·18탑 앞에서 1997. 4. 18

독립기념관에서 2000. 6. 6 현충일

금산 700의총 묘 앞에서　2007. 6. 6 현충일

금산 700의총 사당 앞에서　2007. 6. 6 현충일

평화의 댐에서　2008. 6. 6 현충일

홍성 만해 한용운 선생 기념관 앞에서　2012. 6. 6 현충일

해군 제2함대 기함 위에서 2013. 6. 6 현충일. 타원 사진은 천안함 잔해 앞에서 찍은 사진이다.

춘천 13도의군 총대장 의암 유인석 선생 기념관 앞에서 2016. 6. 6 현충일

춘천 13도의군 총대장 유인석 선생 묘소에서 2016. 6. 6 현충일

6·25 전쟁영웅 윌리엄 해밀턴 대위 동상 앞에서(은평구 평화공원) 2017. 6. 6 현충일

仁村선생 동상을 세우며

나라 위해 겨레 위해
높으신 뜻 크신 경륜 몸을 바쳐 실천하신
앞에 서고 뒤 따르며 온 생애를 한결같이
어질면서 강직하고 늠렬하며 너그럽던
아, 仁村선생.
참과 사랑, 겸허 신의.
실천궁행 살신성인 태산같은 의지로
저, 겨레 우리 암흑기와 혼란기를 불밝혀 온
역사 우리 미래 영원 일월처럼 영롱할
그 나심, 그 이루신 업적, 기리지 않으랴.
1891년 10월 11일
仁村선생 탄생하신지 100년이 되는 오늘
여기, 그가 나신 이 땅에
동상을 세워
위대하고 값진 생애 다시 기린다.

과천대공원 2017. 8. 1
인촌 김성수 선생 동상을 찾았다. 시끄러운 세상사를 아시는지 왠지 쓸쓸해 보였다. 옆에 해방정국에서 치안총책임자였던 유석 조병옥 선생이 계셔서 위로가 되실 듯하다.

대한민국과 고려대학교

안암골 호랑이

고려대학교 3·3동지회 엮음

동서문화사

안암골 호랑이 : 대한민국과 고려대학교

이학수 (고려대학교 교우회장)

지난 100여 년 동안 우리는 크게 두 번의 역사적 전환기를 겪었습니다. 20세기 전반기에는 일본제국주의 압제에서 벗어나 독립국가를 세운 일이 그 첫 번째이고, 20세기 후반기에는 근대적인 산업화와 민주화를 이룬 일이 그 두 번째입니다. 우리는 지난 100여 년 역사를 통해 자주독립 국가를 세웠고, 6·25전쟁이라는 엄청난 비극을 겪은 후에도 세계 10대 경제대국이자 선진 민주주의 국가로 우뚝 올라섰습니다. 제국주의 시대에 나라를 빼앗기는 수모를 겪은 민족이 이처럼 짧은 기간에 경이적인 성장과 발전, 민주화를 이룬 나라는 우리 대한민국을 제외하곤 세계사에서 그 유례를 찾아볼 수 없습니다.

1905년, 고려대학교의 전신 보성전문학교가 개교했습니다. 설립자 이용익 선생은 대한제국의 황실 재정을 총괄하는 내장원경을 지낸 인물로, 구미 열강의 이권 쟁탈전이 벌어진 한반도에서 나라를 지키기 위해서는 인재를 길러야 한다는 사명감으로 보성전문학교를 설립하였습니다. 이처럼 고려대학교는 나라를 빼앗기는 절체절명의 위기에서 '교육구국'의 숭고한 이념으로 설립됐으며, 국치(國恥) 이후 광복까지 국권회복을 위한 항일독립운동의 본산이 되었습니다.

을사늑약 후 러시아로 망명한 이용익 선생은 결국 머나먼 이국에서 순국하였고, 심각한 재정난에 빠진 보성전문학교를 동학의 교주 손병희 선생이 인수하였습니다. 손병희 선생은 일제하 우리 민족 최대의 저항운동이었던 3.1운동을 이끌었던 민족지도자였습니다. 손병희 선생과 함께 당시 보성전문학교 법과 3학년 강기덕이 학생대표로 3.1운동에 앞장섰으며, 보성전문학교 교장 윤익선 명의로 발행된 〈조선독립신문〉이 군중 속에 뿌려졌습니다. 보성전문학교 시절 형성된 저항적 민족주의는 고려대학교 교풍으로 자리 잡았습니다.

1920년대부터 민립대학 설립의 꿈을 간직해온 인촌 김성수 선생이 1932년 보성전문학교를 인수했습니다. 김성수 선생은 일제가 민립대학 설립운동을 좌절시키고 세운 식민지 관학 경성제대에 대항해 보성전문학교의 교육 시설과 환경, 교육 내용과 방법을 획기적으로 혁신하였습니다. 안암동에 학교 부지를 마련하고 당시로서는 사치스러울 정도로 웅장하고 화려한 건축물인 학교 본관을 신축하였습니다. 민족을 대표하는 교육기관에 걸맞게 화강암으로 된 석조건물을 짓고, 좌우 이념을 떠나 최고의 학자들을 교수로 초빙하였습니다. 이로부터 지금의 고려대학교는 세계의 유수 대학과 어깨를 나란히 하는 명문대학으로 성장하였습니다.

3·3동지회는 고려대학교 졸업생들 중 '국가·민족·민주 지상주의' 이념과 '자유·정의·진리'의 고대 정신을 추구하고 이를 실천하고자 하는 교우들의 모임입니다. 1998년부터 시작된 이 모임은 광복절과 현충일 기념행사를 비롯해 애국지사들을 기리는 추모행사 등을 통해 애국심과 애교심을 주변 사람들에게 전파해왔습니다. 특히 2016년 8월 15일 광복절에는 '대한민국과 고려대학교'라는 주제로 시국강연회

를 개최했습니다. 그리고 이때의 강연 원고 내용을 보완하고 가다듬어 한 권의 책으로 발간합니다.

이 책에는 홍일식, 이기수 전 고려대학교 총장님의 옥고를 비롯해 대한민국의 정체성과 역사 그리고 민족대학으로서의 고려대학교의 위상을 새롭게 이해할 수 있는 글들이 수록되어 있습니다. 실로 국가와 역사를 바라보는 필자들의 혜안과 깊은 통찰력에 놀라게 됩니다. 이 책에서 우리는 학자들의 높은 지성에 의한 인식의 각성뿐만 아니라 역사와 인물에 대한 생생한 기록을 통해 역사적 인물들을 직접 만나고 대화한 느낌을 갖게 됩니다. 고려대학교 졸업생의 한 사람으로서 특히 이용익, 손병희, 김성수, 안호상 선생과 강기덕 선배에 관한 글, 막걸리 문화에 관한 글 등은 반갑고도 각별한 마음으로 읽게 됩니다.

귀한 책을 출간해주신 김현석 회장님을 비롯한 3·3동지회 임원과 회원들에게 감사의 마음을 전합니다. 이 책을 읽는 이들이 많아져 대한민국의 정체성을 새롭게 정립하고, 대한민국 역사에서 고려대학교가 차지하는 위상에 대한 재인식이 이루어지길 기대하는 마음 간절합니다.

고려대학교여 영원하라!

이기수(제17대 고려대학교 총장, 법학과 65)

튀빙겐은 마르부르크, 괴팅겐, 프라이부르크, 하이델베르크와 함께 독일의 유서 깊은 5대 대학 도시에 속합니다. 에버하르트 카를스 튀빙겐 대학은 10여 개의 대학건물과 연구소와 기숙사를 포함하여 30여개의 소규모 건물들이 튀빙겐 시 곳곳에 흩어져 있습니다. 주요 시설은 시내 네 곳에 몰려 있으며 1477년 설립 무렵의 고풍스러운 건물이 지금까지 보존되고 사용됩니다. 나는 튀빙겐대학 시절 두 시간 거리에 있는 하이델베르크를 즐겨 찾았습니다.

하이델베르크 네카 강기슭, 옛 다리 그리고 하늘을 우러러 맑은 기도처럼 솟은 고딕형 높은 교회 탑은 언제나 나를 반겼습니다. 이 고요한 마을에는, '나는 내 심장을 하이델베르크에서 잃었노라' 불리는 낭만적인 노래가 흐르고 있습니다. 젊은 시인들이 그 뜨거운 심장을 묻어둔 곳, 횔덜린이 그러했고, 괴테와 아이헨도르프가 그러했으며, 마이어 푀르스터의 유명한 작품 〈알트 하이델베르크(황태자의 첫사랑)〉 영화의 주인공들이 그러했습니다. 노래 마리오 란자, 배우 앤 블라이스, 에드먼드 퍼돔, 존 에릭슨 등이 꿈과 사랑을 찾는 곳이 바로 여기 하이델베르크대학 도시입니다.

대학은 단순히 지식을 전수하는 곳이 아니라, 올바른 국가관을 갖고 나라의 내일을 지도해 나갈 역군을 길러내는 곳입니다. 참다운 대학인은 모름지기 추상적인 '세계인'의 환상에서 언동해서는 안 되며, 조국이 처해 있는 내외 여건과 국가가 맞닥뜨린 현실을 내 것으로 받아들이고, 그 속에서 고민하고 사색하며 진리를 찾아 우리의 현실을 지성과 정열을 쏟아 슬기롭게 극복해야 합니다.

1905년 5월 5일 대한제국 내장원경(內藏院卿) 이용익(李容翊, 1854~1907)은 한성 전동(서울 종로 수송동)에 아어학교(俄語學校) 건물을 교사로 해서 보성전문학교(普成專門學校)를 설립합니다. 오늘의 고려대학교입니다.

이용익은 서당에서 한문을 배운 뒤, 젊은 시절 보부상으로 조선팔도를 뛰어다녔습니다. 1882년 임오군란 때 왕비 민씨(명성황후)가 장호원으로 피신하자 그는 남다른 빠른 걸음으로 왕비와 그 조카 민영익 사이의 비밀 연락을 맡았습니다. 군란이 평정되고 왕비가 환궁하자, 이용익은 단천부사로 임명되는 등 출세가도를 달리게 됩니다. 이용익은 단천에서 발견된 금맥으로 왕실재정을 키우는 데 큰 역할을 합니다. 이런 공로를 인정받아 이용익은 1887년 영흥부사, 함남병마절도사로 임명됩니다.

이용익이 조선 경제에 영향력을 크게 미치게 된 것은 1897년 황실재정을 총괄하는 내장원경에 발탁되면서부터입니다. 1902년에는 탁지부대신으로 화폐개혁을 단행, 황실재정을 튼튼히 하기 위해 인삼을 황실 전매사업으로 만들었고, 외국인의 광산채굴을 금지했습니다. 또한 일본 자본을 막고 대한제국 상권을 보호하기 위해 온갖 노력을 기울였습니다. 러일전쟁의 위기감이 높아지자 이용익은 고종을 설득해 대한제국의 중립을 선언하도록 했습니다.

이에 일본은 러시아와 국교를 단절하고 서울로 군대를 파견, 1904년 외무대신 이지용을 내세워 한일의정서를 체결했는데, 이때 이용익이 앞장서 반대했다가 일본으로 강제 납치되었습니다. 러일전쟁이 일본 승리로 끝난 이듬해에 이용익은, 그의 인물됨에 감복한 메이지 유신파들의 도움을 받아 풀려나 귀국합니다. 그는 일본에 억류된 1년 동안 일본의 근대화된 문물을 접하고, 교육이 나라를 구하는 길이라 깨닫습니다. 그리하여 보성사(普成社) 인쇄소를 차리고 보성학원을 세웠던 것입니다.

이용익은 군부대신에 기용되었으나 을사늑약 체결에 반대하면서 곧 일제 압력으로 사퇴하게 됩니다. 그 뒤 육군 부장(副將)이 되어 일제 세력 축출을 위해 프랑스·러시아 세력과 제휴를 꾀하라는 고종황제 밀명을 받고 인천항을 출발합니다. 프랑스로 가던 중 풍랑으로 중국 산둥성 옌타이(煙臺)에 기항했다가 현지 일본관헌에게 발각되었는데, 책임추궁을 두려워한 우리 정부에 의해 모든 권한을 박탈당하게 됩니다. 그는 프랑스 파리에 도착해 구국활동을 펼쳤으나 여의치 않자 러시아 상트페테르부르크로 건너갔으며, 이때 일제가 밀파한 자객에게 심각한 총상을 입었습니다. 이용익은 블라디보스토크로 이동해 다친 몸으로 애국구국운동을 이어갔으나 끝내 그곳에서 고국쪽 하늘을 바라보며 애국충절의 비장한 숨을 거두고 맙니다.

1907년 3월 9일 〈황성신문〉은 이용익이 남긴 유서의 요지를 조선 국민들에게 다음처럼 알립니다.

"국가 독립이 인재교육에 있은즉, 학교를 설립해 인민의 지식을 발달케 하되, 관립학교를 다수 설립하면 반드시 일제의 저어가 있을 터이니 경향 간에 사립학교를 많이 세워 교육할 뜻이 간절하노라."

이용익은 보성전문 개교식에서도 이런 말을 남긴 바 있습니다.

"때는 바야흐로 일본의 강박이 날로 심해지고 국가 운명은 백척간두에 섰다. 이 학원에서 배움을 받는 준재 여러분은 나라와 겨레를 이끌어 마침내 독립과 자주를 이룩하기 바란다. 지난날에는 그저 외국어를 익히기에 급급했지만 이제부터는 신문화 창조를 위해 모든 산업분야에도 힘을 기울여야 할 것이며, 이에 법률과 경제 등 새 학문을 힘써 닦아 나아가야 한다."

한 세기가 지났지만, 이용익의 애국절규는 고려대학교 학생들에게는 특히 큰 울림으로 다가올 것입니다. 우리나라 사립학교들이 외국 선교사가 세운 학교임에 반해, 보성전문학교는 한국인의 손으로 세워진 근대식 고등교육기관이었고, 국내 최초의 전문학교였습니다. 수업연한 2년의 법률학전문과와 이재학전문과(理財學專門科)를 설치하고, 초대 교장에 신해영(申海永)이 취임했습니다. 1905년 9월에는 한성법학교(漢城法學校) 학생 22명을 인계받아 법률학전문 야학과를 신설했습니다. 1907년 1월 법률학전문과·이재학전문과를 각각 법학과·경제과로 개칭, 수업연한을 3년으로 연장했으며, 같은 해 2월 제1회 졸업생을 배출했습니다.

이용익이 죽은 뒤에는 그의 손자 이종호(李鍾浩)가 학교 경영을 맡았습니다. 하지만 그마저도 1909년 안중근 의사 사건에 연루되어 구금되자 학교는 경영난에 빠지게 되었습니다. 이듬해 보성전문학교 제1회 졸업생 윤익선(尹益善)이 천도교주 손병희(孫秉熙)와 의논, 학교의 경영권을 천도교가 인수했습니다. 3·1운동 바로 뒤 손병희가 일본경찰에 검거되자 학교경영이 다시 난관에 부딪쳐, 교장 고원훈(高元勳)이 총독부에 전문학교 승격 타진을 거듭하면서 김병로(金炳魯) 등이 재단법인 기성회를 조직, 사회 각계 독지가들에게 학교의 어려움을 호소했습니다.

마침내 서울을 비롯, 전국 민간 독지가 58명의 공동 발의로 1921년 재단법인 보성전문학교가 발족, 1922년 '조선교육령'에 의해 보성전문학교로 인가를 받았습니다. 그 뒤 조선총독부의 지나친 간섭과 경제공황 및 재단 경영 악화 등으로 재정난에 빠지게 되자, 1932년 인촌 김성수(金性洙)가 세운 재단법인 중앙학원이 학교를 인수한 뒤, 김성수가 교장에 취임했습니다. 김성수는 3·1운동 직후 거국적으로 일어났던 민립대학 설립운동이 일제 압력으로 실패하자 독자적으로 민립대학을 설립할 뜻을 품고 서양 여러 나라의 대학을 둘러보았으며, 때마침 보성전문학교가 경영난에 빠져 있는 것을 보고 거액의 사재를 내놓았던 것입니다.

고려대학교의 근본 창학자는 이용익, 본격 창학자는 김성수로서 그 두 사람의 애국·재력·노력, 그리고 교육에 대한 불굴의 신념과 의지 덕분에 고려대학교의 역사가 가능했던 것이라고 생각합니다. 그러므로 인촌 김성수를 언급하지 않을 수 없습니다.

김성수는 1891년 10월 21일, 고부에서 가까운 고창군 부안면 인촌리에서 태어났습니다. 비범한 사람은 떡잎부터 다르다고 하듯이, 그는 이미 요람에서부터 인류의 평등사상과 용감한 개척정신을 지니고 태어난 듯합니다. 아버지 김경중은 이름난 유학자 하서(河西) 김인후의 12대 손입니다. 김경중은 세 아들을 강보에서 잃었던 까닭에 하나뿐인 아들을 더욱 귀히 여겼습니다. 큰아버지 김기중은 호남의 부호였으나 자식이 없었기 때문에, 성수는 세 살 되던 해에 그에게 입양되어 지극한 사랑을 받았습니다. 김성수는 집안에서 문중의 자손들을 위해 창평에 설립한 영어학숙에 다니면서 송진우, 백관수와 더불어 변산 태호사(泰護寺)에서 일반 학문도 두루 익혔습니다. 그러다가 1908년 그들은 남다른 꿈을 안고 몰래 일본 도쿄로 건너갔습니다. 김성수의 친아버지 김경중은 제 마음대로 행동한 아들을 괘씸히 여겨 학비를 주지 못하게 했습니다.

1914년 3월 김성수는 와세다대학 정치경제학부 졸업을 앞두고 친아버지와 양아버지 모두에게 일본 문물을 둘러보게 한 다음, 귀국한 뒤에는 육영사업을 시작했습니다. 이즈음 인촌 김성수는 백산(白山)학교 창설을 계획하던 차에 기호(畿湖)학교의 후신인 중앙학교가 운영난에 빠져 있다는 말을 듣고, 이를 인수할 것을 양아버지에게 간청했습니다. 양아버지는 경험 없는 청년의 일시적 의욕으로 생각하고 가볍게 넘기려 했으나, 김성수는 자기 방문을 굳게 잠그고 단식투쟁을 하며 고집을 부렸습니다. 마침내 나흘째 되던 날, 양아버지는 김성수가 청구한 금액의 70%에 해당하는 현금을 내주었습니다. 김성수는 다시 친아버지 집으로 가서 사랑방 장지웃간에 앉아 아무 말도 없이 먹지도 자지도 않고 이틀을 단식으로 꼬박 새웠습니다. 그러자 육당 최남선이 고창으로 내려가 김경중을 설득했고, 그는 할 수 없이 한밤중에 금고문을 열고 돈뭉치를 꺼내 아들 김성수에게 건네주었습니다. 마침내 김성수는 1915년 중앙학교의 채무를 갚고 학교를 인수했습니다.

인촌 김성수는 3·1운동 직후 독자적으로 민립대학을 설립할 뜻을 품고 구미 각국의 대학을 사찰했습니다. 때마침 보성전문학교가 경영난에 빠져 있는 것을 보고 거액의 사재를 출연해 재단법인을 설립하고 1932년 보성전문학교를 인수해 교장으로 활동했습니다. 그 뒤 김성수는 70만 평의 안암동 임야를 사서 터를 닦아놓았습니다. 여러 고비를 넘기고 친아버지의 기부로 먼저 본관을 완공하고 2년 뒤 도서관을 준공했습니다. 그리고 1934년 현재 위치에 교사를 신축, 이전한 뒤에 지속적으로 도서관과 운동장 등 최신 규모의 시설을 확충해 나갔습니다. 아울러 도서와 민속·고고품 수집, 교과목 및 교수 내용 재정비, 재학생의 활약과 졸업생의 사회 진출 등 외형과 내용에 있어 본격적인 대학교육기관으로서의 면모를 갖추게 된 것입니다.

그러나 이러한 발전은 조선총독부의 압력을 더욱 가중시켜 보성전문학교를 한국 최초의 민립대학으로 승격하려는 김성수의 노력을 좌절시켰을 뿐만 아니라, 농과(農科)의 신설 계획이 승인받지 못하는 등 여러 탄압을 받게 되었습니다. 또한 제2차 세계대전에서 일본이 과학기술 낙후로 궁지에 몰리면서 우리에게 실업교육만을 강조함에 따라 1944년 4월, 경성척식경제전문학교(京城拓殖經濟專門學校)로 교명이 바뀌고 경제과·척식과만을 운영하는 등의 시련을 겪었습니다.

1945년 조국해방을 맞아 학교 재단 이사회가 열려, 다시 보성전문학교로 교명을 환원했다가, 1946년 8월 정법대학·경상대학·문과대학 3개 단과대학에 8개 학과로 편성된 종합대학으로 승격되면서 고려대학교로 교명을 변경하고, 초대 총장에는 현상윤(玄相允)이 취임했습니다.

비로소 1946년에는 제1회 고려대학교 졸업생을 배출하는 한편, 대학원을 개설했습니다. 그러나 6·25전쟁 중 총장 현상윤이 납북되어 잠시 학교의 기능이 마비되었으나, 1951년 대구에 임시교사를 마련해 유진오(兪鎭午)가 총장으로 취임, 부총장 제도를 신설하면서 학교 경영이 정상화되었습니다.

인촌 김성수는 한민당 당수로, 이어 민주국민당 최고위원으로, 대한민국 부통령으로 눈부신 활약을 했지만, 보성전문학교를 인수해서 다시 고려대학교로 승격시키지 못했더라면 그 웅대한 포부를 이루지 못한 서글픔에 괴로워했을 것입니다. 인촌은 뇌혈전증으로 3년을 신음하는 동안에도 고대(高大) 신관 건축설계도를 벽에 붙여 놓고 여러 날 밤잠을 이루지 못했으며, 날마다 부인의 부축을 받아 안암동 건축 현장 감독을 나갔습니다. 위궤양과 심근염(心筋炎) 병세로 힘든 나날을 보내던 김성수는 1955년 세상을 떠났습니다.

그는 일생을 신조로 지켜오던 '선공후사(先公後私)'와 '항심(恒心)이 있는 곳에 항산(恒産)이 있다'라는 말을 남겼습니다. 그의 유해는 장엄한 국민장(國民葬)으로 고려대학 뒷산에 모셨습니다.

6·25전쟁 중에도 고려대학교는 이학계열 학과와 농과대학을 신설해 규모를 넓히고, 정부 환도 뒤 종합대학으로서의 체제 정비에 본격적인 노력을 기울여 1955년과 1959년 두 차례에 걸친 단과대학 및 학과의 개편과 신설을 통해 법과대학·상과대학·문리과대학·농과대학·정경대학의 5개 단과대학을 두게 되었습니다. 또한 1961년 서관을 준공하고, 박물관·농산가공실험실·온실 및 그 밖의 부속건물을 신축했으며, 1963년 이공대학과 우리나라 최초의 경영대학원을 신설했습니다. 1972년 사범대학을 새로 만들고, 1973년 서독 정부의 무상원조로 농과대학 교정을 준공했으며, 각종 새로운 실험기기와 시설을 갖추게 되었습니다. 그 뒤 식량개발대학원을 개원했고, 이공대학을 이과대학과 공과대학으로 분리했습니다.

1975년 창학 70주년을 맞아 중앙도서관 신관을 착공 1978년에 개관했으며, 1979년 병설의학기술초급대학을 보건전문대학으로 개편했습니다. 1980년 학생기숙사를 건립하고, 충청남도 연기군 조치원(지금의 세종특별자치시 조치원읍)에 조치원캠퍼스를 준공했습니다. 조치원캠퍼스 이름은 1987년 서창캠퍼스로, 2008년에는 세종캠퍼스로 바뀌었습니다. 1991년 3월 교원연구년제를 도입하고, 서울특별시 종로구 명륜동에 있던 의과대학을 안암동캠퍼스로 옮겼습니다. 같은 해 10

월 안암병원을 준공하고, 인촌 김성수 탄생 100주년을 기리는 인촌기념관을 준공, 11월 국제대학원을 신설했습니다. 1992년 7월 언론대학원을 신설, 8월 국내 대학 최초로 중국 베이징대학교와 교류협정을 맺었습니다. 1993년 조치원캠퍼스에 자연과학관을 준공하고, 국제어학원을 부설했습니다.

1995년 6월 국내 대학 최초로 미국 아메리칸대학교와 복수학위제 시행에 관한 교류협정을 맺었고, 같은 해 10월 사범대학에 컴퓨터교육과를 신설, 특수법무대학원·컴퓨터과학기술대학원이 설치인가를 받았습니다. 1996년 2월 삼성전자(주)와 산학협동 석·박사과정 설치에 대한 약정식을 가졌습니다. 1997년 2월 부득이한 사정으로 학업을 포기했으나 학교의 명예를 빛낸 사람들을 위한 명예학사학위제도를 신설, 그 첫 번째로 1936년 베를린올림픽 마라톤 우승자인 손기정 등 5명에게 명예학사학위를 수여했습니다. 같은 해 10월, 세종캠퍼스에 인문정보대학원·행정대학원을 신설하고 1998년 간호학과를 간호대학으로 개편했습니다. 1999년 학부제를 시행하고, 보건대학원·임상치의학대학원·의용과학대학원(세종캠퍼스)을 신설했으며, 한국학관·국제관을 준공했습니다. 또한 BK21사업에 3개 연구단과 3개 사업팀이 선정되었습니다.

2000년 벤처사업창업보육단을 창단하고, 생명과학원·한국학도서관을 준공했습니다. 그리고 글로벌 시대를 맞이하여 미국 뉴욕주립대학교 스토니브룩캠퍼스·피츠버그대학교, 캐나다 맥길대학교, 독일 본대학교, 영국 런던대학교 킹스칼리지, 중국 베이징사범대학교 등 해외 470여 개 대학과 교류협정을 맺고 교환학생제, 교환교수제, 연수, 해외 인턴십, 해외문화 탐방, 학술교류 등을 시행하고 있습니다. 특히 국내 대학 최초로 캐나다 브리티시컬럼비아대학교에 기숙사를 건립, 해마다 100여 명의 학생을 보내고 있습니다.

체육 분야에서는 1923년 축구부 창단을 시작으로 1929년 농구부·럭비부, 1939년 아이스하키부, 1954년 야구부를 각각 창단, 24개 운동부를 운영하면서 현재까지 해외원정 회수가 110여 회에 이르며, 820여 명의 국가대표를 배출하고 있습니다. 또한 우리나라 체육계의 가장 오랜 역사와 전통을 자랑하는 고연전(高延戰)은 사학의 쌍벽인 두 대학의 학생, 교직원, 동문 및 연고자가 함께 모여 해마다 9월에 여는 행사로, 1946년부터 시작된 두 대학 간 축구·농구 정기전이 처음으로 열리고 이후 1956년 야구·럭비·아이스하키 세 종목이 추가되었으며, 1965년부터는 이틀 동안 다섯 경기가 일제히 치러지는 지금과 같은 경기방식이 자리잡게 되었습니다.

그 밖에 대표적인 연례행사로 1962년부터 5월 5일 개교기념일 즈음에 열리고 있는 대학축제 석탑대동제(石塔大同祭)가 있습니다. 그리고 4월 18일에 4·18 고대생의거와 4·19를 기념하여 서울캠퍼스에서 4·19국립묘지까지 수천 학생이 행진하는 4·18구국대장정이 있습니다.

고려대학교의 주요 기관·시설은 다음과 같습니다. 도서관은 중앙도서관·과학도서관·의학도서관·법학도서관·보건과학도서관·세종학술정보원(세종캠퍼스) 6개 분관으로 이루어져 있습니다. 중앙도서관 신관은 지하 1층, 지상 4층 규모로 동시 수용능력 2000여 명에 장서 보유능력 220만 권의 시설을 갖추고 있습니다. 1937년에 준공된 고딕 양식의 중앙도서관 구관은 신관이 개관되면서 대부분의 기능을 신관에게 넘기고 오늘날은 대학원생들의 열람실, 교수연구실, 서고로 쓰이고 있으며 사적 제286호로 지정되어 있습니다.

1934년 창학되어 백주년기념삼성관으로 이전한 박물관은 국보 제

177호 분청사기 인화국화문 태항아리, 국보 제249호 동궐도, 국보 제230호 혼천의 및 혼천시계 등 국보급 문화재와 민속품, 정선·김정희·김홍도 등의 고서화, 이중섭·박수근·김환기 등의 현대 미술품 등 역사·민속·고고학·미술 분야 10만여 점을 소장·전시하고 있습니다. 인촌기념관은 총면적 7176㎡의 지하 1층, 지상 3층 건물로 옛 인촌 김성수의 묘지 자리에 건립되었으며, 1000여 석 규모의 대강당과 교수 휴게실과 세미나실을 갖추고 주로 학술 및 문화 행사장으로 이용되고 있습니다. 국제관은 총면적 2만 4000㎡에 지하 2층, 지상 7층 건물로 고려대학교 단일 건축물로서는 가장 규모가 큽니다. 1999년 준공되어 '99 건축미전' 은상을 수상한 바 있으며, 주로 국제대학원 시설과 국제어학원 강의실로 쓰입니다. 또한 본관은 김성수가 1932년 보성전문학교를 인수하면서 세운 고딕건축 양식의 6층 건물로, 그 역사적 가치를 인정받아서 사적 제285호로 지정되었습니다.

고려대학교의 교육목적은 민주교육 근본이념에 기초해 국가와 인류사회 발전에 필요한 학술의 심오한 이론과 응용방법을 교수, 연구하는 동시에 지도적 인격을 갈고닦는 데 두고 있으며, 교시는 '자유, 정의, 진리'입니다.

'진리는 불변이 아니라 영원합니다. 그리고 그것은 불변이 아니기 때문에 영원합니다. 그것은 끊임없이 변하기 때문에 영원합니다. 변화로 인하여 그것은 존속합니다. 변화로 인하여 그것은 새로워집니다. 끊임없는 변화로 인하여 그것은 멸망의 손아귀를 벗어납니다. 죽음조차 그것을 붙잡지 못합니다.'

고려대학교는 진리의 전당, 젊음은 인생 축복의 순간입니다. 그것은 젊은 가슴 뛰는 청춘의 찬가이기도 하지요. 브람스의 〈대학축전 서곡〉이 귓가에 울려옵니다.

"그러므로 우리 모두 즐거워하자. 우리가 아직 젊을 때에 우리의 유쾌한 젊음이 지나가고 힘든 노년이 지난 뒤에는 흙이 우리를 소유하리니./이 대학이여 영원하라. 교수님들이여 영원하라. 학생들이여 영원하라. 그리고 모든 학생이여 영원하라. 그들이 언제나 한창이기를./이 국가여 영원하라. 그것을 다스리는 자와 함께 우리의 도시여 영원하라. 또한 후원자들의 자비로움도 함께 그것이 우리를 보호하여 주는도다."

니체는 말했습니다.

"인생 그 자체는 기둥과 계단이며, 자기 자신을 건축하여 올라가려고 한다. 아득히 먼 곳에 눈을 부릅뜨고 이 세상 것이 아닌 아름다움을 보려고 한다. 그리하여 인생은 높이가 필요하다. 높이가 필요하기 때문에 계단이 필요한 것이며, 계단과 그것을 올라가는 사람들의 상극이 필요할 것이다! 인생은 올라가려고 한다. 올라가면서 자기를 극복하려고 하는 것이다."

사랑하는 안암골 호랑이들에게 내가 즐겨 애송하는 롱펠로의 〈인생찬가〉를 드립니다.

A PSALM OF LIFE

Tell me not, in mournful numbers,
 Life is but an empty dream!
For the soul is dead that slumbers,

And things are not what they seem.

Life is real! Life is earnest!
And the grave is not its goal ;
Dust thou art, to dust returnest,
Was not spoken of the soul.

Not enjoyment, and not sorrow
Is our destined end or way ;
But to act, that each to-morrow
Find us farther than to-day.

Art is long, and Time is fleeting,
And our hearts, though stout and brave,
Still, like muffled drums, are beating
Funeral marches to the grave.

In the world's broad field of battle,
In the bivouac of Life,
Be not like dumb, driven cattle!
Be a hero in the strife!

Trust no Future, howe'er pleasant!
Let the dead Past bury its dead!
Act,—act in the living Present!

Heart within, and God o'erhead!

Lives of great men all remind us
We can make our lives sublime,
And, departing, leave behind us
Footprints on the sands of time ;

Footprints, that perhaps another,
Sailing o'er life's solemn main,
A forlorn and shipwrecked brother,
Seeing, shall take heart again.

Let us, then, be up and doing,
With a heart for any fate ;
Still achieving, still pursuing,
Learn to labor and to wait.

삶은 하나의 헛된 꿈이라고/슬픈 곡조로 나에게 말하지 말라!/잠든 영혼이야말로 죽은 영혼/보이는 것과 실제는 다른 것이니.

삶은 엄숙한 것! 삶은 진지한 것!/무덤이 결코 그 목표는 될 수 없는 것,/흙에서 태어났으니 흙으로 돌아가란 그 말은/우리의 영혼에 대한 말은 아닌 것.

즐거움만도 슬픔만도/우리의 숙명적인 목적도 방법도 아닌 것,/오늘보다 내일 더 멀리 나갈 수 있도록/활동하라!

예술은 길고 인생은 덧없는 것,/튼튼하고 용감한 우리의 심장이지만/지금 이 순간에도 그것은 낮은 북소리처럼/무덤으로 가는 장송곡을 울리도다.

인생이란 드넓은 전쟁터에서/길 위에서 잠을 잔다 하더라도/묵묵히 끌려가는 소 떼는 되지 말자!/싸움에 뛰어들어 영웅이 되자!

미래는 믿지 말자/아무리 달콤하다 하더라도 과거는 과거로 묻어 버리자,/활동하자!/살아 있는 현재에서/가슴속의 용기를,/머리 위의 하느님을 믿고.

먼저 간 위대한 사람들의 생애가/우리에게 일러주는 것은/우리도 그런 삶을 살 수 있다는 것,/이들은 떠나면서/시간의 모래밭 위에 발자국을 남겼네.

삶의 엄숙한 바다를 항해하게 될/또 다른 우리의 형제 하나가/바다 위에서 난파를 당해 절망에 빠졌을 때/이 발자국을 발견하면/다시 용기를 얻을 것!

자! 우리 모두 일어나 활동하세,/어떤 운명이 온다 하여도 용기를 가지고,/이루며 추구하며/일하며 기다리며!

우리의 고려대학교여 영원하라!

대한민국과 고려대학교

안암골 호랑이

차례

충숙공 이용익 선생 보성전문학교 창학

김현석(고대 3·3동지회 회장, 경제학과 55)

보성전문학교 송현동 교사

1907년 2월 24일 타계한 창립주 이용익 선생 추도회(1907. 3. 17)

충숙공 이용익 선생 보성전문학교 창학

1905년(乙巳年 光武 9年) 1월 1일 새 아침이 밝아오자, 지난해 12월 27일 완공된 경부선의 개통식이 서울 남대문정거장에서 거행되었다.

일본 자본의 회사인 경부철도주식회사가 맡아 시공을 하면서 세간에서의 일제침략을 걱정하는 우국의 소리도 삐익삐익 하는 요란한 기관차의 경적에 묻혀버렸다.

둔탁한 철마의 굉음에 놀란 촌로(村老)들은 새해부터 불길한 귀신소리 같다고 수군댔지만, 식자들은 일본의 신문명 신기술에 놀라면서 이제 새로운 세상이 오고 있다고 긴장하였다.

사실 을사년의 새 아침은 고종황제나 우리 국민이 새해의 희망을 노래할 만한 처지가 아니었다.

지난 갑진년(1904년)에 이미 국운은 기울어지고 있었다. 일제는 내부대신 이지용을 앞세워 '한일의정서' 체결을 압박하고, 이를 극렬히 반대하는 탁지부대신 이용익(李容翊)을 1월 22일 일본으로 압송한 후 2월 23일에 '한일의정서'를 강제로 조인하게 하였다.

고립무원의 고종은 수감중인 독립협회 회원 이승만을 사면 석방하고, 밀지를 내려 11월 5일 이승만을 미국으로 보냈다.

이승만은 은사인 루즈벨트 대통령을 만나긴 했으나, 한국의 자주권 문제 등 현안에 대한 긍정적인 답변을 들을 수 없었다.

1월 15일자 〈워싱턴포스트〉에 일본의 한국 침략을 폭로하는 이승만의 인터뷰 기사가 실렸으나, 때는 이미 미국도 우리의 편이 아니었다.

1월 초부터 서울 및 부근의 치안 경찰권은 일본 헌병대가 장악하고 있었고, 주변에는 친일 대신들이 에워싸고 있어 사면초가가 된 고종은 일본으로 압송된 대한제국의 파수꾼 이용익을 걱정하며 그리워하였다,

1월 14일 일본에 압송되어 살아 돌아오지 못할 것으로 생각했던 이용익이 돌아왔다.

나라가 부강해지려면 교육으로 민족의 역량을 키우는 일이 급선무라고 생각한 그는 인쇄소인 보성사를 설립하고 보성학교(소학교 중학교 전문학교)를 설립하였다.

일본에서의 1년간의 억류생활을 통해 정치가, 이재가(理財家)를 뛰어 넘어 폭넓은 사상가(思想家)가 되어 돌아온 그는 국제정치면에서 외교에 밝은 인재와 일본의 경제 침략에 대항하기 위한 경제 전문가의 육성이 시급함을 통감하고 서둘러 보성전문학교를 설립하였다.

그의 건학 이념은 근대국가로서 주권을 온전히 보전하려면 유능한 외교관과 이재 전문가의 양성이 시급함을 깨달은 데에서 온 것이었으며, 또한 구국지도자의 육성책이기도 했다.

1905년 4월 3일 박동(현재의 수송동)에서 사립 보성전문학교가 문을 열었다.

교장 신해영

교감 조제환

학감 정영탁

이들의 면면을 보면 당시 조선 최고의 석학들이다. 일본에 유학하여 정규대학 과정을 이수하여 학자로서 전문 지식을 갖추었을 뿐 아

니라 애국심이 투철하여 교육자로서의 자격도 두루 갖춘 훌륭한 인재들이었다.

그러면, 이용익이란 인물이 어떤 사람이기에 이런 크고 훌륭한 일을 하였을까?

오늘의 고려대학교를 있게 한 그 분은 어떤 분인가?

1. 내장원경 이용익의 출생과 청년시절

이용익은 함경북도 명천군에서 1854년(철종 5년) 1월 6일에 태어났다. 이태조의 백형 완풍대군 이원계의 17대손이다. 이용익과 인척관계에 있는 신국주 교수는 이용익의 아버지는 진사 참봉 고산현감 등을 지낸 대대로 유가 명문가 출신으로 정통 교육을 받은 사람이라고 주장하는 반면, 많은 기록들에서는 이용익은 상민 출신이고 보부상으로 전전하다가 금광에서 노다지를 캐어 거부가 되었다고 전하고 있다.

그가 양반 출신이건 상민 출신이건, 단천부사를 시작으로 40여 가지 관직을 거치는 동안 이루어낸 놀라운 업적은, 그가 명석한 두뇌와 초인간적인 추진력이 있음을 보여주었고, 고종의 절대적 신임을 받은 것은 또한 그가 범상치 않은 인물이었음을 입증한다.

제2의 금강산이라 불리는 칠보산의 절경은 어린 이용익의 체력 단련장이었다. 칠보산의 여섯 봉우리를 오르내리며 단련한 체력과 호연지기는 그를 한말의 정치경제를 주무를 수 있는 큰 그릇으로 키웠다.

15세경까지 고향에서 한문을 수학하였다고 전하며, 1882년 영선감

가감역에 임명될 때까지 10여년간의 행적이 궁금해진다.

《조선최강상인》(2002년 9월 9일 발간)의 저자 이용선은 이용익을 파천황(破天荒)이라 칭하고 '천출이지만 등짐장수로 방방곡곡을 떠돌며 시장 바닥에서 발로 익힌 세상 물리로 한말의 정계와 재계를 쥐락펴락하는 최고위직에 올랐다.'고 하였다.

보부상이란 지금처럼 교통이 발달하지 않았던 시대에 생산자와 소비자 사이에 교환경제를 매개하였던 전문적 상인으로, 보상(褓商)과 부상(負商)을 총칭하는 명칭이다.

보상이란 주로 기술적으로 발달된 정밀한 세공품이나 비싼 사치품과 비단, 명주, 모시 등을 취급하였고, 부상은 조잡하고 유치한 일용품, 가내수공업품을 취급하였으므로 부피나 중량이 많이 나가는 물품이었다.

보상은 보자기에 싸서 들거나 질빵에 걸머지고 다니며 판매를 하였고, 부상은 상품을 지게에 얹어 등에 짊어지고 다니며 판매를 하였다.

이에 따라 보상을 '봇짐장수', 부상을 '등짐장수'라고도 불렀다.

'등짐장수'는 200근 이상의 짐을 지고 하루에 200리는 걸어야 했다. 가지고 다니는 상품만 무거운 것이 아니고 물물교환 시대였으므로 동전 대신 곡식이나 필목 따위를 받을 수도 있고 해서 등짐은 항상 무거웠다.

선천적으로 기골이 장대하고 다리 힘이 좋은 이용익은 일등 등짐장수였다.

장사란 힘만 좋다고 잘하는 것이 아니다. 물건의 가격 판단을 잘해야 하고 당시 유통되는 화폐의 종류도 여러가지였고, 청국 백동화, 일본 백동화, 위조주화 등 복잡하였으므로 돈을 잘못 받으면 몽땅 손해를 볼 수도 있었다.

따라서 다리 힘이 좋고 머리가 명석한 이용익은 천부적인 '등짐장수'였다.

함경북도 일원뿐만 아니고 원산과 러시아 등으로 지경을 넓혀 활동하였으므로, 러시아로 갈 때는 금과 소가죽을 가지고 가고, 성냥, 석유 같은 귀한 일용품을 가지고 와서 큰 이문을 남겼다. 등짐장수로 이골이 날 무렵에는 금(金)에 눈을 뜨게 되었다.

이용익이 스무살쯤 되었을 때 러시아 사람들에게 금을 팔기 위해 금을 몰래 캐는 잠채가 늘어나기 시작했으며, 함경북도에서도 여러 금광이 개발되기 시작했다.

금에 눈을 뜬 이용익은 뜨내기 금장사에 만족하지 않고 금광개발에 전념하게 된다.

그 무렵 귀신 붙은 폐광이 있다는 소문을 듣고 찾아갔다. 금이 많이 나와 몇 사람이 돈을 많이 벌었는데, 어떻게 된 일인지 광산주가 희한한 사고로 목숨을 잃어 폐광이 된 곳이었다.

모험심과 담력이 강한 이용익은 옳다 이곳이 내가 승부를 걸 수 있는 금광이라 직감하고 일을 시작하려 했으나, 아무도 따라 들어가지 않아서 혼자 망치를 들고 금맥을 찾아 돌을 쪼았다.

일하다가 돈이 떨어지면 나가서 등짐장수로, 돈을 벌면 다시 광산으로 와서 손이 피멍이 들도록 분투하기를 4년만에 2관 6돈쭝짜리 금덩어리를 손에 넣었다.

길고 긴 세월 울분과 고독, 좌절 속에서도 미친 정열을 불태우면서 얻은 노다지 2관 6돈쭝을 쥐고 고향을 떠나 서울로 왔다.

2. 야망의 청년 이용익의 서울 진출

황금 2관 6돈쭝을 손에 쥔 이용익은 의기양양하게 서울로 왔다. 머리 회전이 빠른 이용익은 어느 세도가를 찾아가야 할지 고민하고 연구하였을 것이다. 시중의 여론도 들어보고 주막거리에서도 살펴보았다.

'부상조합'에 들러 조언도 들어본 결론은, 민황후의 친정조카 민영익이었다.

당시 민영익은 승지 벼슬을 하고 있어 고종의 최측근이고 민황후와도 수시로 만나는 요직에 있었으므로 이용익을 도와줄 수 있는 힘이 있는 사람이었다.

가지고 간 금의 일부를 민영익과 민황후에게 진상하고 얻은 자리는 선공감 가감역(繕工監假監役)이었다. 북비(北鄙 : 더러울 비, 천할 비) 출신의 등짐장수가 드디어 비상의 날개를 펴게 된 것이다. 비록 이름만의 명예직인 차함(借銜 : 실제 근무하지 아니하고 이름만 빌은 벼슬)일지라도, 궁 안에서 잡심부름 하는 일도 희망찬 일이었고, 만족할 만한 일이었다.

이런 처지에 있던 이용익에게 천운의 기회가 찾아왔다.

1882년(고종 19년) 29세의 장년 이용익에게 임오군란이라는 혼돈의 시대에 큰 임무가 주어졌다. 그 해 6월 도봉소(都捧所) 사건이라고 불리는 훈국병(訓局兵)들의 군료분쟁(軍料紛爭)에서 발달한 사건이 크게 정치적으로 확대되었다.

고종 친정 이후 정치 세력을 거세당한 대원군이 이 사건을 이용하여 다시 집권함으로써 정변(政變)으로 발전하였다.

군 개혁으로 구식 군인들의 불만 고조와 민씨 척족 정권에 대한

국민들의 반감, 개방·개화 정책으로 개화파 및 수구파의 대립 등 걷잡을 수 없는 혼돈으로 빠져들었다.

6월 10일 궐내로 난입한 시위 군중들은 민씨 척족 정권의 최고 권자인 민황후를 제거하려고 찾았으나, 영흥부대부인(대원군의 부인) 민씨의 도움으로 궁궐을 빠져나갔다.

이용익(1854~1907) 대한제국의 정치인·관료·외교관이며 보성전문학교 설립자이다.

이때의 위기 상황 속에서 이용익이 가마꾼의 호위를 담당하였을 것이다.

황현은 〈매천야록〉에서 이용익이 배종(陪從)하였다고 명기하고 있다.

광나루를 건널 때까지는 가마를 타고 갔겠지만, 그 후의 여정은 만만치 않은 행보였을 것이다. 대로로 갈 수 없으니, 오솔길 산길을 택하였을 것이고 황후라도 걸어야 했을 것이다. 나약한 내시나 궁녀들로서는 황후를 부축할 기운이 없었을 것이고, 민황후가 기진맥진하여 쓰러지면 누군가가 업고 가야 했을 것이다.

이용익 외에는 누구도 할 수 없는 일이었다.

대원군은 민황후가 죽었다고 상(喪)을 공포한 상황이고, 뒤로 민황후를 찾으려고 혈안이 되어 있는 터이니, 한시가 급한 상황에서 남녀간 내외니 지엄한 국모의 몸이니 하는 말은 생사의 기로에 선 민황후에게는 사치스러운 말이었다.

'나를 업어라'는 등짐장수 이용익에게는 학수고대하던 명령이었다. 천하제일의 등짐장수 이용익은 훨훨 날았다. 장호원 민응식의 집으로 피신한 후에도 이용익에게 또 중요한 임무가 주어졌다.

장호원과 궁중 고종과의 연락을 담당하는 비밀연락 책임이 주어졌다.

연락방법으로 서신을 쓸 수도 있으나, 중간에 발각되면 끝장이다. 이런 때에는 글로 쓰는 것보다 말로 전하는 것이 안전하다. '음신(音信)'이다. 그런데 말로 전하다 보면 기억력에 의존하기 때문에 말을 잃어버릴 수도 있고 착각할 수도 있다.

음신(音信)의 연락책은 그 일을 맡은 이용익의 실력이 나타나고 진가(眞價)가 확인되는 역할이었다. 천부적으로 두뇌가 명석한 이용익은 보부상 경력으로 암기력이 뛰어났으므로 한 자의 착오도 없이 전달하였다. 게다가 그의 빠른 걸음은 어려운 소임을 완수하는 데 결정적 역할을 하였다.

민황후가 환궁하여 논공행상을 할 때 일등공신 이용익은 단천부사를 희망했다. 함경도 내에 여러 좋은 직책이 있는데 왜 하필 단천부사일까? 젊어서 단천부의 아전에게 당한 뼈에 박힌 수모를 갚아줄 기회가 왔다. 얼마나 통쾌하고 자랑스러운 금의환향 행차인가!

이어서 양성현감, 북청부사, 영흥부사, 함경남도 광무감리 병마절도사의 직책을 거치는 동안 등짐장수와 금광 경력으로 쌓은 무역, 광업 등의 지식은 이용익을 일등 행정가로, 일등 경영인으로 성장시켰다.

단천부사 시절부터 금광개발에 힘쓰고 관리감독을 철저히 하여 국부의 유출을 막고 나라 재정을 튼튼히 하는데 크게 기여하였다. 고종이 보기에 신임이 가는 신하가 아닐 수 없다.

왕실의 내탕금을 채워주는 충신 이용익은 계속 승승장구하였다.

함흥부 관찰사, 평안북도 관찰사, 탁지부 전환국장, 전국광무총감독, 철도사감독 등의 요직을 거치면서, 이용익의 행정수완은 일취월장하여 막히는 곳이 없었다.

드디어 1899년(고종 36년) 요직인 내장원경(內藏院卿)에 임명되었다.

내장원이란 고종 32년에 세워진 관청으로 왕실의 보물, 세전(世傳), 봉세(捧稅), 종목(種牧), 삼정(蔘政), 수륜(水輪) 등 왕실의 주요 재정업무를 관리·담당하는 요직이다.

이용익의 세상을 보는 안목은 누구보다 뛰어났다. 기득권을 잃을까 전전긍긍하는 수구파 인사들과 달리 그는 온몸을 던져 왕실을 지키고, 왕실 재정을 안정시키고 확충하기 위해 근대 경제개혁을 주창하고 실천하기 위하여 힘썼다.

한편, 개화에 성급한 나머지 일본을 무조건 추종하는 망상에 젖은 무리들과는 거리를 두었다.

삼정사(蔘政社)를 세워 인삼정책을 내장원 직속으로 만들어 왕실에서 직접 관리토록 했다. 금과 더불어 인삼은 왕실 재산의 최대 재원이었으므로 왕실에서 직접 관리함으로써 일본 등 외세의 손아귀로 헐값에 흘러 들어가는 것을 막고, 제값을 받고 팔 수 있었다.

조선 최초로 인삼 전매제도가 시행되었으며 이 일로 이용익은 일본공사관의 최고 경계인물이 되었다.

1899년(고종 36년)에 이용익은 전환국장(典圜局長)을 겸직하게 되어 또 한번 진가를 발휘하게 된다.

이때까지 조선의 화폐제도와 정책은 엉망이었다. 팔도의 감영과 중앙의 호조나 병조 또는 어영청 등 정부기관마다 필요에 따라 엽전을 발행하였다.

이용익은 보부상 시절부터 화폐의 귀중함과 자산 가치를 잘 알고 있었다. 위조 주화와 청나라의 백동화, 일본의 백동화까지 유통되고 있어, 돈을 잘못 받으면 장사를 망치는 일도 있었다.

화폐의 가치와 용도를 잘 아는 이용익은 야심차게 화폐개혁을 단행하였다.

탁지부대신을 맡으면서 탄력이 더 붙었다.

이 당시 조선은 화폐의 자주권 확보가 시급하였다. 갑신정변의 소용돌이 속에서 잘못 제정된 '신식화폐발행장정(新式貨幣發行章程)'으로 말미암아 조선이 일본의 통화권으로 전락하여 경제적 침탈을 당하는 사태를 우려하였다.

조세의 부과 및 징수권을 장악하는 데 필요한 중앙은행과 지점망을 구축하려는 상황에서 '신식화폐발행장정'에 외국 화폐를 혼용할 수 있다는 조항이 있어, 화폐제도의 혼란과 물가 앙등, 그리고 이를 틈탄 일본 제일은행권의 유입사태에 직면하였던 것이다.

1901년 2월에 '화폐조례'를 제정하고 화폐개혁에 착수하였다.

첫째, 화폐의 주조권과 발행권은 정부에 있다고 천명하였고, 둘째는 금본위제를 선포하여 우리 화폐의 국제적인 신인도를 높이고자 노력하였다.

당시에 성행하고 있던 사주(私鑄)를 금하고, 부족한 왕실재정을 보충하고, 국가경제에 활력을 불어넣기 위해 외국차관 교섭을 하였으나 실패하고, 일본의 대리역할을 했던 세력들에 의해 백동화의 남발과 전황(錢荒)의 모든 책임을 이용익에게만 덮어 씌우는 지경에 이르게 되었고, 이런 와중에 악화(惡貨)와 양화(良貨)를 구분하지 못한 선량한 백성들은 손해를 보기도 했다.

1903년 이용익은 서북철도국 총재직을 겸직하고 중앙은행 부총재직도 겸임하면서 철도부설 업무를 관장하면서 행정가로 경영인으로서의 실력을 발휘한다.

고종의 절대적 신임을 받는 이용익에게 계속 막중한 국사가 맡겨졌다.

이용익이 육군 참장(參將) 및 헌병 사령에 임명되면서 병권까지 장악하게 되었다. 이어서 탁지부대신에 임명되면서, 사실상 총리대신을 능가하는 권력을 장악하지만, 이용익은 오직 왕에게 충성하는 일에만 정진하였다.

왕권을 흔드는 외세에 격렬하게 대항하다 보니 일본인의 미움을 사게 되었고, 오직 왕권 강화에만 열중하다 보니 공화정을 외치는 독립협회와도 척을 질 수밖에 없었다. 왕실에만 충성하면서 소신대로 독단적으로 사업을 추진하는 것은 한편으로 비민주적이었으며, 백성을 생각할 여지도 없었다.

따라서, 독립협회의 탄핵을 받기도 하면서 외로운 투쟁을 할 수밖에 없었다.

소위 양반계급이라는 수구세력은 뒤에서 북비니 금독대감(금송아지)이니 하며 비아냥거렸다. 엄비를 총애하는 고종에게 '폐하는 엄빈을 총애함이 마치 중국 당나라 현종이 양귀비를 사랑한 것이나 다름이 없다'는 말투가 불학무식하고 신하로서 체모를 손상시킴이 형언할 수 없음으로 마땅히 벌 주어야 한다고 상소를 하였으나, 고종은 듣지 않았다.

이런 어려운 여건 속에서도 그는 조선의 경제개혁과 근대화를 위해 민족자본 양성을 도와주고 소규모 공장이지만 사기공장, 직조공장, 총포공장 등 공업진흥에 심혈을 기울였다.

고종에게 충신은 이용익 한 사람 뿐이었는지, 1902년 기근이 들어 안남미(安南米)를 수입해 오는 일도 이용익을 시켰다.

고종과 이용익의 나라 구하는 열망과 애쓰는 보람도 없이 국운은 점점 기울어져 갔다.

일본이 러시아와 한판 승부를 벌이기 전에 꼭 해야 할 일이 있었다.

'한일의정서' 조약을 체결하여 조선을 자기 편으로 만드는 것이었다. 이용익은 일본의 이러한 야욕을 미리 간파하고 '중립선언'을 선포하는 것이 필요하다고 생각하였다.

그런데 문제는 일본이 영·일동맹의 체결과 미국의 지지를 배경으로 조선을 자기 세력 아래에 두려고 하는 데 있었다.

이용익은 고종의 승낙을 받고 한상건과 협의하여 1904년 1월 21일 중국에 있는 각국 공사관을 통해 대한제국의 중립선언을 통고하였다.

〈이준 선생전〉(유자후 저)에서는 이준에게 시종무관장 민영환이 그의 동생 민영찬 주불공사와 이용익이 상해에 있으니 가서 헐버트와 같이 국제여론을 환기시키라는 것이었다.

이용익, 민영찬, 이준 등이 헐버트와 같이 상해에 가서 (양 11월초) 조선중립을 알리는 전보통신을 각국에 타전하였다.

다급해진 일본공사 하야시는 자국의 외무대신에게 무력개입을 요청하여 우리나라는 전쟁에 휩싸이게 되었다.

드디어 1904년 2월 6일 일본은 러시아와의 국교단절을 선언하고 조선의 중립선언을 무시한 채 2월 9일 인천에 상륙하여 그날로 서울에 진주함으로써 선전포고도 없이 러일전쟁이 시작되었다.

이런 공포 분위기 속에서 일본공사 하야시는 내부대신 이지용을 통해 고종에게 '한일의정서' 조인을 협박하였다.

모든 대신들은 크게 반대하지 못했으나 이용익만은 결사반대하였다. 이에 일본공사 하야시는 이용익을 이 땅에 놔두고서는 안되겠다고 판단하고 1월 22일 강제 납치하여 일본으로 보내고 다음날 23일에 '한일의정서'를 조인케 했다.

이용익 없는 조정은 친일파들의 세상이 되었고 이후 일본군은 이 땅에서 승승장구하게 되었다.

이용익은 충성된 신하였으나 여러 적들로부터 끊임없는 모함과 상소를 당해 몇 번이나 유배와 정직을 당했음에도 불구하고 충성심으로 고종을 보필하였다. 만약 납치, 압송되지 않았다면 살아남을 수 없었을 것이다.

3. 탁지부대신 이용익 납치 일본 압송

1904년 2월 22일 밤 일본은 이용익을 강제 납치하여 인천으로 호송하고 바로 자국으로 끌고 가면서, 다음날 23일 '한일의정서'가 조인되었다. 군부대신이며 탁지부대신, 내장원경을 겸직한 최고 실권자 이용익이 옆구리에 긴 칼을 찬 일본순사 몇 명에게 '일본에 가서 유람이나 다녀 오시라'고 하며 맥없이 끌려갔다니 울어야 할지 웃어야 할지 그야말로 참담한 일이었다.

이로써 이용익은 정치무대에서 사라진 듯하였다.

그는 2월 28일에 일본 사세보에 도착하였고, 3월 1일에 도쿄에 도착하였다. 일본 정부에서는 망명객도 아니고 형사범도 아니고 인질이라는 표현이 맞을 이용익을 환대하고 회유하였다.

일본의 신식문물과 학교 시찰을 주선해 주고 강직하기만 한 이용익이 친일화 하기를 희망하였을 것이다. 단천부사를 시작으로 조선의 여러 기관장을 거치면서 곁눈 한 번 팔지 않고 오직 충성심만으로 달려온 지난 날을 회상하면서 이용익은 변화하였다.

친일 사상으로 변한 것이 아니고 일본을 이기는 궁리에 골몰한 것이다. 상인, 이재가, 행정가, 정치가를 넘어서 사상가로 변신하였으며, 이러한 시국관과 역사를 투시하는 안목이 그로 하여금 교육구국을 향한 큰 발걸음을 내딛게 하였다.

일본 정부는 이용익이 이제는 이빨 빠진 호랑이쯤으로 생각하고 돌려보내기로 결정하였다. 조선에서의 침략 계획이 잘 진행이 되었기 때문이었다.

이용익은 1904년 12월 24일 귀국할 때 가진 돈을 다 털어서 많은 서적과 인쇄기계를 사 가지고 들어왔다.

이용익의 귀국 제일성은 소학교부터 전문학교까지 교육기관을 체계적으로 설립한다는 것이었다.

4. 보성전문학교 탄생

1905년 4월 3일 보성전문학교가 탄생하였다. 교명은 보성(普成)으로 하였다.

이용익의 소학, 중학, 전문의 큰 교육 체계안을 듣고, 고종은 매우

보성전문학교 창립1주년 기념사진(1906)

기뻐하면서 보성(普成)이라는 교명을 지어주었다.

보(普) 자는 ; 넓을 보, 두루 보, 클 보의 뜻이 있으며,

성(成) 자는 ; 이룰 성 자인데,

고전에 성인지덕(成人之德)이라는 말도 있고, 《논어》에 성인지미(成人之美)에서 따온 것으로 '남의 장점, 미점을 칭찬하고 북돋운다'는 문구에서 따온 것이다.

또한 성인(成人)은 《논어》에서 자로와 공자의 대화에서 언급된 인격이 완성된 사람이란 뜻이다.

이용익의 이런 구상은 일본에 억류당하던 때에 이루어졌으며, 귀국하여 고종으로부터 학교 이름을 사명(賜名) 받고 의욕적으로 실천해 나갔다.

우선 교장에 신해영(申海永, 1865~1909)을 영입하기로 하고 학교 설립에 관한 구체적인 계획안을 부탁하였다.

신해영은 갑오개혁 때 관비로 일본에 유학하여 게이오의숙(慶應義塾)에서 4년간 경제학을 공부하였고, 돌아와서 1898년 중추원 의관을 거쳐 학부 편집국장으로 재직하고 있었다.

이용익의 부탁을 받은 그는 2~3명의 동지와 함께 의논하여 법률, 이재, 농학, 상학, 공학 등 5개 학과로 된 2년제 전문학교의 창립을 계획했으나, 실제로는 법률과 경제 2개의 학과로 시작하였다.

같은 해 4월 3일에 사립 보성전문학교로 개교하면서 초대 교장에 취임하였다.

이용익은 학교 운영진을 임명하면서 첫째로 애국심을 보았다.

신해영은 독립협회 민권운동에 연루되어 곤욕을 치른 일도 있었고, '윤리학 교과서'를 편술하였는데, 당시의 대표적인 국민윤리 교본으로서 애국심 고취를 통해서 젊은이들의 마음 속에 국권회복 의지를 키우는데 힘썼다.

이에 따라 일제통감부로부터 불온한 교과서라 하여 발매금지 처분이 내려졌다.

일본에서 귀국한 이용익은 국가대계인 사립 보성전문학교 창립을 마치고 학교운영을 신해영 교장 등에게 맡기고 재정 문제는 자기가 전담하겠다고 약속하면서 다시 고종의 일꾼으로 들어갔다.

일부 학자는 보성전문이 고종의 내탕금으로 설립하였다고 하나, 이용익 자신이 학교 재정을 책임지겠다고 한 것과, 평소 내탕금과 자신의 재산을 명확히 구분한 것으로 보아, 학교는 고종의 내탕금과 이용익이 출연한 사재로 설립한 것으로 보인다.

5. 군부대신 이용익의 재등용

고종은 이용익을 경상북도 관찰사로, 제실 회계심사국장에 군부대신 겸직 육군부장으로, 관제를 고치는 이정소 의정관으로 두루 일을 맡겼다.

이런 일련의 임명으로 미루어 보아 고종이 얼마나 이용익을 신임하고 의지하려 했는지 짐작할 수 있다.

그러나 황명을 받고 직무를 수행해야 할 이용익을 일진회원들은 '이용익을 몰아내라'는 등 폭력으로 방해를 하였다.

이에 고종은 이용익을 국내보다 외국에 보내어 큰 일을 시킬 것을 구상하였다.

1905년 8월 강원도 관찰사로 임명하고 몰래 밀명을 주어 프랑스와 러시아에 파견히였다. 당시 영국과 일본이 동맹하고 프랑스와 러시아가 협력하는 정세였었다.

6. 육군부장 이용익의 탈출

일진회와 일본공사 하야시의 등쌀에 이용익은 정상적으로 업무를 수행할 수 없는 지경이었다. 고종은 이용익에게 상당한 금괴(30만원)를 주어 국외로 나가 비밀스러운 일을 할 것을 명령하였다.

1905년 8월 14일 밤에 이용익은 목선을 타고 중국 상해로 갔다. 육군참장 외교관 신분으로 프랑스행 여권을 소지하고 나갔던 것이다.

이 사실은 안 하야시 공사는 이용익의 직위를 박탈하고 여권도 무효화 하고, 주프랑스공사 민영찬에게 '이용익이 프랑스에 도착하거든

평민으로 대우하고 외교 사무를 간섭하지 못하도록 하라'는 전문을 보냈다.

고종은 비밀지령을 주어 이용익을 해외에 보내놓고 사면초가에 빠져 옴짝달싹 못하는 처지가 되고 말았다.

이용익이 없는 동안 그해 11월 17일 2차 한일의정서 즉, 을사늑약이 체결되었던 것이다. 고종의 동의 없이 박제순과 하야시 공사가 조인하였다.

장지연은 황성신문에 〈시일야방성대곡(是日也放聲大哭)〉이라는 제목의 사설을 실었다.

온 백성이 통곡하고 산천도 울었다. 전 참판 홍만식 시종무관 민영환 전 의정 조병세가 자결하였다. 경기·강원·충청·경상도 전국 각지에서 의병이 크게 일어났다.

모든 것을 박탈당한 이용익은 그래도 무슨 일이든 해야겠다고 마음을 먹고 프랑스에 도착했다가 러시아로 들어갔다. 러시아 황제에게 고종의 밀서를 전달하고 도움을 요청하였을 것이나 아무 일도 할 수 없었다.

러시아의 수도 상트페테르부르크에서 본국에서 밀파된 자객 3명에게 권총 또는 칼에 맞아 중상을 입었다.

1906년 12월 17일자 황성신문 보도에 의하면 이용익은 상해에 있었으며 매우 곤궁하여 교민들의 성금으로 생활하였으며, 두문사객(杜門辭客) 하였다고 전한다.

이용익이 중상을 입은 몸으로 상해에 간 것은 노청은행에 예금한 거액의 내탕금을 찾기 위함이었을 것이고, 그 후에는 블라디보스토크로 갔다.

고종이 대한제국의 억울함을 호소하기 위해 헤이그에서 1907년 6

월에 열릴 만국평화회의에 밀사를 파견하기로 결심하고 이용익에게 인선을 부탁하였다.

이후 고종은 정사에 이상설, 부사에 이준을 임명하고 1907년 4월 22일 이준을 출국시켰다. 이상설은 당시 북간도에 머무르고 있었다. 이준은 곧바로 블라디보스토크로 가서 이용익을 만나 상의하였다. 외국어에 능통한 이범진의 아들 이위종을 통역으로 데리고 가야 했기 때문이다.

이위종은 7세 때부터 아버지 이범준을 따라 영국 프랑스 러시아 등 유럽 각국을 순회하여 영어 프랑스어 러시아어에 능통한 청년이었다.

이준이 이용익에게 이위종을 통역으로 만국평화회의에 대동하고 싶다는 뜻의 한문편지를 써 줄 것을 부탁한 즉, 처음에는 사양하다가 써 주었는데, 이를 본 이준은 '세상 사람들이 모두 무식한으로 멸시하던 이용익이 이처럼 풍부한 내용의 글을 쓰다니' 하고 놀랐다고 한다. 그러면 그렇지 대한제국의 국정을 주무르고 그 많은 업무를 처리한 이용익이 무식하다니 말도 안 되는 소리다. 그는 누구보다고 똑똑하고 현명했다.

이준이 이용익에게 이위종의 아버지 주러시아공사 이범진에게 편지를 써 줄 것을 부탁한 사실에 관한 기록에 의문점이 있다.

유자후(이준의 사위)는 〈이준 선생전〉에서 이준이 이용익의 집에 가서 편지를 써 줄 것을 부탁한 곳이 오궁동(五宮洞)이라고 기록하고 있다. 오궁동 집에서 썼다면 이용익이 상해로 탈출하기 전(1905년 8월 14일) 이어야 하는데, 만국평화회의가 열리기 2년 전부터 준비했다는 것인지? 1896년생인 유자후가 〈이준 선생전〉을 쓰는 데에는 이준의 부인 이일도(李一道) 여사의 도움이 절대적이었을 것이다.

이일도 여사는 조선시대 보통 가정주부가 아니었다. 이준이 사회운동이니 교화운동이니 정치운동이니 개혁운동을 하고 돌아다니고 옥고와 유배로 가정사를 돌보지 아니하였으니, 가정생활 문제해결을 위해 돈의동 집을 팔아 아현동의 길가 집으로 이사하고 아현 부인상점을 개점하였다. 각종 생활용품을 팔게 되면서 장안의 고객이 운집하였다 한다.

양반가 부인이 감히 할 수 없는 일을 한 이일도 여사는 대단한 여장부였다. 1907년 국채보상운동이 활발히 진행될 때 이일도 여사는 국채보상부인회를 조직하여 활발히 활동하는 등 세상 돌아가는 정세며 남편 이준의 비밀활동에 관하여 소상히 알고 있었기 때문에 유자후의 기록이 신빙성이 있을 것이다.

1차 만국평화회의는 1898년 러시아 황제 니콜라이 2세가 주창하여 26개국이 헤이그에 모여 각국의 무장 등 교전규칙 개정 등을 논의하고자 하였으나 회의가 순조롭지 못하였다.

고종은 이때부터 국제외교의 중요성을 인식했던 듯하다. 이용익을 1905년 8월에 러시아와 프랑스에 밀파하여 러시아공사 이범진, 프랑스공사 민영찬 등과 협력하도록 구상한 것도 이런 준비과정의 일환이었다.

이용익이 이위종의 아버지 이범진에게 쓴 편지는 이러하다.

"만리타국(萬里他國)에서 오조약(五條約) 체결의 악보(惡報)를 보고 요형(僚兄)이 눈물을 흘리면서 공관(公館)에 펄펄 날리던 태극기를 내리고 공관문을 나서게 되는 날을 상망(想望)하니 이와 같은 일은 거국(擧國)이 동연(同然)하게 당(當)한 것으로 형(兄)은 면산(綿山)의 불을 원하였을 것이오 나는 멱라(汨羅)의 물을 생각하였었다. 그러나 요행

(僥倖)을 바라 오늘까지 이르니 한이 없는 그 걱정은 태산(泰山)보다도 무겁고 끝이 없는 근심은 동해 바다(보다)도 깊어가고 있다. 지금 우리나라와 우리 동포의 현상(現狀)은 참으로 풍전(風前)의 염(焰)이오 석두(石頭)의 화(火)라 하겠다. 우리는 사람이면서 사람 아닌 사람의 생활을 하고 있으며 나라는 나라이면서 나라 아닌 나라로 기울어질 뿐이다. 참으로 이때는 일사보국(一死報國)의 때라 하겠으나 그 처지를 얻지 못하여 여루(餘縷)를 갖고 있을 뿐이다. 저간(這間)에 이준(李儁) 형이 와서 이상설(李相卨) 형과 같이 명년(明年)에 열리는 만국평화회의(萬國平和會議)에 밀왕(密往)하여 우리나라의 현상(現狀)을 호소하여 국권(國權)의 원상회복(原狀恢復)을 위하여 한번 주검으로써 투쟁하여 보겠다 하니 비로소 장야(長夜)의 대몽(大夢)을 열연(悅然)히 깨닫게 되었다.

요형(僚兄)도 본래부터 숙지동호(熟知同好)하는 터로서 이준 형은 침중(沈重)충성(忠誠)하고 겸(兼)하여 내외(內外)시무(時務)에 겸달(兼達)하고 이상설 형은 문학(文學)이 섬부(贍富)하고 절충(折衝)의 임(任)에 능(能)하니 다 능감(能堪)한 임인(任人)으로서 이미 밀조(密詔)하여 몽허(蒙許)를 경(經)한 바 다만 한(恨)되는 바는 의사통역(意思通譯)의 임(任)이 없음이 이것이다. 안동태(安洞台, 안동골) 이도재(李道宰) 씨도 영윤(令胤)을 말하는 바 실로 적임(適任)이라 생각되니 특근(特勤)하여 동반(同伴)케 하라. 이는 우리 국가(를 위하는 일이며 우리 동포를 위하는 일임으로 다시 주언부언(做言復言) 하기를 피하고 이산수수(異山殊水)에서 범백(凡百)을 지지(支持)하여 국권회복(國權回復)의 일을 위하여 더욱 분력(奮力)하기 바란다. 나도 머지 아니하여 요형(僚兄)의 손을 잡으려고 치장(治裝)할는지 모르겠다. 지필(紙筆)에 임하여 흉우(胸宇)가 억색(抑塞)하니 이만 그치고 요형(僚兄)의 건강을 한(限)없이 축복한다."

필자가 이 편지를 기록하는 것은 고종의 충신이고 열렬한 항일투사인 이용익이 북비 출신의 무식한 사람이 아니었다는 것을 밝히기 위함이다.

이용익을 무식한 사람으로 매도한 이들은 수구양반 세력과 친일세력 및 일본 당국이었다.

그런데 이준이 서울을 출발한 날짜와 이용익이 사망한 날짜에 착오가 있는 듯하다. 당시 통신도 불편하고 음력, 양력 혼용으로 약간의 날짜 착오가 있을 수 있겠으나, 이준이 이용익 사망 전에 만난 것은 사실이다.

이용익은 1907년 1월 12일에 사망한 것으로 알려져 있으나 확실치 않다.

이용익은 죽음을 며칠 남겨두지 않은 최후의 순간까지 충성심으로 편지를 썼을 것이다. 이상설 이준 이위종 세 사람은 헤이그 만국평화회의장에 가서 최선을 다했다.

이용익도 마지막 순간까지도 애썼다.

이제 한가지 짚고 넘어가야 할 일이 있다.

세 분 밀사들 중 이준은 건국훈장 대한민국장을, 이상설은 건국훈장 대통령장을, 이위종도 건국훈장 대통령장을 추서 받았다.

그러나 이용익은 훈장을 받지 못했다. 일본사람이 제일 무서워하고 싫어했던 이용익!

그는 고종의 지시를 받아 헤이그 파견 밀사를 떠나 보낸 후, 양자 이현재가 지켜보는 가운데 고종에게 유소(遺疏)를 올리고 눈을 감았다. 분사(憤死) 순국(殉國)하였다.

고려대 전 총장 홍일식이 러시아와 국교 수립 후 묘를 찾아보았으나 찾을 수 없었으며 안타깝게도 실묘(失墓)하였다.

"청광건학교교육인재이복국권(請廣建學校教育人材以復國權)
학교를 많이 세우고 인재를 교육하여 이것으로 국권을 회복하소서."

그는 눈을 감으면서도 국권회복만을 생각하였다.

그리고 양자 현재에게도 유언을 하였다. '내가 죽은 후에라도 조선이 독립권을 회복하기 전에는 관을 옮겨 귀국하지 말라.'

대한매일신보의 기사에서 이용익이 국왕에게 올린 유소 내용을 요약 보도하여 '국가 독립이 인재교육에 있으니, 학교를 많이 설립하여 인민의 지식을 발달하게 하시되 관립학교를 많이 세우면 기필코 일본인의 노략질이 있을 것이오니 서울과 지방에 사립학교를 많이 세워 교육하셔야 할 것입니다'라고 그의 간절하였던 뜻을 보도하였다.

쓰러져가는 나라와 왕실을 일으켜 세우려고 악전고투로 일생을 바쳤으나, 뜻을 이루지 못한 통한이 뼈 속에 사무친 유언이 아닐 수 없다.

이용익의 사망 소식을 들은 고종은 눈물을 흘리며 분통해했다. 임금이 신하의 안전을 지켜주지 못했다. 할 수 있는 일은 '충숙(忠肅)'의 시호를 내려주는 것뿐이었다. (4월 28일)

숙(肅) 자는 고종이 이용익의 충성에 감사하다는 뜻이 담겨 있을 것이다.

한편, 보성전문학교에서는 교주 이용익의 사망 소식이 알려진 3월 17일 교직원, 학생 모두 모여 교정에서 추도식을 개최하였다.

7. 이종호(李種浩)의 보성전문학교

이용익이 러시아에서 사망하자 보성전문학교의 운영권은 손자 이종호(1885~1932)에게 넘어갔다. 아들이 아닌 손자가 계승한 것은 이종호가 19세의 청년이었지만 이미 보성전문학교 운영에 관여하고 있었기에 자연적으로 승계된 것이다.

이용익이 보성전문학교를 창설하기는 하였지만, 보전 창설 이전부터 주요 관직에 등용되어 있었고 고종을 보필하여 일제 침략 저지에 전념하느라 학교 경영에 관여할 여유가 없었으며, 보전을 창설한 지 불과 5개월 뒤에 해외로 망명을 하게 되었으니, 따라서 이때부터 사실상 이종호가 맡아서 경영한 것으로 보인다.

이후 이종호는 교육구국활동과 애국계몽활동에 동분서주하며 할아버지의 유지를 받들기 위해 혼신의 힘을 기울인다.

이렇게 활발한 활동을 한 이종호의 인품과 능력에 관하여 살펴보고자 한다.

이용익이 사망한 2년 후 친일 내무대신 송병준이 이종호가 유산으로 받아 경성제일은행에 예금한 돈 1만여원을 탈취하고자 이종호를 자기 집에 불법으로 감금하고 일본인 첩을 시켜 샴페인을 권하면서 회유하고 강압하여 예금한 1만여원을 국고금이니 내 놓으라고 강요하였다. 그는 이틀 밤을 연금당하였지만 담대하게 버텼다.

이종호의 집에서는 큰 걱정이 아닐 수 없었다. 측근 누군가가 조선군 사령관 하세가와 대장에게 가서 이 일을 호소했다.

하세가와 대장은 이종호를 몇 번 만나보고 마음이 끌려 친아들처럼 귀여워해 오던 터였으며 이종호는 하세가와 대장의 도움으로 풀려날 수 있었다.

당시 이종호에 대한 세인의 평은 '성(性)이 지극히 온후(溫厚)하야 주색(酒色)을 탐하지 않는 양반의 자손이요 진미(珍美)한 품행(品行) 방정(方正)한 남자다'라 하고 '역시 호랑이 새끼다'라고 세상 사람들이 칭찬하였다.

이종호(1885~1932)

1) 교육구국활동

이종호가 보성전문학교 경영을 승계한 후에도 할아버지 이용익이 하던 대로 보전 경영에 직접 관여하지 않았다.

할아버지의 광건학교 유지를 받들어 폭넓은 활동을 하였다.

한북흥학회(漢北興學會).

1906년 10월 함경도의 인사들인 이동휘, 이준, 이종호 등에 의하여 설립된 애국계몽단체로 한북의숙을 세워 속성사범과를 설치하여 교장을 역임하였으며, 후에 서북협성학교로 발전시켰으며, 보전, 보성중학교 학생들과 함께 운동회를 개최하기도 하였다.

1907년 1월에 청주에 삼호보통학교를 세워 찬성장(贊成長)에 취임하였다.

1908년 9월에는 안창호, 윤치호와 함께 한국 근대교육사에 중요한 의미를 갖는 평양의 대성학교를 설립하였다

1908년 겨울 이종호가 대성학교를 방문하였을 때 이 학교 관계자 모두가 성대히 환영하고 이종호의 아호인 '월송(月松)'을 따서 '월송대인(月松大人)'이라는 의미심장한 뜻의 환영가를 지어 불렀다 한다.

또한 함경도 종성에 보성학교, 길주에 보성학교와 길주여학교, 명천에 진성학교와 협성학교를 설립하고, 강화도에 보창학교, 충북 보성중학, 아산에 둔포 보성학교, 온양에 보성학교 등 17개교에 이르는 학교를 설립하였다.

2) 애국계몽활동

앞장에서 살펴본 한북흥학회가 서우학회와 통합하여 활발하게 활동하였다. 이 시기 이종호가 설파한 기본 정신은 '자존(自存), 자중(自重), 자신(自信), 자애(自愛)'의 애국심이었다.

한편 1907년 이종호는 헤이그밀사 사건에도 깊이 관여하고 있었다. 유자후의 〈이준 선생전〉에서 고종이 여비 및 기타 자금 15만원이면 부족하지 않겠냐는 고종의 물음에 이준은 '시종 이용익의 손자가 다소 보전(補塡)하기로 되어 있습니다.' 라고 대답하였다 하고, 밀사의 출발이 극비밀리의 일이었으므로 전별연이나 장도를 빈다는 등의 행사는 하지 않았으나, 출발 수일전 청년동지인 안창호, 이갑, 이종호 3인만이 오궁동 이종호의 집에서 비밀 전별연이 한번 있었다고 한다. 이준이 출발하는 날 아침에 안창호, 이갑, 이종호 세 청년이 서울역에 나와 배웅하였다.

이종호의 독립운동 활동 중 가장 중요한 것은 '신민회(新民會)' 활동이었다.

1907년 4월 결성된 신민회는 양기탁, 전덕기, 이동휘, 이동녕, 이갑, 유동열, 안창호, 노백린, 이승훈, 김구, 이회영, 이시영, 이상재, 윤치호,

신채호, 이종호 등이 중심이 되어 조직한 비밀결사였다.

이준(1858~1909)

신민회는 여타의 애국계몽운동 단체와 달리 직접 무력투쟁을 준비하는 것이었다. 국외에 무관학교를 설립하고 독립군 기지를 창건하고자 노력했다.

일본은 1909년 10월 26일 안중근이 하얼빈역에서 조선 침략의 원흉인 이토 히로부미를 처단한 사건으로 신민회 간부 중 가장 급진적인 인물인 안창호, 이갑, 이종호를 체포하였다가 이듬해 2월에야 석방하였다.

1910년 3월 11일 보성전문학교 3회 졸업생들과 함께 저녁 모임을 갖고 4월에 안창호, 이갑, 유동열, 신채호와 함께 망명길에 올랐다.

이종호는 러시아로 망명하면서 이종영(李宗榮)에게 보전의 운영을 부탁했다. 이인의 아버지인 이종영은 이준과도 결의형제를 맺고 지내는 애국심이 투철한 사람이었다. 이종호의 부탁을 받고 무진 애를 썼지만 학교운영은 어려워지고 폐교의 위기를 맞는다.

이종호 일행은 처음 중국 청도를 거쳐 러시아 연해주로 가서 유인석, 이범윤, 이상설, 홍범도 등과 함께 13도의군을 편성하고 연해주에 망명정부를 세워 고종황제의 망명 계획을 추진하였다.

1910년 8월 경술국치의 비보를 받고 한인사회 8624명의 독립운동가들이 '성명회(聲明會)'를 발족하고 조직적인 항일투쟁을 추진하였다. 그러나 '러일협약'이 체결되면서 1910년 8월 30일 러시아군이 한인촌을 급습하여 간부 20여명이 체포되고, '성명회'는 해산되었다.

이종호는 이에 굴하지 않고 이상설, 신채호, 홍범도와 함께 '권업회(勸業會)'를 창립한다.

권업회의 빛나는 업적은 〈권업신문〉 창간이었다. 신문사 파견원을 국내까지 파견하여 일본 관헌들의 상황을 취재하였고, 러시아는 물론 중국 미주지역까지 신문을 발송하여, 해외동포들의 애국정신을 고취하며 고국의 소식을 전달하였다.

그리고 이종호는 어디를 가나 광건학교(廣建學校) 교육인재(敎育人材) 이복국권(以復國權) 할아버지의 유훈 실천에 진력하였다.

이종호는 망명 후 최대 명제인 '독립전쟁론'을 주창하고 '위국헌신하는 청년'을 모으기에 힘썼다

1917년 상해에서 일경에 체포되어 고향 명천으로 압송되고 1년간의 감금생활을 한 후 1918년 10월 서울로 올라왔다.

1910년 이후 천도교가 맡아서 경영하던 보성전문학교를 다시 찾기 위해 손병희를 만나 담판하여 학교를 돌려받기로 하였으나 성사되지 않았다.

일제 당국이 손병희보다 이종호가 더 반일적이었다고 판단하였다고 보여지며, 조부 이용익이 제일은행 경성출장소에 예치해 둔 거금을 반환받기 위해 10년 이상 노력하였으나 실패한 결과와도 무관하지 않아 보인다. 이렇게 해서 이용익, 이종호의 보성전문학교 경영은 300만 신도와 자금력을 가진 천도교 손병희에게 넘어갔다.

이종호는 1885년생으로 1931년 세상을 떠날 때까지 할아버지가 남겨준 많은 재산을 모두 털어 사회에 기부하고 자신은 살 집이 없어서 궁핍한 생활을 하였다. 제일은행 상대의 78만원 청구소송에 성공하면 큰일을 하겠다고 다짐하였지만 소송이 끝나기도 전 46세란 한창 나이에 세상을 떠난 것은 매우 애석한 일이었다.

1962년 독립운동의 공훈을 인정받아 건국훈장 독립장에 추서되었다.

우리 속담에 시작이 반이라는 말이 있다.

이용익이 보성전문학교를 설립하고 손자 이종호의 5년간은 고려대학교 109년 역사에서 비록 길지 않은 세월이지만, 시작이 반이라고, 그분들이 다진 기초가 애국애족의 튼튼한 건학 정신이었기에 오늘의 고려대학교가 있게 된 것이라 하지 않을 수 없다.

후기

이 글은 우리 고려대 3.3동지회 회원들과 고려대 교우들이 고려대의 역사를 쉽게 알게 하기 위해 썼습니다.

필자가 역사학자가 아니고 지식이 부족하여 부끄러운 글을 내 놓게 되었습니다.

'이용익 선생과 보성전문학교', '손병희 선생과 보성전문학교', '김성수 선생과 고려대학교' 로 이어져 내려오는 고려대학교의 역사는 우리 민족의 역사요 근대 역사발전의 발자취입니다.

이용익 선생에 관한 자료가 부족할 뿐 아니라, 저자에 따라 기록과 가치관의 차이가 있어 어려움이 많았습니다.

참고문헌

1. 고려대학교 100년사
2. 고려대학교의 사람들 이용익 (고려대학교민족문화연구소 발간)
3. 고종황제의 충신 이용익의 재평가 (저자 조익순 교수)
4. 조선 최강상인 파천황 이용익 (저자 이용선)
5. 매천야록 (저자 황현)
6. 이준 선생전 (저자 유자후)
7. 한국민족문화대백과사전(한국정신문화연구원 발간) 자료 등

역사학자로서의 연구가 아니고 고려대학교의 뿌리를 알고 세계로 웅비하는 모교의 발전을 위해 힘겹게 썼습니다.

교우 여러분의 양해를 바라며, 앞으로 바르게 고칠 수 있도록 지도편달 바랍니다.

의암 손병희 선생과 보성전문학교

임순화(고대 3·3동지회 명예회원, 천도교인)

이승만 대통령 손병희 선생 묘소 방문(1차 방문)
묘소가 초라하다며 정성껏 손질하라고 지시하다.

2차 방문　묘역이 잘 정비된 것을 확인하고 즐거운 마음으로 설명을 듣고 있는 이 대통령. 3·1 독립운동정신으로 세워진 대한민국인데 8·15 광복 후 김구 선생이 한 번, 이승만 대통령이 두 번 다녀가셨다. 그후 어느 정치지도자도 찾지 않았다.

의암 손병희 선생과 보성전문학교

1. 보성학원 인수와 경영

1 보성학원의 경영 위기

1910년 8월 29일 강제병탄 이후 손병희 선생은 1905년 4월 3일 이용익(李容翊)이 설립한 사립학교인 보성학교가 경비의 궁색으로 인하여 교원의 봉급조차 지급치 못해 장차 폐교의 지경에 이르렀다는 소식을 접한다. 이미 1909년 11월부터 여자교육기관인 동덕여숙의 경영곤란에 매월 10원씩 보조금을 지급해 왔던 선생은 보성학교의 재정난 소식에 접하자 즉시 이를 해결하기 위한 검토를 시작한다.

동덕여숙에 비해 그 규모나 부채의 액수가 너무 큰 것을 알게 된 선생은 종전처럼 보조금의 일부 지출로써는 학교의 폐교위기를 수습할 수 없음을 알고 신중한 검토를 지시한다.

이용익이 을사늑약(乙巳勒約, 1905.11.17) 체결 후 국운이 기울어짐을 보고 국권회복을 위해 광복운동을 하려고 국외로 나갔다. 1907년 1월 해삼위(블라디보스토크)에서 실의 속에 세상을 떠난 후 보성학원은 이용익의 손자 19세의 이종호의 경영 하에 있었는데, 경술국치를 당한 2대 교주 이종호마저 1910년 가을에 해삼위로 떠나 그곳에서 다시 육영사업을 벌이니 궤도(軌道)에 올라서려던 보성학원은 부채만 잔뜩 짊어진 채 폐문의 위기에 놓이게 되었다.

보성학원뿐 아니라 협성학교(協成學校), 강화(江華) 보창학교(普昌學校), 청주(清州) 보성학교(普成學校), 명천(明川) 진성학교(進成學校) 등의 학교 경영에도 관계하고 있어 재정난은 더욱 심각하였다.

보성전문을 넘겨받은 천도교는 이들 학교에도 보조금을 지급하였다. 이용익이 타국에서 사망하고 그의 후원자 고종마저 양위하고 궁내부(宮內府) 경리원(經理院)이 탁지부(度支部) 소관으로 넘어가면서 학교경영에 대한 후원이 끊어져 보성학원의 경영은 더욱 어려워졌다.

한때 보성대학교로의 승격 운동까지 추진되었던 보성학원이 이처럼 재정경영난에 봉착하자 당국은 재정보조를 미끼로 관립학교로 전환을 도모한 적도 있었다. 마침내 보성학원은 한일병탄이 이루어지면서 폐쇄의 위기까지 맞았다.

2 보성학원의 채무청산과 인수(1910. 12. 21)

이 때 교주 없는 보성학원을 이끌어 오던 직무대리 윤익선으로부터 이처럼 우여곡절 끝에 이 학교가 만여 원의 부채를 지고 있다는 내막을 듣고 손병희 선생은 결연히 이 학교 채무청산에 나섰다.

선생의 단안에 비로소 활로를 발견한 학교 측에서는 채무청산만으로는 학교 운영이 불가능하므로 다시 선생과 교섭하여 학교 인수경영을 제의해 왔다. 학교를 설립 운영해 보려던 포부가 있었으나 여건상 차일피일 미루던 차 당시 전문학교와 중학교 등 각급 학교를 산하에 둔 보성학원이 경영난으로 폐쇄의 위기에 놓였음을 알고 이의 인수운영에 주저할 아무 이유도 없었다. 학교의 인수 절차는 급속도로 이루어져 나갔다.

1910년 12월 21일에 천도교와 학교 간에 경영인계에 관한 계약서에 조인이 성립되어 우선채무 청산조로 8000원을 보성학교에 건넸고 학교설립자는 천도교 대도주 박인호로 변경신청하였다. 이때 단서조항을 달았는데, 인계 후 3년 내에 구교주가 귀국하여 그 권리의 반환을 요구하면 실비상환으로 이를 환부하고 3년을 경과하면 모든 권리는 천도교 측에 영구히 귀속된다는 것이었다.

의암 손병희(1861~1922) 천도교 3세 교조. 보성전문학교 2대 교주

이리하여 보성학원의 운영난이 지상에 보도된 지 약 두 달 만에 천도교 측으로 넘어오게 되었다. 당시 조선의 실태를 보면 강제병탄 2년 전인 1908년 5월의 전국학교 현황은 사립학교령에 의하여 정식허가를 받은 학교의 수는 1402교, 종교학교 823교로 모두 2225교인데 반하여 관립학교는 200여개에 불과하였다. 따라서 정식인가를 받지 아니한 사학의 수까지 합치면 조선교육의 주류를 이루고 있는 것은 일제의 간섭을 직접 받지 않는 이들 사립학교였다.

3 보성학교의 규모

보성학원은 이들 사립학교 중에서도 소·중·전문의 학교를 갖추고 있는 사립학교의 태악(泰嶽)으로서 재적학생 수와 교원 수, 그리고 학교시설에서도 한국 교육계에 대단히 큰 비중을 차지하고 있었다. 전문학교는 수업 연한 3년의 경제, 법률 2개 학과를 갖추어 1908년부터 수업을 행하여오다가 2년 후에 다시 법과 상과로 학과를 변경하였다. 당초 주간 수업을 해오던 전문부가 야간으로 돌려지게 된 것은 같은 교사를 사용하고 있는 중학교와 소학교의 학생 수가 증가했기 때문이다.

1908년 강사회의 결의로서 학생의 월사금은 종전의 1원에서 50전으로 바뀌었는데, 이는 1907년부터 시행된 화폐 조례로 말미암아 신·구화 비율을 1원 대 50전으로 교환한 까닭이었다. 당시 강사의 연봉은 약 360원이었고 입학지원자도 해마다 늘어나, 1909년 신학기에는 1학급을 증설해야 될 정도로 학생 수가 늘어나는 형편이었다.

보성학원이 이처럼 기로에서 헤매다가 천도교 측의 경영으로 다시 소생의 길을 걷게 된 것이다. 보성학원을 인수한 천도교는 전문학교 교감으로 있던 윤익선을 교장으로 임명하고 중학교에는 천도교 간부 최린(崔麟)을 교장대리로 임명하여 종전의 운영방침을 그대로 따르도록 하였다.

4 보성학원의 경영

보성학원을 인수하여 경영해가던 중, 1914년에는 사립학교 규칙을 발표하여 일제의 사학 간여가 더욱 더 심해져서 재벌가 또는 단체에서 경영하는 사립학교 외에는 대부분 존재하지 못하게 되는 형편이었다. 1910년 5월 1973개교였던 사립학교가 4년 후인 1914년 5월에는 1242개교로 감소되어 4년 동안에 731개교가 폐쇄되는 형편이었으니, 이만큼 일제는 간악하게도 조선의 교육 발전에 제동을 걸었던 것이다. 그런 와중에 보성학원은 제2대 설립자로 대도주 박인호가 추대되었다.

천도교가 경영을 맡게 되어 급속도로 발전하게 되었으며, 천도교에서 동덕여학교의 경영권을 인수하여 관리하게 된 1914년에는 보성학원에도 일대 경사가 일어나게 되었다. 보성학원은 오랫동안 자리잡고 있던 전동(磚洞)의 구교사가 너무 협소하여 주간에는 소·중학교가, 야간에는 전문학교가 이를 사용하게 되었으나, 그간 부분적인 교사의 증축을 이루어 왔다 할지라도 늘어나는 생도를 전부 수용하기에는 너무나 교사가 비좁은 것이었다. 한옥 구교사를 철거하고 그 자리에 168평의 2층 양옥의 교사를 신축하게 되었다. 천도교를 비롯하여 각계 유지들의 기부금으로 총공사비 9800원을 들여 1914년 6월에 착공하여 그해 10월 31일에 낙성식을 보게 된 것이다. 선생이 이처럼 직접 관계하고 있던 교육기관으로는 보성학원의 3개교와 동덕여학교 이외에도 서울 시내의 청파동에 있던 문창보통학교, 지방에서는 대구의 교남학교, 일신보통학교와 청주의 종학학교 등 7~8개교에 이르고 있었다. 전문학교에서는 경제과의 후신인 상과의 진용강화책으로 부족했던 상과 강사를 보충하여 법과와 더불어 해마다 우수한 졸업생을 사회에 배출하였다. 그들은 변호사, 교원, 문인, 금융인 또는 상업인으로서 사회 각 분야 일선에서 눈부신 활약을 벌이기도 하였고, 일부 졸업생들은 일본 또는 미주로 유학길을 떠나 연구생활을 계속하는 자도 많았다.

민족의 동량 양성에 큰 공헌을 다 해오던 보성전문학교는 그러나 1915년에는 뜻하지 아니한 학교의 격하를 감수하여야 했다. 그 해 6월부터 종전의 보성(普成)학교 명칭을 버리고 사립 보성법률 상업학교로 부르지 않으면 안 되게 된 것이다.

2. 일제의 민족사학 탄압

1 전문학교 승격 거부

명칭이 나타내는 바와 같이 전문교육기관으로서의 자격을 인정치 않으려는 일제 식민지교육의 희생양이 된 것이다. 1915년 4월 1일부터 시행된 전문학교 규칙에 저촉된다 하여 민족교육의 상아탑에 철퇴를 내려 사학에 대한 탄압과 속박을 가하려는 의도에는 아무 변화도 없었다.

전문교육기관의 재단법인화, 교원의 자격기준 강화, 교과내용의 감독 철저, 교과서 채택의 자주성 말살 등 그들이 사학에 가하는 탄압은 가혹한 것이었다.

한국인 교육의 전문교육기관이 전국에 불과 서너 개 밖에 없었음에도 불구하고 일제는 이들을 육성하기는커녕 오히려 이를 격하하여 민족교육을 탄압하고 한국인의 자주적인 고등교육을 억압하려고 한 것이다.

반면에 그들이 설립하려는 의학·법률·공업·농업 등 각종 전문학교를 통하여 극소수의 한국인을 훈련시켜 그들 통치기구의 하급관리나 기술자로 봉사케 하려고 하였다. 전문학교가 격하되자 이와 더불어 교모와 모표의 변화도 불가피하게 되었다.

당초 병합 전에는 황실 문양인 이화를 모표에 사용하였으나 일제의 간섭으로 폐기되고, 천도교측 동학의 상징인 궁(弓), 을(乙) 모양 가운데에 보(普) 자를 넣은 새 모표를 제정하려 하였으나 일부 반대 여론에 부닥쳐 아무 윤곽 없는 보(普) 자만의 모표를 사용하게 되었다.

그러나 학교의 격하와 함께 이것도 다시 폐지되고 보(普)자 양옆 곁에 법(法), 상(商)을 넣은 모표를 부착하게 되었다. 모표의 변경과 더불어 사각모 대신 원형의 교모를 착용케 되었다. 보성중학교에도 이를 전후해서 다소의 변동이 있었다. 즉 설립 당시에는 사립보성중학교라 일컬었던 것을 1913년 12월부터는 사립보성학교라 개칭하게 되었으니 이 역시 사립학교 규칙에 저촉된다 하여 이처럼 강요한 것이다. 그렇게 고난을 겪었던 보성중학교도 실질적으로 고등보통학교와 아무 다름이 없었으므로 해마다 생도수가 늘어나고 많은 졸업생을 배출하여 사회의 일꾼으로 활약하게 하였다.

1917년의 현황을 보면 전년까지의 졸업횟수 6회에 300여명의 졸업생을 배출하였고 대학생 수 281명에 이르렀다. 신입생 정원은 150명이었으며, 그 해 졸업예정자 41명의 대부분은 각 전문학교 진학을 희망하고 있었다.

2 구(舊) 교주 이종호의 보성학원 반환 요구

1918년은 보성학원에 있어 여러 면으로 일대 자극이 가해지는 해였다. 그 해 9월에는 오랫동안의 희망이었던 전문학교와 중·소학교간의 교사 분리가 실현되는 뜻깊은 일이 일어났다.

천도교 측에서는 낙원동 소재 전 오성학교 교사를 오도(五道) 대표자에게서 임차하여 새로 수리하고 그곳으로 보성법률상업학교를 옮기게 하니 옛 전동(수송동) 교사에는 보성고등보통학교와 보성보통학교가 그대로 교사를 같이 사용토록 되었다.

보성학원이 창립된지 만 13년 만에 같은 교사에서 고락을 같이 하던 전문학교는 이제 중·소학교와 결별하고 신교사로 이전하게 되었다. 보성전문상업학교가 낙원동으로 이사한지 불과 한 달이 채 못 되는 1918년 10월 초에 뜻밖에도 구 교주 이종호가 나타나 보성학원을 현상대로 무조건 반환하라고 요구하고 나선 것이다.

학원 설립자 이용익의 손자이며 설립 후부터 병합 때까지 이 학교를 경영해 오던 이종호가 경술국치(庚戌國恥) 이후 국외로 망명하였으므로 경영난에 빠진 동교를 천도교 측에서 인수 경영하게 된 경위는 이미 앞에서 말하였다.

그는 이미 병탄 전해에 안중근 의사의 이등박문 살해사건에 관련되었다 하여 일제 관헌에게 감금당한 일이 있었는데 경술국치 후로는 해삼위(블라디보스토크)에 망명하여 그곳에서 권업회를 조직하고 4개의 한인학교를 설립하는 동시에 〈권업신문(勸業新聞)〉의 발간에도 손을 대는 등 자못 국권회복을 위한 반일투쟁 사업에 열을 올린 일이 있었다. 그 후 상해에 건너가 동지들과 더불어 항일투쟁을 전개하다가 1917년 일제 관헌에 체포되어 소환되었다.

그가 고향 명천에서 1년간의 거주 제한을 받다가 기한이 풀려 그해 1918년 9월에 상경하여 예전에 자신이 경영했던 보성학원의 반환을 요구하게 된 것은 이러한 곡절 끝의 일이었다. 그는 10월 3일 보성법률 상업학교장 윤익선을 자신이 묵고 있는 사동의 숙소에 초대하여 보성 3교를 현상대로 반환할 것을 요구하였다. 예기치 않던 제의를 받은 윤익선은 그간 보성학원이 걸어 온 길을 자세히 설명하고 인계시의 조건을 무시할 수 없으므로 개인이 경솔하게 판단할 수 없다 하고 천도교 측의 의향을 알아 본 후 회답하겠노라 하고 돌아왔다.

3 손병희의 반환 승낙

윤익선은 즉시 우이동으로 손병희 선생을 찾아 이종호의 반환 요구를 보고하였던 바, 선생은 즉석에서 구 교주의 제의를 승낙하였다. 선생이 보성학원을 구 교주에게 무조건 반환하겠다고 나선 이유는 이러하였다.

당초 천도교회에서 보성학원을 인수하게 된 것은 오직 한국의 사학으로서는 최대라 할 수 있는 이 학교가 폐쇄됨을 애석히 여겼기 때문이요, 다음으로는 고 이용익의 사업이 중단됨을 보고만 있을 수 없었기 때문이었다. 따라서 지금 전 교주가 나타나 그 경영을 희망한다면 법률상의 문제는 일체 덮어두기로 하고 또 순수한 호의로 그동안 소요된 경비를 가릴 것이 없이 그대로 돌려줌이 옳다는 것이었다. 선생이 내린 이 판단은 보통 사람들로서는 감히 상상도 할 수 없는 것이었으며, 선생이 취한 행동은 소인으로서는 도저히 흉내도 낼 수 없는 충격적인 것이었다.

당초 학원경영의 인수조건에는 전 교주가 3년 내에 그 권리를 요구치 않은 때에는 경영권이 영구히 교회 측에 돌아오게 되어 있음에도 불구하고 무조건 반환을 결의한 것, 그리고 8년간 소요된 경비가 무려 20여만 원에 달하고 있음에도 아무런 변상없이 이를 돌려주겠다고 결정한 것은 실로 교육사업에 대한 선생의 위공무사(爲公無私)한 정신의 발로요, 학교경영을 통한 사리(私利) 사예(私譽)를 조금도 안중에 두지 않았다는 증거였다. 전 교주의 반환요구 소식을 들은 교회 간부들도 즉시 회의를 소집하여 신중히 협의한 결과 선생의 결정에 따르기로 합의하였다.

학원경영권을 인계하든지 반환하든지 간에 모두 교육사업이라는 공익(公益)을 위함이요, 사익(私益)을 위함이 아닌 바에야 전 권리자가 다시 완전히 이를 유지할 만한 자력(資力)과 결심만 있다면 무조건 현상대로 돌려주기로 한 것이다.

반환 인계사무는 급전직하로 진행되어 나갔다. 1918년 10월 7일에는 학원 환부(還付)계약이 성립되고 10일에는 설립자 변경신청 수속이 완료되었으며 14일에는 사무인계까지 시작하였다. 그리하여 10월

16일에는 보성고등보통학교에서 양측 합석하에 학교 재산목록의 확인수교가 행하여져 당국의 허가만을 기다리게끔 되었다. 그리고 전교주로의 이전을 앞두고 법률상업학교장 윤익선과 고등보통학교장 최린은 각기 사표를 제출하였다.

이제 안전한 기반 위에 올라섰다고 안도의 숨을 쉬게 된 보성학원의 운영도 이처럼 급격한 전환을 맞이하게 되자 당시 사회의 이목 또한 일시에 이 문제에 집중되었다.

이 문제의 귀추에 대하여 자못 예리한 눈을 돌리고 있던 신문기자들도 교섭 당사자 등을 일일이 탐방하여 그 경위를 밝혔으니, 10월 17일자 〈매일신보〉는 8년 전의 천도교 측의 견해로서 쾌활한 어조로 말하더라는 전 현기관장(玄機觀長) 오세창의 담화를 인용하여 보도하였다.

"보성학교는 3개교를 합하여 생도가 700명에 달하며 현금에는 인계 당시보다 건물과 설비가 파(頗)히 완비되어 조선의 사립학교로는 수위에 거할 만하게 되었으며, 입학을 희망하는 생도도 년, 년 증가하는 성황을 증하더니 금에 돌연히 구 교주에게로 환부하게 된즉 자연한 심회는 불무(不無)하나 원래 차등 사업은 공익을 위함이라 차인이던지 선히 경영하는 자(者) 유(有)하면 족(足)할 바이며 본 교회에서도 당초 계약대로 주장할 것 같으면 당연히 이종호 씨의 청구를 거절할 만도 하고 또는 8년간 소요경비의 변상을 구(求)할 것이나 본교회에서는 전부 차(此)를 희생으로 하고 본주에게 환부하였노라. 당초 인계 시에는 여(餘)도 현기관장(玄機觀長)의 임무로 기(其) 형(衡)에 당하였던 바 당초 보성학교의 궁상(窮狀)은 극도에 달하여 폐지한 비경에 재하였으므로 당시 동교책임자이던 윤익선(尹益善), 박중화(朴重

華) 제씨가 본 교회에 대하여 1만 1000원의 차금(借金)을 구(求)하므로 본 교회에서 즉시 승낙하고, 그 후 미기(未幾)에 전부 인수를 구하므로 차역 승낙하였는데 2, 3년 간 경비의 출처가 없어 간신히 유지하던 터이므로 만사의 신산(辛酸)함이 형언키 난(難)하였더니 이후 세월을 열(閱)할수록 차제 정돈되어 제1 착수로 교사를 신축하여 소학교를 본교에 병설하며 전문학교를 병설하며 기구를 일신 준비하여 영구히 본 교회에서 유지하려 하였더니 금에 차등 문제가 기하여 이미 해결되었은즉 하등 논의할 여지가 무하나 오직 이종호 씨에게 희망하기는 일층의 열심을 투발(鬪發)하여 동교의 장래 행복을 증진케 할 뿐이다. 보성학원의 인수시의 경위 인수후의 경영상의 고심, 그리고 그 후 차츰 학교의 시설규모가 갖추어 가게 된 동교를 인계함에 있어서의 섭섭한 심정을 비추었다. 동교가 인계 후에도 더욱 발전해주기를 희망하는 천도교회 측의 심정은 일반인과 공통된 것이었다."

4 이종호의 반환 요구에 대한 사회 반응

한편 신교주로 등장한 이종호를 그의 숙소 파밀여관에 찾아간 동지 기자는 그가 말한 바를 천도교회 측의 담화와 똑같이 보도하였는데, 특히 학원 인수 후의 경영에 대한 소신을 피력토록 추구하는 내용이었다.

"여(餘)의 금회(今回) 보성학교 환수는 하등 종래의 희망하던 바도 아니나 금일 경성에 래(來)하여 사실을 조사하고 부득불 여(餘)가 감히 기 사업을 경영함이 가하겠다 생각하고 즉시 차의 반환을 청구하여 승낙을 득하고 금에 전부 인계 중에 재하여 언간 천도교에서 불소한 경비를 지출하여 동교를 유지함은 심히 감사의 의를 표하노라 하며 다언(多言)을 피하려 하거늘 기자는 갱진(更進)하여, 연즉(然則) 귀하가 금번에 갱(更)히 동교를 인수한 후에 완전히 유지 발전케 할 성력이 유(有)한가 우(又)는 금후(今後)로는 경성에 영주(永住)할 각오가 유(有)한가? 질문한즉 씨는 금후 경영 여하(如何)는 장래에 속한 일인즉 지금에 확실히 밝히기 어려우나 여하간 현상대로 유지할 방침이로다.

그런즉 귀하는 금후 귀하의 재산 일부를 출연하여 완전한 재단법인이라도 조직할 성산(成算)이 있는가 하고 물은즉 씨(氏)는 그 역시 장래에 속한 일이라 확실히 밝혀 말하기 어려우나 좌우간 동교를 상당히 유지할 만한 방침을 세우고 나는 고향으로 돌아가 농업에나 종사하려 하노라 하더라.

그는 이처럼 장래 경영에 대한 소신에는 아주 모호하게 대답하여 학원 인계에 대한 세인의 의아심을 한층 더하게 하였다. 보성학원에서는 설립자 변경 문제가 제기된 후 급속도로 사태가 진전되어 양 교장의 사퇴에까지 이르게 되자 한 때 교직원들도 이에 보조를 같이 하였으나, 학생들 간에 동요의 빛이 보임에 따라 결말이 날 때까지 당분간 등교 시무(視務)하여 학생을 무마토록 하였다."

5 당국의 학교경영권 변경신청 불허

한편 설립자 변경신청서를 접수한 당국에서는 이 문제에 대하여 부정적 태도를 나타내고 있었다.

1918년 10월 18일에는 경성부에서 종전의 설립자인 천도교 대도주 박인호를 초치하여 설립자변경 허가가 나올 때까지는 신 설립자의 권리가 발생치 못한다고 주의를 환기시키고 종전대로 관리함이 온당한 것이라 말하였고 다음 날에는 사직한 고보 교장 최린을 불러 같은 주의를 되풀이하였다.

최린을 부른 자리에서 당국은 이종호의 실력과 성의가 어떠한가 물으니 인신에 관한 문제라 대답하기 곤란하다고 그는 말하였다.

그러자 그 다음에는 천도교 측에서 경영하는 것과 이씨가 경영하는 것은 학교를 위하여 어느 것이 좋겠는가? 묻는 말에 누구든지 자력과 성의만 있다면 누가 경영하여도 좋으니 당국의 공정한 처사만 바란다고 대답하였다.

그 후에도 여러 번 불려가 이 문제에 관하여 이야기하였는데 만일 이씨에게 허가가 나지 않을 경우에는 천도교 측이 종전대로 경영할 것인가? 또 만일 이씨가 학교를 경영치 않으면서 본래 소유한 토지 건물의 대가를 천도교 측에 청구하면 어떻게 할 것인가 다소라도 양보를 행할 것인가 하고 묻자 그 문제는 천도교 측과 의논한 후에 답변할 문제라 하고 돌아왔다.

천도교 측에서는 이 문제에 대하여 어디까지나 교육사업에 일말의 사심도 없으니 경우에 따라서는 다소 양보할 수도 있다고 결론지었으므로 이를 다시 경성부에 알렸던 것이다.

당국의 이러한 태도로 말미암아 보성학원의 인계 문제는 결국 실현되지 못하고 말았다.

일제 관헌의 이러한 태도는 필시 신설립자 이종호가 배일주의자 이용익의 장손이라는 것과 그 자신이 요시찰인이었다는 것, 그러므로 그와 같은 인물에게 학교운영권을 맡기고 싶지 않았기 때문인 것 같다.

따라서 그의 자산 상태가 명확치 못하여 전문학교 규칙에 규정된 재단법인 설립의 능력이 결여되었다는 것은 한갓 구실에 지나지 않는 것은 아닐까. 보성학교의 인계문제가 제기되면서 일어난 교육계

기타 각계 인사들 간의 여러 억측은 꼬리를 물고 사람의 입에 오르내리게 되었다.

이종호가 당돌하게 학교의 반환을 요구한 배후에는 모모 인사가 배후에 끼어들어 금전을 갈취하려는 것이었다는 등, 또는 그의 자력은 아직도 충분하고 그의 성의도 대단하여 능히 학교를 인수할 수 있다는 등, 갖가지 항설이 달포를 두고 나돌았다. 이미 이 문제가 대두될 때부터 이러한 억측은 나돈 바 있어 기자도 이종호 씨와 어떤 묵계가 성립되어 인계 후에는 새로 보성학원의 책임자로 취임하리라는 풍문의 주인공인 초대 보성중학교장 박중화를 황금정(을지로) 그의 자택으로 찾아가 나눈 담화를 실은 바 있었다.

"여(餘)의 보성학교 취임설은 사실이 전연 무근이로다. 이종호 씨와 여의 관계는 전일 교의는 상존(尙存)하다 할지라도 하등 심절(深切)한 관계는 아니며 금번 환수의 일이 있기 얼마 전에 이씨가 나를 찾아와 사유를 전하거늘 나는 오직 귀군 선조의 사업을 군이 다시 인수하겠다 하니 축하할 일이나 원컨대 금후로는 더 한층 성심을 다하라 권하였고 이씨의 주소를 물은즉 파밀여관에서 유숙한다 하기로 수일 후 일차 회사(回謝)한 일이 있었고 이씨가 나에 대하여 동교에 위직하기를 구한 일은 있었으나 나는 주위의 사정이든지 나의 일신상 관계로든지 단연히 이를 거절하였고 금후에 일지라도 이에 응하지 아니하기로 결심하였노라고 부인하는 바 아직 이씨 측에서 학교의 후계 당국자는 완전히 정해지지 못한 모양이더라."

화제와 의혹의 대상이었던 박중화 자신은 이처럼 취임 교섭을 받은 사실을 시인하면서도 이를 거절하였다고 밝혔으나 세상 사람들은 반드시 그렇게만 보지는 않은 듯하다. 특히 이종호 개인을 싫어하는 일부 측에서는 집요하게 그를 비방하였다.

즉 당초 그가 학원 환수문제를 제기하면 천도교 측에서는 반드시 이를 거부할 것이요, 그리되면 풍파를 일으켜 난처한 입장에 빠진 교회로부터 금전을 얻어내려 하였다는 것이다. 그러나 천도교 측은 의외로 이를 수락하게 되자 그는 어찌할 바를 모르게 되었다는 것이다.

그 후 경성부에서 그를 몇 차례 호출하여 인수의 동기를 물은 바, 그는 학교 대금으로 10여만 원을 청구하므로 당국에서는 선처할 가망이 없다고 하여 이 문제를 방치했다는 것이다. 또 그가 조부(祖父) 이래의 사업을 한 때의 사세로 중단하기는 하였으나 다시 이를 환수하여 교육사업에 공헌하겠다는 가면(假面) 하에 금전을 취득코자 했다면 그 비열한 행동은 개인을 위해서나 교육계를 위해서나 애석할 따름이라고 평하였다. 그리고 천도교 측을 끌어들여 천도교 측에서도 교육을 위해서라면 기십 만원을 희생하여도 좋겠지만 이종호 개인의 야욕을 채우는 것이라면 단 1전 한 푼도 줄 수 없고 줄 필요도 없다고 천도교 측을 대변하는 듯 비평이 자자하였다.

보성 3개교의 변상대금은 교지 1409평을 법정가액 15원으로 환산하여 2만 1000여 원, 연전에 철회한 구 건물 140칸의 대금 1700원, 합 2만 2700여 원에 대하여 천도교 측이 인수할 때 청산해 준 1만 2000여 원을 공제하면 1만여 원에 불과한데 이 돈을 받아내기 위하여 경영권 반환을 요구함은 부당한 것이라고 욕하는 것이다.

이종호 자신이 인수 후의 경영방침에 대하여 명확한 보증을 내리지 못하고 또한 다소 그 배후에 불순한 동기가 있었을지도 모르나 그에 대한 일부 사회의 비평은 악의적인 면까지 띠고 있어 일제 관헌의 태도와도 일맥상통하는 점이 있었다.

설립자 이용익의 손자 이종호가 인계 당시의 계약 3년 이내 실비 반환의 약조 기간이 훨씬 지나 8년이 경과한 후 반환을 요구하는 부당한 요구에도 개의치 않고 손병희 선생은 이종호에게 "한층 열심히 분발하여 보성학교의 장래 행복을 증진케 할 것을 희망한다"는 말과 함께 보성학원을 아무 조건 없이 고스란히 구 경영주에게 돌려주기로 결정하였다. 이리하여 곧 양자 간에 반환절차가 시작되고 구 경영주로의 설립자 변경을 앞두고 법률상업학교장 윤익선과 고등보통학교장 최린이 사표를 제출하였다. 그러나 일제 당국은 항일운동의 급진파 이종호를 학교설립자로 인가하는데 반대하여, 1918년 10월 18일 경성부에서는 천도교 대표 박인호를 불러 설립자 변경이 나기까지 그대로 학교를 이끌어 나가라고 지시하며 결국 이종호의 인수를 허락하지 않았다.

6 보성학원의 위기

일제에 대항하여 민족 수호에 심혈을 기울였던 이용익과 그 뜻을 이어 받으려던 이종호의 노력은 일제의 방해공작으로 자금마저 억류당해 그 자금을 찾으려던 소송의 결말도 보지 못한 채 1932년 이종호마저 사망한다.

한말의 선각 충신 이용익이 민족의식 고양으로 나라를 바로 세우고자 설립한 사학, 그 사학이 위기에 처했을 때 아무런 조건 없이 후원금을 대주고 그것으로 부족하여 폐교 위기의 학교를 인수하여 반석 위에 올려놓고 또 구교주의 반환요구에 조건 없이 돌려줄 것을 천명한 손병희, 할아버지의 유지를 받들어 다시 한 번 민족교육에 젊은 의지를 불태우려던 이종호, 이 세 분 모두가 우리의 선조님들로서 본받을 어른이라고 생각된다.

교육기관을 후원하고 육성함에 있어 천도교 것으로 설립, 운영하겠다는 사욕은 추호도 없이 오로지 누가 경영하든 누구의 '명의'이든 아무 거리낌 없이 오로지 민족교육을 통한 구국운동에만 성심을 쏟으신 의암 손병희, 그분의 폭넓은 도량과 지혜가 2000만 민족을 독립과 자유의 행진으로 이끌어 동학도인 300만의 생명과 재산을 송두리째 민족의 독립과 자유를 위한 제단에 바쳤다. 그리하여 민족의 가슴에 독립 의지를 심어주고 일본의 간계로 세계인의 의식 속에 조선인은 일본으로부터 압박받아도 될 자치능력이 없는 열등한 민족이라는 인식을 깨뜨리고 조선인은 독립되어야 할 우수한 민족이라는 의식을 심어주는 계기가 되었다.

3. 큰 별이 지다

1 손병희 순국

3·1운동으로 의암 손병희는 3년 언도를 받고 투옥되어 모진 고문으로 옥중에서 병들어 1922년 5월 19일 상춘원에서 병사하시니 향년 62세. 22세에 동학에 입도한 이후 오로지 동학의 목적인 '보국안민 포덕천하 광제창생 지상천국' 건설로 이 민족의 자주독립과 행복을 위한 가시밭길을 슬기롭게 헤쳐 나와 민족의 가슴에 독립 의지를 심어놓고 순국하셨다. 강제병탄 이후 10년, 일제의 탄압 아래 독립 의지를 잃고 실의에 빠져 있던 백성과 독립투사들은 다시 심기일전하여 1919년 4월 13일 상해에 대한민국임시정부를 수립하고 손병희 선생을 임시정부 대통령으로 추대하나 "내 영어의 몸으로 어찌 그리

중차대한 직분을 맡을 수 있겠는가?" 하며 사양하셨다.

2 보성전문학교의 설립정신

보성전문학교은 그 당시 우후죽순처럼 설립되던 다른 사학에 비하여 변화되는 세계의 문명 대열에 합류 발전하는 교육도 중요하게 여겼지만, 무엇보다 강조하여 교육하고자 한 것이 민족정신 함양과 유지였다. 그래서 더욱 다른 사학에 비하여 일제로부터 극심한 탄압을 받을 수밖에 없었다.

3 3·1광복투쟁 이후 보성전문학교

이렇게 설립자 이용익도 망명지 러시아에서 서거하고 보성전문학교을 인계받아 반석 위에 올려놓은 손병희도 서거한 후 보성전문학교은 3·1운동에 대거 참여한 관계로 일제로부터 천도교와 함께 극심한 탄압을 받게 된다.

우선 보성전문학교의 교장이자 강사인 최린이 3월 1일 손병희와 함께 투옥되고 보성학원의 명의상 설립자인 박인호, 강사 임규, 재학생 강기덕 등은 48인 중에서 각각 중요한 역할을 수행한 결과 모두 일제의 엄혹한 탄압에 따른 고문과 옥고를 치르게 되었다.

〈조선독립신문〉의 발행인이었던 교장 윤익선이 투옥되어 1920년 9월 2일 출옥했다 북간도로 떠나고 강사 신익희, 졸업생 주익, 윤기섭, 성준용, 재학생 한창환, 오일철, 손재기, 이병헌, 이태운, 방정환, 박용희, 김상진, 이완식, 남위 등도 각각 중요한 역할을 한 연고로 일제에 의해 구속 수배되어 혹독한 탄압을 받았다.

한말의 선각자 이용익이 설립하고 보국안민의 일선에 선 천도교가 인수받아 민족의 사학으로 키워온 보성전문학교였기에 두 분의 뜻을 아는 그 학교의 학생들 또한 민족의 자주독립을 위한 투쟁에 앞장섰기 때문에 일제의 요시찰 대상이 되었던 것이다. 보성전문학교까지도 이렇게 압박하였던 일제가 천도교에 가한 압박은 더더욱 철저하고 잔혹하였으니 천도교는 3·1광복투쟁 이후 어떻게 되었나?

4 재단법인 결성과 보성전문학교

대표인 손병희를 비롯 간부들이 투옥되고 또한 각 지방에서 투옥된 교도들이 수천 명에 달하였으며 수원의 제암리에서는 4월 15일 오후 헌병보조원 조희창의 안내로 헌병대장 아리다가 인솔하는 일본군 수비대가 마을에 도착하여 지나친 탄압을 사과한다며 교회에 남자들을 모이게 한 뒤, 출입구와 창문에 큰못을 박고 불을 질러 학살하였는데(제암리 학살 사건), 15명의 천도교인과 10명의 기독교인이 희생되었고 벽동, 선천, 정주 교구에서도 교인들이 살해되고 쫓겨나고 거의 모든 지방교구의 교당과 전교실 등이 소실되고 재산을 압수강탈하고 교인들을 학살하고 부녀자들을 희롱하였다. 뿐만 아니라 송현동 천도교 대교당에 헌병 1개 대대 병력을 주둔시켜 교당을 포위 봉쇄하고 수색하며 물품을 강탈해 가고 직원들을 체포하고 교회 간부들의 집을 수색하였으니, 대교당 건축 자금으로 성사께서 명하신 1교호 당 10원 이상의 성금모금이 3·1광복투쟁 자금으로 사용되었을 것을 의심, 더더욱 철저한 수색과 강탈을 자행하였던 것이니, 이 과정에서 경성 제일은행에 예금하였던 20만원과 대도주 박인호 집에 보관하였던 70만원과 손병희 선생의 사위 김상규 집에 있던 30만원 등, 총 120만원을 압수당하였다.

또한 지방교구에서 보내온 월성미 수만 원을 비롯하여 모든 동산과 부동산에 대한 사용을 금지시켜 직원들의 월급도 지불하지 못할 뿐 아니라 왜경의 감시가 심하여 자유로운 교회 활동도 못하는 지경에 이르렀는데 일제는 〈독립선언서〉와 〈조선독립신문〉을 인쇄한 보성사에 6월 28일 밤 고의로 방화하고 방화혐의를 피하려고 소방대를 출동은 시켰으나 급수사정을 핑계 삼아 진화를 지연시켜 보성사를 전소시켰다.

이런 어려움 속에서도 보성학원에 대한 천도교의 지원은 계속되었다.

천도교의 실정과 보성학원의 자체 사정마저 어렵게 되자 1920년 교장으로 취임한 고원훈이 조선총독부에 전문학교 승격에 관한 타진을 거듭하여 재단법인 기성회를 조직하며 널리 사회 독지가들에게 호소하니, 진주 부호 김기태가 금 15만원의 거액을 출연하였다. 그러자 천도교도 기부금 10만원을 약속하였는데, 종래의 천도교 본부였던 송현동의 대지와 건물 및 학교시설 포함 당시가 5만원과 현금 1만원, 나머지 4만원은 7년간 7분 이자로 지불할 것을 약속하고 그 외, 유지 58인이 각 천원에서 3만원에 이르는 금액을 출연하여 그 총액이 43만원에 이르니 1921년 11월 28일로 박인호, 김기태 이하 58인의 설립자 명단으로 각인의 기부 증서를 연명으로 설립허가를 출원하니 그 해 12월 28일로 재단법인 보성학원의 인가가 승인되었다.

이리하여 천도교는 1910년 12월 21일 이종호(이용익의 손자)로부터 인수받았던 보성학원을 1921년 4월 1일에 재단법인 보성전문학교로 인계하였으니 천도교가 보성전문을 경영한 기간은 12년 3개월 12일이다.

이렇게 재단법인을 설립하여 보성학원을 인계한 후 보성전문은 김기태를 필두로 박인호 등 재단이사회의 평의회에 의해 운영되었는데, 계속된 천도교의 재정악화로 4만원의 약속금을 지불하지 못하여 천도교는 동대문 밖에 있던 천도교 별원으로 사용하여 오던 옛 박영호의 저택 상춘원 대지 1만 165평과 그 외 건물 일체를 재단법인 보성전문에 넘겨주었다.

4. 재단 이사회의 경영시대

고려대는 바로 이러한 점을 일제가 식민 지배를 위해 세운 관학(官學)이나 외국인 선교사들이 세운 다른 사립학교와는 다른 건학 정신의 하나로 내세우고 있다.

망해가는 나라의 황제로서 늦게나마 나라를 구할 인재를 길러내고 싶은 의지에서 충직한 시대의 선각자 이용익의 학교 설립을 지원힌 고종 황세, 설립자의 망명으로 폐문의 위기에 처한 보성을 인수하여 반석 위에 올렸다가 구 교주의 반환요구에 아무런 조건 없이 되돌려 주려한 손병희 선생, 구 교주의 여건 미비로 다시 경영을 맡아 전문학교로까지 승격시켜 기초를 공고히 하였으나, 3·1광복투쟁 후 일제의 압박으로 인한 재정난으로 학교를 포기하면서 널리 사회의 후원금을 모금하고 기존의 모든 학교의 건물과 재산 일체에 기부금까지 얹어서 재단 경영진에게 넘겨준 천도교, 보성전문의 경영 위기 소식과 기부금 모금에 사재를 털어 재단 형성에 기여하고도 자신의 이름을 밝히려 하지 아니한 진주 갑부 김기태, 경주 최부자 후손 최준 등 기타 58인의 기부금으로 보성전문은 다시 민족사학으로서의 사명을 다하려 점점 더 가혹해지는 일제의 탄압에 맞서 1930년대까지 학교를 이끌어 왔던 것이다.

설립자 이용익으로부터 손자 이종호를 거쳐 천도교의 손병희, 천도교로부터 58인의 재단경영 체제로 보성전문학교의 경영권이 넘어간지 10여년, 그러나 보성전문학교가 여전히 재정난에 허덕이면서도 민족사학으로서 그 기개를 잃지 않고 유지해 나갈 수 있었던 것은 보전 경영을 사욕이 아닌 오로지 민족의 역량을 키워낼 인재를 양성하여 하루 속히 조선독립의 기틀을 마련하겠다는, 천도교로부터 인수받던 당시의 재단이사들의 우국충정에 의한 고통스런 노력의 결과였다. 약 10년이 지나 1929년에 시작된 세계적 경제공황의 여파로 보전은 또 다시 심각한 재정난에 처하게 된다.

5. 인촌과 보성학원

이러한 곤경에서 보전을 건져내 오늘날과 같은 발전의 터전을 마련한 사람이 1932년부터 경영책임을 맡은 인촌(仁村) 김성수 선생이다.

김성수 선생은 호남 고창 부안의 갑부 김경중의 장남으로 태어나서 1914년 7월 와세다 대학 정경학부를 졸업하고, 민족갱생의 길은 교육에 있다는 생각으로 귀국한 뒤 사립 중앙학교를 인수, 경영해왔고, 경성방직을 설립, 운영하며 민족자산 형성에 힘을 써왔다. 3·1광복투쟁 이후 한민족 회유의 일환으로 조선인의 신문발행이 허가되자 민족문화운동을 위해 동아일보를 창간, 발행해 오고 있었다. 그러나 교육사업 그것도 민립대학에 대한 포부를 가슴에 품고 기회를 엿보던 중 1929년 2월 그의 양부 김기중(金祺中)과 친부 김경중(金暻中) 양가에서 기부한 60만원의 거액으로 재단법인 중앙학원을 설립하고 중앙고등보통학교를 경영하게 되면서 그는 상무이사의 요직을 맡았다.

1931년 8월 1년 9개월간 구미 각국의 문물제도를 시찰하고 귀국한 김성수에게 보전의 이사 김병로는 보전의 경영 문제를 상의하게 된다. 1년 9개월 동안 구미 각국을 시찰하면서 교육에 대한 포부를 실현하기 위해 많은 구상을 하였던 김성수는 '한양전문학교'란 교명까지 생각해 두고 구체적인 방안을 모색하고 있었다.

일제는 1922년부터 서울에 경성제국대학을 설립하고자 하였는데, 이것은 조선인에게 대학교육의 기회를 주어 조선인을 문명개화코자 함이 아니었으며, 조선인에게도 대학교육의 기회를 준다는 그럴듯한 선전과 함께 저들의 식민 통치에 우호적으로 협조할 황국신민의 주구를 양성코자 하는데 그 목적이 있었음을 식자들은 다 알고 있는 터라, 모든 식자층은 조선인에 의한 교육기관을 설립하고 조선인의 보국(輔國) 정신을 함양할 교육기회를 마련해야 된다는 욕구가 강하게 일어나고 있던 시기였다.

이러한 열기 속에 1922년 11월에는 조선인의 손으로 조선인을 위한 대학을 세우자는 여론이 일어나 이상재를 중심으로 조선민립대학 기성회가 조직되면서 1천만 원 모금운동이 일어났다. 그러나 이를 두고 볼 일제가 아니었다. 정면으로 압력을 가하지는 못하나 조직원들에 대한 음으로 양으로의 사찰이 심화되어 결국 용두사미로 그쳐 버리고 말았다.

이러한 현상을 목격하는 김성수는 여러 사람이 합류해야 하는 재단 결성보다 독자적인 자금으로 전문학교를 세우고 장차 대학으로의 발전을 모색하고 있던 중, 김병로의 보성학교 인수 제의는 바라던 바를 이룰 수 있는 절호의 기회였다.

재정난에 빠진 보성을 인수함으로써 한말의 선각자요 충신인 설립자 이용익의 정신과 3·1광복투쟁 당시 민족대표 33인 가운데 한 사람인 의암 손병희 선생의 애국애족의 건학정신이 어려 있는 보전을 경영의 어려움이 닥칠 적마다 그것을 인수받는 경영진은 사심 없이 심혈을 기울여 보전을 오늘날까지 이끌어 왔던 것이다.

1920년 고원훈이 교장을 맡은 이후 3·1광복투쟁의 후유증으로 재정난에 빠진 보성을 위하여 재단법인 기성회를 조직하며 널리 사회 독지가들에게 호소하니 진주 부호 김기태가 금 15만원의 거액을 출연하였고, 천도교도 기부금 10만원과 종래의 천도교 본부였던 송현동의 대지와 건물 및 학교시설 포함 당시 시가 5만원과 현금 1만원 나머지 4만원은 7년간 7분 이자로 지불할 것을 약속하고 그 외, 유지 58인이 각 천원에서 3만원에 이르는 금액을 출연하여 그 총액이 43만원이었다. 보성학원을 1921년 4월 1일에 재단법인 보성전문학교로 인계하였으니, 이때로부터 보성전문은 임자 없는 재단이사회의 공동운영체제로 경영해온지 11년 17일 만에 김성수에게 인계되는 수순의 첫 날이 열렸다.

먼저 김성수가 추수 5천석의 토지를 출자할 의사를 나타냈음을 김병로가 발표하였고, 이에 재단 측은 무엇보다 보전을 살려야 한다는 방향으로 의견 일치를 보았다.

단 요구조건은,

1) 현 이사 감사는 총사직

2) 후임이사 감사 선임 김성수 재량

3) 평의원회를 폐지하기 위해 기부행위를 개정할 것

이리하여 3월 26일 소집된 평의회는 다수의 평의원이 출석한 가운데 교장 박승빈이 학교재단의 곤경과 그동안 김성수와 교섭한 경위를 보고한 후 결국 그에게 학교경영을 청탁할 수밖에 없었던 애로사항을 피력하니 그간 학교경영을 이끌어 왔던 설립자와 교우들은 감개무량하면서도 침통하게 받아들였다.

특히 1908년에 학감 겸 교수로 취임하여 경영난에 처한 보성을 손병희에게 인수 경영케하여 재생시키고 1911년부터 3·1광복투쟁 시까지 10여 년을 학교와 고락을 같이 했던 윤익선은 보전의 금일의 처지를 개탄하고 유감의 뜻을 피력하였다고 한다.

그러나 학교 경영을 계속하기 위해서는 김성수에게 학교 인수를 요청하는 길밖에 없음을 공감한 평의원회에서는 김병로, 허헌, 김용무 3인이 대표가 되어 정식으로 계동의 김성수 집을 방문하여 학교 인수를 청탁하며 몇 가지 희망 사항을 전달하기로 하였다.

요구사항은

1) 현재의 학교직원의 지위보장

2) 보전의 교명을 바꾸지 말 것

3) 교사의 신축을 급속히 실행할 것

1932년 3월 27일 새로 구성된 재단법인 보성전문 이사회를 이사 박승빈 집에서 개최하고 대표이사로 김용무를 정하였으며 최두선에게 재단법인의 실무를 맡게 하고 교장 박승빈의 사표를 수리하고 후임 교장으로 김성수를 추천하였으나, 당분간 박승빈의 협조를 청하여 김성수가 정식으로 교장에 취임한 것은 1932년 6월이었다.

이렇게 1905년 4월 3일 이용익에 의해 설립되고 폐교 위기에 처한 보성전문을 1910년 12월 21일 이종호로부터 인수받아, 3·1광복투쟁 후 악화된 천도교의 재정난으로 1921년 4월 1일에 재단법인 보성전문학교로 인계하여 재단법인 집단 경영체제로 유지되어 오던 보성전문이 또 다시 재정악화로 인촌에게 1932년 3월 27일 보성학원을 인계하기까지 27년의 긴 세월이 흘렀다.

그 날이 있기까지 보성학원의 경영을 사리사욕 없이 오로지 교육으로 민족의 역량을 키워내 국권을 회복하고자 한 애국적 선각자들에 의하여 갖은 신산을 겪으면서도 유지 발전되어 온 보전이 이제 그 재정적 뒷받침이 공고한 인촌 김성수에게로 학교의 모든 경영권이 넘어간 것이다.

인촌 김성수로서는 새로운 전문교육기관을 설립 운영하는 것보다 사회적 지명도로 보아 훨씬 유리하고 이미 그 설립연도가 27년이나 되고 기본 재단의 재정적 기반이 공고한 보성학원을 인수 경영함이 유리하다는 판단 하에 인수제의를 받아들였던 것이다.

당시 인촌 김성수 선생은 이미 중앙중학교와 동아일보사를 경영하고 있었다. 이렇게 1932년에 운영난에 처한 보전을 인수한 인촌은 민립대학의 꿈을 펴기 위해 북악산 기슭, 현재의 성북구 안암동에 새 교사(校舍)를 세웠다. 이로써 '민족을 위한 민족의 대학'을 설립한다는 그의 오랜 꿈이 실현된 것이다. 독자적인 민립대학으로 한양전문학교란 명칭까지 지어놓고 있던 인촌 김성수는 보전이 전문학교로 존속하는 한 보성전문의 교명을 고수하겠다고 약속했다. 그 약속은 광복 후 보전이 대학으로 승격될 때까지는 보성전문이라는 교명이 지켜졌지만 1944년 비상 전시체제에 들어간 일제는 조선의 많은 사학들의 교명을 자신들의 전시동원령에 합당하게 교명을 바꾸며 보성전문은 경성척식경제(京城拓殖經濟) 전문학교로 교명을 강제로 바꾸어 버린다.

이 때 유진오 교수의 독백을 여기에 옮겨본다.

"나는 이번에야말로 교직을 물러나기로 결심했다. 망국민족의 일원으로 나 자신이 치욕으로 점철된 것은 할 수 없다 치더라도, 내가 교직에 머물러 있음으로 해서 한층 더 심해질 뿐이 아닌가. 더군다나 개편된 척식경제전문학교의 척식과장직을 맡는다는 것은 생각만 해도 몸에 소름이 끼치는 듯하다.

개편교섭에 실패한 뒤 나는 병상의 인촌을 찾아가 나의 결심을 표명하였다."

6. 손병희는 어떤 사람인가?

1 천도교 입도

손병희(孫秉熙, 1861.4.8~1922.5.19) 선생은 충청도 청주목(현 충청북도 청주시)에서 세금징수를 담당하는 향리 아들로 태어났다. 어릴 적 이름은 응구이며 1882년(22세) 조카 손천민의 권유로 동학에 입도했는데, 처음 동학에 입도하면 '삼재팔난(三災八難)'을 면할 수 있다는 말에 "사나이 대장부가 삼재팔난이나 면하려고 나라에서 금하는 도에 들어가겠느냐!"며 거절하였으나 나중 '모든 사람이 평등하다'는 동학의 교리와 '보국안민 포덕천하 광제창생 지상천국 건설'이라는 동학의 목적에 감동하여 입도하였고 3년 뒤 최시형을 만나 그의 수제자가 되었다.

선생에게는 이러한 일화가 있다. 동학혁명 당시 공주 가섭사에 주둔하여 밥을 해먹기 위해 솥을 걸어야 할 일이 생겼다. 이 때 해월 최시형은 입도한지 얼마 되지 않는 손병희에게 솥을 걸라고 하였다.

추운 겨울 솥을 걸어놓으면 잘못되었다 다시 하라고 반복하여 다시 걸게 하기를 8번, 9번째 가서야 이제 되었다며 솥 걸기를 마치게 하였다. 이는 청주 관아 아전의 서자로서 젊은 시절 자신의 처지를 비관하여 파락호의 길을 걷다 나라에서 금하는 동학이지만, 그 목적이 보국안민에 있다는 데 뜻을 합하여 입도하였다는 그의 사람됨을 살펴보려는 해월의 의도된 질책이었다. 이러한 시험에 통과된 손병희 선생은 동학에 입도, 착실한 수행과 지도력으로 접주가 되어 목숨을 걸고 외세에 대항, 혁명의 대열에 앞장서 동학의 3대 교주가 되었다.

그러나 동학은 그 당시 나라에서 금하는 이단이었지만 오늘날 동학혁명은 민족사를 빛낸 위대한 혁명으로 자리매김되었고, 더구나 손병희 선생은 그 동학의 저력을 바탕으로 3·1광복투쟁을 계획하고 진행하고 선포하여 우리민족의 자주독립 의지를 세계 만방에 천명한 위대한 민족의 지도자로 자리매김되었지만, 한때 역적으로 오해받던 대열에 섰던 굴곡 많았던 분으로서 이용익 선생과 함께 사후 한 푼의 사유재산이 없었던 청렴한 분이었다.

그러나 선생은 살아생전 일제강점기 세상 사람들이 보기에 그 누구보다 사치와 호사로 한강에 유람선을 띄우고 질펀한 풍류를 즐기며 포드승용차를 두 대씩이나 구입하여 위세를 떨쳤으니, 이는 어디까지나 일제강점기 총독정치 하에서 300만 교도의 우두머리로서 총독보다 더 버금가는 위세를 떨침으로써 조선의 자존심을 세우고자 하는 전략적 차원의 행위였다.

돈 많은 교단의 타락한 교주라는 가면을 쓰고 1910년 경술국치 이후 천명하신 "10년 안에 나라를 되찾겠다"던 그 말씀을 실현하기 위하여 일생을 바치시고 순국하셨다.

2 동학농민운동 주도

1894년 동학혁명 당시 동학군 북접통령으로서 남접의 전봉준과 함께 관군에 맞서 싸웠다. 관군의 추격을 피해 원산 및 관서지방으로 피신한 그는 동학농민혁명 실패로 무너진 동학의 재건과 포교 활동에 큰 공을 세움으로써 1897년 정신적 스승이었던 최시형의 뒤를 이은 제3대 교주가 되었다.

한편 관에 체포된 최시형은 이듬해 혹세무민했다는 죄목으로 처형당한다. 이후 손병희는 동학운동의 지도자만이 아닌 근대화 운동의 지도자로서의 면모를 보인다. 독립협회 인사 등 개화파 인물들과 만나서 일부는 동학에 입교시켰으며, 이들로부터 개화사상을 받아들였다.

3 일본 망명

그러나 동학에 대한 탄압이 거세지면서 먼저 동학에 입도하여 자신에게 포교했던 조카 손천민이 체포되어 처형당하자, 1901년 안경장수로 변장하여 중국에 피신했으나 조선정부의 압력으로 중국에서 살 수 없었기 때문에 1901년 3월 일본으로 망명하며 제자들에게 출국의 목적을 밝히셨으니, "장차 동학을 세계에 창명하고 세계문명의 대세를 살피는데 그 목적이 있다"고 말씀하셨다.

처음 미국으로 가실 예정이었으나 여건이 여의치 않아 일본에 머무르면서 일본이라는 창을 통해 세계를 바라보게 되었다. 여기서 이상헌이라는 가명으로 국사범으로 망명중인 오세창, 권동진, 박영효, 조희연 등 개화파 전직 관료들과 교류하였고, 상하이와 메이지유신(1867년) 이후 개혁의 바람이 불고 있던 도쿄 등을 돌아보면서 인재양성이 시급함을 깨달았다.

이에 따라 1902년부터 24명, 1904년 40명 두 차례에 걸쳐 총 64명의 똑똑한 청년들을 선발하여 일본에 유학시키게 된다. 망명 중 신문기고 등으로 내정개혁론과 근대화론을 설파하다가 1904년에는 갑진개혁운동을 일으켜 권동진, 오세창과 더불어 진보회를 조직했다. 진보하는 회원들에게 머리를 자르고 개화복을 입을 것을 명하는 등 개화운동의 확산을 위한 단체였다.

일본을 통해 선진국의 문물을 보며 조선의 미개함을 혁파하고자 1904년 의정대신(국무총리격) 윤용선에게 다음과 같은 비정혁신론을 보낸다.

> "必達하여 人造之術이 遂物必備하니 此則可學而引用者也라. 今我國大家世族之子弟로 以至於庶人之俊秀히 遊學於外國하야 士農工商之業을 無不通知以後에 達其才而需用於國則此乃國家之棟杆也니 豈非捷徑之計策乎 事若不然則民窮財盡하여 各自無資身之策하려니 獨立之力이 從何而出乎아!"

이렇게 간곡히 사농공상을 무불통지할 인재를 양성하여 국력을 회복할 계책을 건의하였으나 정부는 혁신할 의지도 능력도 없었다.

4 갑진개혁운동과 천도교

손병희 선생은 망명 중에도 국내 간부급 교도들과 꾸준히 연락하여 교세확장에 힘쓴 결과 동학혁명의 여파로 그 세력이 위축된 삼남지방과는 달리 1903년경 서북 지방에는 집집마다 주문소리요, 사람마다 주문을 외우고 다닐 정도로 동학의 세력이 급속도로 번져 나갔다.

이러한 여세를 몰아 손병희는 조직체계를 재정비하고 접주제를 강화하는 한편 간부들을 수시로 불러 민회를 조직토록 지시하고 대동회를 조직하였으나 여의치 않자 1904년 박인호, 송병기 두 사람이 일본에 갔을 때 국내 동학도들로 하여금 일제히 머리를 단발하여 새로운 문명 대열에 참여할 것을 권유하며 이렇게 말하였다.

"첫째, 도인으로 하여금 세계문명에 참여하는 표준이 되게 하는 것이요.

둘째, 도인들이 일심단결하는 의지를 굳게 하는 것이니, 이럴 때 도인은 먼저 용기를 떨치게 하라. 우리가 동학에 입도한 뒤로부터 현재까지 이 한 몸이 죽고라도 현도하기가 소원이었는데 죽지 않고 현도만 되면 얼마나 좋은 일인가!

대신사께서는 대도를 위하여 단두대에 목을 내 베이셨는데 목 대신 머리털쯤이야 무엇이 어렵겠느냐!

예로부터 은혜를 갚기 위하여 머리털을 베어 신을 삼아 바친다 하였으니 이번에 우리가 단발하는 것으로 국은(國恩)과 사은(師恩)을 아울러 갚는 것이요, 또 우리가 먼저 단발하여 세계문명에 참여한 뒤에라야 우리의 목적을 달성할 수 있으니 이 뜻을 일반 도인에게 알리라."

이러한 지시를 받고 귀국한 박인호, 송병기 두 사람은 동년 7월에 이종훈, 엄주동, 김명배, 나용환 등과 함께 대동회를 중립회로 개명하고 전국적으로 확산시키고자 하였으나, 각 처에서 심한 탄압을 받게 된다.

동학을 미워하는 정부나 양반들은 러시아군에게는 동학을 친일파라 모함하고 일본군에게는 친러파라 모함하고 관군은 관군대로 동학을 핍박하니 각 지방에서 많은 동학도들이 학살 당하는 비극이 벌어졌다.

이 소식을 접한 손병희는 권동진, 오세창, 조희연 등과 상의하여 중립회를 진보회로 개명하고 다음과 같은 4대 강령을 발표함과 동시에 이용구를 회장으로 하여 민회운동을 강력히 추진케 한다.

강령(綱領)

1) 황실을 존중하고 독립기초를 공고히 할 것.

2) 정부를 개선할 것.

3) 군정·재정을 정리할 것.

4) 인민의 생명, 재산을 보호할 것.

이에 따라 1904년 8월 29일(음력) 전국 360여 개소에 진보회 지부를 설치하고 경향 각지의 회원 16만여 명이 일제히 궐기, 단발흑의로써 정부개혁과 국정쇄신을 부르짖기 시작하였다. 이를 갑진개혁, 갑진개화운동이라 한다.

전국 360여개 민회가 조직되는 동시에 관찰사, 군수 등의 관원을 상대로 각종 민원에 대한 담판을 실시함으로써 동학혁명 당시의 집강소 정신을 계승한 민원해결 등, 수천 수만의 군중을 상대로 시국계몽을 하였다.

이러한 진보회의 행동을 주시하던 정부는 이들의 실체가 동학도임을 알고 탄압하기 시작한다. 이같은 정부의 탄압을 기회로 친일 앞잡이인 송병준이 이용구에게 접근, 진보회와 일진회의 통합을 제의한다. 회장인 이용구는 스승인 손병희의 재가도 없이 당면한 위기만을 모면할 요량으로 동년 10월 13일 일진회와 통합함으로써 진보회라는 이름마저 없어진다.

일진회로 흡수된 진보회장 이용구는 이때부터 태도를 돌변하여 송병준과 손을 잡고 배교, 친일매국행위를 자행하기 시작한다. 일진회가 진보회를 유혹하여 통합한 것은 당시 많은 민회 조직이 있었으나 조직의 주체인 서울 조직만 있을 뿐 360여 지부에 16만 회원을 보유한 조직은 진보회 뿐이었던 까닭이다.

상황이 이렇게 된 줄 모르는 전국 회원들은 손병희의 지시에 의하여 일진회가 움직이는 줄만 알고 있다가 뒤늦게 이용구의 배신행위를 알게 되었다.

일진회는 1905년 11월 6일 일본의 지도와 보호에 의하여 독립을 유지해야 한다는 매국적 선언서를 발표하고, 뒤이어 17일에 을사늑약(乙巳勒約)이 체결되자 동학교단은 한때 백성들로부터 친일매국집단으로 오해를 받는 사태에 이르렀다. 이에 손병희는 1905년 12월 1일(음) 동학을 천도교로 개명 선포하고〔대고천하(大告天下)〕 1906년 1월 5일 귀국, 이용구 일당을 회유하려던 노력을 접고, 동년 9월 21일 이용구 이하 62명의 배교 친일행위자를 출교 처분함으로써 실추된 교단의 위상을 회복하였다.

그러나 이들 동학의 간부들이 관장하고 있던 교단의 예금과 재산들을 가지고 나감으로써 천도교는 심각한 재정위기를 맞게 된다. 이에 손병희는 성미제도를 제정, 이와 함께 교도들의 수행 법칙을 제정하니 이것이 오관이다.

오관이라 함은 교도로서 1.주문 2.수련 3.기도 4.청수 5.성미를 수행하고 지켜야 한다는 것이다. 앞의 4가지 수행은 동학 즉 천도교의 신앙인으로서 지켜야 할 정신적 신앙의 기본이며, 성미는 교단을 이끌어 가기 위한 동력이 되는 물질적 정성이다.

이제까지의 동학을 이끌어온 비용은 애국심에서 발로한 동학도들의 자진 납부식의 성금에 의하여 충당해왔으나, 심각한 재정적 위기를 맞아 이를 타개하고 앞으로의 원활한 재정 확보를 위해 만든 성미제도는 매 식기마다 밥을 하는 주부가 쌀을 뜰 때, 식구 수마다 한 순갈의 쌀을 정성으로 기도하며(기도문, 이 밥을 먹고 보국안민 포덕천하 광제창생 지상천국 건설에 앞장서겠습니다.) 따로 모아두었다 한 달에 한 번씩 교단에 바치니, 이를 모아 팔아 교단을 이끄는 재정으로 썼다. 당시 동학도가 전국적으로 300만이니 매끼 한 순가락의 쌀이 300만 순갈이요. 어려운 시절 두 끼만 따져도 하루에 600만 순갈의 쌀이 천도교의 재정으로 모여들었다. 교도들 중 끼니를 거르는 가난한 이도 있었으나 정성 있는 부자도 있었으니, 이 성미와 또 정성 어린 성금으로 교단의 재정이 안정되고 많은 학교를 지원할 수 있는 원동력이 되었던 것이다.

5 귀국

일본에서 귀국하여 1905년 12월 1일, 동학군을 극심하게 탄압하던 대한제국이 외세의 간섭으로 무기력해진 상황 속에서 동학을 신앙단체인 천도교로 개칭, 대고천하(大告天下)하였다. 또한 애초에 개혁운동의 전위단체로 조직했던 진보회의 이용구, 송병준 등이 진보회를 일진회로 개명하고 친일행각으로 매국행위를 함에 일진회 인물들에게 출교 처분을 내림으로써 이들과 결별한다.

6 독립운동

귀국 후에는 교주 자리를 박인호에게 넘기고 교육사업(보성전문학교, 동덕여숙)과 출판사업에 관심을 쏟다가, 1910년 8월 29일 조선이 일제에 의해 강제병탄되자 “내 10년 안에 나라를 되찾겠다”고 교도들 앞에 천명하신 후 그 준비 목적으로 1911년 11월 경기도 고양군 숭인면 우이동(지금의 서울 강북구 우이동)에 임야 2만 7946평을 매입, 이듬해 1912년 3월 수도연성을 위한 장소로 봉황각(鳳凰閣)을 건축하여 6월 19일에 완성하였으니, 건물 이름을 봉황각이라 지은 것은 나라를 구할 봉황(鳳凰) 같은 인재를 길러내시고자 하는 선생의 의지가 담긴 이름이다. 이 건물을 완공하신 후 선생께서는 주로 이곳에 머무시며 광복투쟁에 뜻을 두신 외부 인사들과 접촉하시며 3·1광복투쟁에 대한 구상을 하시고, 그 구체적 준비로서 1912년 4월 15일부터 도선사의 암자를 빌려 제1회 49일 수도연성을 시작하셨으니 수도연성의 제목은 ‘이신환성(以身換聖)’이었다. 이신환성이란 육체적 모든 욕망을 없애고 생각을 성령으로 바꾼다는 뜻이니, 앞으로 광복투쟁을 벌여나갈 때 겪게 될 모진 고통과 어떤 유혹에도 흔들리지 않을 절대 신념(信念)을 불어넣기 위한 정신교육이었다.

이러한 뜻으로 시작된 연성은 1914년 3월 25일까지 3년간 7차례에 걸쳐 전국의 천도교 청년간부들을 49일씩 차례로 독공수련을 시켰는데 1회 때 21명 2, 3, 4회는 49명씩 5, 6, 7회 때는 105명씩 총 483명의 독립운동자를 양성하셨다.

손병희 선생께서는 봉황각 건축 후 7년간 이곳에서 기거하시면서 조국광복을 위한 지도자 양성 이외에도 많은 인재 양성에 주력하는 한편, 국내 뜻있는 인사들을 불러 국사와 교회 중대사를 논의하였다. 3·1운동 당시 천도교 대표 15인도 이곳에서 배출하는 등 봉황각은 국권회복은 물론 손병희 선생의 거룩한 성령과 민족의 주체적, 정수(精髓)적 성령이 서려 있는 곳이다.

이에 서울특별시는 이곳 봉황각을 3·1운동의 발상지로서 1969년 9월 19일에 향토문화재 제2호로 지정하여 길이 보존함으로써 봉황각을 찾는 국민들에게 애국애족의 귀감이 되도록 하고 있다.

봉황각에서 수련생들이 연성을 마치고 돌아갈 때 등사기 한 대씩을 선물로 들려 보냈으니, 이는 훗날 독립선언서의 원본을 등사해 내기 위한 준비작업이었다. 이러한 주도면밀한 손병희 선생과 천도교의 준비 작업이 1919년 3·1광복투쟁을 성사시켜 비록 그 투쟁으로 많은 동포가 학살당하고 천도교도 혹독한 탄압을 받아, 혹자는 3·1광복투쟁을 실패한 투쟁으로 무고한 동포의 희생을 불러왔다고 폄훼하는 이도 있으나, 3·1광복투쟁은 독립의 능력이 없는 무지몽매한 조선인, 그래서 일본의 식민통치를 받음이 마땅하다고 선전하던 일본의 기만 전략이 만천하에 거짓임이 증명되고 조선인을 무지몽매하고 무능한 민족으로 알고 있던 전 세계인에게 조선인은 마땅히 독립의 자격을 갖춘 민족임을 인식시켰을 뿐만 아니라 전 세계 약소민족의 가슴속에 독립의 의지를 심어주어 중국의 손문이 5·4운동을 벌였고, 인도의 마하트마 간디가 비폭력 무저항의 독립운동을 벌였던 것이다.

그런 손병희 선생은 기미독립선언서 낭독 후 일본 경찰에 체포되어 징역 3년형을 선고받아 수감 생활이 시작되었다.

7 수감 생활

태화관에서 독립선언서 낭독을 하고 만세삼창을 부른 후 남산에 있는 일제 헌병대로 압송되어 3년 언도를 받고 형무소 수감생활이 시작되었다.

손병희 선생의 옥바라지를 맡은 분은 당시 26세의 꽃 같은 새댁 주옥경이다. 주옥경은 손병희 선생의 3번째 부인으로서 혹자들은 선생을 여색을 밝히는 호색한으로 오해할 수도 있으나, 주옥경은 당시 잘 나가는 명월관의 기생으로서 장안의 인기가 높던 명기였으나, 어느 연회 좌석에서 선생을 모신 후 나라를 생각하는 그분의 투철한 애국심과 호방한 기개에 흠모의 마음이 솟아 스스로 선생께 생을 의탁하기로 하고 선생 댁으로 찾아와 큰 사모님들을 정성으로 모시며 당시 광복운동을 하는가 하면, 의심받는 남자들을 대신하여 선생과 교단 간부들 및 사회유지들과의 사이에 연락 책임을 맡아 심부름을 하는 비서 역할을 하였으니, 선생과의 사이는 사랑하는 임이자 존경하는 스승이요 나라를 구하는 일에 뜻을 함께 하는 동지였다.

이러한 주옥경이 사랑하는 임이자 스승이요 동지인 선생께서 60이 넘은 노구로 감옥에 갇힌 몸이 되셨으니 그 안타까운 마음이 오죽이나 아팠겠는가? 가회동 자택과 형무소가 너무 멀어 형무소 근처에 음식을 장만할 집을 구하자니 마땅한 집이 없고, 집이라고는 형무소에서 죽은 시신을 잠시 안치하는 폐가 같은 집밖에 없었다. 할 수 없이 그 집을 얻어 수리하고 꽃 같은 새댁 주옥경은 이곳에서 하루에 세끼씩 사식을 지어 들여보내며 정성의 옥바라지를 시작한다. 입옥한 지 10개월이 되는 그해 11월 30일 주옥경에게 선생이 위독하니 병보석을 신청하라는 전갈이 온다. 알고 보니 11월 28일 선생께서 뇌일혈로 쓰러지신 것을 이틀이나 지난 후에 알려 준 것이다.

가족과 교단 간부들이 함께 가 보석신청을 하니 그 날이 마침 일요일이라 월요일로 미루고 월요일에 다시 신청하니 병세가 호전되었다며 보석이 불허되어 주치의 박종환과 가족과 교인들이 들어가 보니 의식불명인 채 반신불수가 되어 있었음에도 일제는 병세가 호전되었다며 보석을 불허한 것이다.

그런대로 조금씩 병세가 호전되어 가던 선생께서 다시 1920년 6월

12일에 뇌일혈이 재발되어 전신불수가 되신 데다 늑막염까지 겹쳐지자 다시 병보석 허가를 신청하라는 연락이 온다. 보석신청을 끝내고 6월 13일 가족과 교인들이 장맛비를 맞으며 감옥 앞에서 종일 기다려도 선생께서 나오시지 못하자 14일 보석 신청을 정식으로 하여도 형무소 측에서 가타부타 말이 없다.

이러한 일제의 만행에 비판여론이 급등함에도 불구하고 보석신청 9일 만인 6월 22일에야 보석을 불허한다는 통지가 온다. 이에 주옥경에 대한 동정으로 사회의 비판여론이 급등해도 보석을 하지 않던 일제는 선생의 병환이 극도로 악화되어 말씀도 못할 지경에 이르렀음에도 언도공판을 약 1주일 앞둔 10월 22일, 수감되신지 20개월 19일 만에야 병보석을 허가하여 출감하시니 선생은 육체적 정신적으로 만신창이가 되신 후였다.

8 병상생활과 환원

몸과 마음이 만신창이가 되어 출감하신 선생은 상춘원에서 '동대문 밖 천도교 별원'에서 투병생활에 들어가시니 한의와 양의 두 분 주치의의 치료와 주옥경의 지극 정성의 간병생활이 시작된다. 해가 바뀌고 1921년 봄, 1년 반에 걸친 지극정성의 간병에 힘입어 호전되어 가던 병세가 악화되기 시작한 것은 4월 8일 생신 축하식이 있고 얼마 후 부터였다. 5월 15일부터 병세가 악화되기 시작하여 5월 16일에는 완전 혼수상태에 빠졌다. 이렇게 악화된 병세로 고생하시던 선생은 드디어 5월 19일 62세를 일기로 은도시대(隱道時代) 박해받던 동학을 천도교라는 우리나라 최대의 근대 종교로 발전시키고 마지막으로 조국 광복 제단에 한 몸을 바친 웅혼(雄渾)한 일생을 마감하였다.

일제는 형집행정지로 석방된 죄수라는 핑계로 영결식조차 허가를 내주지 않았다. 각 신문에는 이러한 당국의 처사에 대한 비판이 물 끓듯 해도 일제가 영결식의 허가를 내주지 않은 것은 겉으로는 죄수이기 때문에 안 된다는 그럴듯한 이유를 내세웠지만 그것은 핑계일 뿐이며, 속으로는 혹시라도 영결식에 사람이 많은 군중이 모여 또다시 만세시위와 같은 소요 사태가 일어날 것을 염려한 때문이었다.

여러 번의 장례허가 신청이 기각되어 고심하던 중, 어떤 사람의 조언으로 최린이 한국인 도(道) 경찰부장에게 부탁하여 간신히 장례 허가를 받게 되었다.

9 장례식

이에 장례준비위원회는 구체적인 장례 절차를 확정하니 장례일은 6월 5일로 정하고 신축된 대교당에서 영결식을 거행하기로 하였다. 1918년 12월 1일 기공하여 1921년 2월에 완공한 대교당, 조금만 건강이 회복되면 그렇게 가보고 싶어하던 대교당, 살아생전에 그 바람을 못 풀고 이제 싸늘한 시신이 되어 마지막 가는 길에야 그곳을 들르게 된 것이다. 오전 9시 영결식이 끝나고 선생의 영여(靈輿)가 우이동 장지로 출발하니 장례위원을 선두로 종학원(천도교 교리교사강습학원), 보성초, 보성중, 보성전문학교, 동덕여학교 학생과 교직원 등 1500여 명이 뒤를 따르는 행렬 뒤에는 '천도교(天道敎) 3세(世) 교조(敎祖) 의암성사(義菴聖師) 손병희(孫秉熙) 영구(靈柩)'라는 명정(銘旌) 뒤로 70여 대의 꽃차와 270여 개의 만장이 숲을 이루고, 다음으로 장례위원장 중앙총부 간부들이 영여를 모신 뒤에 주상인 춘암상사 박인호 '4세 교주'와 유족 및 친족들이 그 뒤로 20여 대의 자동차와 200여 대의 인력거와 이어 수천 명의 남녀 교인들과 일반 조문객들이 뒤를 따르니, 장례행렬의 선두가 창경궁 정문을 지날 때 후미가 대교당 정문을 빠져나올 만큼 일찍이 볼 수 없었던 길고도 장엄한 장례 행렬이 장관을 이루었다.

선생의 장례 행렬에 보성학교와 동덕학교의 학생들이 대거 참여한 동기는 본장에서 밝혔듯이 경영난에 처한 보성학원을 이종호로부터 인수받아 전문학교로까지 승격시켜 경영하다 3·1광복투쟁 후 천도교의 재정악화로 후원금까지 없어 재단을 결성하여 박인호 교주도 재단이사의 한 사람으로서 보성전문의 경영에 참여중인 까닭이며, 동덕여학교 역시 천도교에서 경영난에 처한 동덕여학교에 많은 지원을 하여 경영하다 3·1광복투쟁 후 애초의 설립자 조동식에게 168평의 2층 양옥 신축교사와 지원금까지 얹어서 돌려준 연고라 이러한 인연으로 보성학교와 동덕여학교 학생들이 장례행렬의 선두에 서서 마지막 가시는 선생의 영구를 배웅하였던 것이다.

혹자들은 3·1만세 당일 민족대표 33인이 애초에 탑골공원에서의 독립선언서 낭독의 약조를 깨고 비겁하게 태화관에 숨어 선언서 낭독을 한 후 일경에 자수하였다고 폄훼하는 부류도 있지만, 이는 민족대표 33인의 어른들이 피 끓는 청년, 학생, 대중 앞에서 선언서를 낭독하고 일경에 체포되어 갈 경우, 이를 목격한 대중들의 격분으로 벌어질 폭력사태를 막고자 한 사려깊은 판단이었다.

10 사후

1962년 건국훈장 대한민국장이 추서되었다. 충북 청주의 삼일공원에 충북 출신으로 민족대표 33인 가운데 권동진, 권병덕, 신홍식, 신석구와 함께 동상이 설치되어 있다. 청원군 생가 자리에는 기념관도 건립되었다. 저서로는 일본 망명 시절에 국부 달성과 근대화를 주장

손병희 묘소를 돌아보고 공진항 천도교 교령의 손을 잡고 봉황각으로 내려오고 있는 이승만 대통령 옆에 손병희 선생을 옥바라지했던 주옥경 여사가 함께 하고 있다.

하며 저술한 《삼전론(三戰論, 1902)》《명리전(明理傳, 1903)》, 《준비시대(準備時代, 1906)》(현재의 지방자치제를 다룸) 등이 있다.

어린이 운동으로 유명한 방정환은 손병희 선생의 사위로서 천도교와 밀접한 관련이 있다. 방정환의 부친은 천도교 교인이었으며, 방정환 자신도 1923년 천도교계 잡지에서 작가로 활동한 어린이 운동의 선구자다.

11 광복 그리고 김구 임시정부주석 손병희 선생 묘소 참배

1945년 11월 23일 주한미군사령관 하지의 주선으로 C47 군용기 편으로 귀국한 대한민국임시정부의 주석 김구는 귀국 후의 바쁜 일정이 대강 끝나자, 1946년 2월 28일 의암 손병희 선생의 묘소를 찾는다.

임시정부 주석 김구, 김규식, 이시영, 유동열, 엄항섭, 안미생, 장준하와 젊은 수행원 등, 3·1광복투쟁의 주역이었던 권동진과 오세창 등 일행은 추운 겨울날 우이동 골짜기, 손질을 제대로 하지 못한 엉성한 묘 앞에 선 일행의 가슴은 너무나도 슬펐다.

먼저 백범 선생이 묘소 앞에 정중히 머리 숙이고 읍하자 누군가의 입에서 흐으윽 울음이 터지고, 옆에 나란히 서 있던 권동진, 오세창 두 분이 와락 껴안고 기쁨도 아닌 슬픔만도 아닌 감격을 터뜨렸다.

"여보! 이제 정말 내 땅을 찾았구려!

나는 어느 분의 목소리인지 구분할 수가 없었다. 그것은 누구의 목소리도 아닌 비장한 오열이었다. 내가 그리워하던 조국의 숨소리를 이제 이곳에서 듣는 것이었다. 그렇다. 조국은 숨어서 울고 있었다. 그리고 아직도 그 슬픔을 다 풀지 못하고 있는 것이다. 나는 두 주먹을 불끈 쥐었다. 허공이라도 미친 듯이 치고 싶었다. 차례로 머리를 숙이고 안미생(안중근의 조카 김구 선생의 며느리) 여사가 들고 온 꽃다발을 받아 묘지에 놓아 드렸다.

이렇게 대한민국임시정부 주석 김구는 말없이 무덤 속에 계신 손병희 선생을 만나고 있었다." (이상 장준하의 《돌베개》에서 발췌)

1948년 8월 15일 대한민국정부 수립 후 이승만 대통령은 두 번이나 찾아와 3·1광복운동의 최고 지도자에게 경의와 감사를 표하고 묘소 관리에 만전을 기하라고 지시하였다. 그 후 어느 대통령도 찾아온 이가 없었다. 3·1광복운동을 대한민국의 뿌리이며 건국의 시작이라고 말하는 거물 정치인 누구도 찾지 않고 있다.

12 3·1운동인가? 3·1혁명인가? 3·1광복투쟁인가?

1919년 3월 1일 2000만 민족이 하나 되어 대한독립만세를 외치다가 7509명이 사망하고 민족대표 33인과 뒤에 남은 48인을 비롯, 4만 7000명이 체포되어 구금되며 모진 고문과 옥고를 치루면서도 만세소리가 끊임없이 이어진 사건을 운동이라고 말해 온지 어언 98년이나 되었다.

여기서 잠깐 '운동'의 자전적 의미를 찾아보자.

1) 사람이 건강을 위해 몸을 움직여 신체를 단련하는 일.

2) 어떤 목적을 위해 분주히 돌아다니며 조직적으로 활동하는 일.

3) 물체 또는 기하학적 형체가 시간의 경과에 따라 그 공간적 위치를 바꾸는 일(지구의 자전)

98년 전의 이 사건은 세계사에도 올라간 사건이니 국제공용어로 쓰이고 있는 영어로 번역을 해보자. 3·1혁명의 의미를 잘 모르는 아이들과 외국인이 '쓰리 컴마 원 스포츠' 라고 말한다면, 3·1운동의 의미가 제대로 전달될 것인가? 필자는 학문의 깊이가 얕기 때문에 이 위대한 3·1혁명으로서의 정명(正名)성을 논하기보다 전 독립기념관장 김삼웅 선생의 논문을 옮겨 실음으로써 독자 제현님들께 3·1혁명으로서의 그 정당한 이름과 지난날 선열님들의 애국투쟁의 자취를 밝혀보는데 기여코자 한다.

'정명을 잃어버린 100년'

컬럼비아 대학 역사학 교수 프리먼(1852~1930)은 "로마는 그 이전 역사의 모든 흐름이 흘러들어 그곳에서 대문명을 이루었고, 그 이후 역사의 모든 흐름이 그곳에서 비롯되어 다시 흘러가는 거대한 호수다" 라고 평한 바 있다.

이 말을 기미 3·1독립혁명에 대입하면 적합한 비유라 할 수 있다.

동학농민혁명, 만민공동회, 의병투쟁, 국내외 항일운동 등 각급 민족운동의 흐름이 3·1혁명으로 접목되고, 그 이후 대한민국임시정부 수립, 청산리전투와 봉오동전투 등 무장투쟁을 비롯하여 조선의용대, 광복군 등 각급 독립투쟁은 3·1혁명을 발원으로 더욱 강화되고, 체계화, 조직화, 장기화의 동력이 되었다. 국권상실 이후 한민족은 세계 식민지 해방투쟁에서 유래를 찾기 어려울 만큼 다양한 전략, 전술을 동원하여 국권회복운동을 전개하였다.

그것이 3·1혁명으로 집약되면서 민족적 에너지가 결집하였다. 국치 9년 만에 폭발한 3·1혁명은 일제 식민통치를 거부한 민족의 자주독립 선언임과 더불어 봉건군주제를 종식하고 민주공화주의를 지향하는 그 시대의 횃불이었다.

문명사적으로는 전근대적인 신민의식(臣民意識)을 탈피하고 근대적인 시민의식(市民意識)으로의 전환점이며, 민족사적으로는 신분, 지역, 성별, 종교를 뛰어 넘는 민족주의의 시발점이고, 국제적으로는 중국의 5·4운동을 비롯하여 인도차이나반도와 동남아, 아랍, 이집트 등에까지 파급되어 반제국주의 약소민족 해방운동의 불씨가 되었다.

그런가 하면 일제의 가혹한 무단통치에 짓밟혔던 민족혼이 되살아나 곳곳에서 임시정부 수립운동이 일어나고 무장투쟁이 전개되었다.

또한 긴 세월 남성 위주의 가부장제의 질곡에에서 벗어나지 못했던 여성이 역사의 현장에 등장하게 되는 여성해방의 계기가 되었다.

우리는 근대 한민족사의 가장 위대한 분수령인 1919년 거족적인 '3·1혁명'을 '3·1운동'이라 비칭하면서 그 100주년을 앞두고 있다. 선열들이 조국의 자주독립을 위해 왜적의 총칼에 맞서 싸웠던 3·1혁명의 정명(正名)도 찾지 못한 채 100주년을 2년 앞두고 있다.

한민족은 1910년 8월 29일 국치로부터 1945년 8월 15일 해방까지, 만 34년 11개월 보름동안 국권을 잃고 왜적의 식민지가 되었다. 따라서 이제 일제강점기보다 두 배의 세월이 흘렀다. 선열들이 간악한 일제와 싸우면서 내세운 목표는 '자주독립과 통일민주국가의 수립' 이었다.

그런데 우리는 남북분단 세계 4강 틈바구니 북한의 핵위협 공포의 상황 속에서 3·1혁명 100주년을 앞두고 있다.

공자의 정명사상이 아니더라도 모든 사물이나 사건에는 거기에 부합되는 이름(名稱)이 따른다.

명(名)과 실(實)이 상부할 때만이 정명의 가치가 부여된다고 할 수 있다.

우리나라 국경일인 제헌절, 광복절, 한글날, 개천절에는 명칭에서 그 의미가 확연하게 주어진다.

헌법을 제정 공포한 날, 빛을 찾은 날, 한글을 창제한 날, 나라를 처음으로 연 날이다.

각종 국가기념일도 모두 명칭에서 그 의미를 담고 있다. 그런데 왜 유독 '3·1절'은 가치중립적인 숫자로 나열되고 있는가?

역사적으로나, 세계사적으로 당당한 혁명의 자리에 서야 할 1919년 3월 1일.

한민족의 위대한 혁명적 거사를 숫자로 나열하여 평가절하하고, 아이들과 외국인이 '쓰리 컴마 원 스포츠' 라고 불러야 하는가? 3·1운동은 'March First Movement', 'March First Independence Movement' 등으로 번역되는데, 한국역사에 대한 이해가 부족할 경우 'March First Sports'로 번역될 수도 있다. 정명을 찾아야 되는 이유의 하나이기도 하다. 선열들에 대한 모독이고 역사에 대한 가치전도가 아닌가 싶다.

3·1혁명보다 8년 전인 중국의 신해혁명과 2년 전의 러시아혁명과 비교할 때 우리는 스스로 평가절하하고, 용어에서 정명을 찾지 못하고 있는 것이다.

먼저 '3·1 운동'이 아니라 '3·1혁명'이어야 하는 이유부터 따져본다.

혁명(Revolution)이라는 용어는 라틴어 revolutio에서 기원하는데, 이는 '마차바퀴를 완전히 한바퀴 돌린다'는 뜻이다. 체제 내의 개혁이나 변혁과는 차원을 달리한다.

동양에서는 새 왕조가 수립될 때 상제(하늘)가 옛 왕조에게 부여했던 천하를 다스리는 명령을 바꾸어(革), 그것을 새로운 왕조에게 주었다(命)하여 그 정당성을 이론화하는 개념으로 쓰였다. 《역경》에는 '하늘과 땅이 바뀌어 4시(四時, 곧 봄 여름 가을 겨울)가 이루어진다'라는 뜻이었다.

3·1혁명의 기본 가치를 분석하면,

첫째는 자주독립을 선언하고 일제의 식민 지배를 거부하였다.

둘째는 4000여 년 동안 유지되어 온 봉건왕조 체제를 거부하면서 존왕(尊王)주의 복벽운동이 아닌 민주공화주의를 주창하였다. 즉 한성임시정부를 비롯하여 상하이임시정부 등에서 한결같이 민주공화제를 채택하였다.

셋째는 유사 이래 처음으로 여성이 역사 현장에 주체적으로 참여하고, 신분, 세대, 지역, 종교를 초월하여 전개된 범민족적인 항쟁이었다. 세계혁명사에서 '남녀노소'라는 말이 실제적으로 등장한 것은 3·1혁명이 최초였다.

넷째는 국민의식이 전근대적 신민(臣民)의식에서 근대적 시민(市民)의식으로 전환되었다.

다섯째, 국제적으로 세계 피압박 민족의 반식민지투쟁의 불씨가 되었다.

1) 국제정세 주시하면서 독립준비

3·1혁명은 손병희가 주도하는 천도교의 역할이 지대하였다. 손병희는 경술국치 이후 비록 총독부 기관지이긴 하지만 《매일신문》을 비롯하여 일본에서 발간하는 《대판조일신문》 등을 매일 구독하면서, 일본은 물론 국제정세의 흐름을 예의 주시하였다. 교단 간부들에게도 신문을 읽도록 하고 그때그때 내외 정세를 알려주었다. 손병희는 국력이 약한 한국이 독립하기 위해서는 민족 내부 역량을 축적했다가 국제정세 변동을 능동적으로 포착하여 일제에 큰 타격을 주고 독립을 쟁취하여야 한다고 믿었다. 당시 일제는 청일전쟁과 러일전쟁에서 승리하고 조선을 강제병탄한 데 이어 제1차 세계대전의 승전국이 되어서 막강한 국력과 군사력을 갖고 있는 세계적 강국이었다.

1918년 12월 초 일본 신문에는 1919년 1월 18일부터 파리에서 강화회의가 열리고 여기에 일본대표의 파견과 일본 정부의 외교방침 등이 보도되었다.

손병희의 눈길을 사로잡는 대목은 윌슨 미국 대통령이 제창한 평화원칙 14개조 등이 평화회의에서 논의될 것이라는 기사였다.

물론 일본 신문은 민족자결원칙이 유럽의 폴란드, 불가리아, 체코슬로바키아 등 민족문제 처리에만 적용되는 듯이 쓰고, 한국문제는 전혀 언급이 없었다.

국제정세는 크게 요동치고 있었다.

1914년 7월 28일 시작된 제1차 세계대전이 1918년에 종전되면서 전승국과 패전국 사이에 강화회의가 열리게 되었다. 일본은 중국에서의 이권 확대를 노리고 영일동맹을 내세워 독일에 선전포고를 하고,

연합국이 승리하면서 중국 산동성의 독일이권을 물려받고 남양제도의 위임통치령을 얻었다.

한편 러시아에서는 10월혁명으로 레닌을 수반으로 하는 소비에트 사회주의 정권이 수립되었다. 소비에트 정부는 지주의 토지를 국유화하고 은행·산업의 노동자관리에 착수했으며, 독일과의 단독 강화에 의해 평화체제를 갖추었다.

러시아 신정부는 권내의 다민족을 포용한 채로 자결권을 승인하고, 민족자결주의 원칙을 제시하면서 식민지 국가의 민족해방투쟁을 지원한다고 발표하였다.

미국 대통령 윌슨은 1918년 1월 의회에서 '14개조 평화원칙'을 공표했다. 그 내용은

1. 강화조약의 공개와 비밀외교의 폐지
2. 공해(公海)의 자유
3. 공정한 국제통상의 확립
4. 군비축소
5. 식민지문제의 공정한 해결
6. 프로이센으로부터의 철군과 러시아 정치변화에 대한 불간섭
7. 벨기에 주권회복
8. 알자스로렌의 프랑스 반환
9. 이탈리아 국경의 민족문제 자결
10. 오스트리아·헝가리제국 내 여러 민족의 자결
11. 발칸제국의 민족적 독립보장
12. 터키제국 지배 하 여러 민족의 자치
13. 폴란드의 재건
14. 국제연맹 창설 등이다.

각 민족은 그 정치적 운명을 스스로 결정할 권리를 가져야 하며 외부로부터의 간섭을 허용하지 않는다고 하는 민족자결주의는 19세기 내셔널리즘의 고양과 함께 약소 민족의 자주독립사상으로 널리 인식되었다.

제1차 세계대전의 결과 독일, 터키, 오스트리아 제국이 붕괴되고, 그 판도 안에 있었던 종속민족들의 처리문제가 시급한 국제사회의 현안으로 떠올랐다.

윌슨의 '14개조 평화원칙'은 이 같은 상황에서 제기되었다.

손병희는 이때를 놓쳐서는 안 된다는 각오로 여러 대책을 준비했다. 1918년 8월 교단의 중진들을 불러 "지금은 사람과 물체가 개벽하는 때"라는 요지로 설교를 하면서 국제정세의 변동을 소개하였다. 그리고 천도교 간부들에게 준비를 지시했다.

천도교 안에서는 이종일 〈묵암 비망록〉에서 보이듯이 민족문화수호운동본부와 비밀결사 '천도구국단'이 결성되고 거사준비를 하였다. 비록 일제에 발각되면서 1차 거사는 실패했으나 다른 방법으로 은밀히 준비하였다.

천도구국단의 명예총재는 손병희였고, 단장은 이종일, 부단장에 김홍규, 총무는 장효근, 섭외에 신영구, 행동대장에 박영신이 각각 임명되었으며, 보성사 사원들도 깊이 간여하였다. 그 본부는 보성사에 두었고 회원들은 약 50명이었다. 천도구국단은 1914년 제1차 세계대전에 따른 국제정세를 분석하여 일제가 곧 패전하리라 판단하고, 그 경우에 대비하여 시국선언문을 마련해두었다. 이 선언문은 1915년 9월 7일 일제에 발각되어 압수되었다.

천도구국단은 1916년 2월 국제정세를 의논한 뒤 민중봉기를 계획하였다. 이에 따라 이종일은 남정철, 이종훈, 이상재, 송진우, 현상윤,

김홍규는 한규설, 홍병기, 박영효, 신영구는 윤용구, 장효근은 김윤식을 찾아가 대중동원을 협의하였다.

그러나 이상재만이 "천도교측에서 나선다면 나는 기독교도들을 동원해주겠다"는 약속을 했을 뿐 모두 거절하였다.

기미년 3·1혁명의 거족적인 항쟁의 기원은 천도교의 천도구국단에서 발원했다고 해도 지나치지 않다. 윌슨의 민족자결주의 원칙이 발표되면서 이종일 등이 손병희를 찾아와 민중봉기 계획을 설명하고, 1918년 1월에 다른 종교단체와 연합하여 대한문 앞이나 파고다공원에서 시위를 일으키고자 하였으나 손병희는 이를 만류하였다.

아직 때가 아니라고, 더불어 타종교들과 연합하여 범민족적인 규모로 봉기하여 독립을 쟁취하겠다는 복안이 있었기 때문이다.

민족문화수호운동본부와 천도구국단은 천도교를 중심으로 조직된 비밀결사로 3·1혁명의 모태가 되었고, 이종일은 1910년대 천도교 중심의 독립투쟁이 전개되는 과정에서 중심적인 위치에 있었다.

손병희는 3·1혁명을 주도하면서 동학의 3세 교조, 그리고 천도교를 창건한 교주로서의 지위를 후임에게 넘겼다. 박인호 대도주에게 교단운영의 중책을 맡긴 것은 손병희 스스로 죽음을 각오하고 3·1혁명에 임하겠다는 결의를 나타낸 것이다. 박인호를 3·1혁명의 민족대표에 포함시키지 않은 연유가 여기에 있었던 것이다. (박인호는 민족대표 33인에 포함되지 않았으나 그 후 48인의 한 사람으로 체포되어 재판 받았다.)

2) 두 곳 임시정부, 손병희 대통령 추대

3·1혁명을 주도한 손병희가 재판을 받으며 힘겨운 옥고를 치르고 있을 때 민중들은 국내외를 가리지 않고 독립만세 시위를 이어갔다.

이와 더불어 몇 곳에서 임시정부 수립문제가 제기되었다.

서울과 해외에서 각각 수립을 선포한 두 곳의 임시정부는 손병희를 수반으로 하는 각료 명단을 발표하였다. 한국사회에서 당시에는 생소했던 '민국' 용어 등 대단히 선진적인 내용을 담고 있었다.

손병희와 민족대표들이 내란죄로 몰려 투옥되고 재판을 받게 되면서, 그리고 일제의 극심한 탄압으로 국내의 임시정부 수립운동이 좌절되고, 상하이 프랑스 조계에서 대한민국임시정부가 수립되었다.

따라서 손병희의 '대통령 추대' 움직임은 현실적으로 더 이상 진행되기 어려웠다. 손병희는 일제 재판정에서 판사가 "조선이 독립하면 어떤 정체로 할 생각이었는가?"라는 질문에 "민주정체로 할 생각이었다. 그것은 나뿐만 아니라 일반적으로 그런 생각인 것으로 안다." 라고 단호히 진술하였다.

3·1혁명 준비과정에서 '독립 이후'의 정체에 관한 논의가 은밀히 논의되었던 것 같다. 1919년 3월 3일자로 천도교 직영인 보성사에서 비밀리에 발송한 〈조선독립신문〉 제2호에는 '가정부(假政府)'를 세운다는 기사가 보도되었다.

"가정부 조직설, 일간 국민대회를 개(開)하고 가정부를 조직하며 가대통령을 선거하였다더라. 안심 안심 불구(不久)에 호소식이 유(有)하리라."

같은 신문은 또 3월 5일자(제3호)에서는 보다 구체적인 내용을 실었다.

"13도 각 대표자를 선정하여 3월 6일 오전 11시 경성 종로에서 조선독립대회를 개최할 것이므로 신성한 아(我) 형제자매는 일제히 회합하라."

3·1혁명이 시작된 직후에 천도교측이 발행한 지하신문에서 가정부(임시정부)를 조직하고 가대통령을 '선거'한다는 뉴스는 만세시위에 따른 즉흥적인 기사로만 보기 어렵다.

제1차 세계대전 이후 유럽 정세를 파악해 온 천도교인들 사이에는 1910년대 말에 군주제 아닌 국민국가 수립운동이 전개되었다고 한다. 일부 천도교인들은 손병희와 협의한 뒤, 1910년대 말에 벌써 군주제가 아닌 민간정부의 국민국가 형태를 구성해야 새로운 시대환경에 적응할 수 있음을 역설한 바 있었다.

이종일은 3·1혁명 이후 4월 1일을 기해 비밀리에 기호지방에 '임시민간정부'라는 임시정부를 구성할 것을 결의하고 대통령에 손병희, 부통령에 오세창 등을 선임해 두었다.

적어도 기미년 3·1혁명 과정에서 조선 민중은 종파, 지역을 초월하여 손병희를 민족의 최고 지도자로 인식하고 있었음을 보여준다.

〈묵암 비망록〉에 따르면 천도교에서는 3·1혁명이 성공하면 한인들로 구성된 '대한민간정부'를 구성하고 본부를 천도교 중앙총부에 두기로 계획하면서 구체적 조각 명단까지 구상했던 것으로 나타난다.

3) 중국 5·4운동 등 반식민지 해방투쟁에 영향

백암 박은식이《한국독립운동지혈사》의 결론에서 "우리는 맨손으로 분기하여 세계혁명사에 있어 하나의 신기원을 이룩하였다"라고 지적하였거니와, 3·1혁명은 세계 식민지, 반식민지, 약소민족 해방운동의 촉진제 역할을 하였다.

천도교 중앙대교당 종로구 경운동. 교당 신축자금을 핑계로 거금(巨金)을 모아 3·1독립만세운동 자금으로 사용하였다.

3·1혁명의 소식은 당시의 지리적인 위치, 인적연락, 통신망 등의 관계상 대부분 중국을 중계지로 하여 전 세계에 전파되고, 일제의 정보차단과 날조로 왜곡된 경우도 적지 않았다.

3·1혁명의 국제성은 해외거주 한인들의 독립투쟁과 더불어 중국, 인도, 동남아를 거쳐 이집트에 이르기까지 식민지 국가들의 저항운동의 두 갈래로 조명할 수 있다.

먼저 1919년 3·1 독립선언과 전국적인 만세시위는 해외에 거주하는 100만 교포들을 움직였다. 교포들은 해외 각지에서 독립을 선언하고 만세운동을 전개하면서 민족독립운동으로 발전하였다.

서·북간도, 남북만주 일대, 중국본토 각지, 러시아 연해주, 미주, 하와이, 멕시코, 일본 등지에서 살던 교포들이 총궐기하였다.

국내에서 3·1혁명이 일어나자 3월 중순부터 북간도와 동북삼성 지역의 교포들이 독립만세시위를 벌이고 독립선언서를 발표하는 등 대일항쟁에 나섰다.

1만여 명의 동포가 참석한 3월 13일 북간도 용정의 시위가 대표적이다. 이어서 3월 20일 훈춘의 만세시위, 3월 12일 서간도 삼원포와 통화현의 독립축하회 개최 등 곳곳에서 만세운동이 전개되었다.

미주지역에서는 3월 15일 미국, 멕시코, 하와이 교포들이 '전체회의'을 개최하고 12개 항목에 달하는 결의안을 통해 독립을 선언하는 한편 원동에 대표를 파견하여 대한민국임시정부 수립을 지원하기로 하였다.

서재필을 외교고문으로 위임하여 필라델피아에 외교통신부 설치도 결정하였다. 러시아지역 교포들은 3월 17일 블라디보스토크에서 수백명이 모여 '국민회의' 명의로 독립선언서를 발표하고, 일본영사관 및 주둔일본군사령부 앞에서 만세시위를 벌였다. 같은 날 우수리스크에서, 18일에는 스파스고예에서 각각 500명의 교포들이 모여 집회를 열었다. 일본과의 외교 분쟁을 우려한 러시아 경찰의 진압과 체포에 맞서 한인 노동자들은 동맹휴업으로 맞섰다.

3·1혁명이 전 세계 피압박민족의 해방운동에 미친 영향은 적지 않았다.

먼저 중국은 일제 침략으로 '공동 운명체'와 같은 관계에 있었던 한국의 3·1혁명을 '중국 인민에게 최대의 진동으로 나타나지 않을 수 없다'고 보았으며, 또한 신문 지상에 나타나는 반응도 자연히 강력해지기 마련이었다.

전 중국에 큰 영향력을 갖고 있던 국민당 손문 계열의 신문 〈민국일보(民國日報)〉는 1919년 3월 12일부터 상하이 5·4운동(5월 7일)이 발발하기 직전인 5월 6일까지 모두 20회 이상 한국의 3·1혁명을 찬양 보도하고 중국 인민을 계몽하는 기사와 논평을 실었다. 중국의 5·4운동에 큰 기여를 한 월간 〈신청년〉의 자매지로서 베이징(北京)에서 발행한 주간 〈매주평론(每週評論)〉은 몇 차례에 걸쳐 한국 3·1혁명의 시위 현황과 독립선언서 내용을 자세히 소개하였다. 제14호에는(3월 23일) 〈조선독립의 운동의 정상—생기와 살기의 상호 충돌, 공리와 강권의 고전, 보라! 최후의 순간에 누가 승리하고 누가 패배하는가!〉라는 논설을 실었다. 중국 신문화운동의 지도자이며 베이징 대학 교수로서 5·4운동을 사상적으로 지도한 진독수(陳獨秀)는, 〈조선독립운동지감상〉이란 논설에서 한국의 3·1혁명을 '세계혁명사상 신기원을 열었다'라고 쓰면서 중국 인민의 궐기를 다음과 같이 호소하였다.

"이번의 조선독립운동은 위대하고 성실하며 비장하고 명료하며 정확한 생각을 갖추고 있다. 민의를 사용하고 무력을 사용치 않음으로써 참으로 세계혁명사에 신기원을 열었다. 우리들은 이에 대하여 찬미, 애상, 흥분, 희망, 참괴 등의 여러 가지 감상을 갖는다. 우리는 조선인의 자유사상이 이로부터 계속 발전할 것을 희망한다. 우리는 조선민족이 독립자치의 광영을 멀지 않아 성취하고 발현할 것을 굳게 믿는다……. 조선민족의 활동의 광영스러움에 비추어 우리 중국민족의 위미(萎靡)하고 부진함의 치욕이 더욱 두드러진다……보라! 이번 조선인의 활동을! 무기가 없으니까, 라고 하여 반항도 감행하지 않는가 어떤가, 조선인에 비하여 우리들은 참으로 참괴(慙愧)함을 금할 수 없다."

중국의 5·4운동의 선두에서 학생대표로 활동했던 베이징 대학의 부사년(傅斯年)은 1919년 3월 10일 〈신조(新潮)〉 제1권 4호에 쓴 〈조선독립운동중지신교훈(獨立運動中之新敎訓)〉에서

"조선의 3·1운동은 정신면에서 실로 '혁명계의 신기원을 열었다'고 할 수 있는 운동으로서 미래의 모든 혁명운동에 대하여 3개의 중요한 교훈을 가르쳐 주고 있는 바, 첫째로 무기를 갖지 않은 혁명이라는 점이요, 둘째는 불가능한 것을 알고 한 혁명이라는 점이요, 셋째는 순수한 학생혁명이라는 점이라고 평가하였다."

그리고 베이징 대학의 5·4운동을 이와 같은 정신으로 지도하였다.

3·1혁명은 중국 군벌통치의 착취와 탄압에 반대하고 일제를 비롯한 외세침략을 거부하는 중국의 학생과 민중에게 큰 영향을 주어 마침내 5·4운동을 일으키게 하였다. 한국의 3·1혁명은 일제를 추방하고 조국을 광복함으로써 세계 속에서 주체적인 근대민족국가를 건

설할 것을 희구하여 지성의 백병항쟁(白兵抗爭)으로 궐기한 것이었다.

이에 자극을 받았던 중국의 5·4운동은 매국적인 반동군벌에 불신을 보내고 일제를 비롯한 여타의 외래 침략세력을 방축함에 의하여 이른바 국민정권을 수립발전시키는 데에 기여하려 하였다는 것이 이상이었다고 하겠다.

3·1혁명은 인도의 영국에 대한 저항운동에도 적잖은 영향을 주었다. 특히 간디의 비폭력 저항운동은 3·1혁명의 비폭력정신에서 영향을 받은 것으로 평가된다. 간디가 주도하여 1919년 4월 5일부터 전개한 스와라지(자치 운동)는 시종 비폭력으로 전개하였다. 3·1혁명 이전부터 인도와 한국의 독립운동자들은 긴밀한 연대감을 형성하고 있었다. 예컨대 3·1혁명 이전에 인도 독립운동의 최고 지도자인 '라빈드라나드 타고르'는 3·1독립선언서의 작성자인 최남선의 요청을 받고 한국에 대한 연대의 시로 〈정복당한 여인의 노래(Le Chant de la Vaincue)〉라는 송시를 3·1혁명 직전에 최남선에게 써주었다. 이 시의 설명 주기에는 다음과 같이 씌어 있다.

"인도의 유명한 시인이자 교수인 라빈 드라나드 타고르는, 한국의 뜻있는 민중 지도자 최남선의 부탁을 받고 한국에 대한 이 시를 썼다. 타고르는 이 시에서 수치와 오욕에 빠져 있는 한국의 당시 상황에 대해 그가 가지고 있던 명석한 통찰력과 아울러 한국을 향해 애틋한 연민을 뚜렷이 보여주고 있다."

인도 민족독립운동의 지도자 '자와할랄 네루'도 한국의 3·1혁명을 높이 평가하였다. 1932년 감옥에서 딸 인디라를 위해 쓴 《세계사 편력》에서 "자유를 되찾기 위해 싸우는 조선민족의 조직체가 일본경찰에 구속되어 혹독한 고문을 당했다 (……) 조선에서 흔히 학생의 신분으로 또는 갓 대학을 나온 젊은 여성과 소녀가 투쟁의 중요한 역할을 하고 있다는 것을 듣는다면 너도 틀림없이 감동을 받을 것이다"라고 하였다.

3·1혁명은 미국 식민지 필리핀과 베트남, 영국 식민지 이집트의 반식민 민족해방운동에 불을 붙였다. 필리핀의 마닐라 대학생과 이집트의 카이로 대학생들이 3·1혁명 직후인 1919년 봄과 여름에 각각 독립시위운동에 나섰다. 한국민족이 일본제국주의 식민통치 하의 암흑 속에서도 결코 절망하지 않고 전 민족이 용감히 봉기하여 한번 횃불을 높이 들자 그것은 자기 민족을 둘러싼 어둠만 밝게 비쳐주었을 뿐 아니라 제국주의 발굽 아래 신음하는 전 세계 약소민족의 어둠까지도 밝게 비춰주는 광명이 된 것이다.

그러므로 1919년의 3·1광복투쟁은 단순한 '운동'이 아닌 '혁명'이다. 약소민족 해방의 혁명이며, 봉건왕조로부터 민주공화제로의 혁명이며, 남녀평등의 인격혁명인 것이다. 세계사에 빛나는 우리 민족의 3·1혁명 100주년을 2년 앞둔 오늘 우리는 우리 역사에서 잃어버린 3·1혁명의 정명(正名)을 찾아야 한다.

인촌 김성수 선생과 고려대학교

서석중(고대 3·3동지회 상임고문, 경영학과 55)

▲왼쪽부터 김성수·최두선·송진우·현상윤 동아일보 사옥에서

◀보성전문학교 교장시절 김성수

인촌 김성수 선생과 고려대학교

출생과 성장

김성수(金性洙)는 1891년 10월 11일 전라북도 고창군 부안면 봉암리 인촌에서 김경중(金暻中)과 장흥 고씨 사이에서 태어났다. 아명은 판석(判錫), 호는 인촌(仁村)이다.

조선 중기 빼어난 성리학자로 문묘에 배향된 김인후(金麟厚)의 13대손이다. 김인후는 호남의 거유로 퇴계와 같이 연구하고 홍문관 박사, 홍문관 부수찬 등을 지냈다.

3세 때 큰아버지 기중(祺中)의 양자가 되었으며, 6세 때 아우 연수가 태어났다.

원래 김성수 집안의 고향은 전남 장성이었다. 고창으로 이주한 것은 조부 김요협 때였다. 김요협이 고창의 만석꾼 정계량 진사의 외동딸과 결혼 후에 김요협의 장모가 외동딸을 시집 보내자 허전하여 사위를 고창으로 이사 오게 하여 이웃하여 살면서 요협의 고향이 된 것이다.

정씨 부인은 부유한 집안의 규수였음에도 절약과 근검의 기풍을 신조로 삼아 김씨 가문을 중흥시키는데 결정적 역할을 하였다. 곧 1200석 지기의 부자가 된 뒤, 기중 경중 대(代)에는 만석꾼의 토지부호가 되었다.

성수가 17세 때에 부안군 줄포로 이사하였다.

기중 경중 형제는 바다의 무한 생동력에 끌려서 줄포로 이사하였다.

양부 기중은 재산 모으는 데에만 열중하지 않고 근대교육에 눈을 떠 줄포에 영신학교를 설립하였고, 뜻있는 전라도 인사들의 모임인 호남학회에서도 활동하였다.

기중(祺中)의 이런 교육의 선구자 역할이 후일 인촌이 여러 교육사업 및 문화사업을 벌일 때 이해해주고 적극 후원자 역할을 하게 된다.

기중(祺中)의 좌우명

양입계출(量入計出), 민부국강(民富國强), 공정광명(公正光明), 춘풍화기(春風和氣)

인촌은 이 유훈을 평생 가슴에 지니고 착실하게 실천하면서 공선사후(公先私後) 신의일관(信義一貫)의 정신으로 살았다.

생부 경중(暻中)은 관료 출신으로 학자요 저술가였다.

조선사 17권을 출간하고, 지산유고(芝山遺稿)를 펴냈으며, 호남학회에 가입하여 〈호남학보〉를 발간하는데 재정적 후원자로서 큰 일을 하게 된다.

경중은 이재에도 능하여 형 기중보다 훨씬 적은 유산을 물려받았는데 두 배 이상으로 재산을 늘렸다. 1920년대에는 형제의 재산은 연간 2만석을 추수하는 거부가 되었다.

결혼과 교육

인촌은 13세 때 5살 연상인 고광석(高光錫)과 결혼하였다. 장인 고

정주(高鼎柱)는 임진왜란 때 의병장 고경명(高敬命)의 12대 손으로 창평(담양군)에서 제일가는 명문가였다. 일찍이 규장각 직각(直閣)으로 봉직하다가 고향에 내려와 호남학회를 발기하고 애국계몽운동에 힘쓰고 기울어져 가는 나라를 바로 세우기 위해서는 인재의 양성이 필요하며, 이를 위한 교육의 중요성을 깨달은 선각자이다.

인촌은 7세 때부터 저명한 훈장을 초빙하여 사서삼경을 비롯해서 한학의 기본을 폭넓게 공부하였다. 장인 고정주는 아들 고광준과 사위 성수를 위해 창평에 영학숙(英學塾)을 세우고 신학문을 가르치기 위해 신식교사를 초빙하여 한문 영어 산수 일어 국사를 가르쳤다. 특히 영어를 배워야 새로운 세상에서 성공할 수 있다고 유능한 영어 교사를 초빙하였다.

인촌은 훌륭한 부모와 선각자 장인을 만난 덕에 학업에 정진할 수 있었다.

영학숙에서 손위 처남 광준과 같이 신학문 공부에 열중하던 16세 때에 평생 동지 송진우(宋鎭禹)를 만났다.

담양 출생으로 의병장이고 저명한 유학자 기삼연(奇參衍)의 제자라고 하였다. 인촌보다 한 살 위인 송진우와의 만남은 평생 친구로의 교제보다는 우리나라 독립을 위해서 협력하는 투쟁 동지로서 그의 뚝심과 기개를 높이 평가하였을 것이고, 두 사람의 성격적 조화는 평생 이신동체(二身同體)이고 서로 마음을 터놓고 지냈다.

6개월간 영학숙에서 함께 기거하면서 열심히 공부하다가 송진우가 더 큰 곳으로 가겠다고 돌아갔다. 김성수도 고향 고창군 인촌으로 돌아갔다.

공부에 큰 뜻을 갖게 된 인촌은 두 아버님의 허락을 받고 내소사(來蘇寺) 청련암으로 들어갔다. 청련암에서 바라보는 낙조(落照)는 장관이었지만 서해 바다로 떨어지는 태양의 모습은 쓸쓸하기도 하였다.

훨훨 타오르는 일출 장관은 볼 수 없었지만, 청련암은 내소사 뒷편에 있는 작은 암자로 풍광이 뛰어나고 아담하여 심신을 수양하며 공부하기에 적격이었다.

부친들의 막역한 친구의 아들 백관수(白寬洙)가 뜻을 같이 하여 청련암으로 들어왔다. 인촌보다 두 살 위였다. 그로부터 얼마 뒤 송진우가 보따리를 짊어지고 찾아왔다. 이로부터 우국청년 세 사람은 기울어져 가는 나라의 앞날을 걱정하며 토론도 하고 울분을 토로하기도 하였다. "우리 세 사람이 합심하면 큰 뜻을 펼치지 못할 이유가 없다"고 소리치며, 한문 영어 공부에 힘쓰는 한편 뒤 기암절벽을 기어 오르는 등 심신 수련도 게을리하지 않았다.

그러던 어느 날 헤이그 만국평화회의에 참석했던 이준 열사가 울분으로 분사했다는 비보를 들었다. 이로 인해 고종(高宗)이 퇴위 당하고 나약한 순종(純宗)이 임금 자리를 물려받으니 세 사람은 나라를 걱정하는 마음으로 비분강개하여 토론하면서 그 방법을 놓고 갑론을박하였다.

결국 결론은 인촌의 실력배양론이었다. 그러기 위하여 호랑이를 잡으려면 호랑이 굴로 들어가야 한다며, 일본으로 유학가기로 의견을 모았으나, 완고한 부모님을 설득하는 난제에 부딪혔다. 생부 양부뿐 아니고 고씨 부인도 극력 반대하여 낙망하던 중에 군산 금호(金湖)학교의 소식을 듣고 군산으로 가서 한승이(韓承履)를 만났다.

한승이는 금호학교에서 영어와 물리학을 가르치고 있었으며 시국강연을 하고 다니면서 주권재민(主權在民)이니 민주(民主)란 생소하고 놀랄만한 새로운 세계에 관한 정보를 제공해 주는 지식인이고 선각자였다.

도쿄행

군산에서 만나 수학하던 세 사람 중 인촌과 송진우는 승낙을 받지 않고 도쿄 유학을 준비하면서 인촌은 그제서야 상투를 잘랐다. 이 때 이미 일본 도쿄 대성중학(大成中學)에 유학하고 있던 천재 홍명희(洪命憙)를 만났다. 홍명희는 인촌보다 세 살 위였고 언변이 좋아 일본의 발전상과 세계 정세를 두루 설명해 줌으로써 인촌을 비롯한 세 사람은 일본에 관한 호기심과 기대로 당장에라도 달려가고 싶었다. 불효막심한 무단 탈출이지만 이들의 용기는 가상한 것이었다.

한승이가 도항증명서 등 도움을 주어서 군산에서 철제 화륜선(火輪船)을 타고 출항했다. 두 청년이 두 손을 마주잡고 꼭 포부를 달성하고 돌아오겠다고 각오를 하는 모습은 장엄하였으며 그야말로 젊은 피가 용솟음쳤다.

1908년 10월 중순 관부연락선(關釜連絡船)을 타고 일본 시모노세키에 도착하였다.

인촌의 나이 18세, 송진우 19세였다.

도쿄에 도착한 이들은 처음 보는 신천지 같이 발전한 일본의 모습에 어리둥절하여 감탄하면서, 그동안 배운 일본어를 써보려 했으나 입이 떨어지지 않았다.

우선 부모님께 무사히 도착했으니 안심하시라는 안부로 정중하게 사죄하면서 꼭 열심히 공부해서 훌륭한 인재가 되겠다고 다짐하는 편지를 보냈다.

홍명희의 주선으로 정칙(正則) 영어학교에 입학하였고 다음해 금성(錦城) 중학교 5학년에 편입하여 대학입시에 준비한 결과 와세다 대학 예과에 입학할 수 있었다.

1910년 8월 22일 을사늑약 체결을 접한 도쿄의 400여 유학생들은 비탄 통탄 비분강개하여 서로 부둥켜안고 엉엉 울었으나 그야말로 속수무책이었다.

힘을 기르고 후일을 기약하자고 위로 격려 다짐하는 수밖에 다른 도리가 없었다.

인촌은 1911년 가을 예과를 졸업하고 정치경제학과 본과에 진학하고 3년 뒤 24세에 졸업하였다.

그 무렵 인촌은 독채로 세를 얻어 동생 연수와 같이 생활하게 되었다. 부잣집 아들 인촌이 인심 좋고 인자하니 자연히 도쿄 유학생들이 많이 모여들어 회관 역할을 하게 되었다.

송진우를 비롯해서 현상윤, 최두선, 조만식, 김병로, 현준호, 조소앙, 신익희, 홍명희, 장덕수 등과 일본 육사의 홍사익, 지청천, 이응준 등 많은 인사들과의 교우는 훗날 고국에 돌아와 큰 인적 자산이 되었으니, 모두가 독립운동가, 교육자, 언론인, 기업인으로 활동하는 이들이었다.

여러 사람이 모이다 보니 더러 마찰과 이견이 있었으나 인촌의 인화 조정 능력이 뛰어나서 항상 화기애애하게 생활하게 되었다.

그 중에서도 장덕수에게 애정을 더 쏟았다. 인촌보다 4살 아래인 장덕수는 황해도 빈농 태생이었으나 비범한 재능으로 와세다 대학에 입학하였다. 일본 전국 대학생 웅변대회에서 1등을 차지해서 모두를 놀라게 한 장덕수는 여운형이 일본 제국호텔에서 열정의 연설을 할 때 유창한 일본어로 통역을 하여 일본 정계와 언론계를 놀라게 한 사건을 특별히 자랑스러워했다.

두 부친의 도쿄 방문

인촌은 와세다 대학교 창립 30주년 기념일을 앞두고 두 부친을 모셔오기로 생각하고 편지를 올렸다. 1868년 명치유신에 의한 일본의 눈부신 발전상도 보시고 세상 돌아가는 현실도 보시라고 간곡히 호소하였다.

형님 기중이 아우 경중에게 아들 인촌이 그렇게도 학수고대하고 있고, 연수도 명문 교토(京都)제국대학에 입학하였으니 둘러보자고 제안하였고, 아우 경중도 기대와 호기심으로 이에 동의하였다. 인촌이 두 부친을 도쿄로 모셔오기로 한 의도는 자신이 장차 펼치고 싶은 교육사업을 위해서 두 분이 일본의 교육현장을 보셔야 한다고 생각하였기 때문이었다.

일본의 저명한 사립대학교 설립자는 모두 입지전적인 명사들에 의해 실현된 사실을 직접 보여드림으로써 뒷날 자신이 사립학교 설립 의지를 미리 말씀드리기 위함이었다.

20여일간 도쿄의 여러 관청, 학교, 상가, 공장과 각종 교통 시설을 두루 안내하며 자세히 설명드렸으며, 두 분은 고개를 끄덕이고 감명받았다.

마지막으로 와세다 대학의 창립 30주년 기념행사를 보여드렸다. 기념 행사장엔 총리대신과 각료들, 외빈, 졸업생, 교수, 교직원, 학생 등 수만명이 참가하여 성대한 기념식이 거행되었다. 두 부친은 크게 감명을 받고 자랑스러운 두 아들을 격려하고 귀국하였다. 작은 부자는 절약을 해야 하고 큰 부자는 베풀어야 한다는 사명감을 일깨워 주어야 한다는 인촌의 희망이 두 분 부친의 가슴에 어렴풋이나마 전달되었을 것이다.

중앙학교 인수

1914년, 6년만에 귀국한 인촌은 교육입국이 우리나라가 당면한 첫 번째 과제라고 굳게 믿고 실행에 옮기려고 하였다.

당시 사립학교로는 보성전문학교, 양정의숙, 휘문의숙, 진명여학교, 기호학교(중앙학교 전신) 등 30여 학교가 운영되고 있었으나 그 경영 실태는 일본 도쿄에서 보아온 학교의 실태에 비해서는 너무 영세하고 낙후되어 있었다. 이런 현실을 주시한 인촌은 신식 교육기관으로 손색없는 학교를 설립하겠다는 의욕으로 백산(白山)학교라는 이름의 학교 설립신청서를 조선총독부 학무국에 신청하였다.

백산이란 백두산의 줄임말이라는 것을 간파한 총독부에서 승인해줄 리 만무하였다.

도쿄 유학을 마치고 돌아온 호남 갑부의 아들이 학교를 설립하겠다는 소문은 금방 교육계 인사들에게 알려졌다.

1908년 기호흥학회를 기호흥학교로 설립하였던 중앙학교는 기호흥학회 외에 중앙학회, 홍사단, 호남학회 등의 후원으로 어렵게 유지되고 있었다. 중앙학교는 개인이 설립한 학교가 아니고 여러 애국계몽학회가 함께 설립한 학교로서, 아름다운 무궁화 한복판에 중(中) 자를 넣은 모표가 말해주듯이 애국지사들이 세운 '민립학교'였다.

중앙학회의 원로 김윤식을 만나고 선각자 이상재에게 인수 교섭을 요청하자 20대 청년의 애국심과 그 용기를 칭송하며 인수를 적극 권하였다. 젊은이의 인품이 성실하고 겸손하며 신뢰감이 가고 일본의 명문대학을 나온 수재이고 호남 부호의 아들인 점 등 안심하고 맡길 수 있다고 평가한 것이었다.

인수인계의 조건에 합의하고 취약한 재무구조 개선과 학교운영자금을 계속 조달방책을 숙고했으나 생부 양부 두 분을 설득해서 자금을 조달하는 방법 외에는 길이 없었다.

즉, 토지를 제공받는 방법 밖에는 없었다.

일본에서 대학을 나왔지만 사회적 경륜이나 경력이 전무하고 수익성이 없는 교육사업에 운영자금을 계속 조달해야 하기 때문에 누가 보아도 어려운 사업이었다.

그러나 일본 유학시절부터 연구하고 계획했던 필생의 대사업을 인촌은 특유의 뚝심으로 돌파하였다. 온화함과 겸양의 덕을 갖춘 인촌의 뚝심은 송진우와 교우하면서 배운 뚝심이었다.

양부(養父)는 선뜻 3000마지기를 쾌히 내 놓았으나 생부(生父)는 의외로 냉철하게 거절하였다. 생부의 생각은 달랐다. 아들이 추진하는 학교 설립은 대단히 큰 사업이었다. 만약 실패하면 아들과 자신 뿐 아니고 형님에게 끼칠 큰 피해를 염려하는 두려움이 있었다.

그렇다고 물러설 인촌이 아니었다. 처음에는 결연한 단식으로 결의를 표시했다. 그래도 미동도 하지 않는 생부에게 '만약 이 일이 성사되지 않는다면 독립군으로 해외에 망명하겠다'고 최후통첩하여 어렵사리 생부의 허락을 받았다.

인촌은 이와 같이 난관을 극복하고 1915년 4월 27일 정식으로 인수한 중앙학교 재건에 힘썼다. 희망하던 학교 인수의 소원을 이룬 기쁨보다도 앞으로의 성공적인 운영을 걱정하지 않을 수 없었다.

교육 선각자 유근(柳瑾)을 학교장에, 안재홍(安在鴻)을 학감에 추대하고 인촌은 평교사로 영어와 경제학을 가르쳤다. 총독부와의 끈질긴 교섭 끝에 수업 연한을 4년으로 개정 시행하였다.

평생동지 송진우가 인촌보다 1년 늦게 명치대학 법과를 졸업하고 돌아와 합류했다. 인촌은 송진우에게 교무업무 일체를 맡겼다.

1917년 3월 유근 교장이 은퇴하면서 인촌이 후임 교장으로 취임하여 1년간 교장직을 맡았다. 1년 뒤에는 송진우에게 교장직을 인계하고 계속 평교사로 성실하게 근무하였다. 그러면서 관립학교와 다른 중앙학교의 민족적 특성을 살리기 위해 부심하였다.

고심하던 인촌은 검은 천을 댄 모표에 무명으로 지은 교복을 입혔다. 일본 광목을 배척하고 손으로 짠 투박한 무명 교복을 입히고, 뒷날 경성방직을 세워 우리나라 최초로 태극성표 광목을 생산한 인촌의 노력은 모두가 애국심의 기초 위에서 계획적으로 이루어졌음을 알 수 있다.

화동 교사가 좁아서 계동에 4311평 대지를 매입하였다. 당시 보통 사람의 안목으로는 필요 이상으로 넓은 땅이라고 생각하였지만, 인촌의 안목은 수십년 수백년 앞을 바라보는 혜안이 있었다. 누구도 상상할 수 없는 인촌의 원대한 포부와 구상은, 민족자본 경성방직, 민족언론 동아일보, 민족대학 고려대학교를 세우고 발전시킨 그의 저력은 소년 시절의 두 분 아버지와 장인 고정주의 기본교육이 튼튼했기 때문이다.

도쿄 유학시절 일본에서 신지식을 착실하게 배웠고, 송진우를 비롯한 좋은 친구들이 좋은 동지가 되었기 때문이었다.

인촌은 무엇보다도 정신교육에 힘썼다.

웅원(雄遠) 용견(勇堅) 성신(誠信)의 3대 교지(敎旨)를 직접 작성하였으며, 선공후사(先公後私), 신의일관(信義一貫)의 정신을 가르쳤다.

1917년 12월 1일 계동 신축교사로 이전하면서 교세가 확장되고 인촌이 구상한 대로 교육방침을 세우고 실천하였다.

인촌이 어진 성품과 큰 도량을 지녔기에 수많은 인재들이 모여들었다. 중앙학교와 인연이 깊었던 최규동(崔奎東) 같은 대가를 비롯해서 도쿄 유학시절 친구 송진우, 최두선, 현상윤과 국내에서 명성이 높던 변영태 등이 교편을 잡음으로써 인촌을 중심으로 한 중앙학교의 존재는 조선사회에서 무시 못할 민족 지도자 그룹이 되었다.

3·1독립만세운동과 중앙중학교

인촌의 애국사상은 13대 선조, 호남의 저명한 유학자 김인후의 충효사상 교육과 자주자립적 전통사상에 기초를 두었고, 일본 유학시절 보고 배운 선구적 사상과 개혁적 사상의 영향을 받아 그 모습을 갖추게 되었다. 당시 일본에도 처음 들어온 민주주의 사상, 즉 평등, 박애 정신 사상은 젊은 인촌의 가슴에 와닿았다.

당시 일본에서도 민권운동이 일어나고 있어, 송진우와 같이 그런 집회에 자주 참관하여 견문을 넓혔다.

중앙중학교는 교장 이하 모든 교직원들이 한결같이 애국자, 선각자이기에, 모여 앉으면 일본의 압제로부터 벗어나는 방법 즉, 독립운동, 자강운동에 관한 토론이 이어졌다.

중앙학교 숙직실은 학교 구석의 조그만 기와집이었다. 인촌은 서울에 가정을 꾸릴 만한 마음의 여유가 없을 때라 숙직실에서 송진우, 현상윤 세 사람과 함께 기거하였다.

인촌이 28세, 송진우가 29세, 현상윤이 26세의 혈기 왕성한 때라 매일 어울려 학교 일을 상의하고 민족의 장래를 걱정하며 미래를 설계하였다. 숙직실을 사택처럼 활용하며 인촌, 송진우, 현상윤 세 사람 외에 보성학교 교장이자 천도교인 최린, 최남선, 이승훈, 백관수 등이 이곳을 왕래하면서 국제정세를 분석하고 국내의 애국세력 결집을 모의하였다.

여기에 천도교 지도자이며 보성사 사장인 이종일이 찾아와 혈기 왕성한 젊은이들과 원대한 독립운동 계획을 상의하면서, 이 거사는 이천만 전 민족이 함께 해야 성공할 수 있으며, 천도교, 기독교, 불교 각급학교 학생이 연합해야 성공할 수 있다고 일깨워 주었다.

결국 이 문제는 중앙학교 인사들 단독으로는 힘드니, 조직과 자금력이 있는 천도교 손병희와 연합하기로 하였다.

이 시기는 미국 대통령 윌슨의 민족자결주의 주장이 전 세계 약소민족들의 가슴에 희망을 불어 넣어주는 때였다.

이에 앞서 도쿄 유학생들의 2·8독립선언이 있었다. 도쿄 유학생을 대표해서 와세다 대학 재학생 송계백(宋繼白)이 국내에서 송진우, 최남선, 최린, 오세창, 현상윤 등과 접촉하고 거사자금을 받아 갔다. 도쿄 유학시절 유학생 모임의 중심에서 애정을 가지고 보살핀 김성수가 아닌가. 그리고 그는 독립운동자금을 지원할 때 언제나 자신의 얼굴을 드러내지 않았다.

천도교 손병희가 중심이 되어 계획한 3월 1일 독립만세운동 준비가 완성되어갔다.

송진우와 현상윤은 인촌이 3·1운동의 전면에 나서면 중앙학교 운영이 난관에 부딪힐 수 있으니 피신할 것을 권하여, 인촌을 2월 27일 고향으로 내려 보냈다.

옛날 중앙학교 숙직실 자리에 '3·1운동 책원지(策源地)'라고 새긴 기념비가 세워져 있어 인촌을 비롯한 중앙학교 애국지사들의 나라사랑 정신과 업적을 기리고 있다.

이후 인촌은 쉴틈 없이 일하였다. 낙후된 이 나라의 산업발전을 위해 1919년 10월 5일 민족기업 경성방직 설립인가를 받았다.

인촌은 경성방직이 인촌 개인의 회사가 아닌 민족 모두의 기업이기를 희망했다. 주식 공모를 통한 자금 조달의 목적보다는 국민 모두가 참여하는 민족운동 차원의 애국운동으로 승화시키고자 하였기 때문이었다.

동생 김연수도 1924년 민족경제의 자립과 성장을 창립이념으로 하는 삼양사를 설립하고 실업인으로 형 인촌의 후원자가 되어 중앙학교 인수와 보성전문의 재건에도 적극 참여하였다.

인촌은 민족기업 육성을 목표로 세웠다. 주식 공모를 위해 대구에 들려 평소 알고 지내던 서상일(徐相日)을 만나 영남 제일의 서화가 서병오(徐丙五)를 소개받고 담론 중에 고향마을 이름인 인촌이라는 호를 권유 받고 즐겨 사용하게 되었다.

당시 우리 민족 고유의 무명이 일본제 광목에 밀려서 가내수공업이 위축되어가는 시기였으므로 '우리 옷은 우리 손으로'라는 구호는 매우 호소력이 있었다.

경방 제품 그 이름도 태극성표로 민족적 상징이 되었다.

1920년 1월 6일 동아일보 발간 인가

1920년 4월 1일 동아일보 창간호 발행

인촌이 중앙학교, 경성방직, 동아일보를 운영함에 있어 본인이 교장, 사장직을 맡는 것은 문제가 되지 않았다. 인촌의 사상과 운영방침이 항상 그 중심에 있었다.

인촌이 1919년 10월 부인 고광석과 사별하고 1921년 1월 이아주와 재혼한 경위를 보아도 그 마음의 중심에는 오직 애국심만이 있었다.

정신여학교 학생이던 소녀 이아주가 법정에서,

'조선 사람이 조선독립만세를 부르는 것도 죄가 되느냐?'라는 당당한 항변에 감동받은 인촌이 그녀에게 청혼하여 결혼하게 되었다.

동아일보 운영 방침의 기조는 나라사랑 정신이었다.

동아일보의 사시(社示)가 민족주의, 민주주의, 문화주의로 모든 사업방침이 애국적이었다.

첫째, 조선 민중의 표현기관으로 자임하노라. 둘째, 민주주의를 지지하노라. 셋째, 문화주의를 제창하노라.

경성제국대학에 맞서는 조선민립대학 기성준비회 운동에 적극 참여하였다.

물산장려운동으로 산업근대화에 앞장서서 경성방직을 세웠다.

그리고 동아일보라는 거대한 언론의 힘으로 민족정신 함양과 근대문화 계몽에 앞장서서 여러가지 사업을 성공적으로 이끌었다.

단군 영정 공모로 애국심을 고취하였다.

충무공 이순신 장군 유적보전운동에 심혈을 기울였다. 충무공의 아산 음봉의 위토(位土)가 경매에 부쳐졌다. 동아일보는 이 사실을 보도하는 한편 '이충무공 유적보전회'를 결성하고 아산 현충사를 중건하고 전국에 흩어져 있는 영정, 유품, 검, 금대, 일기 등을 모아 현충사에 안치하였다.

이 사업의 일환으로 이광수로 하여금 연재소설 《이순신》을 연재하여 성웅 이순신의 모습을 알렸다.

이은상의 시(詩)를 노랫말로 한 〈조선의 노래〉 제정, 애국계몽운동의 일환으로 〈한글 신철자법〉을 편집, 반포하고 문맹퇴치운동을 전개하면서 조선어학회와 함께 전국적 규모로 '조선어강습회'를 개최하였다.

이 무렵 동아일보에 연재된 이광수의 농촌계몽소설 《흙》은 온 국민의 사랑을 받았다.

구미 교육 학습탐사 여행

인촌은 중앙학교와 경성방직이 순조롭게 운영되고 동아일보도 확고하게 자리잡을 즈음 그의 원대한 꿈을 실현하기엔 자신이 너무 부족한 것이 많고 풍부한 경륜도 없음을 깊이 성찰하고 서구 문명사회를 직접 보고 배우고 싶다는 학구열이 용솟음쳤다.

6·10 만세운동 때 중앙학교 학생들의 항일운동에 이어서 학원가에서는 항일운동과 반제국주의 운동으로 독서회가 결성되어 사회주의, 아나키즘(自由平和主義) 사상에 관한 공부의 열풍이 불고 있었고 광주학생운동으로 번져나갔다.

인촌은 유교의 전통사상이 뿌리깊게 자리잡은 조선사회의 앞날이 걱정되어, 교육제도뿐만 아니라 서구사회의 정치제도에 관한 관심이 높아져, 서유럽을 직접 보고 배워야겠다고 생각했다.

1929년 12월 3일 인촌은 교육진흥과 인재양성이 조국 독립의 기반이라는 사명감으로 장도의 구미 교육학습 탐사여행 길에 올랐다. 인촌은 춘하추동 옷을 챙기는 외에 우리 고유의 창이 수록된 레코드판 10장도 준비하였다. 인촌은 교육인, 산업인, 정치인이기에 앞서 문화인이었다.

서울을 출발, 부산을 경유, 일본 고베 항에 도착 후 곧바로 유럽행 배를 타고 출발하였다. 배가 상하이에 기착하였을 때, 프랑스 조계지에 있는 대한민국임시정부 청사에 들러 이동녕 주석과 안창호를 만나 준비한 군자금을 전달하였다. 안창호는 인촌의 손을 잡고 감사하며, 동아일보의 선전분투를 당부하였다.

인도양과 수에즈 운하를 거쳐 이탈리아 나폴리항에 도착하였다. 영국에 유학중이던 후배 장덕수가 마중 나와 있어 편하게 육로로 1930년 4월초 영국 런던에 도착하였다.

영국에서는 1년전 수학차 와 있던 장덕수의 도움으로 편안하게 영국의 정치, 경제, 교육, 문화 모든 분야를 두루 살펴볼 수 있었다. 당시는 세계대공황 시기였음에도 모든 것이 풍요롭고 놀라웠다. 세계를 지배하는 영국 국민들의 검소한 생활 기풍에 놀랐다. 일본 유학시절부터 깨달은 일이지만, 선진 영국의 교육제도와 각급 학교를 살피면서 교육의 중요성을 더욱 깊이 인식하였다. 영국에서 아일랜드의 끈질긴 독립투쟁을 직접 목격하면서 우리 민족 독립투쟁 방법 연구에 도움이 되겠다고 감명 깊게 살펴보았다.

그리고 인촌 자신이 우리나라 독립을 위해 선택한 교육사업이야말로 독립운동 방법 중 최상의 방법임을 새삼 깨닫고, 다시금 양부와 친부 두 분께 깊이 감사하였다.

교육제도뿐 아니라 언론분야에도 큰 관심을 가지고 살펴보았다. 영국 발전의 원동력이 자유민주주의와 시장경제 체제가 원동력임도 알았다. 영국에서 만나는 지인마다 동아일보의 역할에 큰 기대를 가지고 있어 언론사업에 투신한 것도 잘한 일이라고 하여 안위하였다.

산업시설을 둘러볼 때에는 경성방직을 자랑스럽게 생각하면서도 산업혁명의 본거지 영국의 공장들을 견학하고선 부러움과 부끄러운 마음이 교차하였다.

인촌은 영국뿐 아니고 이웃 스페인, 포르투갈, 스웨덴, 노르웨이, 핀란드도 경이의 눈으로 둘러보았다.

유럽의 모든 나라들이 세계대공황 중인데도 풍요롭게 사는 모습에 감탄하면서 독일, 덴마크, 체코, 오스트리아, 스위스를 거쳐 유럽 최종 목적지 모스크바에 도착하였다.

독일에서는 안호상, 이극로를 만났다. 예나 대학과 베를린 대학 철학부에서 수학중이던 수재들로서, 앞으로 대학을 세우면 좋은 교수가 될 인재여서 좋은 만남이었다.

인촌에게는 일정이 빡빡하여 무리한 여행이었지만, 앞으로 할 일 많은 자신에게 이런 장기 해외여행의 기회는 없을 것 같아 인내하고 더욱 분발하였다.

소련 모스크바에 도착한 인촌은 인류사에서 세상을 완전히 뒤집어 놓은 공산혁명 소련의 정치, 경제, 문화 등 여러 면에서 큰 관심을 가지고 살펴보았다.

그 때가 마침 레닌 사후 스탈린의 악명 높은 피의 독재정치가 자행되는 때여서, 국민은 잘 살기는커녕 비참한 생활을 하고 있었다. 평등을 강조하는 공산주의 국가에서 당 지도자들은 호화롭게 잘 살고 노동자들은 극빈자로 살아가는 실정을 목격한 인촌은 자유민주체제가 인류 발전과 행복의 기본이라는 정치철학을 확고히 하였다.

유럽에서 자유민주주의 국가와 공산주의 국가간의 명암을 목격한 것이 인촌의 정치사상에 큰 영향을 주었다.

유럽에서 많은 것을 보고 배운 지식들은 큰 자산이 되었으나, 고국에 돌아가서 해야 할 일을 생각하면 중압감이 가슴을 눌러 잠 못 이루는 밤이 많았다.

1931년 4월 봄날 마지막 목적지 미국을 향해 대서양을 건넜다.

미국으로

인촌이 미국에 간 시기는 제31대 대통령 허버트 후버가 재임하는 시기로 세계 경제대공황으로 생산이 극도로 위축되고 실업자가 1000만 명을 웃돌아 민심이 흉흉하였다. 그럼에도 미국은 세계의 경제대국이었다.

자동차, 지하철, 빌딩, 영화, 음악, 언론 등 그간 이루어 놓은 국력은 막강하여 공황을 극복하면 세계를 지배할 경제력이 잠재하고 있다고 판단하였다. 워낙 넓은 나라여서 대충 챙겨보고, 저명하다는 대학들을 순방하고 귀국길에 하와이에 들러 이승만을 만났다. 전에 편지로 인사한 일도 있었고 독립운동자금을 보내준 인연도 있어서 낯설지 않았다.

이승만은 인촌을 부둥켜안고 눈물로 맞이하면서 "인촌이 주재하는 동아일보가 힘겹게 항일투쟁하는 것을 먼 곳에서 바라보며 한스러운 마음을 이길 수 없었습니다"라고 격려를 하였으며, 인촌은 장래 우리나라가 독립하면 대통령감으로 이승만 만한 인물이 없다고 판단하였다.

인촌의 귀국은 1931년 8월 12일로 출발한 지 1년 8개월 만이었다.

보성전문학교 인수

1931년 8월 12일 1년 8개월 간의 긴 세계여행을 마치고 돌아온 인촌 앞에는 큰 숙제가 놓여 있었다.

보성전문학교는 함경북도 명천 출신의 열혈 정객 이용익이 고종의 후원으로 1905년 4월 3일 세워졌다. 이용익은 고종이 가장 신임하는 중신으로 일인들과 친일파와의 투쟁 제일선에 서서 싸우다 보니, 일인들이 제일 무서워하고 싫어하는 항일투사가 되었다.

이용익이 고종의 측근에 있으면 한일병합의 뜻을 이룰 수 없다고 판단한 일제는 친일단체 일진회를 시켜서 이용익을 집에서 꼼짝 못하도록 감금하고 시끄럽게 하여 괴롭혔다.

고종은 밀사로 이용익을 프랑스와 러시아에 비밀리에 파견하여 을사늑약의 부당함을 호소하고 우리의 주권을 되찾고자 하였으나 이를 감지한 일제는 이용익의 여권을 무효화하였다. 중국 상하이와 프랑스를 거쳐 러시아에 간 이용익은 외교권을 박탈당한 나라의 밀사로서의 역할을 할 수가 없었다.

러시아의 수도 페테르부르크에서 총격을 받아 부상한 몸으로 블라디보스토크로 피신하였으나 곧 분사(憤死), 순국하고, 그의 손자 이종호가 운영하다가, 경술국치 후 이종호마저 해외로 망명하게 되었다.

교주가 없는 보성전문학교를 지키기 위한 거족적인 관심 아래 300만 신도와 튼튼한 재력을 갖춘 천도교 교주 손병희가 인수하게 되었다.

1919년 3월 1일 기미독립만세운동의 중심에는 천도교의 손병희와 보성전문학교가 있었다. 이로 인해 천도교 손병희와 교장 윤일선과 많은 학생들이 투옥되고 이루 말로 다 할 수 없는 탄압을 받아 학교 운영이 어려운 지경에 이르게 되었다.

민족학교 보성전문학교를 살리려고 거국적인 모금운동을 전개하여 재단을 운영하였으나 경영난은 계속 가중되었다.

이 시기에 미국을 거쳐 귀국한 재력가이자 교육입국의 큰 사상을 가진 인촌에게 인수문제를 교섭하게 되었다. 인촌은 전부터 민립대학의 원대한 구상을 하고 있던 터라 민족사학 보성전문학교를 인수하기로 마음을 굳혔다. 인수의 몇 가지 조건에 합의하고, 대대적인 출자와 조직개편 계획으로 1932년 3월 26일 보전의 인수인계 절차가 매듭지어졌다. 보전 재단 대표 인계자 김병로, 허헌, 김용무와 인수자 김성수 사이의 문서상 인수절차가 정식으로 성립되었다.

이번에도 생부 김경중 양부 김기중의 후원으로 60만엔 상당의 토지를 기부하였다.

그리고 인촌이 구상한 대로 최두선, 김용무, 김성수를 이사에, 조동식과 한기악을 감사에 임명하였다. 처음에는 전임 교장 박승빈이 교장직을 맡았으나, 1932년 6월 4일자로 인촌이 보성전문학교 교장에 임명되어 교육구국의 큰 뜻을 펼칠 수 있게 되었다.

보전 인수는 인촌이 오래전부터 꿈꿔왔던 민립대학 설립 실현과 그 출발이었다. 인촌은 1932년 6월 4일 10대 교장에 취임하여 1945년까지 13년 동안 일제하에서 보전의 확충 발전을 위해 신명을 다 바쳐 눈부신 발전을 이루었다. 그 과정에서 일제 총독부 당국과 수차례 마찰이 있었고, 설득이 잘 안되면 갈등해소를 위한 투쟁도 불사하였다.

1945년 8월 15일 광복절 뒤로 1946년 5월 31일 보성전문학교 재단은 중앙학원에 흡수되었다.

인촌 김성수 보성전문학교와 3·1운동

오랜 기간 동안 공부하고 연구한 끝에 인촌은 보전 인수라는 거대한 사업을 이룩했다. 그의 생부 김경중, 양부 김기중, 아내 고광석의 아버지이자 장인 고정주 세 분의 교육열의 결실이었으며 존경하는 선배 육당 최남선의 정보력과 격려는 결단을 내리는데 큰 힘이 되었다. 육당이 바라보는 조국의 미래는 언제나 희망차고 밝았다. 조선독립은 언젠가 반드시 오고야 말리라. 그날을 위해 육당과 인촌은 굳게 의지를 다져나아갔다. 학문은 육당, 사업은 인촌이 맡았다. 1919년 3·1독립운동 또한 육당 최남선과 인촌 김성수가 없었으면 이루어질 수 없었을 것이다.

1919년 2월 8일, 이광수·김도연·백관수 등 유학생들이 도쿄 한복판에서 대한독립선언을 한다. 이에 자극을 받은 육당 최남선, 인촌 김성수, 천도교 최린 등이 모여서 33인 회의를 소집하고 분담금을 의논했다. 어린 유학생들의 독립선언에 불타오른 투지를 다진 것이다. 그런데 남강 이승훈이 북에서 빈손으로 왔다. 이에 의논이 분분하다가 그날 회의가 무산되었다.

그날 저녁 크게 상심한 인촌이 육당의 조선광문회 문을 두드리고 들어서는데, 손에는 보따리가 들려 있었다.

"이 돈을 지금 황금장 여관에 묵고 계신 남강 선생에게 전해주고 절대로 누가 가지고 왔다는 말은 하지 마세요."

너무 감격한 육당이 눈물을 글썽이며 청계천 굽은 다리를 뛰어 건너가서 남강 선생에게 돈을 전해드렸다. 그 다음날 육당은 3·1독립선언서를 쓰고 회의를 다시 소집하여, 1919년 3월 1일 태화관에서 조선민족독립선언서를 읽고 만방에 선포한 것이다.

일찍이 1908년 10월 도쿄 유학을 결행했던 인촌의 치밀함과 과감한 용기의 결과는 거대했다. 젊은 나이에 중앙학교를 인수하고, 경성방직, 동아일보를 설립하고 운영에 성공하여, 유럽과 미국 견학으로 넓어진 그의 지식과 안목은 세계를 바라보고 있었다. 국권을 찬탈당한 나라의 백성으로서 독립을 쟁취하고 세계로 웅비하고자 하는 조선 남아의 포부를 실현하기 위한 교육입국의 대사업을 시작한 것이었다.

1932년 6월 4일 교장에 취임한 뒤, 1935년 5월부터 1937년 5월까지 2년을 제외하고, 1946년까지 12년 동안 책임을 맡아 모든 학교 업무에 심혈을 기울였다.

인촌은 학구적인 인물은 아니었으나 고등교육기관의 사명과 전망을 가지고 있는 경영인이었다. 대학이 학생들을 잘 가르치는 기관의 역할을 뛰어넘어 우수한 학자를 양성하는 중요한 위치에 서 있음을 알고 있는 참사업가였다.

고려대학교 석조본관 건립에 온 재산 바친 장석종 선생

오늘날 고려대학교 본관인 석조건물은 하버드나 케임브리지 도쿄대학 본관 석조건물과 비교해도 손색이 없다.

그 웅장한 건물을 신축하기 전, 인촌 김성수는 안암동에 세계 유수 대학에 뒤지지 않을 만큼 으리으리한 석조건물을 세우리라 굳게 결심했었다. 동아일보사와 중앙중학교를 신축할 때도 모든 사람들이 훌륭한 건물이라고 놀라워했었다. 그러나 인촌은 거기에 비할 수 없을 만큼 격조 높은 본관 건물을 지어 세계적인 대학으로서 안암골에 고려대학교의 위용을 드러내리라 잠을 설치며 구상했다. 심지어는 꿈속에서도 수없이 그 건물 그림을 그려보곤 했다. 하지만 무엇보다도 문제는 자금이었다.

인촌 김성수는 고민을 거듭하다가 김제 친구 장석종(張錫鍾)을 떠올렸다. 그에게 부탁을 한다면 큰 도움을 줄지도 모른다고 생각했던 것이다. 하지만 거절할 수도 있다는 걱정이 앞서 두근대는 마음으로 그를 찾아갔다. 아무 영문도 모르는 장석종은 반갑게 인촌을 맞이했으나 인촌의 표정이 어두웠기에 무슨 일인가 의아해했다. 두 사람은 사랑방으로 가서 오랫동안 이야기를 나누었다. 거의 한나절이 지난 뒤에야 둘은 방에서 나왔다. 인촌의 표정은 한결 밝았다. 장석종이 그 큰 건축 자금을 담당하기로 약속한 것이다.

김제의 만석꾼 장석종(장경순 육군중장, 박정희와 5·16혁명 주도, 농림부장관, 국회부의장, 국가원로회의장의 아버지)은 인촌의 오랜 친구로서 동지애를 느끼는 사이였다. 그래서 절절한 심정으로 부탁하는 인촌을 외면할 수 없었던 것이다.

무엇보다 장석종은 아들 장경순(張坰淳)을 일본으로 유학 보내고 김제 지방 두 곳에 학교를 세운 근대적 지식인이었으므로, 조선에 최고 대학교를 세우겠다는 인촌의 강한 의지에 크게 공감했으리라.

어느 날 장석종은 부인과 아들 딸들을 불러 앉혀 놓고 말했다.

"인촌 선생이 동양에서 가장 으뜸가는 고려대학교 석조 본관을, 서

인촌 김성수 선생 동상 고려대학교 본관 앞

양의 어느 대학과 비교해도 손색이 없을 정도로 웅장하게 지어서 우리나라 대학교육의 본산을 만들려 한다. 나는 3정보만 남겨 놓고 우리 집안의 온 재산을 고려대학교 본관 석조건물을 짓는 데 바치기로 결심했다. 너희들은 이 아비의 염원을 부디 받아주길 바란다."

장석종은 개화문명을 적극적으로 받아들여야 나라가 살아난다는 인격을 가진 어른으로서 일본의 압제에서 벗어나려면 첫째가 교육이고, 배워서 우리 민족이 깨어나야만 독립을 할 수 있다고 입버릇처럼 말하곤 했다. 그것이 아버지의 굳은 심중이었음을 자식들은 잘 알고 있었기에 아버지가 고려대학교 본관 신축에 온 재산을 내놓겠다는 데도 누구 하나 반대하지 않았다.

먼 뒷날, 장경순이 박정희와 함께 혁명을 일으키고 공화당 사무총장과 농림부장관, 국회부의장을 지낼 때 그의 보좌관 김동환이 공부를 더하고 싶다며 고려대학교 대학원에 입학할 길을 찾아달라고 간청한 일이 있다. 장경순은 김동환을 데리고 고려대학교 이종우 대학원장을 찾아가서 이런 사정을 말했다.

그러자 그는 "우리 고려대학교 교주님께서 오셨다"고 반갑게 맞이하면서 흔쾌히 김동환을 대학원에 입학시켜 주었다고 한다.

이처럼 장경순 또한 그의 아버지 장석종처럼 나라의 융성은 오로지 교육에 있다는 굳은 신념을 갖고 있었다.

오늘날에 이르러서도 장경순은 아버지 장석종이 고려대학교 본관 신축에 온 재산을 바친 결단을 존경하며 자부심을 느낀다고 말한다.

해방되고 나서 유엔총회가 1948년 5월 10일 대한민국 남한 단독선거를 실시할 때의 일이다. 한독당 비서부장 조경한(趙擎韓)에 따르면 김구(金九)는 처음에 남한 단독선거를 받아들일 생각이었다고 한다. 그러다가 1936년 임시정부 주불(駐佛)외교위원으로 임명받았던 서영해(徐嶺海)가 갑자기 나타나 "남북한 통틀어서 총선거를 하면 북한에서는 공산당 마음대로 하니까 선생님께서 대통령이 되실 텐데 무엇 때문에 이승만 박사가 주도하는 남한만의 선거에 참가하려 하십니까!" 집요하게 김구를 설득함으로써 백범 김구는 남한 단독선거를 거부하고 남북협상에 나서게 되었다는 것이다.

한편 고향 김제에서 김일성 밀사인 서영해가 전하는 말을 전해 들은 장석종이, 김구가 남한 단독선거를 거부하고 김일성과 회담을 위해 북으로 올라갔으니 이제 남북통일은 영원히 멀어지게 되었다면서 대성통곡을 했다는 후일담이 전해진다.

중앙도서관 건립

첫 번째 대역사 본관 건물을 완공한 인촌은 도서관, 강당, 체육관 등 캠퍼스 확장에 관한 종합계획안을 만들었다. 더불어 1935년 보전 개교 30주년에 착수하기로 하고, 거국적인 모금활동을 전개했다.

사업을 시작할 때마다 인촌은 꼭 민족적인 사업이어야 한다는 그 신념을 지켜 나아갔다. 부자들뿐만 아니라 서민 대중 모두가 참여해야 진정한 '민립대학'이라고 생각했다. 모금 활동에는 언제나 난관이 따르기 마련이지만, 목표액 30만엔의 절반을 조금 넘는 17만엔이 모아졌다.

인촌 형제가 저마다 2만엔을 비롯해서 김종익, 최창학, 고광표, 박용희가 큰 금액을 기부했고, 전국의 수많은 가난한 사람들이 보내온 돈뭉치는 인촌의 가슴을 울렸다. 세간의 아름다운 이야기들은 은연중에 모두에게 애국심을 일깨워주는 계기가 되었다. 비록 모금이 목표에 미달되었지만, 1935년 6월 두번째 숙원사업인 도서관 건립을 시작하였다.

이 무렵, 보전이 나날이 비약적 발전하는 모습에 조선총독부 학무국이 시비를 걸고 간섭하여 인촌은 2년 동안 교장직에서 물러나야 했다. 비록 인촌은 교장직에서 물러나 있었지만 도서관 건립 작업에는 계속 관여하였다. 심미안이 남다른 인촌은 넓은 캠퍼스의 설계에도 세심한 관심을 기울였다.

1935년 6월 미국 듀크 대학 도서관을 본뜬 중앙도서관이 준공된다. 넓은 열람실과 교수 개인연구실을 갖춘 보성전문학교 도서관은 어떤 대학 도서관 건물보다 뛰어난 모습을 뽐내었다. 식민지 대학인 경성제국대학에 뒤지지 않도록 호화롭게 꾸몄다.

고려대 등짐꾼 정주영

한편, 안암동 보성전문학교 신축공사가 한창 진행 중일 때 정주영이 서울로 올라왔다. 농부보다는 큰 성공을 꿈꾸던 청년 정주영. 그는 줄곧 집을 뛰쳐나오기 일쑤였다.

그 무렵 정주영이 하던 인천 부둣가 등짐 일은 너무 고될뿐더러 돈도 모이지 않았다. '인천 쥐'보다는 '서울 쥐'가 되는 게 나을 듯도 싶었다. 정주영은 일거리를 찾아다닌 끝에 보성전문학교 신축 공사 현장에서 등짐을 팔았다.

그는 교사 벽을 쌓아 올리는 데 들어가는 견칫돌을 꼭대기 4층까지 지어 날랐다. 어깨에 가마니 조각을 대고 그 위에 돌덩이를 얹었지만 뼈가 빠개지는 고통은 이루 말할 수가 없었으리라. 훗날 기업가로 성공한 정주영 회장은 우스갯소리로 이렇게 말했다.

"고려대 석탑 건물은 내가 등짐 지어 지었다."

노동판을 전전긍긍하던 정주영은 쌀가게에 취직해서 타고난 성실성으로 주인을 감탄하게 만든다. 그 주인에게 쌀가게를 넘겨받아 차린 '경일상회'는 뒷날 거대그룹 '현대'의 출발점이 되었다. 네 번이나 이어진 정주영의 가출은 제 스스로를 성공 신화로 이끌었다.

오늘날 한국자동차의 시작이자 명차로 회자되는 포니는 바로 정주영의 도전정신이다. 미국 포드 자동차 일부 모델을 조립 생산하던 그 시절 정주영은 처음으로 한국 고유의 자동차 공업을 시도했다. 그에게 박수와 격려보다는 의문과 비웃음만이 돌아왔다.

하지만 그에 맞서기라도 하듯 넷째 동생 정세영과 함께 1974년 한국 최초의 국산 모델 포니를 생산한다. 1976년 국내 처음으로 에콰도르에 포니를 수출하면서 이때부터 포니 정이라는 별칭을 얻어내고야 만다. 이렇듯 고려대학교 탄생에는 한국 경제를 일으켜 세운 위대한 인물 정주영의 피땀도 깃들어 있었다.

안암동 시대

본관 건물이 완공된 1934년 9월 28일 수송동 구 교사를 떠나 대망의 안암동 시대를 열었다. 조선 제일의 고등교육기관으로서 위상을 갖춘 보전이 민족대학의 첫발을 힘차게 내딛게 된다.

첫 번째 과제는 교수진 보강이었다. 학생들에게 훌륭한 교육을 시키려면 우수한 교수 영입이 가장 먼저 해야 할 일이었다.

우선 민립대학으로서 민족의식을 고취하고 애국정신을 심어주기 위해 인촌은 민족의식이 뚜렷한, 장래가 촉망되는 젊은 교수 영입에 힘썼다. 보전의 학문진흥을 위해 최고 수준의 교수진 확보가 필수 요건임을 잘 알고 있었으리라.

멀지않은 장래에 보전을 대학으로 승격시키려는 포부를 인촌은 거침없이 펼쳐 나아갔다. 1932년 보전을 인수하자마자 저마다 분야의 권위 있는 석학과 신진 학자를 초빙하기 시작했다.

재직 중이던 중진 교수 말고도 김광진(경제사), 오천석(영어), 유진오(헌법), 박극채(경제학), 최용달(상법), 김권재(중국어), 이상기(법학), 안호상(철학) 등을 신규 채용함으로 이때부터 보전 교수진의 위용을 갖추게 된다.

인촌은 교수를 채용할 때 사상의 좌우를 가리지 않고 능력과 실력을 보았다. 공산주의자인 김광진, 박극채, 최용달을 채용한 것이 그 예이며, 도쿄유학시절에도 사상의 좌우를 가리지 않고 폭넓게 벗을 사귀었다. 가끔 술자리 등에서 인촌과 송진우는 젊은 교수들과 사상논쟁을 벌이기도 했다.

인촌의 이러한 폭넓은 자유사상 인식 덕분에 뛰어난 학문 연구의 성과가 나타났다. 김광진의 〈조선 말기에 있어서의 조선의 화폐문제〉, 〈고구려 사회의 생산 양식〉, 박극채의 〈리카르도 비교생산비에 관하여〉 등을 발표하여 보전의 교수진이 경제이론 분야에서 한국 최고의 수준임을 인정받은 것이다. 그러나 8·15광복 뒤로 공산주의자들이 신탁통치를 찬성하고 국제공산당화하자, 단호히 결별하였다.

특기할 것은, 교수 채용시 취임연설제도가 시도되었다는 점이다. 박극채의 〈자유의 경제학적 고찰〉이 첫 사례가 되었고, 안호상이 1933년 10월 9일 모교 강당에서 〈철학과 과학의 관계〉라는 취임 강연을 하였다. 아쉽게도 이 제도가 끝까지 존속되진 못하였으나 〈보전사회론〉의 발간으로 학문 연구가 활발히 전개되었다.

제1집 1934년 3월

제1부 법률정치

중세의 정의사상 유진오(兪鎭午)

『경제법』 학설의 개념 최용달(崔容達)

제2부 경제와 상업

이조 말기의 조선의 화폐문제 김광진(金洸鎭)

제3부 조선문(朝鮮文) 횡서(橫書)에 대한 실험 오천석(吳天錫)

헤겔 철학의 시초와 논리학의 시초 안호상(安浩相)

제2집 1935년

제1부 법률과 정치

도둑의 점유권에 관하여 최용달(崔容達)

제2부 경제 및 상업

지대론(地代論)과 가치(價値)법칙 박극채(朴克采)

제3부 문학 및 철학

물심(物心)에 대한 인식론(認識論)적 고찰 안호상(安浩相)

제3집 1937년

제1부 법률과 정치

Torah(유대율법) 연구 최태영(崔泰永)

제2부 경제 및 상업

고구려 사회의 생산 양식 김광진(金洸鎭)

1934년 제1집을 발간할 때는 매년 1회씩 발간하고자 하였으나, 여러 형편상 격년으로 발간되기도 하였다. 제3집까지 발행한 〈보전학회논집〉은 여러 곳에서 교환을 요청할 정도로 학계에 큰 반향을 불러왔다. 발간이 중단된 동기는 총독부의 간섭과 통제가 극심하였기 때문이었다. 원고를 일일이 검열하여 아예 싣지 못하게 하거나 일부를 삭제 또는 수정하게 하였다. 3집을 발행한 1937년 이후에는 일제의 압력으로 발행이 중단되었다.

그 후 1942년 4월에 〈보성전문학교 연구연보 보전학회 논집 특별 1〉이라고 명기된 학회보를 발간하였는데, 이 책의 제목은 독일어로 〈헤겔에 관한 판단문제〉였다.

이 논문은 안호상의 연구성과로 그 일부는 이미 교토제국대학 문학부의 연구잡지인 〈철학연구〉에 일부가 게재되어 있었다.

1937년 중일전쟁을 도발한 일제는 학교도 전시체제로의 변화를 강요하면서 학문의 자유도 더욱 심하게 억압하였다. 총독부가 '일본말'로 가르치기를 강요하여 강의실 내 분위기는 살벌하기도 하였다.

영어교수로 일본어가 서투른 백상규는 우리말로 강의하였고, 독일 예나 대학의 철학박사 안호상은 일본에서 정칙영어학교(正則英語學校)에서 수학한 일이 있어 일본어 실력이 있었으나, 위험을 무릅쓰고 우리말로 끝까지 강의하였다. 창문을 닫고 우리말로 강의하는 강의실은 긴장감이 돌았으며, 강의를 듣는 학생들이 더 긴장하였다.

일제 하의 압정과 지도자의 고민

일제의 궁극적인 목표는 조선 반도의 통치에만 있는 것이 아니고 우리 민족의 황국신민화이기에 그 목적을 달성하기 위해서 고등보통학교와 전문학교의 학생, 교사, 교수에서부터 운영책임자에 대한 감시 감독이 나날이 악랄해졌다.

1935년 8월 고등보통학교에 현역 장교를 배속시켜 군사교육을 실시하였다. 그 해 9월에는 각급 학교에 신사 참배를 강요함으로써 이에 승복하지 않는 여러 기독교계 학교가 폐교되었다.

총독부 학무국에 사상계를 설치하고 '조선불온문서 임시취체령'을 공포 시행하였고, 사상범 감찰을 위해 경성, 평양, 광주에 감찰소를 설치하였다. 이어서 각 전문학교 도서관과 경성 시내 서점을 검색하여 불온서적을 압수하였다.

1937년 7월 7일 만주 노구교(蘆溝橋)에서 야만적인 방법으로 충돌을 일으켜 중일전쟁을 일으켰다. 한반도뿐 아니라 중국대륙 침략을 달성하기 위해 전쟁물자와 인력자원 충당을 위해 식민지 조선 백성 지배와 착취는 점점 가혹해졌다. 황국신민의 맹서를 제정, 강요하였고 각급 학교에 일왕 사진을 걸어놓고 경배케 하였다. 총독부 산하 모든 관공서와 각급 학교 교직원 등 12만 명에게 국민복 착용을 의무화하여 모든 직장을 병영화하였다.

1939년 9월 30일에는 국민징용령을 공포하고 10월 1일에 시행하였는데, 1945년 8월 15일까지 45만명이 동원되어 일본 각지의 공장 탄광과 남양군도의 일본군이 진주하는 모든 곳에서의 노역(勞役)을 담당하였디. 이들 중 많은 인원이 사망하였고 사할린에 파견되었던 많은 광부들이 8·15광복 후에도 돌아오지 못하는 비극을 초래하였다.

이 때에 사립학교 교장들의 고초는 극심하였다.

동성상업학교 교장이던 장면 교장이 뒷날 부통령에 입후보하였을 때 반대당에서 당시 장면 교장이 국민복에 전투모를 착용한 사진에 창씨개명한 이름을 넣어 정치 선전에 이용한 사실을 보아도 지도자의 처신이 얼마나 어려웠을까 짐작할 수 있다. 학교 교장들은 항상 살얼음판 위를 걷는 심정이었을 것이다. 자신의 언어행동이나 학생들의 사소한 실수로 인해 언제나 학교 폐쇄의 위험이 도사리고 있었으며 후세에 불명예의 함정도 도사리고 있었다.

인촌은 이런 험로를 잘 견디고 지혜롭게 헤쳐 나아갔다.

1939년 11월 10일 조선인 씨명(氏名)에 관한 건〔창씨개명(創氏改名)〕이 공포되고 1940년 2월 11일 실시되었다.

교장 인촌의 고민은 깊었고 난처한 처지가 되었다. 삼국시대부터 정립된 성씨에 의한 한국인의 인명을 살펴보면 성과 본관은 가문을, 이름은 가구의 대수(代數)를 나타내는 항렬과 개인을 구별하는 자(字)로 구성되어 있어 개인 구별은 물론 가문의 세대까지 나타나 세계에서 유래를 찾아보기 힘든 특이한 성명체계이다.

이러한 성씨제도에 문화민족으로서의 자부심을 가진 민족인데 일본식 이름으로 고치라는 총독부의 강압은 참으로 가소로운 것이었다. 문화가 일천한 일인들의 강요는 어처구니가 없었지만 총칼을 앞세운 철권통치 밑에서는 어쩔 수 없었다. 거의 모두가 승복했다.

인촌은 부친의 완고함을 핑계 삼아 끝까지 버텼다. 교수 중에서는 안호상이 뚝심으로 버텼다. 이런 난국 속에서도 피 끓는 젊은 학생들의 향학열과 애국심은 용솟음쳤고 다양한 형태로 표출되었다.

보전학생회의 조직과 활동

경리부 가장 중요한 활동은 '전국 중등학생 주산 경기대회'

변론부 교내 토론회와 교내 웅변대회, 전조선 중등학생 현상 웅변대회, 전조선전문학교 토론대회

연구부 교내 강연회 11회 개최

연극부 1932년 1회 공연을 시작으로 1936년 4회 공연까지 활발하게 활동하였다.
모의재판 : 법률학 실습을 연극화하였다.

체육부 교내 농구대회, 정구대회, 탁구대회, 씨름대회, 축구대회, 육상경기대회, 럭비대회, 유도대회, 검도대회, 수영대회, 산악부 백두산 등정

운동장은 본관과 도서관 건립 후 1938년 7월 대운동장이 준공되었다.

베를린올림픽 경기장을 모방한 국내 유일의 갑종 운동경기장이다.

〈보전학생(普專學生)〉 발간

1936년 11월 30일에 학생회지 〈보전학생〉 1집이 발간되었다. 이전에도 〈친목〉, 〈법정학계〉, 〈시종〉, 〈보성〉, 〈보전교우회보〉 등이 발간되었는데 30주년 기념사업의 일환으로 인촌이 보전을 인수한 이후의 발전을 소개하고 홍보하고 있다.

이 시기를 '문화에 대한 수난기'로 규정했는데 중일전쟁 발발과 더불어 조선에 대한 억압과 통제가 강화되는 때라 당국에 대한 저항의식을 은연중 드러내고 있다.

위와 같이 여러 가지 활동이 활발하게 전개되었지만 사사건건 간섭과 검열에 걸려 중단되는 사태도 빈번하였다. 중국전선의 확대와 남방전선이 확대되면서 국가총동원체제 구축을 위한 민족말살정책이 전개되면서 교내의 모든 활동이 위축되고 중단되었다.

1942년 6월 5일 미드웨이 해전에서 항공모함 4척을 잃는 패전을 함으로써 제해권을 잃은 일제는 최후의 발악을 하게 되었다.

보전 학생들의 농촌계몽운동과 비밀결사운동

농촌계몽운동의 전개

1929년 광주학생운동이 전국으로 확대되어 1930년 3월까지 참가학교 193개교, 참가학생 5만 4000명, 투옥 580여명, 무기정학 2330명의 동맹휴학 대항쟁 이후 학생들의 교외활동은 광범위해졌다.

대표적인 운동이 동아일보사와 조선일보사가 주최하는 문자보급운동(문맹퇴치운동)이다. '아는 것이 힘이다. 배워야 산다'는 구호 아래 보전 학생들은 적극 참여하였다.

주로 여름방학에 대원들은 '학생강연대' 활동을 통해 학술강연과 위생강연 등을 개최하거나 활동사진을 상영하거나 음악, 무용 등을 공연함으로써 농촌에서 대환영을 받았다.

젊은 학생들의 열정은 애국심에서 나왔기 때문에 단순한 글자(한글) 가르치기와 오락에만 있는 것이 아니었다. 마음 속에는 언제나 어디서나 나라사랑 정신이었기에 일제 당국의 통제를 받게 되었다.

경기도지사 송본(松本)은 '개인교수 외의 강습회는 불허한다'는 방침을 관내 경찰서와 각급 학교에 보내 사실상 통제하기 시작하였다.

동아일보, 조선일보에서 1931년부터 시작해서 1934년까지 진행되는 이 운동에서 무려 10만 명 이상이 한글을 배워 문맹에서 벗어나는 성과를 거둔 학생들의 헌신은 민족사상운동으로 1935년에 일제에 의해 완전히 중단되었다.

반제(反帝)동맹과 독서회운동

이 무렵 농촌계몽운동 등 합법적인 방법으로 애국운동이 전개되기도 했지만, 다른 한편으로는 비합법적인 운동이 본격적으로 일어나기 시작했다. 비합법적인 운동은 소수의 학생들이 비밀결사를 조직하고 사상학습을 통해 운동가로서의 자질을 기르는 사상운동과 노동운동 등의 사회참여운동으로 전개되어 갔다.

많은 학생이 독서회 조직에 들어가 학습하는 내용은 〈가난뱅이 이야기(하상조 지음)〉, 〈프롤레타리아 정치학〉, 〈프롤레타리아 경제학〉,

〈아나키스트(자유사회주의)〉, 만국어인 〈에스페란토어〉 등을 공부하였다. 사상적 지식 함양 목적도 있었지만 일본제국주의가 싫어하는 책이면 무조건 읽었다.

좀 더 깊이 들어간 공산주의 사상교육을 위해서는 〈자본주의의 카테고리〉, 〈노동자의 내일〉 등을 읽으며 반일사상 고취에 역점을 두었으나 〈조선공산당 행동강령〉에 입각한, 조선공산당 재건을 위한 혁명적 대중조직에 주력하는 이현상, 김상룡 등은 짙은 정치색을 띠게 되었다.

공부하는 책도 마르크스의 〈자본론〉, 레시첸코의 〈농업경제〉, 레닌의 〈러시아에서의 자본주의의 발달〉 등 마르크스·레닌주의 등에 관한 일본 마르크스주의자들의 저작물이 많이 사용되었다.

이러한 보전학생들의 좌경화된 사상의 근본에는 항일투쟁 정신이 있었으나, 인촌의 교수채용 원칙이 좌우 사상을 따지지 않고 해당 분야의 유능한 교수를 채용한다는 원칙에 따라 공산주의 이론에 해박한 교수들이 있었기 때문이었다.

그러나 1941년 말에 이르면 일제의 탄압이 더욱 극심해져 거의 모든 조직원이 검거되고 징병제가 시행되어 1943년 10월 학병 징병검사가 실시되면서 학생들은 지하로 숨고 흩어져 모든 운동은 중단되고 만다.

전시체제하 보성전문의 수난과 분노

1920년대 일본은 대정(大正) 연간의 자유주의 운동으로 의회정치와 보통선거가 실현된 자유주의 시대였다. 1931년과 1936년 두 차례의 군부쿠데타 사건을 거치면서 정치질서는 군부를 중심으로 재편되었고 폭력의 무제한적인 사용과 전쟁예찬론자들이 정권을 잡았다.

일제는 1933년 국제연맹을 탈퇴하고 1937년 7월 중일전쟁을 일으켜 한국은 전쟁수행을 위한 물적 인적자원을 공급하는 병참기지화로 전락하였다. 1940년에는 독일, 이탈리아와 이른바 3국동맹을 맺고 세계제패의 야망을 달성하기 위하여 1941년 12월 8일 태평양전쟁을 일으켰다. 또한 황민화정책과 내선일체의 식민정책을 추진해 나갔다.

내선일체를 외치며 '국어상용'이라는 미명 아래 우리말을 말살하였다. 이어서 '창씨개명'을 강행하여 지상에서 우리 민족을 말살하기 위한 악정을 펼쳐나갔다.

1938년에는 〈국가총동원법〉, 1943년 5월 1일에는 '징병제'를 공포하였고, 1943년 10월 20일에는 한국학생에 대한 징병유예를 폐지하고 '학병제' 실시를 공포함과 즉시 10월 25일 학병징병검사를 실시하였다.

보전에서는 당연히 학병거부 운동이 대대적으로 벌어졌다. 학생운동이 심히 억압되었던 시기였으나 학병거부 운동이 전개되면서 부활하기 시작하였다. 학생들은 외신기사 단파방송 미국의 소리 방송에서의 이승만의 연설 등 정보를 통해 일제의 전황보고가 거짓인 것을 알게 되었다.

보전에서는 교장 인촌 김성수, 학생감 장덕수, 철학교수 안호상의 학병거부 지시가 결정적 역할을 하였다. 일제가 강요하는 국민복을 입지 않고 우리말로 강의하는 안호상은 이철승 등 학생에게 '전쟁에 끌려가면 죽는다'라고 가르쳤다. 학병에 끌려가지 않으려고 형사사건을 일으킬 목적으로 파출소를 때려부수었으나 학병지원자라는 이유로 형사처벌을 받지 않고 풀려나기도 하였다.

이런 상황에서 보전의 이철승, 윤원구, 경성제대의 이혁기 등이 조직적으로 학병거부 운동을 전개하였다. 이들은 서울 시내 각 학교의 대표들과 장소를 옮겨다니면서 투쟁방법을 협의했다.

이런 정보를 보고 받은 고이소 총독은 이들을 체포하지 않고 유화

책으로 학생대표 12명과 면담하기로 하고 총독관저에 초청하여 약 1시간에 걸쳐 '미영을 격멸하여 아시아 민족을 해방시켜야 한다. 그러니 내선일체 정신으로 학병 출병을 요망한다'고 설득했다. 이런 공포 분위기 속에서 보전 대표 이철승은 큰 소리로 '총독의 이야기는 무슨 말인지 알아들을 수 없다'고 외치며 자리를 박차고 나가버렸다. 보전 학생들의 기개와 민족의식을 알아볼 수 있는 이야기다.

다음 학병 대상자 및 지원자 비율을 보면 알 수 있듯이 보전의 민족정기가 살아 있음을 알 수 있으니, 이는 교장 인촌과 애국 교수들의 영향이었다.

일제는 반항하고 도피하는 학생들을 회유하기 위해 한국사회의 명망 있는 유명 인사들을 강제로 동원하여 강연회에 세우고, 신문사에 글을 쓰게 하였다.

학병 대상자 및 지원자 비율표			
학교	대상자(명)	지원자(명)	비율(%)
경성법학전문	40	40	100
경성고등상업	32	32	100
경성제국대학	92	51	55.4
연희전문	293	102	34.8
보성전문	268	43	16.0

*〈매일신보〉 1943. 11. 12

교명 강제박탈(경성척식경제전문학교)

창씨개명으로 우리 민족의 가슴을 아프게 한 일제가 이번에는 보성전문학교라는 역사적인 학교명을 말살하였으니, 경성척식경제전문학교(京城拓殖經濟專門學校)라는 해괴한 이름이 주어졌다.

이 시기에 국제정세를 살펴보면 일제가 벌인 전쟁이 머지않아 패전할 조짐이 농후하게 나타나고 있었다. 학교 교명을 바꾸고 학제를 개편한다고 해도 기울어져가는 전황을 뒤집을 수 없는 현실에서 물귀신 같은 정책이었던 것이다.

창씨개명을 끝까지 거부한 교장 인촌으로서도 어찌할 수 없는 굴욕이었다. 일본의 법과 명령으로 결정되는 교명 박탈은 민족의 비애로 받아들일 수 밖에 없었다.

연희전문은 공업전문학교로, 모든 전문학교의 교명과 제도를 바꿔버린 일제의 속셈은 끝까지 조선인의 황국신민화였다. 패전을 예견한 일제가 조선인에게 참정권 등의 처우 개선을 내세우며 인촌에게 작위(남작)를 주겠다고 회유하였으나, 인촌은 그것을 받을 자격이 없다고 거절하였다. 일제 식민지 아래에서 거절한다는 일이 얼마나 힘든 것인지, 이는 아무나 할 수 없는 일이었다. 이런 소극적 불복종의 저항은 인도 간디의 영향을 받았을 것이다.

8·15광복과 고려대학교

1945년 5월 독일도 이탈리아에 이어 항복하면서 파시즘 국가 중에서 야심많은 사무라이 정신의 일본만 힘겹게 싸우게 되었다. 그러나 태평양 전선에서 밀리고, 소련이 일·소불가침조약을 파기하고 1945년 8월 6일 만주와 북한지역으로 침공해 왔다.

아베 조선총독은 패전 후 60여만 명의 재조선 일본인들의 신변안전과 재산보호를 위해 송진우에게 치안권을 맡아달라고 제안하였으나, 송진우는 충칭(重慶)에 있는 대한민국임시정부가 환국하면 정통성 있는 임정이 맡아야 한다고 거절하였다. 아베 총독은 여운형에게 부탁하여 승낙받고 치안권을 넘겨주기로 합의하였다.

이 시기에 인촌은 송진우의 권유로 연천 전곡 농장에 내려가 있었다. 인촌은 1945년 8월 15일 지루한 여름 날씨로 땀흘리며 지내던 중 정오를 맞아 라디오를 틀었다. 전날 일왕의 중대 방송이 있을 것을 알고 있었지만 막상 일왕의 항복소리를 듣고, 기다리고 기다리던 그 날이 온 것을 알았다.

동아일보와 관계가 깊었던 심훈의 시가 생각났다.

그날이 오면

그날이 오면 그 날이 오며는
삼각산이 일어나 더덩실 춤이라도 추고
한강물이 뒤집혀 용솟음 칠 그날이
이 목숨 끊기기 전에 와 주기만 할 양이면
나는 빔 하늘에 날으는 까마귀 같이
종로의 인경을 머리로 들이받아 울리오리다.

1945년 8월 17일 급히 상경하였다. 한탄강 물소리가 인촌을 응원하는 응원가로 들렸다. 보전의 수업 재개와 동아일보 복간, 정치동향을 살피는 일들이 산적해 있었다. 교무회의를 열어 연합군이 진주할 때까지 휴교하기로 하였다.

사실 그 당시 학교에는 학생도 몇 명 없었다. 학병으로 끌려가고 학병기피로 숨어 다니고 강제동원되기도 하였던 것이다.

1945년 9월 9일 뒤늦게 미군이 진주한 후 군정을 시작하면서 미군정청 학무국의 방침으로 10월 5일 해방 후 처음으로 개학하였다.

9월 25일 이사회를 열고 학교명과 학사규정을 보성전문학교 그것으로 환원하기로 결정하였다. 학제도 정법과와 경상과로 개편하고 해방 정국에서 정치활동으로 분주하게 된 인촌을 위해 교장을 교체해야 했다.

일제의 억압 속에서 보전을 잘 지켜왔던 인촌은 더 이상 보전의 울타리 속에서 머무를 수 없게 되었다. 미군정이 시작되면서 군정장관 고문직과 한국교육위원회 위원의 직책을 맡은 외에도 새나라 건국을 위한 여러 준비활동에 전념하지 않을 수 없게 되었다.

1946년 2월 6일 중앙중학교 교장으로 현상윤이 취임하였다.

당시 국내에서 우익을 대표하는 지도자의 중심인 인촌이 주동이 되어 한국민주당을 창당하였다. 앞에 나서기를 좋아하지 않아 송진우를 수석총무로 추대하였으나 1945년 12월 30일 돌연 해방정국 혼란기에 첫번째 암살의 희생자가 되어 부득이 인촌이 수석총무를 맡게 되었다.

일본이 패망하면 한반도는 자주독립이 되리라던 우리의 기대와는 달리 국제정세는 암울한 소식뿐이었다.

1945년 12월 25일 모스크바 삼상회의 내용 즉, 신탁통치안이 발표되자 처음에는 좌우 양진영 모두 반대했으나, 공산 진영에서 갑자기 신탁통치를 찬성하여 정국은 심한 혼란과 좌우 대립이 격화되었다.

1946년 3월 1일 3.1절 기념행사를 우익은 보신각에서 좌익은 남산에서 저마다 열게 되면서 좌우 대립은 격화되기 시작했다.

본교 교수진 또한 좌우 이념 대결에서 사상적 성향들이 분출되었다. 박극채, 윤행중 같은 사회주의적 경제이론가는 좌익 성향을 보였고, 안호상은 마르크스주의의 철학적 문제점을 지적하면서 우익진영의 대표적 논객이 되었다. 안호상은 독일 예나 대학에서 철학박사 학위를 받았고 칼 마르크스 또한 예나 대학 출신이다.

인촌은 유럽 탐사 여행시에 소련에 갔을 때 스탈린의 학정과 공산주의의 모순을 보고 왔기에 반공주의자가 되었고, 한민당이라는 보수 정당을 창당하였다.

우익 학생들은 이철승을 중심으로 전국학생총연맹을 조직하여 대한민국 건국에 크게 기여하게 된다.

이런 와중에서도 미군정청은 1945년 9월 18일 군정청 일반명령 제4호로 신교육방침이 발표되고 1945년 11월 10일 조선교육심의회가 설치되고 인촌과 유진오가 고등교육분야 담당위원에 선임되었다.

인촌은 바쁜 정치일정 가운데에서도 교육 특히 보전의 발전에 심혈을 기울여 1946년 8월 15일 대학승격의 대업을 이루어냈다.

고려대학교 설립

미군정청의 신교육방침인 교육제도 민주화와 교육시설 확충 방침에 맞추어 보전에서는 대학승격 준비위원회를 구성하고 대학 승격을 준비하고 있었다. 다음과 같이 설립이 인가되었다.

文高發第三號

財團法人 中央學院
主務理事 金性洙

檀紀 4279年(西紀 1946年) 8月 5日附
高麗大學校 設立의 件 認可함
西紀 1946年 8月 15日
朝鮮美軍軍政廳 文敎部長 印

인촌이 일본유학 시절부터 꿈꿔오던 민립대학 설립의 대망이 이루어졌다.

고려(高麗)라는 교명은 인촌의 생각이었다. 본관 건물 앞 기둥에 백두산 호랑이를 조각할 때부터 고구려의 영광을 계승한다는 뜻을 가지고 있었고, 백두산과 호랑이를 고구려 영광의 표상으로 삼았다. 뒷날 제헌국회에서 헌법 제정시 국호 결정과정에서 한민당에서는 고려공화국을 주장하였다. 인촌은 고려라는 명칭에 큰 애착을 보였다.

처음으로 남녀공학이 실시되었으며, 3개 단과대학과 8개 학과로 구성되었다.

정법대 : 정치학과, 법률학과

경상대 : 경제학과, 상학과

문과대 : 국문학과, 영문학과, 철학과, 사학과

정원 1140(360)명

인촌의 정치행보

종합대학 승격과 고려라는 이름을 사랑한 인촌의 다음 행보는 새로운 민주공화국을 세우는 큰 과제였다. 미소공동위원회가 결렬되고 이승만이 주도하여 한반도 문제를 UN으로 끌고 간 결과 UN한국위원단이 방한하였고, UN결의에 의해 선거 가능한 남한에서의 총선거가 치러지게 되었다. 그간 격렬한 반탁투쟁과 5·10선거를 방해하기 위한 대구 10월 폭동 제주도의 4·3폭동 속에서도 독립정부 수립을 갈구하는 국민들의 염원과 참여로 5·10선거가 시행되게 되었다.

당시의 여건과 정황으로 보아 인촌은 거주지 종로 갑구에서 입후보가 예정되어 있었으나, 인촌은 북한에서 월남한 조선민주당 부위원장 이윤영에게 자리를 양보하는 민족 대통합의 정신을 발휘하였다.

이승만 박사의 건국노선의 제일 큰 정치세력인 한민당 수석총무의 결단이 아름다웠으나 5·10총선 결과와 이승만 대통령 정부에서 한민당의 입지는 좁아졌다. 투표율 93%로 국민들이 열정적으로 참여한 선거에서 한민당은 총 국회의원 수 198명 중 29명 당선으로 부진한 성과였다. 이어서 국무총리 지명에서도 인촌이 배제되고 각료 임명에서도 한민당은 푸대접을 받았다. 내각책임제 아래에서 한민당이 주도적 역할을 하려 하였으나 뜻을 이루지 못하였다.

그렇다고 인촌이 이승만 대통령의 국정운영에 소원하지는 않았다. 건국 초기 토지개혁 문제는 국정의 가장 중요한 일이어서 이승만 대통령은 공산당 출신의 조봉암을 농림장관에 임명하였는데, 세간에서는 지주 계급이 많은 한민당과의 마찰을 염려하였으나, 인촌은 한민당 의원들을 설득하여 경자유전의 원칙을 세우는 데 공헌하였다.

북한에서는 토지개혁을 하면서, 사유재산을 모두 국가가 몰수하고 농민은 조선인민공화국의 소작농이 되는 정책을 실시하였다.

대한민국 건국 이후에 북한 정권의 대한민국 흔들기 정책은 계속되었다. 여수·순천반란사건에 이어 가끔 38선에서의 도발로 불안하게 하더니, 결국 1950년 6월 25일 대거 남침으로 6·25동란을 일으켰다.

학교도 피난길에 올라 대구에 자리잡았다. 현상윤 총장이 납북되어 1952년 9월 재단이사회에서 유진오를 2대 총장으로 임명하고 피난살이의 난국을 헤쳐 나아갔다. 교수와 학생들이 흩어지고 군에 입대해야 하는 학생들은 전장에서 피를 흘리고, 국토는 초토화되는 난국 속에서도 학교를 운영하였다.

1953년 7월 27일 마침내 휴전협정이 조인되어 같은 해 8월 16일 2년 동안 몸담고 있던 대구 원대동의 임시교사에서 작별을 고하고 서울로 올라왔다.

한편 부산으로 피난 가 있던 인촌에게 달갑지 않은 정치적 임무가 주어졌다. 피난지 부산에서의 정치파동은 헌정 붕괴까지 우려되었던 암울하고 엄중한 사건이었다.

1952년 제2대 정부통령 선거를 앞두고 대통령 이승만은 당시 간접 선거제인 정부통령 선거에서 당선될 수 없는 정치상황에서 돌파구를 찾기 위해 모든 책략과 폭력 무력을 동원하였다. 1951년 1월 4일 부통령 이시영의 사임으로 인촌은 원치 않는 부통령에 선출되었다. 이 때, 대통령 이승만은 폭정과 민의의 유린을 통탄하고 부통령 인촌은 1952년 5월 29일 국회에 '부통령 사임청원서'를 보냈다. 내용을 요약하면,

"6·25동란 때, 정부의 실정과 국민방위군사건 부산정치파동 등을 신랄히 비판하면서 마지막에 내가 현 정부가 저지른 악정에 가담하지 않았다 하더라도 나의 이름 석자가 이 정부의 구성원이라는 것만으로도 더럽혀지는 것을 느끼고, 민족 만대에 죄를 짓는 것이다. 나는 전제군주적 독재정치를 타도하고 진정한 민주주의를 위해서 국민대중과 결사 투쟁할 것을 맹세하는 바입니다."

이는 인촌의 정치적 유훈이었다.

이렇게 신랄하고 대담한 성명서를 발표한 인촌은 신변의 위협을 느껴, 잠시나마 미국 병원선에 몸을 피신하여야 했다.

1953년 9월 서울로 올라와서도 부통령시절 얻은 지병(심화)으로 고생하면서도 도서관 건립 등 교사 증축에 노력하다가 1955년 2월 18일 돌아가셨다. 장례는 국민장으로 엄숙히 거행되었고, 온 국민과 고대인들의 애도 가운데 학교 뒷산에 안장되었다. 1959년 5월 5일 고려대학교 설립 54주년에 동상을 건립하여 인촌 선생의 업적에 감사하며 기념하였다.

그런데 일제강점기 하에서의 인촌의 친일 행적에 대한 논쟁이 계속 벌어지면서 후학들에 의해 부끄러운 일이 자행되어 고대인들의 가슴을 아프게 했다.

유택은 남양주로 이장되었고, 인촌 동상 끌어내리기 만행은 저지되었지만 우리들의 가슴 속에는 영원히 부끄럽게 남아 있다.

매일신보 기자 김병규의 기사로 인한 친일논쟁은 계속되고 있다. 일제 총독부가 오라면 오고, 하라면 했지, 별도리가 없었던 상황에서 학교운영이 얼마나 어려웠겠냐 상상을 해보자.

창씨개명 문제만 보아도 알 수 있다. 보전은 교장 인촌을 비롯해 송진우, 백관수, 장덕수, 현상윤, 안호상 등이 끝까지 거부하였고, 학병 지원율이 가장 낮았던 결과도 인촌을 비롯한 교수들이 은밀히 학병거부 운동을 했기 때문이었다.

1946년 오랜 미국 망명생활을 했던 서재필 박사가 본교에 와서 강연했던 내용 중, 유진오 총장과 김성식 교수의 회고에 의하면 "꼭 해외에서 독립운동을 하고 국내에서 감옥살이를 한 사람들도 애국자이지만, 인촌같이 묵묵히 민족의 실력을 향상시키는데 일생을 바쳐 온 사람도 애국자다. 아니 그 사람이야말로 알짜 애국자다"라고 하였다.

1936년 베를린 올림픽 마라톤 시상식 사진에서 우승한 손기정 선수의 가슴에 단 일장기(日章旗)를 지워 버리고 신문에 실어서 동아일보가 정간되는 아픔을 겪었지만 보성전문학교의 폐교를 막기 위한 김성수의 노력과 투쟁은 실로 눈물겨운 일이었다.

참선비 애국지사 인촌의 평생 65년은 나라사랑 겨레사랑의 정신, 선공후사(先公後私)의 실천에 있었다.

인촌의 삶은 처음부터 인고와 고뇌의 삶이었다.

이제는 인촌 선생께서 하늘나라에서 편히 계셨으면 하는 마음 간절하다.

참고문헌

1. 고려대학교 100년사
2. 대한민국 부통령 인촌 김성수 연구(이연희 교수)
3. 인촌 김성수의 삶(인간자본의 표상)(백완기 교수)
4. 민족주의자 김성수(김중순)
5. 한국민족문화대백과 사전(한국정신문화연구원 간행)

인촌 김성수 선생 교육입국 독립정신

조금성(고대 3.3 동지회 상임고문, 경영대학원 37)

▲**동아일보 손기정 선수 일장기 말소 사건** 1936년 제11회 베를린 올림픽 대회에서 세계신기록으로 우승, 한국인으로서 최초의 금메달을 획득했다. 동아일보는 시상식 사진에서 손기정 선수의 가슴에 있는 일장기를 삭제하고 실었다. 이로 인해 동아일보는 정간처분 당했다(오른쪽 사진).

◀**고려대학교 본관 앞에서** 왼쪽부터 현상윤(왼쪽), 김성수(오른쪽)

인촌 김성수 선생 교육입국 독립정신

인촌 선생의 얼과 숨결이 도도히 흐르는 안암 동산

안암골 언덕에 우뚝 솟은 석조 건물의 웅장한 모습은 고대인은 물론 민족의 혼이 깃든 민족의 대학으로, 지성과 야성을 꿈꾸는 자유정의 진리의 전당으로 오늘도 푸른 창공을 향해 포효하며 장엄하게 펼쳐져 있다.

대학(보성전문)이 안암골로 둥지를 튼 지도 어언 83년이 흘렀지만 본관과 도서관의 모습은 현대 건축인의 안목으로 보아도 참으로 중후하여 상아탑으로서의 안정감과 학문의 전당으로서 훌륭하다고 세계가 칭송한다.

그 후에 좌우, 뒷면 세 방향으로 증축이 이루어져 캠퍼스가 광활해 졌음에도 중심이 전혀 흔들림 없이 꿋꿋하고 조화롭다.

80여년 전 재정도 열악하였고 건축기술도 낙후되었던 일제 식민지 치하에서 이런 대학을 설립한 사람이 누구인지 모르는 사람들도 훌륭하다고 칭찬하며 감탄하고 있다.

1905년 송현동 개교 이후 안암동 시대까지 배출한 고대인(高大人)은 30여만명이 되었으며, 고대 가족은 개교 이래 112년 역사 속에서 항상 그 중심에 있어 조국의 번영과 민족을 위하여 일해왔다.

개교 이래 고대인은 항상 항일운동의 선봉에 섰으며 1919년 3·1 기미독립만세운동의 중심에도 보전인이 선도적 역할을 하였으며, 일제 말기의 강압과 폭정 아래에서도 학병반대운동의 선봉에 서 있었다.

1945년 광복 후 미소 냉전으로 한반도가 공산화되느냐, 자유민주주의 국가로 탄생되느냐의 기로에서도 고대인들은 대한민국 건국에 앞장섰다.

또 한편 자유당 독재정권 하에서 구국의 일념으로 1960년 4월 18일 고대인의 포효가 전국에 퍼지면서 4·19민주혁명의 금자탑을 수유리 산기슭에 세우게 한 동력이며, 고대인의 숭고한 민주주의 정신과 숨결이 겨레의 후손들에게 깃들게 하였다.

1961년 4월 18일 4.18 기념탑 준공식에서 당시 총장이신 현민 유진오 박사께서 삼부 요인이 모두 참석한 자리에서 "오늘 고려대학이 이 탑을 자랑하려 하는 것이 아니고, 그 정신을 길이 잊지 말자는 뜻이 이 기념탑 건립에 의의가 있다" 했음을 우리 고대인은 생생하게 잘 알고 있다.

그래서 고대인은 재학생과 함께 4·18기념탑에서 그 정신을 기리는 기념식을 갖고, 다채로운 행사와 4·19국립묘지 왕복 마라톤으로 애국선열 선배님들의 충정과 숭고한 정신을 되새기는 날로 고행의 땀과 눈시울을 적시는 시간을 갖는 것이다.

이용익 선생, 손병희 선생의 유훈도 있었지만, 인촌 선생이 보전을 인수하고 1955년 돌아가실 때까지 33년간 피나는 노력의 결실이 오늘에 이어져 내려오고 있다.

이러한 인촌 선생의 크나큰 업적과 애국심에도 불구하고 1945년 8월 15일 광복 후 미소 냉전과 한반도에서의 극심한 좌우 대립 속에서 공산당의 비방으로 인한 두 가지의 쟁점 때문에 업적과 명예가 크게 훼손되어 대단히 유감스럽다.

이런 용서받지 못할 행동이 인촌 선생께서 사랑하시고 아끼는 제자들에 의해 자행되었다는 사실은 실로 가슴 아픈 일이다.

철없을 때 저지른 잘못이었다고 한다면 진실을 깨달았으면 반성하고 사죄의 글이라도 올렸어야 하는데, 아직까지 그런 말을 들어 본 적이 없다.

할아버지 김익순을 조롱하는 글을 쓴 김병연(김삿갓)의 흉내라도 내야 할 의인은 없는가? 병자호란 때 청 태종을 칭송한 공덕비(삼전도비문)를 쓴 이경석을 역적이라 매도한 사람들을 보지 못하였다.

2007년 본관 앞 인촌 선생의 동상을 끌어내리려고 했던 사건은 많은 고대인의 가슴을 아프게 했을 뿐만 아니라 지금까지도 부끄럽기 짝이 없다.

또 다른 한편 인촌 선생께서 당신 목숨보다 더 사랑하신 고려대학교를 지켜주시겠다고 안암 언덕에 묻히신 유택을 더럽히고 훼손하여 몽진하듯 쫓겨가신 사건 등 고려대학교 역사에서 부끄러운 일들을 지금에 와서 이에 관한 논쟁을 하고자 하는 뜻이 아니고, 고대인만이라도 인촌 선생에 대한 진실을 알아둘 필요가 있기 때문에 이 글을 쓰는 것이다.

인촌 선생의 업적을 간단히 열거하면 다음과 같다.

교육입국(중앙중학 고려대학교) 산업화(경성방직), 대한민국 건국, 민주화(이승만 대통령 견제), 언론사업으로 항일운동 계몽운동(동아일보)

1. 친일문제에 대한 시비

'인촌 선생 친일문제 연구에서 가장 간결하고 알기 쉽게 기술한 백완기(白完基) 교수의 〈인촌 김성수의 삶〉에서 인용하였다.'

광복이 되면서 좌익세력들은 인촌을 친일파로 몰았다. 친일의 근거로 인촌이 학병(學兵) 권유 연설을 하고 다녔으며, 또 〈매일신보〉에 학병 권유 글을 썼다는 사실을 들었다. 일제가 직간접적으로, 때로는 강압적으로 학병지원에 대하여 압력을 가해 오면 "나는(인촌) 그들의 교육을 맡았지, 전쟁터로 가라 말라는 임무를 맡은 게 아니다"라고 냉담한 자세를 취하였다.*1 이외에도 동아일보가 일본 기업체로부터 광고수입을 받았다느니, 경성방직이 일본의 돈을 받았다느니 등으로 친일의 근거를 대는 사람들이 적지 않다.

우선 학병 권유 연설에 대하여는 당시 연설현장에 있었던 김진웅의 증언을 보면, 인촌이 일제의 강요에 의해서 마지못해 한 것이 분명하다. 행사 마지막 순서로 인촌의 장행사(壯行辭)가 잡혀 있었다. 등단한 인촌은 주머니에서 종이를 꺼내 들고 "오늘 아침에 총독부에서 이걸 가져와서 이 자리에 나와 읽으라고 하기에 이제부터 읽겠습니다"라고 하고 그 문건을 담담하게 읽고 단에서 내려왔다. 읽으라면 읽어야지 별도리 없는 사무적인 자세로 일본의 요구를 따른 것뿐이다.*2

당시 인촌의 형편으로 총독부에서 읽으라면 읽어야지 다른 방법이 없었던 것이다. 이런 와중에서도 인촌은 되도록 학병 권유 연설을 회피하려고 전곡농장에 내려가 병을 핑계로 세상에 나서지 않았다. 그런데 한번은 칭병(稱病)이 통하지 않아 춘천에 끌려가 단상에 서게 되었다.

단 위에 오른 인촌은 단 한 마디만 하고 내려왔다.

"이 사람은 대중 앞에서 연설할 줄 모르기 때문에 다음에 나와서

---

*1 이승철, "오늘이 있기에 내일도 있네, 매사를 길게 보게", 〈인촌을 생각한다〉, 2005, 65쪽.

*2 김진웅, "누구라도 학병에 가라 말라 할 수는 없다." 현승종 편, 〈인촌을 생각한다〉, 50주년 간행위원회, 2005, 43~44쪽.

하는 사람의 말을 이 사람이 하는 말과 같은 것으로 들어주시기 바랍니다."

다음에 등단한 사람은 장덕수였다. 이것은 자기가 하기 싫고 어려운 일을 남에게 떠넘기려는 자세에서 나온 것이 아니라 단상에서 연설이나 강연 같은 것을 부담스럽게 생각하였기 때문이다. 자기의 학병 권유 강연을 장덕수가 대신했다고 해서 인촌의 책임이 면제되는 것이 아니다. 만일 자기 책임을 장덕수에게 떠넘기기 위해서 대리 강연을 시켰다면 인촌은 정말로 비굴한 사람으로 낙인 찍혔을 것이다. 그는 앞에 나서지 않는다고 해서 책임을 회피하는 사람이 아니었다. 그의 인생 역정을 추적해보면 그는 주로 뒤에서 돕는 일을 하였지만 항상 책임은 앞에서 지는 자세를 취하였다. 다음은 매일신문에 실린 학병 권유의 글에 대하여 살펴보기로 한다. 여기에 대하여는 현민 유진오가 1974년 4월 29일자 동아일보에 발표한 〈편편야화(片片夜話)〉라는 회고담에서 밝힌 내용을 중심으로 살펴보기로 한다.

총독부는 몇몇 인사들을 지명해서 학병을 격려하는 글을 쓰라는 명령을 내렸다. 그 명령을 전달한 사람은 〈매일신보〉 기자인 김병규였다. 그는 집필자 명단을 가지고 왔는데 김성수 송진우 여운형 안재홍 이광수 장덕수 유진오 등이 들어 있었다. 당시 유진오는 자기는 어떻게든 쓰겠지만 글을 쓰지 않는 인촌이 걱정되었다. 김병규는 유진오에게 오기 전에 인촌을 만나 인촌의 글을 자기가 대필하겠다고 하자 인촌은 정 써야 하는 것이라면 대필은 하되 원고를 반드시 유진오에게 보이고 내도록 부탁하였다. 인촌에게 전화로 확인한 유진오는 "창피한 글"이나 되지 않도록 해 달라는 부탁을 받게 된다. 인촌의 부탁에 따라 글을 확인한 유진오는 글이 무난하게 되었다고 판단했다. 이 무렵 김병규가 인촌 집에 찾아와 "다음은 선생님의 차례"라고 하면서 나눈 대화 내용과 글의 내용을 잠깐 살펴보기로 한다. 글을 써달라고 부탁을 하자 인촌은 "아시다시피 나는 글을 쓸 줄 모르오" 하고 답변한다. 이에 김병규는 "이것은 신문사의 청탁이 아니고 총독부의 지시올시다. 꼭 써주셔야 합니다"라고 강권한다. 이에 인촌은 "총독부의 지시라 하더라도 없는 재간이 생겨나겠소?" 하면서 끝까지 거절한다. "조선 청년들이 전장에 나가게 된 것은 현실적 사실이 아닙니까?"라는 질문에 "그렇지요"라고 답변한다. "뒤에 남은 우리들은 그들의 가정을 도와야 하지 않겠습니까?"라는 질문에 "도와야지요"의 간단한 답변이 오갔다. 그러면 김병규가 대필한 글의 내용을 보기로 한다.

"요즈음 한결 같은 순충의 마음으로 군무에 들어간 우리 학병들의 전도는 승리와 광명이 있을 뿐이다. 이제 대망의 징병이 실시됨에 따라 우리는 학생이 없는 가정이라도 적령기의 청년 남아를 가진 집에서는 모두 며칠 동안 반도 전역이 감격의 감격으로 환송하는 장쾌한 병역의 성사를 맛보게 될 것이다. 반도 출신 젊은 병사들을 전열로 보내는 것은 실로 이제부터 시작되는 것이다. 떠나는 병사나 보내는 부모형제. 이 광경은 이웃집의 일이 아니오 이제 남의 일이 아니다. 머지않아서 내 앞에 당하는 내일 일을 이제 학병을 보내면서 다시 크게 각오하여야 할 것이다. 이렇게 생각한다면 이제 우리가 학병을 보내면서 여러 가지로 미흡하였던 점, 또는 당사자도 준비가 부족하였던 점도 점차 개선되어 징병의 진에 유감이 없게 될 것이다."*3

이 글이 발표되자 총독부에서는 뜨뜻미지근한 글이라고 불만을

---

*3 〈인촌 김성수전〉, 432~433쪽.

표시한다. 그런데 이 글이 좌익들이 인촌을 친일파로 모는 근거가 된 것이다. 흥미로운 것은 그 신문에 같이 실렸던 여운형의 글은 전혀 문제 삼지 않았다는 점이다. 인촌이 총독부 메모를 읽지 않고 스스로 연설문을 만들어 학병 권유 연설을 하였어도, 〈매일신보〉에 대필하지 않고 스스로 글을 썼어도 인촌을 친일분자로 모는 것은 이해하기 어려운 억지의 논리다. 그들이 하라면 했지 별도리가 없었던 상황이었다. 인촌에게 자기의 모든 것을 바쳐 힘들게 벌여놓은 모든 사업을 포기하겠다는 결의가 있었다면 그들의 압력을 단호하게 물리칠 수가 있었다. 그러나 인촌은 그러한 자유를 누릴 수 있는 처지가 아니었다. 그는 자기의 생명을 바칠 수는 있었어도 생명보다 소중한 사업은 포기할 수 없었다. 인촌뿐만 아니라 연희전문의 백낙준, 이화전문의 김활란 등도 다 같은 처지였다. 친일이 아니라 부일(附日) 소리를 들어도 그가 피와 땀을 흘려 가꾼 민족과 겨레를 위한 사업을 포기할 수는 없었다. 시비문제의 또 하나는 광고수입 문제였다. 즉, 동아일보 재정상태가 일본의 광고수입의 증가로 안정의 기틀을 다졌다는 것이다. 1931년에 국내광고가 36.2%일 때 일본의 광고수입이 63.8%로 늘어나게 된다. 신문의 생존은 광고수입에 크게 의존하는데 생존을 위해서는 불가항력의 상태였다. 동아일보로서는 문을 닫을 각오를 가졌다면 모르되 그렇지 않고 존속하려면 일본의 광고수입은 생명줄이었다. 인촌으로서 동아일보의 생존은 최우선의 가치였다. 친일파 아니라 별스러운 누명을 써도 동아일보 문을 닫을 수는 없었다. 그러나 동아일보가 일본의 광고수입에 크게 의존했다고 해서 기존의 독립 및 민족주의 노선을 늦춘 것은 아니다. 위에서 밝힌 대로 일본의 광고수입에 의존하면서도 발매 및 판매금지, 정간 등의 강제조치를 수없이 당하게 된다.

세 번째는 총독부 출입이 빈번했다는 것이다. 이는 반드시 친일파라고 할 수는 없지만 그래도 친일파에 속할 가능성이 높다는 것이다.*4 총독부 출입 역시 인촌으로서 어찌할 수 없는 상황이었다. 그들이 오라면 가지 않을 수 없는 것이 인촌의 처지였다.

네 번째는 친일단체 창립에 발기인 이사 및 감사로 참여 및 활동했고, 각종 시국강연에 연사로 참여함으로써 일제의 전시동원정책에 협력했다는 것이다. 1938년 국민정신총동원 조선연맹의 발기인 및 이사로, 1941년에는 흥아보국단 이사로, 임전보국단 감사로 활약하였다는 것이다. 이외에도 많은 친일단체 평의원으로 활약하였다고 알려졌다. 그러나 인촌 이외에도 많은 인사들이 이러한 행위에 참가하였으며 이는 거의가 다 명의도용(名義盜用)이라고 할 수 있다.

예컨대 고당 조만식의 글은 〈매일신보〉 평양지사장 고영한의 대필이라고 밝혀져 있다.*5

인촌의 경우 시국강연에 참여하였다고 하는데 인촌은 자기 학교인 보전에서도 강연을 위해 강단에 서는 일이 거의 없었다. 이러한 사람이 강연에 동원되었다는 것은 상상조차 하기 어렵다. 물론 위에서 본 대로 총독부 관리들에 의해 끌려가다시피 해서 그들이 작성한 글을 자기 이름으로 읽어 내려간 적은 있었다. 친일문제를 심층적으로 분석한 임종국도 일제 총독부는 조선의 명사들에게 꼭두각시 노릇을 강요하면서 협박을 자행하였으며 그런 가운데 명의도용은 다반사였다고 판단했다.*6

박지향 교수는 1937년 이후로 조선의 유지계급들이 일제에 마지

*4 강동진, 〈일제의 한국침략정책사〉, 한길사, 1980, 170~171쪽.
*5 이현희, 〈대한민국 부통령, 인촌 김성수 연구〉, 나남, 2009, 517쪽.
*6 임종국, 〈빼앗긴 시절의 이야기〉, 민족문제연구소, 2007, 248~250쪽.

못해 따르는 정도를 넘어서 그들의 강제적 요구에 따를 수 밖에 없었다고 지적하고 있다. 즉 일제는 전쟁의 명분 하에 공개적이고 공공연한 동종화 협력을 강요했기 때문에, 육체적 고통을 당하거나 지하로 숨을 각오가 되어 있지 않으면 협력의 길을 걸을 수박에 없었다는 것이다. 이러한 절박한 상황은 브루스 커밍스도 지적했다고 설명을 덧붙이고 있다.*7

이완범 교수 역시 인촌은 1937년 중일전쟁을 전후로 "협력적 저항"에서 "저항적 협력"으로 기울어지는데 이것은 일제가 1937년 후 전시체제로 바꾸면서 조선의 지도자들을 강제로 동원한 것이 원인이라고 설명하고 있다.*8

다섯 번째는 경성방직이 일본의 보조금을 받고 일본은행으로부터 대출을 받고, 일본인 기술자를 사용하였고, 일본인의 출자도 허용하였다는 것이다.

기업은 살아남기 위하여 이윤을 창출해야 했고, 이를 위해 일본의 도움을 받을 수박에 없었다.

경방이 문을 닫지 않고 살아남았기 때문에 한국 "산업화의 뿌리요 뼈대"의 역할을 할 수 있었을 것이다. 일제 하에서 가장 힘든 사업이 교육사업과 언론사업이었다. 특히 교육사업의 경우 민족교육을 하자니 총독부의 탄압을 받게 되고, 친일교육을 하자니 교육의 목적과 의미가 없어져 어찌할 줄 모르게 되었다. 이때 조선인 교육자는 대개 5개 그룹으로 나눌 수 있다. 제1그룹은 강렬한 민족적 양심으로 아예 교육사업을 접거나 교육계를 떠나는 소수의 사람들, 제2

---

*7 박지향, 〈윤치호의 협력일기〉, 이숲, 2010, 89쪽.

*8 이완범, "김성수의 식민지 권력에 대한 저항과 협력", "협력적 저항"에서 "저항적 협력"으로, 〈한국민족운동사연구〉 58, 2009, 423~446쪽.

그룹은 민족적 양심을 갖고 기회 있을 때마다 민족의식을 표명하여 일본 관헌으로부터 곤욕을 당하거나 체포되는 사람, 제3그룹은 민족사상을 가르치면서도 법망을 지혜롭게 피하면서 계속 교육에 종사하는 다수의 사람들, 제4그룹은 일제에 타협적으로 복종하면서 민족교육의 이념을 포기한 다수의 사람들, 제5그룹은 총독부 당국에 영합하면서 친일교육을 한 소수의 사람들이다. 이때 일본의 이나바는 인촌을 제1그룹의 중간형으로 지적하고 "온건한 민족주의자"라고 칭하였다.*9

위에서 열거한 5가지 이유로 인촌을 친일(親日)이라고 하는데 이는 친일이라는 말의 의미조차 모르고 하는 소리다. 친일이라고 하면 개인적이고 사적인 이익이나 명예를 위해서 일본정부에 아부하고 찬양하는 행위를 이야기한다. 또한 여기에는 일본을 자발적으로 돕겠다는 의지가 내포되어야 한다. 위협과 탄압과 강권적 요구에 못 이겨 마지못해 하는 행위를 친일이라고 하면 언어의 남용이요 오용이다. 개인의 이익이 아닌 민족의식과 국력을 배양하기 위해서 이룩해 놓은 교육, 언론, 산업 사업들을 지키기 위해서 그들의 강압적 요구에 응한 것이 친일이라면 억지도 이만저만의 억지가 아니다.

앞에서 이완범은 인촌의 행위를 1937년을 전후로 "협력적 저항"에서 "저항적 협력"으로 옮겨갔다고 지적하고 있는데 이도 올바른 설명이라고 할 수 없다. 협력이라고 하면 어느 경우를 막론하고 자발성의 뜻이 깔려 있다. 그런데 인촌의 총독부 요구에 따르는 행위는 죽지 못해 하는 행위였지 자발성이라고는 손톱만큼도 없었다. 일본의 강압적 요구에 되도록 응하지 않으려고 별별 생각과 궁리를 하

*9 김성식, "인촌의 인격과 사상", 이희승 편, 〈인촌 김성수의 사상과 일화〉 동아일보사, 1985, 401쪽.

면서 살아온 인촌에게 자발성을 내포한 협력을 하였다는 것은 언어도단이다. 인촌이 피와 땀을 흘려 키워놓은 사업을 존속시키기 위해서 불가항력적인 처지에서 그들의 요구에 따르기는 하였으나 여기에는 한계가 있었다. 총독부는 동아일보의 무기정간을 해제 조치하는 조건으로 신문의 제호를 바꾸고 자기들이 미는 중추원 참의를 지낸 고원훈을 사장으로 임명하도록 요구하였다. 이는 동아일보의 존재 이유를 박탈하는 요구였기 때문에 도저히 받아들일 수 없었다.

자기들이 미는 사람이 사장이 되면 동아일보는 조선이라는 정체성(identity)이 사라진, 총독부의 대변지가 될 터인데 이러한 모습으로 존속되는 동아일보는 아무런 의미가 없었다, 인촌은 그들의 요구를 받아들이지 않고 도쿄 2.8운동 주역인 백관수를 사장으로 앉힌다.

이어서 동아일보 김진경 기자의 〈일제 말기 김성수 친일 논란에 대한 재검토〉 중 일부를 인용하면, 1937년 7월 중일전쟁이 일어난 다음, 특히 1943년 10월 학병지원제도가 시행된 이후 총독부가 관여하거나 주도한 단체나 행사에 김성수의 이름이 적잖게 나타난다. 그러나 이같은 내용이 담긴 문서와 신문기사는 친일의 증거가 아니라 검증이 필요한 자료일 뿐이다.

검토 결과 이같은 문서와 기사의 등장은 일제의 강압이 심해지고 유력인사 동원이 많아졌기 때문이지 김성수가 일제에 협력했기 때문은 아니라는 결론을 얻게 됐다. 그러나 김성수가 이 모든 사실을 전혀 모르는 상태에서 총독부가 그의 이름을 도용하거나 총독부 기관지가 왜곡된 기사를 낸 것은 아니라는 가정을 해 볼 수는 있다. 김성수의 측근들은 귀족원 의원 임명이나 창씨개명 같은 문제에 김성수의 동의를 구했다고 밝히고 있다. 김성수는 이들 문제에 대해서는 분명히 거부 의사를 나타냈다. 1920년대 이미 대학설립 운동에 참여하였던 김성수는 1932년 보성전문을 인수한 뒤 헌신적으로 경영했다. 1940년까지도 이 학교를 종합대학으로 승격시키려고 방안을 모색했다.*[10] 김성수는 앞서 1940년 4월 〈삼천리〉 기자에게 6개 단과대로 이뤄진 종합대학안을 밝혔다.("미래의 대학총장의 대학 창설 웅도", 〈삼천리〉 1940년 4월호, 33~39쪽)

그러나 1944년 5월 총독부 방침에 따라 이 대학교는 종합대학은 커녕 경성척식경제전문학교로 격하된다.*[11]

총독부의 유력인사 동원에 대한 김성수의 태도도 이와 같았을 것이란 추론이 가능하다.

총독부와 총독부 기관지의 행태에 대해 김성수가 할 수 있는 조치는 없었다. 기고문이 자신의 명의로 게재되는 것까지 묵인해야 했다. 김성수의 〈동아일보〉는 폐간되었지만 보성전문은 살아남았다. 그러나 김성수가 학교를 살리기 위해 총독부와 타협했다는 것은 그의 행적 속에서 나타나지 않았다. 그러나 자신의 이름 도용이나 기사 날조를 묵인한 책임은 회피하기 어렵다.

이 때문에 그는 해방 후 조선공산당 재건파에 의해 친일 낙인의 피해를 당했다. 해방 전에도 "김성수는 조선의 교육사업, 문화사업을 위한 큰 공로자인 동시에 큰 희생자"*[12]가 될 수밖에 없었다.

인촌 김성수 선생의 항일운동과 독립투사들을 직접 돕는 예화를 두 가지만 들겠다. 고려대학교 홍일식 전 총장의 증언에 의하면 기미

---

*10 유진오는 김성수의 지시에 따라 1940년 7월 종합대학 설립계획서를 만들었다고 회고하고 있다. 《양호기》, 고대출판부, 1977, 76~77쪽.

*11 조선총독부관보 1944.5.16 〈출처 : 국가기록원 조선총독부 관보 활용시스템 http : //gb.nl.go.kr〉.

*12 민족정경문화연구소 〈친일파 군상 : 예상등장인물〉, 31쪽.

년 3·1독립만세운동 당시 기독교 대표 이승훈 선생이 기독교계의 분담금 5000원을 준비하지 못해 곤경에 처해 있을 때, 김성수 선생이 조선광문회로 육당 최남선 선생을 찾아와 5000원을 내놓으면서 남강 이승훈 선생에게 전달할 것을 부탁하였는데, 김성수가 내놓았다는 말은 하지 말라고 당부하였다.

인촌 선생이 독립투사들의 군자금을 지원한 여러 가지 일화 중 고대 장하준 교수의 종조부(從祖父) 장홍염(張洪琰) 선생(제헌의원)이 인촌 선생을 찾아가 군자금 지원을 요청하니 금고문을 열어놓고 슬그머니 자리를 피해 필요한 자금을 가지고 갔다는 이야기는 인촌 선생의 현인(賢人)다운 모습을 보여준다.

2. 남한 단독정부 수립에 대한 시비

이철승의 〈나의 증언〉 중에서

광복 후 통일국가 통일정부를 세우지 못한 책임을 좌익들은 인촌과 한민당에 있다고 주장한다.

이는 1945년 8월 15일 당시의 해방정국을 전혀 이해하지 못했거나 애써 대한민국정부 수립을 반대하는 좌익 세력들의 터무니 없는 주장이다. 1,2차 미소공동위원회에서 미소 양국간의 합의로 한반도에서 통일정부가 수립된다는 것은 가망이 없는 일이 되었다. 남한에서는 정치적 혼란 상태가 극심해지는 상황에서 소련과 북한 공산주의자들은 1946년 초 북조선임시인민위원회라는 공산당 정권을 구성하여 민주개혁이라는 미명하에 사회주의화 작업을 급속하게 실천한 데이어 1947년에는 프롤레타리아 독재정권인 '조선인민위원회'를 구성하였으며, 사회주의 사상으로 무장된 인민집단군이라는 독자적 정규군(약 50만명)까지 보유하였다.

소련은 유엔이 주관하거나 감시하는 민주적 선거가 실시되는 것을 절대 수용하지 않았다.

8·15광복 직후에는 북한에서도 조만식 등 민주세력이 큰 규모로 존재하였으나 소련군의 탄압으로 구금되거나 시베리아로 유배되었으며 그것을 회피한 많은 사람들은 남한으로 피난해 버렸다.

'인민위원회'란 무엇인가? 인민위원회는 정부의 상위에 있는 기구이다. 남한에서도 그 실체를 체험하였다. 8·15광복 직후 좌익들은 재빨리 인민위원회를 구성하여 1945년 10월까지 전국 7개 도 12개 시 131개 군에 인민위원회를 조직하였다. 인민위원회는 입법 행정 사법권을 갖는 기구다. 당시 시군 인민위원회에서는 친일파(주로 일제 치하의 형사)를 잡아다가 두들겨 패고 친일파 거물을 조리 돌리는 등 사법권도 행사하였다. 혹자는 1948년 8월 15일 대한민국정부가 먼저 수립되어 북한에서는 1948년 9월 9일 조선민주주의인민공화국이 수립되었다고 주장하지만 남북한 정부수립 날짜만 가지고 따지는 것은 어리석은 일이다. 북한에서는 앞서 말한 것처럼 '인민위원회'가 완벽한 정부 역할을 하고 있었다. 토지개혁을 실시하여 외견상 평등사회를 이루었다고 자화자찬하였지만 북한에서의 토지분배는 소유권을 주는 것이 아니고 경작권만 주는 것이었다. 토지는 국가 소유가 되었으므로 농민은 국가가 지주인 상태에서 모두가 소작농이 된 셈이다. 다음으로 검토해야 할 중요한 쟁점이 있다.

좌익들의 주장대로 이승만과 김성수의 한민당만이 참여한 5·10선거가 아니었다. 공산당과 김구의 한독당 등 남북협상파는 다수가 아닌 소수였다. 한독당의 하부 지방 조직에서는 상당수의 당원이 5·10선거에 참여하였다. 임시정부 계열에서도 신익희, 지청천 등이 국회의

원에 당선되었고, 부통령 이시형, 국무총리 이범석 등이 정부에 참여하였다. 대통령 선거에서 김구가 13표를 얻었고 부통령 선거에서는 김구가 62표를 득표한 사실을 보아도 이승만과 한민당에 동조하지 않는 중도파 의원들이 60여 명인 것을 확인할 수 있었다.

이철승(1922~2016)

해방정국에서 좌우익이 극한 대결로 치달은 것은 모스크바 삼상회의에서 결정된 신탁통치안에 기인한다.

1945년 10월 24일 미 국무성이 발표한 "조선에는 우선 신탁통치제를 실시할 예정이다"는 외전(外電) 보도가 있자, 국내의 모든 정당 사회단체들은 일제히 반대성명을 발표하였다. 조선공산당에서도 10월 25일 "신탁의 규정여하를 막론하고 조선의 현실을 무시한 조처다. 모욕적인 신탁통치는 단연 취소하는 것이 민족의 염원이다"라는 태도를 표명하였다.

처음에는 모두가 반탁이었다. 이 때 날로 심해지는 신탁통치 반대운동에 대하여 조선공산당 중앙위원회 문학가동맹 전평 등 극좌파인 정당 사회단체가 오히려 신탁통치 반대의 선봉에 섰다.

김구는 임정 회의를 열어 신탁통치 반대의 결의를 굳게 다짐하고 각 정당 사회단체 대표들을 모아 연석회의를 열고 신탁통치반대 국민총동원위원회를 설치하기로 하였다. 해가 바뀌어 국민총동원위원회(대표 김구)에서 76명의 위원을 선임하는 등 구체적인 반대투쟁을 일으키려 하자, 1946년 1월 6일 조선공산당 박헌영은 "삼상회의에서 결정한 것은 옳다"고 표명하고, 이와는 따로 2일 밤 평양방송을 통하여 김두봉은 "모스크바 삼상회의 결정은 신탁제도가 아니라 후견제도를 말하는 것이니 주권은 조선에 있다"고 설명함으로써 찬탁의 뜻을 밝히고 있었다.

신탁통치 문제로 좌우가 분열하게 된 결정적인 계기로, 우익은 '남조선민주의원(위원장 이승만)'이 구성되고, 좌익은 '민주주의민족전선'이 결성되면서 3월에 들어서자 3·1운동 기념행사가 우익은 보신각에서, 좌익은 남산에서 개최하면서 좌우 충돌이 반복되었다. 결론은 명확하였다.

조선반도가 공산화되어 소련의 위성국가가 되느냐 자주독립을 하느냐의 기로에 선 것이었다.

해방된 이 나라를 강대국이 신탁통치 한다는 소식을 전해들은 3천만 국민은 격분을 참지 못하고 죽음이냐? 독립이냐? 하는 문제로 싸우게 되었다.

보성전문학교 이철승(李哲承)의 발기로 1946년 1월 2일 한청빌딩에서 서울시내 11개 남녀 전문학교 대표들이 결성한 반탁전국학생운동준비회는 이철승을 위원장으로 선출하고 민족자결, 신탁통치반대, 자주독립 등 3개 강령을 내세우고 전국적인 학생운동을 강력히 전개하기 시작하였다.

"오호(嗚呼)라 하늘을 우러러 통곡할지오, 땅을 치고 발버둥칠지로

다. 경술년(庚戌年) 8월 29일이 다시 오지 아니하였던가? 오호(嗚呼)라 이 나라가 또 한번 망한다는 말인가? 이 백성이 또 한번 노예가 된단 말인가, 아 이것이 몽환(夢幻) 현실(現實) 아니라 웃음도 쓸데없고 탄식도 쓸데없다. 3천만이 하나로 싸우자! 독립을 다오 그렇지 않으면 죽음을 다오. 이 한 마디 표어로서 우리를 구속하는 모든 세력에 반항하여 싸우자 피를 흘리자 아 3천만 형제여, 최후 일전의 시기는 지금 이 때다, 일어나라 나가자 독립전쟁의 길로!"(1945년 12월 30일 조선일보 논설문 중)

당시 이철승 선배의 증언에 따르면 "나는 당시 보전 학생회장이었는데 삼상회의 결정으로 우리나라가 어떠한 운명에 처하리라는 것을 직감하고 민족의 진로를 규제하는 전 민족적 이슈로 중대시하였다. 처음에는 남로당 계열 학총(學總)과 민족진영의 민주당(民主黨)이 손잡은 보기 드문 반탁 결의였다. 이때 전국학생연맹 위원장으로 내가(이철승) 선출되었으며 부위원장에는 좌파인 김연성이었다. 이렇게 당초에 좌우익이 합작한 투쟁기구였으나, 이듬 해 1월 3일에 이르러 소련의 지령으로 공산당이 찬탁으로 변질하게 되어 유감스럽게 되었다. 여하튼 우리는 독립운동을 다시 시작하는 셈치고 격렬하게 싸웠다. 그리하여 반탁투쟁은 학생들의 선봉적 역할과 일사불란한 투쟁정신이 반영되었기 때문에 대한민국정부의 수립이 가능했던 것이며, 역사에 남을 거룩한 학생운동의 모범이라 할 만하다. 당시 인촌(김성수), 백범(김구), 우남(이승만) 등 지도자가 아침 저녁으로 나를 불러 격려해주던 일이 지금도 기억에 새롭다. 특히 인촌의 부인 이애주 여사의 도움이 매우 컸었다"라고 하였다.

위와 같은 정황만으로도 UN 감시하의 선거가 가능한 남한만이라도 민주적 선거를 통하여 정부를 수립하는 것이 최상의 방법이었다는 것은 자명하다.

그 결과는 현재 남북한을 비교해 보면 알 것이다. 복잡한 통계수치는 비교할 필요조차 없을 정도로 남북 국력 차이는 엄청나다.

당시 남한 단독정부를 주장한 이승만과 김성수의 한민당에게 그 결정이 현명하였다고 칭찬해 주어야 할 것이다.

국가의 번영과 국민의 행복 그리고 안녕을 좌편향 이념의 덫에 걸려 넘어지게 하는 우를 범하지 않았기에 자유민주주의가 승리한 것이다.

1948년 5월 10일 이승만, 김성수 그리고 모든 정치인과 국민들은 역사상 처음 실시하는 근대적 선거인 총선 투표에 나아가서 두표용지에 정성스럽게 투표한 결과, 투표율 95.5%로 제헌의회 의원 198명이 선출되고, 제헌의회가 성립됨에 따라, 그 해 7월 17일 헌법이 제정·공표되고, 8월 15일 대한민국정부 수립이 선포된 것이다. 남한 단독으로 치러진 5·10선거가 한국의 분단을 고착화했다는 평가와 대한민국의 독립정부를 수립하는 현실적인 대안이었다는 평가 등으로 엇갈리지만, 지금 남북한 상황을 살펴보면, 대한민국정부 수립의 주체 세력이 당시 국제정세와 함께 남북한 관계 및 국가의 과거와 미래에 대한 정확한 판단, 치열한 투쟁, 피나는 노력으로 현재의 발전된 대한민국을 이룩하였다는 것을 알 수 있다.

아! 우리 조국 대한민국이여 영원히 번창하리라!

3·1독립운동 삼천리 강산 대한독립 만세! 만세! 만세!

현상윤(고려대학교 초대 총장)

※이 글은 필자가 《신천지(新天地)》에 발표한 "3·1운동 발발의 개략"(1950년 3월호 46~55쪽)을 엮은이가 현재 맞춤법과 표기에 맞게 약간 수정을 가한 것임을 밝힙니다.

현상윤(1893~?) 고려대학교 초대 총장, 보성전문 교장 역임. 6·25 때 납북

3·1독립운동 삼천리 강산 대한독립 만세! 만세! 만세!

나는 해방 직후에 3·1운동에 관한 것을 잠깐 《신천지(新天地)》에 기고한 일이 있었는데 그 기록 중에는 오기된 것이 조금 있었다. 이제 그것을 정정(訂正)하는 의미로 다시 이 글을 적기로 한다.

1910년 나라를 빼앗긴 한국민(韓國民)은 포학한 일정하(日政下)에서 눈물을 머금고 망국의 비애를 맛보면서 오직 그 기반(羈絆)을 벗어날 기회가 오기를 고대하고 있었다. 그런데 1918년에 제1차 세계대전이 끝나고 그 이듬해 봄에 프랑스 파리에서 강화회의가 열리게 되었는데 그 때에 그 회담의 의장이 되는 미국 대통령 윌슨 씨가 휴전조약이 체결되기 전에 즉 1918년 1월에 강화의 기본원칙으로 소위 14개조의 원칙을 제창한 것이 있었다. 그 중에는 모든 민족의 통치는 그 민족의 자결에 맡길 것이라는 조항이 들어 있었다.

이 보도를 들은 한민족(韓民族)은 국내외를 불문하고 환호작약(歡呼雀躍)하여 도처에서 비밀운동이 시작되었다.

그리하여 미주에서는 이승만(李承晩) 씨 외 2명이 한족(韓族) 대표로 파리로 갈 예정이었고 상해에서도 김규식(金奎植) 씨가 재미대표단에 참가하기 위하여 역시 파리로 향하고 일본 동경에 있는 유학생들도 독립 요구의 운동을 하게 되었다.

그러나 이것은 모두 다 국외(國外)에 있는 동포들이 하는 일이므로 그 세력이 미약하고 그 영향 또한 크지 못한 것이었다. 그러므로 국내에서 대규모 운동이 일어난 후에야 비로소 전 민족의 강력한 독립운동이 될 수 있었다.

이 때에 나는 바로 그 해 9월에 학교를 졸업하고 서울로 나와 중앙학교에서 교편을 잡게 되었다. 그런데 당시 중앙학교에는 김성수(金性洙) 씨가 교주요 송진우(宋鎭禹) 씨가 교장으로 있었다. 그리하여 김·송 양씨와 나는 중앙학교 구내에 있는 사택(舍宅)에 동거하고 있었다. 당시에 이 사택은 마치 '불령선인(不逞鮮人)'의 소굴 같아서 배일사상을 가진 사람들만이 서로 들락날락하던 때였다. 그리하여 그 해(1918) 초겨울에 장덕수(張德秀) 군도 비밀리에 상해로부터 잠입하여 이 사택에 다녀간 일이 있었다.

이같이 손님들도 다녀가지만은 3인이 저녁을 먹고 나면 으레 시사(時事) 이야기를 하는데, 말이 독립운동에 미치면 국내에서 반드시 대규모 운동이 일어나야 된다는 것을 3인이 다 같이 통감하고 또 3인이 다같이 초조하였다. 그리하여 국내에서 큰 운동을 일으키려면 먼저 단결력이 있는 천도교를 움직이는 것이 상책이라는 데 의견이 일치하였다.

그 때에 나는 천도교에서 경영하는 보성중학을 졸업한 관계로 이 학교 교장 최린(崔麟) 씨를 좇아 가깝게 지내던 터요 또 최씨는 당시 오세창(吳世昌)·권동진(權東鎭) 씨와 같이 3인이 천도교 교주 손병희(孫秉熙) 씨의 지낭(智囊) 겸 고문으로서 천도교의 눈(안목)이 되어 있던 때라 수차 최씨를 찾아 천도교의 동향을 타진한즉 자못 힘을 쓸 만도 하고 또 최씨의 의견도 반대하는 기색은 적으므로 그때부터는 송씨와 동반하여 최씨를 찾기로 하였다. 그리하여 1918년 11월경부터 시작하여 이후 수개월 동안 의견교환과 모의를 거듭한 결과 거사

3·1 독립선언서 원문

를 추진하기로 하고 일변(一邊) 동지를 구하는 의미로 최남선(崔南善) 씨의 참가를 구하는 동시에 다른 일변으로는 오세창·권동진 씨와 연락하여 손병희 씨의 궐기를 종용하고 있었다. 그리하여 나는 최남선 씨를 수차례 방문하였다. 그러나 최씨는 쉽게 움직이지 아니하였다.

그리하여 1919년 1월 상순경이라고 기억되는데 하루는 이른 아침에 일본 유학생 송계백(宋繼白) 군이 장차 일본에서 발표하려는 일본 유학생들의 독립요구선언서 초고(이광수 지음)를 휴대하고 비밀리에 서울에 들어와서 나에게 그것을 제시하였다. 그리하여 송진우 씨와 나는 그날 오전에 마침 중앙학교를 찾아온 최남선 씨에게 그것을 보이고 금후로 국내 독립운동에 참가할 것을 권하니 최씨도 이것을 승낙하고 또한 국내운동의 선언서는 자기가 짓겠다고 쾌락하였다. 그때에 나는 다시 그 초고를 가지고 최린 씨에게 제시하였다. 그리한즉 최씨는 다시 그것을 가지고 권·오 양씨에게 보이고 또 권·오·최 3씨는 다시 그것을 가지고 손병희 씨에게 제시하였다.

그리한즉 손씨가 말하기를 "어린 아이들이 저렇게 운동을 한다 하니 우리로서 어찌 앉아서 보기만 할 수 있느냐" 하여 그 이튿날에 천도교의 최고간부회의(손병희·권동진·오세창·최린·정광조)를 열어 토의하고 드디어 천도교의 궐기를 결정하게 되었다. 그리하여 그날 저녁에 최린·송진우·최남선과 나는 재동(齋洞)의 최린 씨 집 내실에 비밀히 회합하였는데 이날 저녁에 4인은 기뻐서 축배를 들면서 천도교가 현 세력(인적·물적)을 이분하여 반은 이번 운동에 쓰고 반은 후일에 대비하기로 간부회의에서 작정하였다는 말과 당시 혹독한 유행성감기가 있어서 명사(名士)가 적지 않게 사망하던 때이므로 농담 삼아 우리는 이 일에 생명을 바칠 각오를 하여야 할 터인데 독감에 죽은 줄로 알자는 말과 또 그러나 선비는 평생에 죽을 곳을 못 얻어서 근심하는 것이니 이번에 우리는 죽을 곳을 얻었다는 말들을 서로 교환하고 밤 깊도록 독립운동의 실행에 대하여 구체적으로 계획과 방안을 토의하였다.

그리한 결과 먼저 민족대표자의 명의로 조선독립을 나라 안팎에 선언하고 그 선언서를 인쇄하여 이것을 조선 전도(全道)에 배포하고 또 국민을 총동원시켜 크게 조선독립의 시위운동을 행하여 한국 민족이 1910년의 소위 한일합병을 힘있게 부인하고 또 (우리가) 어떻게 독립을 열망하는가를 내외에 나타나게 한다. 또 일변으로 일본 정부와 그 귀(貴)·중(衆) 양원과 조선총독에게 성명서를 보내고 파리강화회의에 참석한 각국 대표에게 조선독립에 관한 의견서를 보내며 또 미국 대통령 윌슨 씨에게 조선 독립에 관하여 진력하기를 비는 서한을 제출하기로 결정하고, 선언서와 기타 서류는 최남선 씨가 제작하기로 하고 우선 민족대표로 하여 제일 후보자로 손병희 씨 이외에 박영효(朴泳孝)·이상재(李商在)·윤치호(尹致昊) 제씨의 승낙을 얻기로 하고 박씨의 교섭은 송진우 씨가 이·윤 양씨의 교섭은 최남선 씨가 각각 분담하기로 하였다.

독립선언서 낭독 부조 탑골공원

수일 후에 평안도의 고향에 갔던 송계백 군이 다시 찾아왔으므로 일본유학생들의 독립선언문 인쇄에 쓰일 국한문 활자 수천 자를 최남선 씨에게 부탁하여 당시 최씨가 경영하던 신문관에서 구하고 또 운동비 3000원을 정노식(鄭魯湜) 군에게 얻어서 이것을 송군에게 주어 일본으로 가지고 가게 하였다. 송군이 갈 때에 나는 "일본서 유학생들이 하는 독립운동이 물론 좋으나, 국내에서 독립운동이 발발하는 것이 무엇보다 귀중하다. 그런즉 이곳서도 그러한 기운이 보이기 시작하였으니 유학생들이 운동을 급히 하다가 국내의 경계가 엄중하게 되면 이곳서 진행되는 운동에 방해와 타격을 입을는지 모르겠은즉 유학생들이 운동을 서서히 진행하는 것이 어떠냐" 하는 의사로 부탁을 하고 또 여하간 유학생들의 거의(擧義)하는 일자와 단행여부를 기미취인(期米取引)에 거짓 관련지어서 암호로 이곳에 연락하라는 것을 부탁하였다. 그 후 유학생들은 과연 기미를 이팔(二八)에 판다고 알려왔고, 그리하여 2월 8일에 선언서를 발포한 것이었다.

각설 최린·최남선·송진우 3씨와 나는 계동 중앙학교 사택에 회동하여 그동안 교섭의 경과를 보고하였는데 그 내용은 박영효 씨는 송진우 씨를 대신하여 당시 경기도 참여관이던 유성준(兪星濬) 씨가 찾아갔으며, 이외에 손병희 씨 자신이 박씨를 찾아가 만나보았으나 시기를 좀더 관망하겠다는 이유로 참가를 거절하고 이상재 씨는 연로(年老)하여 못하겠다 하며 윤치호 씨 역시 못하겠다 하여 3씨가 다 교섭을 거절하였다는 것이었다.

그러므로 전기 4인은 다시 제2후보자로서 한규설(韓圭卨)·윤용구(尹用求) 양씨와 교섭하기로 하고 한씨에게는 송진우 씨가 유진태(兪鎭泰) 씨를 통하여, 윤용구 씨에게는 최남선 씨가 윤홍섭(尹弘燮) 씨를 통하여 각각 교섭하기로 하였다.

그 후 양(兩) 3일을 경과하여 또 다시 계동 중앙학교 구내의 사택에 전기 4인이 회합하여 그 동안의 경과를 들었는데 한규설 씨는 처음에는 승낙하였으나 윤용구 씨가 승낙치 아니하므로 한씨도 승낙을 철회하였다는 것이었다. 그리한즉 최린 씨가 제의하되 "사세(事勢)가 이러하니 민족대표를 다른 데 더 구할 것 없이 손병희 씨를 선두로 하고 우리 4인이 자신 참가하자" 하였다. 그리하여 최린 씨는 먼저 최남선 씨에게 의향을 물었다. 그러나 육당은 가업관계로 승낙할 수 없다 하였다. 그 다음 최린 씨는 송씨의 의향을 물었다. 그러한즉 송씨는 하겠다고 대답하였다. 그리한즉 최린 씨는 다시 최남선 씨를 향하여 육당이 승낙치 아니하면 자기도 참가할 수 없고 또 천도교만으로는 이 운동을 진행할 수 없으니 전부 이 운동을 중지하자고 제의하여 다시 4인은 각각 백지상태로 돌아가 종래의 운동을 중지하기로 하였다.

이만큼 진전된 운동을 중지하며 또 모처럼 움직이기로 결정한 천도교의 승낙을 수포로 돌아가게 하는 것은 심히 유감되는 일이므로 그 후 4, 5일을 경과하여 나는 최남선 씨를 자택으로 찾아갔다. 그리하여 일전의 중지결정이 매우 유감이라고 말한즉 육당이 대답하기를 "그러기에 나는 공문(空文)운동을 하기 위하여 또 수일 내로 신익희(申翼熙) 군을 계속하여 상해로 보내기로 하였다"고 하였다. 그런즉 나는 공문운동이 무엇이냐 물었다. 그리한즉 육당은 선언서만 해외 각국에 선포하고 대표자는 서명할 것 없이 그저 통틀어서 한족대표라고 서명하는 것이라고 대답하였다. 그때에 나는 그것이 방법으로 무의미하고 또 무력하다는 것을 말하였다.

그리한 후에 나는 다시 육당에게 "천도교와 기독교를 연결시킴이 여하하냐 또 그렇게 하는데는 정주(定州)의 이승훈(李昇薰) 씨를 상경케 함이 어떠냐" 하고 물었다. 그리한즉 육당이 말하기를 "좋다, 그리하자" 하는지라 나는 그 길로 곧 수하동(水下洞) 정노식(鄭魯湜) 군 숙소에 들러서 정군에게 이곳에 머무르는 김도태(金道泰) 군을 정주에 보내어 이승훈 씨의 내경(來京)을 구할 것을 부탁하였는데 이것은 정군도 당시 운동의 암동(暗動)을 대략 아는 때문이었다.

그리하였더니 2월 11일에 이승훈 씨는 급히 상경하였다. 그러나 최남선 씨는 관헌의 주목을 피하기 위하여 자신은 이씨와 만나지 아니하고 송진우 씨와 나더러 만나보라고 전화가 걸려왔다. 그리하여 우리 양인과 김성수 씨는 계동 김성수 씨 별택(別宅)에서 이씨를 만나고 그동안 재경(在京) 동지의 계획과 천도교의 동향을 말하고 기독교측의 참가와 동지 규합의 일을 청하니 이씨는 당시 선우혁(鮮于爀) 씨가 상해로부터 관서지방에 잠입하여 김규식 씨를 파리로 보내는데 재정적으로 협력할 것과 또 국내 동포도 무슨 적극적 운동을 하는 것이 필요하다는 것을 말한 때문에 관서지방의 기독교도들의 사상도 대단히 동요되고 있다는 말을 한 후에 즉석에서 우리의 요구를 쾌락하고 김성수 씨로부터 천여 원의 운동비를 받아가지고 그날 밤 차로 관서지방을 향하여 출발하였다.

그 후 이승훈 씨는 질풍뇌우(疾風雷雨)와 같이 평남북을 순행하여 장로파의 길선인(吉善寅), 양전백(梁甸伯), 이명용(李明龍), 유여대(劉如大), 김병조(金秉祚) 제씨(諸氏)와 감리파의 신홍식(申洪植) 씨 등과 회견하고 그들의 민족대표자 되는 승낙을 얻고 또 그 인장(印章)을 모아 가지고 그 중의 신홍식 씨와 동반하여 다시 경성으로 왔다. 그리하여 곧 송진우 씨에게 내경(來京)의 뜻을 통지하였다. 그러나 그때는 각인이 관헌의 주목이 있을까 하여 행동을 삼가던 때라 송씨는 수차 이씨를 비밀히 소격동 여관으로 찾아가 만났으나, 하등 천도교와의 소개도 없고 또 교섭의 본인인 최남선 씨는 쉽게 한번도 만나주지 아니하므로 이씨는 마음속에 대단히 의아하여 천도교와의 연계(連繫)를 단념하고 기독교 단독으로 독립운동을 전개할 것을 결심하였다.

그러는 때에 이승훈 씨는 노상에서 중앙기독교청년회 간사 박희도(朴熙道) 씨를 만나니 경성에서 독립운동에 관하여 인심이 암암리에 동요하고 있다 말함으로 이씨는 곧 그들과의 회견을 청하여 20일 밤에 박희도 씨 집에서 감리파의 오화영(吳華英)·정춘수(鄭春洙)·신석구(申錫九)·최성모(崔聖模)·박동완(朴東完)·이필주(李弼柱)·오기선(吳基善)·신홍식 제씨와 회합하여 궐기의 계획과 운동방법을 협의하였다. 또 이승훈 씨는 그날 밤에 계속하여 별도로 남대문 밖 함태영(咸台永) 씨 집에서 이갑성(李甲成)·안세환(安世桓)·현순(玄楯)·오상근(吳尙根) 씨

등의 장로파 인사들과 회합하여 역시 독립운동에 대하여 기독교 측 단독의 계획을 협의하였다.

그러는 중에 2월 21일에 최남선 씨가 비로소 이승훈 씨를 그 숙소로 방문하고 이씨와 함께 재동으로 최린 씨를 찾아가 서로 소개하고 회견케 하였다. 이때에 이승훈 씨는 최린 씨에게 기독교도만으로 독립운동을 단독적으로 진행하고 있다는 뜻을 고하니 최린 씨는 독립운동은 한국민족 전체에 관한 문제이니 종교가 서로 같지 않음을 불문하고 마땅히 합동하여 추진시킬 것인즉 기독교 천도교가 합동하자고 제의하였다.

남강 이승훈(1864~1930)

그리한즉 이씨는 동지들과 협의한 후에 회답할 것을 약속하고 또 만일 합동하는 경우에는 운동비를 얼마큼 빌려달라고 하였다.

이같이 이승훈 씨는 최린 씨와의 회견이 있은 후에 곧 세브란스 구내인 이갑성 씨 집에서 박희도·오화영·신홍식·함태영·김세환·안세환·현순 씨 등과 회합하여 철야 협의한 결과 천도교 측과 합동하는 문제의 가부는 먼저 천도교 측의 운동방법을 알아본 후에 결정하기로 하고 그 교섭은 이승훈·함태영 양씨에게 일임하기로 하였다.

그러므로 이·함 양씨는 최린 씨를 찾아가서 천도교 측의 구체적 의견을 물었다. 그리한즉 천도교 측의 의견도 기독교 측의 그것과 다름이 없고 또 최린 씨로부터 운동비 5000원도 그 전날에 이승훈 씨에게 직접 전해주었으므로 이·함 양씨는 다시 함태영 씨 집에서 기독교 측의 동지들을 모아 협의한 결과 기독교 측도 천도교 측과 합동하여 독립운동을 추진할 것을 결정하고 그 취지를 정식으로 2월 24일에 천도교 측에 통고하였다.

이에 천도교 측은 최린 씨를 대표자로 하고 기독교 측은 이승훈·함태영 씨를 대표자로 하여 수회에 걸쳐 협의한 결과 독립선언은 고종 황제 국장일의 전전일인 3월 1일 오후 2시 탑동공원에서 행하기로 정하고 선언서는 천도교에서 경영하는 보성사(普成社)에서 비밀히 인쇄하기로 하였다.

이때에 최린 씨와 이승훈, 함태영 3씨는 불교단체에도 운동의 참가를 구하여 한용운(韓龍雲)·백용성(白龍城) 양씨의 승낙을 얻었다.

이보다 먼저 송진우 씨와 나는 독립운동은 선언서를 발포하는 문서운동만으로는 그 효과가 크지 못하고 반드시 질서정연하고 또 대중적인 대규모의 시위운동이 있어야만 그 효과가 클 것이라는 것을 의논하고 이렇게 하는 데는 무질서 무조직한 노동자에게 이것을 기대할 수 없고 오직 기대할 수 있는 것은 학생뿐이라는 것을 생각하였다. 그런고로 우리는 한 편으로 천도교의 동향을 엿보면서 3·1운동이 일어나기 두서너 달 전부터 우리 사택에 놀러오는 보성전문학교 졸업생인 주익(朱翼) 씨를 통하여 시내 전문학교 학생 중에서 대표가 되고 사상적으로 신뢰할 만한 인물을 엄선 탐색하여 앞으로 닥쳐올 어떤 시기에 대기할 어떤 조직의 중핵체를 구성할 것을 종용하고 있었다. 그리하였더니 주씨는 그 후에 기회 있는 대로 찾아와 그 조직은 다 완료하였으니 사회 측의 동향을 가르쳐달라고 매일같이 졸랐었다. 그러나 기다리라고만 말하고 종시 무슨 비밀을 통하지 아니하였다.

만해 한용운(1879~1944)

그리하였더니 주씨는 사회 측에서 무슨 계획이 없으면 학생들만으로 자기네들끼리 무엇을 하겠다고 서둘렀다. 그러나 우리는 말하지 아니하였다.

그리하였더니 후에 알고 보니 학생 측 대표들은 기독교 측으로부터 무슨 냄새를 뜨고 마침내 박희도 씨와 연락을 얻어 3월 1일 계획을 알게 되었다. 그리한즉 학생대표 중 보성전문의 강기덕(康基德), 의학전문의 한위건(韓偉健), 연희전문의 김원벽(金元壁) 군과 같은 열렬한 몇명은 이 기회에 사회 측의 궐기에 호응하여 발표하는 독립선언서를 산포(散布)하면서 시내에서 일대 시위운동을 거행할 것을 계획하였다. 그리하여 이상 3군은 2월 28일에 승동(勝洞) 예배당에서 시내 남녀전문중학 대표자 십수 명을 소집하고 시위운동에 대한 구체적 지령을 수여하였다.

이 때에 천도교 기독교 불교 3파의 독립선언서에 서명하기로 작정한 민족대표자 일동은 서로 대면도 할 겸 또 최후의 회의를 행하기 위하여 2월 28일 밤에 재동의 손병희 씨 댁에 회동하여 선언서에 서명날인하고 또 그 자리에서 탑동공원은 다수의 학생이 집합하니 소란스러움이 염려된다 하여 3월 1일에 행할 독립선언의 장소를 인사동 명월관 지점인 태화관으로 변경하였다. 그리고 최남선·함태영·송진우·정광조·현상윤 제인(諸人)은 잔류 간부로 하여금 대표자들이 체포된 후의 제반 임무를 담당할 것을 결정하였다.

또 며칠 전에 3파 대표자들은 안세환·임규(林圭) 양씨를 일본에 보내어 3월 1일을 기하여 일본정부와 동(同) 귀·중 양원에 독립에 관한 의견서를 전달케 하고 또 현순 씨를 상해에, 김지환(金智煥) 씨를 안동현(安東縣)에 보내 역시 3월 1일을 기하여 파리강화회의와 미국 대통령에게 독립에 관한 서한을 상해에 있는 기독교청년회 간사 미국인 길례태(吉禮泰) 씨를 통하여 발송하게 하고 또 선언서를 사전에 전국 각지에 밀송하여 3월 1일을 기하여 경성과 시각을 동일히 하여 선언서를 산포하고 또 독립에 관한 시위운동을 일제히 실행할 것을 지시하였다.

이같이 만전을 준비한 후 3월 1일이 오자 독립선언서에 서명날인한 민족대표자 33인 중에서 참석하지 않은 길선주, 유여대, 김병조, 정춘수 4씨를 제한 나머지 29씨는 예정대로 태화관에 회합하여 엄숙하게 독립선언서 선포식을 거행하고 한용운 씨의 선창으로 대한독립만세를 3창하였다. 그리고 대표자 일동은 각각 식탁에 나아가 축배를 들었다.

일변 탑동공원에서는 예정한 오후 2시가 되자 경성 시내의 남녀중등 이상의 각 학교학생 만여명은 각각 지정된 대표자의 명령에 의하

1954년 제35회 3·1절 기념식이 열린 탑골공원

여 엄숙한 얼굴과 강의(剛毅)한 태도로 누구나 아무 말도 없이 달려서 일제히 남북문으로 구름같이 집합하였다. 집합이 끝나자 강기덕·김원벽·한위건 제군은 높이 팔각정에 올라 대한독립만세를 3창한 후에 독립선언서를 산포하였다.

그것이 끝나자 학생들은 각각 예정한 계획과 부서(部署)에 의하여 즉시 시가로 뛰어나가 시위행렬을 하였다. 그리하여 일단(一團)은 대한문(大漢門) 앞에, 일단은 경성우편국 앞에, 일단은 남대문정거장에, 일단은 의주(義州) 대로를 지나 프랑스영사관 앞에, 일단은 창덕궁 앞에, 일단은 미국영사관 앞에, 일단은 총독부를 향하여 독립만세를 목이 터져라 연창하면서 시위행렬을 거행하니 때마침 고종의 인산을 구경하기 위하여 각 지방에서 올라왔던 사람들과 상인 노동자들이 서로 호응하고 첨가되어 만세소리는 전 시가가 떠나갈 듯이 요란하였고 행렬 때문에 일어난 먼지는 실로 천장만장(千丈萬丈)이었다.

그러나 이 때 일인헌병과 경관은 너무도 의외요 너무도 대규모며 또 너무도 조직적인 움직임 때문에 어쩔 줄을 모르고 한때는 좌우에서 입만 벌리고 우두커니 서서 있었으니 이것은 대개 인산을 목전에 앞두고 일을 가볍게 처리할 수 없다 하여 총독부 안에서 총독부 측과 군사령부 측의 연석 긴급회의가 있었고 또 그 회의에서 무슨 결정이 있어서 무슨 명령이 있기까지는 발포나 무슨 행동을 하지 못하도록 지시가 있었던 까닭이라 한다.

그러나 그와 반대로 우리의 계획은 이 틈을 타서 마음대로 유감없이 두어 시간 동안 장안시가(長安市街)를 독차지하고 있어서 만사가 순조롭게 진행되었다.

이날 오후에 손병희 씨 이하 민족대표들은 일본관헌에게 체포되었으나 잔류 간부와 학생 시민들은 일제히 철시(撤市) 납세거절 관공리(官公吏)의 사직(辭職)과 파업 맹휴(盟休) 등을 주요한 슬로건으로 하여 일본에 대한 비협력 또는 반항운동을 계속하였다.

그리고 지방에서는 전국 각처에서 시위행렬과 반항운동이 봉기하여 몇 달에 걸쳐 그 저지할 바를 알지 못하였다. 원래 이 운동은 비폭력 비폭동을 표방한 것이나 군중의 격앙과 군대 및 경관과의 충돌로 인하여 유혈의 참극과 다수의 사상을 내게 되니 곧 남양(南陽), 정주, 수안(遂安), 성천(成川), 강서(江西) 등의 여러 사건들이 그것이다.

이 때에 상해에는 대한민국임시정부가 수립되고 상해 만주 미주

민족대표 33인 독립선언 기록화 태화관, 1919. 3. 1

소련 각지의 애국인사가 국내 독립운동에 호응하여 혹은 무력으로 혹은 외교로 혹은 선전 및 연락으로 수년에 걸쳐 독립운동을 계속하였다.

그런데 이 운동에서 특별히 느끼는 것은 남녀노소와 상하귀천을 막론하고 종교와 사상과 직업을 초월하여 전 민족이 일심일체가 되어 오로지 조국의 독립을 위하여 정성스럽게 투쟁한 일이다. 이 까닭으로 몇 달 혹은 반년에 걸쳐 내외 각지에서 행하여진 모의와 계획이 한 가지도 관헌에게 비밀이 탄로나지 아니한 것이다. 즉 이것은 동포가 얼마나 조국의 광복을 갈망하며 염원한 것임을 증명하는 것이다. 그리고 이 운동은 당시에는 비록 독립의 실현은 보지 못하였다 할지라도 그 효과로서는 막대한 효과를 거둔 것이니, 첫째 1910년의 소위 합병(合倂)을 힘 있게 부인하고 우리나라의 자주독립을 세계에 향하여 강경하게 주장하는 국민의 의사표시가 되는 까닭이다. 그리하여 운동 발발 이후에 세계 각국의 통신원들은 상해, 북경, 일본 등지로부터 속속 국내에 들어와 여러 가지 상황을 널리 세계에 보도하였다.

사실 당초에 우리가 독립운동을 계획한 것은 꼭 그때에 민족자결주의 원칙이 우리에게도 적용되리라고는 물론 믿지 아니하였었다. 이것은 우리가 당시의 파리강화회의가 우리의 문제까지를 토의하지 아니할 것을 십분 잘 아는 때문이었다. 그러나 우리가 파리회의에 참석한 각국 대표에게도 서한을 보내며 우리의 운동을 일으킨 것은 우리가 독립운동에도 거쳐야 할 계단이 있는 것을 안 때문이었다. 즉 3·1운동이 당시에는 곧 성공을 하지 못한다 할지라도 그 운동이 확실히 조선 독립에 대하여 중대한 계단이 되고 토대가 되는 것을 확신하였던 까닭이다.

그러므로 1945년 8월 15일의 해방을 '사다리'의 최종 계단이라 하면 1919년 3월 1일의 운동은 확실히 그 제1 계단이 되는 것이니 8·15 해방이 결과라면 이 3·1운동은 그 원인이 아닐 수 없다.

고려대학교론

호랑이 기르기 나라 기르기

유진오(고려대학교 제2·3·4대 총장)

※이 글은 유진오의 "고려대학교론"(《양호기(養虎記)》, 고대출판부, 1977)을 엮은이가 현재 맞춤법과 표기에 맞게 얼마간 수정을 가한 것임을 밝힙니다.

고려대학교 본관

인촌기념관

고려대학교론

호랑이 기르기 나라 기르기

1. 창학

애국은 때로는 밤하늘에 작열하는 불꽃 같아야 한다. 그것은 비장한 자기희생일 수도 있고, 귀를 멍멍하게 하는 경종(警鐘)일 수도 있고, 감분(感奮)과 행동의 기폭제일 수도 있다. 그 어떤 경우이든 그것은 만인이 우러러보는 가운데 펼쳐지는 숭고한 행동이며 겨레의 진로에 대한 예지의 번쩍임임에 변함이 없다.

그런 까닭에 사람들은 애국을 찬양하고 애국자의 뒤를 따르기를 원하고 있다. 인류사회의 발전을 따라 나라의 범위는 작은 것으로부터 큰 것으로 변천해 온 것이 사실이지만, 오늘의 민족단위의 국가제도가 좀더 크고 넓은 것으로 변한다 하여도 애국은 언제나 여전히 거룩할 것이다.

그러나 생각해보면 이러한 형태의 애국은 일정한 조건이 성숙한 때와 곳을 전제로 해서만 눈부신 광망(光芒)을 낼 수 있는 것임을 알게 된다.

조건이란 정상적인 말과 행동으로는 들이닥치는 역리(逆理)를 물리칠 수 없는 그러한 절망적인 상황을 말한다. 말하자면 눈이 부시게 작열하는 애국은 비극적 상황의 산물이라 할 수 있다.

본래 애국은 비극적 상황에서만 성립하는 것이라고는 할 수 없다.

얼굴 없는 다수인의 일상적 활동도 나라와 겨레의 앞날에 도움이 되는 한, 역시 애국이다. 또 애국은 밤하늘의 불꽃같이 사람들의 기억에서만 살아남는 것이라고도 말할 수 없다. 행동으로써 비극을 깨고 역리를 순리(順理)로 바꾸어 놓는 애국이야말로 실속있는 애국이라 할 것이다.

그러함에도 불구하고 대중의 일상활동이나 성공한 영웅의 업적에서는 눈부신 애국의 광망을 좀처럼 찾기 힘드는 것은 이러한 것으로부터는 비극의 요소가 제거됨으로써 그것이 산문화되기 때문이다.

우리 민족은 역사상 수많은 애국자를 가지고 있다. 그것은 바로 우리의 역사가 수많은 비극으로 점철되어 있음 을 말한다.

19세기 말엽 이후의 우리 근세사 또한 수많은 애국자의 이름으로 장식되어 있다. 바로 그 시기에 우리 민족은 역사상 전례(前例)를 찾아볼 수 없는 비극을 겪었기 때문이다.

1910년 우리 민족이 독립을 상실하는 굴욕을 당한 것은 결코 우리에게 애국심이 결핍했기 때문은 아니었다. 민족의 역량에 비해 침략세력이 압도적으로 우세했던 까닭에 애국은 찬란하게 빛날 수 있었지만 민족은 굴욕의 구렁텅이로 떨어져 들어갈 수밖에 없었다.

말하자면 때가 늦었던 것이다. 19세기 중엽까지 우리와 큰 차이 없는 처지에 있던 일본이 부지런히 서양 근대문물을 섭취해 자신이 침략세력의 일원으로 화할 때까지, 우리 지배자들은 관료전제(官僚專制)의 단꿈만 탐하고 아무런 준비도 하지 않았기 때문에 애국자의 피와 눈물만으로는 국운을 바로잡을 길이 없었던 것이다.

1905년 이용익 선생이 보성전문학교를 창설한 것은 때늦은 애국의 전형적인 예였다. 도적이 든 것을 보고 새끼를 꼬고 불이 난 것을 보고 우물을 파기 시작한다는 속담에도 비할 수 있는 행동이었다.

고려대학교 로고

그러나 그것을 몰라서 보전(普專)을 시작한 이용익 선생이 아니었기 때문에 그분의 애국충정은 한층 광망을 더하는 것이다. 비극을 눈앞에 보면서도 그것에 절망하지 않고 인재양성이라는 호흡이 긴 사업에 착수한 점에서 우리는 그분의 원대한 경세가적(經世家的) 포부를 보는 것이다.

신념 앞에는 절망이란 없다. 신념의 인(人)은 어떠한 절망적 사태를 당하여도 반드시 뚫고 나갈 길을 찾는다. 이용익 선생은 단순한 열혈의 애국자였을 뿐 아니라 또한 신념의 지도자였던 것이다.

2. 학풍

보성전문학교, 지금의 고려대학교가 창설된 유래와 이용익—손병희—김성수로 이어지는 역사에 관해서는 이미 널리 알려진 바라 더 긴 말을 하지 않으려 한다.

특히 1975년 발간된 《고려대학교 70년지》는 보성전문학교의 건학(建學)정신과 일제강점기 아래 손병희 선생의 힘겨운 투쟁과 김성수 선생의 민족역량의 조직화 노력이 각기 시대적 배경과의 관련 아래 여실하게 밝혀져 있어서 나로서는 더 첨언할 말이 없다.

내가 지금 시도하려는 것은 보성전문학교—고려대학교 건학목적의 역사적 의의와 그것이 그후의 보성전문학교—고려대학교의 학풍 형성에 끼친 영향을 생각해 보려는 것이다.

보성전문학교가 '인재를 양성하여 국운을 바로잡기 위해' 세워진 학교라는 것은 이미 세상이 다 아는 바이거니와, 이 건학목적의 특색은 그 실용적인데 있다 할 수 있다. 그런데 이러한 목적의 실용성은 서구 대학들의 창설목적과는 거리가 있음을 주의할 필요가 있다. 물론 실용가치 없는 대학이 지상에 있을 수는 없지만 서구의 대학들은 근대 계몽정신, 인간 이성의 탐구와 과학발전을 직접적인 목적으로 삼았던 데 반하여, 보성전문학교는 그러한 것보다는 서양근대문명의 결과를 하루바삐 섭취하여 우리 나라의 국운 만회를 도모하자는 실용적인 곳에 창학의 목적이 있었던 것이다.

이 점은 개교 당시의 보성전문학교가 법과와 상과로 구성되어 있었다는 사실로 단적으로 뒷받침될 수 있거니와, 이것은 다시 보성전문학교보다 약간 뒤늦게 국권이 이미 상실된 뒤에 미국 선교사에 의해 설립된 연희전문학교와 비교해 봄으로써 더욱 명백해진다.

1915년에 창립된 연희전문학교는 문과, 이과, 상과의 세 학과로 출발한 것이었다. 그 중에서 특히 우리의 고찰을 위해 의의가 있는 것은 연희전문학교가 보성전문에는 없는 문과, 이과를 가지고 출발하였다는 점이다.

연희전문학교가 창설 초부터 문과와 이과를 가지고 있었다는 것은 미국 대학들이 문리과(文理科)대학을 중심으로 삼는 관례를 따른 것으로 생각되거니와, 문리과대학이란 도대체 합리적, 민주적 인간을 양성하려는 서양 근세의 계몽정신을 따른 것이므로 연희전문학교는 창립자들이 의식적으로 의도하였든 의도하지 않았든 간에 처음부터 근대적, 도시적인 냄새를 풍기는 학교였다 할 수 있다. 이와는 대조적으로 보성전문학교의 경우에는 근대적이냐 전근대적이냐 또는 민주적이냐 봉건적이냐가 문제가 아니고, 오로지 '민족'이 문제요, 민족이 살아 남느냐 못하느냐는 '민족의 생존'이 문제였던 것이다.

나는 일찍이 3·1 독립선언서를 분석하여 거기서는 '민족의 자유'는 추구되었어도 각 개인의 자유는 전혀 의식되어 있지 않았다고 말한 바 있는데(졸저 《헌법해의》), 그것은 바로 그 당시의 우리 민족의 정신적 기후였고 보전(普專)의 정신상태였던 것이다.

연전(延專)이 서구적, 도시적, 근대적인 데 비해 보전이 토착적, 농촌적, 지사적(志士的)인 인상을 풍겼던 것은 단순히 설립자가 외국인이냐, 내국인이냐 하는 것에만 연유하는 것이 아니었던 것이다.

보전의 학풍이 그렇듯 토착적이요, 농촌적이요, 구풍(舊風)이었으면, 보전은 처음부터 보수적 전통문화적이었어야 할 것도 같으나 그것은 또 그렇지 않았다. 그것은 유교에 바탕을 둔 전통문화는 보전 건학의 목적인 국력의 급속한 배양을 위하여 도리어 장애물이 될지언정, 촉진제가 되지 못하였기 때문이다. 여기서 보전의 학풍은 전통적인 것에 대한 무관심 속에서 자라나게 된다.

전원 일본 유학생으로 구성된 초창기 보전 강사진은 아무도 민주주의를 입에 올려 말하지 않았지마는 그들이 강의하는 대륙계통의 법률학과 서구 근대경제학은 《경국대전》이나 개성상인의 부기술(簿記術)과는 아무런 관련도 없는 서구의 학문이었다. 그것은 조금만 더 성장해서 그것을 배운 사람들이 실사회에서 실효적인 활동을 하게 되는 때에는 전통문화와는 조만간 대립관계로 들어갈 수밖에 없는 그러한 성질의 것이었다.

여기서 또한번 보전의 학풍은 연전의 그것과 좋은 대조를 이루게 된다. 보전이 전통문화에 대한 무관심 내지 대응관계 속에서 출발한 것과는 달리, 연전은 구미대학의 계보 위에서 세워지고 또 '구국(救國)' 등의 숨가쁜 실용 목적에 의하여 채찍질 받지 않았던 만큼, 우리 전통문화에 대하여 처음부터 상당한 관심을 가지고 출발하였던 것이다. 주시경 등 한 무리의 국학자들을 연전이 처음부터 교수진에 포함하고 있었던 사실은 이 경위를 설명하고도 남음이 있다.

도대체 우리나라의 전통문화에 대한 관심 내지 연구가 우리들 자신보다 까맣게 앞서서 프랑스·미국 등의 선교사들에 의하여 시작된 것을 생각하면 저간의 사정은 저절로 밝혀질 것이다.

3. 관학(官學)과 사학(私學)

보전과 연전, 곧 고려대학교와 연세대학교 학풍의 밑바닥에는 위에 지적한 바와 같은 차이의 잔재가 지금도 깔려 있는 것으로 생각되거니와 해방은 우리 민족에게 전혀 새로운 문제를 가져다 주었다. 그것은 종래 우리나라 고등교육의 대부분을 차지하고 있던 관학이 하루아침에 우리들의 손으로 옮겨졌기 때문이었다.

모든 고등교육기관이 우리 손으로 들어오고 모든 고등교육기관을 우리 사람으로 채워야 하게 되고 보니 그 일은 우리나라 교육계뿐 아니라 민족의 모든 역량을 기울여야 겨우 해낼 수 있는 벅찬 것이었다. 실지로 군정(軍政) 초기에 설치되었던 교육자문위원회나 그 후 우리나라 교육제도의 기본을 심의하기 위해 조직되었던 교육심의회는 교육계뿐 아니라 정치, 문화, 언론, 종교 등 각계의 지도적 인사를 총망라한 것이었다. 후일 공산당에 투신하거나 동조한 사람들도 교육에 관련있는 사람이면 빠짐없이 포함된 것이 교육심의회였다(자세한 것은 오천석 지음《한국신교육사》 참조).

이렇게 해서 해방은 우리나라 교육계의 총력을 모으는 계기를 마련하고 우리나라 모든 교육기관을 같은 조건 위에 올려놓는 결과를 가져왔다.

그러나 그와 동시에 해방은 관학 대 사학의 관계를 어떻게 조정해 나갈 것이냐 하는 새로운 문제를 제기하였던 것이다. 전에는 관학은 일인의 기관, 사학만이 우리의 기관, 이렇게 간단히 생각하였기 때문에 그 차이와 같고 다름이 뚜렷했지만 관학도 사학도 다 우리의 기관이 되고 보니, 그 관계가 문제 안될 수 없는 것이었다.

실은 이 문제는 공식적으로는 한번도 논의된 일이 없었다. 다만 나는 종래 사학 관계자였고, 또 인촌(仁村)께 보전에 남아 대학승격 등 앞으로 닥쳐올 일들을 맡아 보아줄 것을 강력하게 요청받았던 때문에(해방 전 보전 전임으로, 해방 후 계속 보전에 잔류한 것은 나 한 사람뿐이었다) 나와 인촌 사이에서만 이 문제가 심각하게 논의된 일이 있을 뿐이다(그때 일에 관해서는 졸서 《양호기》 참조).

그때 나는 두 가지 이유를 들어 보전의 앞날을 신중하게 생각하도록 인촌께 말씀드렸다. 첫째는 관학도 사학도 다같이 우리 기관이 되었기 때문에 일제강점기와는 달리 앞으로는 사학에 종사한다고 해서 특히 민족을 위해 일하는 것이라 할 수 없게 되었다는 것, 둘째로는 미국·영국 등 수백년 이래 사학이 우위를 차지해 온 국가에서도 사학은 점차 그 지위를 관학에 양보하고 있다는 것이었다. 그런 중에도 사학은 과학기술의 발달에 따른 점차 증가하는 시설경비를 도저히 감당할 수 없는 것이 가장 큰 애로점이라는 것을 나는 인촌께 말씀 드렸던 것이다.

그러나 실지에 있어서는 관학 대 사학의 관계는 내가 전망한 것 같은 양상을 그렇게 쉽사리 드러내 보이지는 않았다. 그것은 첫째로는 그때 우리나라 교육계를 지배하던 사람들이 전부 과거 사학에 관계하던 사람들이었던 것과, 둘째로는 새로 구성된 관학들이 미처 자체를 정비, 확립할 겨를이 없었기 때문이다.

이 두 번째 점, 즉 당시의 관학들이 미처 자체를 정비할 겨를이 없었다는 점은 당시의 각 대학 교과과정표(敎科課程表)를 훑어보면 단번에 알 수 있는 일이다.

고려대학교, 연세대학교 등의 교과과정표는 비교적 간출한 것이었지만, 그 대신 교과과정표에 있는 과목(科目)은 실지로 거의가 개강되는 것이었음에 반하여, 서울대학교의 그것은 대학의 과정(課程)으로 생각할 수 있는 한도 내의 과정은 거의 다 망라하였다고 할 수 있을 정도로 방대한 것이었지만, 그 중에 실지로 개강된 과목이 얼마나 되었는지 의문인 것이다. 이러한 차이는 결국 고려대, 연세대 등 전통있는 사학은 운영 주체가 확고하게 틀이 잡혀 있었음에 반하여 새로 구성된 국립대학은 아직 그렇지 못했음을 말하는 것이다.

그런데다가 당시의 관학은 예산면에 있어서도 사학에 비하여 별로 풍족하다 할 수 없었다. 예산의 절대액은 사학보다 많았는지 모르지만, 그 운용이 재정법규에 얽매여 형식주의에 흐르고 탄력성이 부족한 결과, 사학이 얼마 안되는 예산을 가지고도 비교적 활발하게 실험기재나 도서 등을 구입할 수 있었던 것과는 반대로 관학은 그런 일에는 손도 못 대고 오랫동안 겨우 교직원의 봉급이나 지불하는 상태에 머물러 있었다. 이러한 여러 가지 이유로 해방 직후의 우리나라 사학은 미국·영국 등의 명문사학에는 비할 수 없어도 일본의 '게이오대학(慶應大學)'이나 '와세다대학(早稻田大學)'이 동경제대, 경도제대 등 관학과 대비해서 가지는 것보다는 높은 위치에 있었던 것으로 나는 생각한다.

사학이 국민들의 의식 속에서 얼마만큼 비중을 차지하고 있는가는 사학이 얼마만큼 우수한 학생을 끌어들이는가에 의하여 그대로 숫자로 표시된다. 고려대학교로 승격 개편된 지 얼마 안 되는 어느 해 나는 입학시험 발표 직전에 수험생들의 성적표를 가져오라 하여 훑어본 일이 있는데, 보아 내려가다가 나는 깜짝 놀랐다. 비슷비슷한 성적이 잔잔한 물결같이 계속되는 가운데 별안간 한 무리의 학생들이 히말라야나 알프스 연봉같이 우뚝 솟아나 다른 학생들과는 비교가 안되는 우수한 성적을 자랑하고 있었기 때문이었다.

컨닝? 시험문제 누출? 갖은 불길한 생각을 다 하면서 입학원서철(入學願書綴)을 갖다 보았더니, 컨닝도 문제누출도 아니요, 그 학생들은 전부 모(某) 일류고교의 우등 졸업생들이었다.

이러한 일은 그때에도 일반적 현상은커녕 예외 중의 예외였다고 할 수 있다. 그러나 이 이야기는 해방 후 한때는 고려대학교가 비록 일부 국민 사이에서나마 일류 중의 일류대학으로 생각되었던 것을 증명하는 것이다.

그러나 이러한 우리나라 사학의 위치는—따라서 고려대학교의 그것도—휴전 후 몇 해 동안에 누가 어떻게 손을 써볼 여유를 가지지 못한 상황 속에서 급속하게 떨어졌다. 그 원인으로는 그 동안에 관학이 질서를 회복한 것, 사립대 등록금이 비싼 것, 사학 중에는 전쟁 중, 전쟁 후의 혼란기에 엄청난 부정을 저지른 곳이 적지 않았던 것 등을 들 수 있겠지만, 나는 우리 국민의 전통적인 관존민비의 사상이 근본원인이 된 것으로 생각한다.

물론 그렇다고 나는 오늘날 고려대나 연세대 등 소위 '명문사학'의 위치가 아주 땅에 떨어졌다고는 보지 않는다.

다만 그들의 위치는 지금 일본의 '와세다대학'이나 '게이오대학'보다 나을 것이 없게 된 것이 사실이고, 그 위에 신설 지방관학들과 다른 사학들이 점차 강력한 경쟁자로 등장하고 있어서 한순간도 방심을 불허하는 현실에 처해 있다는 것만은 지적해두고자 한다.

4. 좌표

위에 논한 것 같은 것이 고려대학교의 전통과 위치에 대한 나의 평가요, 분석이었기 때문에 나의 총장 재임 중 노력의 목표는 당연히 그 장점을 그대로 잘 지켜 나가면서 단점을 보완하고 바로잡아 민족의 대학으로서의 올바른 좌표를 확립하려는 것이었다.

이용익–손병희–김성수로 이어지는 고려대학교의 정신 방향은 이미 굳어진 역사적 사실일 뿐 아니라, 어느 누구도 부인할 수 없는 최고의 지도노선이다. 이 정신 밑에서 영광의 보전(普專)–고려대 역사는 이루어져 왔고, 학생과 졸업생은 용감하게 민족의 앞장에 서서 싸워 왔으며, 때로는 '와일드'와 '막걸리'로 울분을 달래기도 하였다. 춘원 이광수가 작사한 구교가(舊校歌)는 그러한 보전의 반골정신(反骨精神)을 완벽하리만큼 잘 표현하고 있다.

"젊은 가슴 숨은 생명, 힘넘쳐 뛰노나/이 힘이여 이 생명을, 펼 곳이 어데냐/눌린자를 쳐들기에 굽은 것 펴기에/쓰리로다 부리리라 이 힘과 이 생명"

그러나 위에서 이미 말한 바와 같이 보전 건학의 목적은 학문적인 것보다도 실천적인 곳에 더 치중했던 것이니만큼, 고려대학교가 민족의 대학으로서 완성되기 위해서는 초창기에 등한시되었던 근대 학문의 기본인 인문사상의 연구에 좀더 힘을 기울이고, 결여된 과학부문 여러 학과들을 신설 확충하며, 급변하는 세계 정세에 대응하여 자유와 평등의 현대적 의의를 천명 제고함으로써 공산주의와의 대결장에 있는 신생 자유민주 독립국가의 최고 학부로서의 내용과 형식을 구비토록 함이 필요한 것으로 나는 판단하였다.

이러한 새로운 좌표 설정은 쉽게 말해서 전문학교 시대의 낡은 껍질을 탈피하고 정말 민족의 대학으로서의 권위를 확립하려는 것이었으므로 고려대 관계자는 누구나 당연한 일로 받아들이고 쉽게 찬동하는 바이었으나 이것을 학생들에게까지 이해시키는 일은 반드시 그렇게 쉬운 일은 아니었다. 툭하면 직접 행동으로 뛰어나가려는 학생들에게 자제와 사태의 이론적 학문적 파악을 먼저 권하는 것이기 때문이다. 차라리 행동을 아주 막아버리려는 것이라면 도리어 용이하겠는데 기개는 장하다 하면서 행동은 신중하라 하는 것이기 때문에 혈기에 찬 젊은 학생들에게는 얼른 받아들이기 어려운 점이 있었던 것이다.

막걸리를 마시고 꽹과리를 치는 것도 좋으나 대학생의 그것은 옛날 우리 조상이 무지와 빈곤 속에서 그것을 최고 유일의 오락으로 삼고 놀던 것과는 달라야 할 것 아니냐, 스포츠로 청춘의 생명력을 발산하는 것도 좋으나 맹목적인 주먹은 거리의 부랑배나 휘두르는 것이 아니냐, 특정한 정치목적을 위해 대학생이 거리로 뛰어나가는 것도 때로는 최고의 애국이 될 수도 있는 것이지만 대학생의 행동은 얼굴 없는 대중과는 달리 고차원적인 사상과 신념의 발현이어야 할 것 아니냐—이러한 것이 그때 내가 항상 학생들에게 들려주었던 말이었다.

말썽은 특히 운동선수 특수입학문제를 둘러싸고 자주 일어났다. 학생이나 운동관계 교우들은 언제나 더 많은 운동선수를 입학시키고 싶어하는데 대하여, 학교는 그것을 필요한 최소한도로 줄이려 하기 때문이었다. 지금은 이 문제에 관해 일종의 불문율이 성립되어 있는 것 같은데, 그것은 이런 식으로 여러 해 동안 밀고 당기고 한 경험의 소산인 것이다.

그러나 곧 나의 노력은 대부분 학생들의 호응을 얻었다. 특히 〈고대신문〉을 중심으로 하여 학생들이 '사색하는 고대'라는 표어를 들고 나온 것은 고대의 새 좌표를 굳히는 데 큰 힘이 되었다.

김상협 총장은 '지성과 야성'이라는 상충되는 듯한 표어로 학생지도에 노력하였는데 그것은 이렇게 설정된 고려대학교의 좌표를 한층 더 높은 차원에서 계승 발전시키기 위한 것이었던 것으로 안다.

다음은 고대 아카데미즘의 새로운 방향이다. 1955년의 창립 50주년 기념을 계기로 하여 고려대학교는 한국고전국역위원회와 아세아문제연구소를 창설하여(1957년, 한국고전국역위원회는 1963년에 민족문화연구소로 개편) 우리 전통문화 연구에 본격적으로 나섰는데, 그것은 창립 당시의 보성전문학교가 전통문화에 대한 무관심 내지 잠재적 대항 속에서 발족하였던 것과는 정히 대조적인 일이었다.

그러나 그것이 전통의 맹목적인 묵수(墨守)나 찬양에서 나온 것이 아니라 근대학문의 방법으로 우리 전통의 진가를 재정리, 재평가하려는 데서 나온 것임은 물론이다. 고려대학교는 창립 후 50년 동안 서구 근대학문 습득에 몰두하고 난 뒤에 드디어 자기 자신을 알기 위한 노력을 시작한 것이다. 그것은 비단 고려대학교뿐 아니라 우리나라 전체의 학문이 드디어 그러한 단계로까지 성장한 것임을 의미하는 것으로 해석되어야 할 것이다.

5. 앞날

이상 나는 고려대학교의 과거와 현재에 관하여 내깐에는 냉철한 객관적 입장에서 내 나름의 분석과 평가를 시도하였다. 그 결과 도달한 결론은 지나간 70년 동안의 고난과 영광이 엎치락뒤치락하는 발전과정을 통하여 고려대학교는 이제 민족의 대학으로서의 실질을 갖추고 바야흐로 세계의 대학으로 비약할 전야에 처해 있다는 것이다.

그러나 여기서 우리가 직시해야 할 것은 고려대학교는 지금 아이러니컬하게도 재정적 난관이라는 중대한 벽에 부딪혀 있다는 사실이다.

1931년 인촌의 쾌거로 재정적 기반을 굳힌 이래 근 반세기 동안 순탄한 발전의 길을 걸어온 고려대학교지만 1950년 농지개혁과 그 후의 시세 변천으로 지금 와서는 경비의 대부분을 학생등록금에 의존하게 된 점에 있어서 고려대학교도 다른 사학들과 다름이 없는 처지가 되었다는 이야기다.

이러한 것은 고려대학교뿐 아니라 우리나라 모든 사학에 공통되는 문제요, 나아가서는 선진국가의 사학들도 다 함께 직면하고 있는 세계 공통의 현상이라고도 할 수 있다. 그러나 그렇다고 우리가 체념하고 무위로 앉아 있을 수는 없는 일이다.

여기서 혹시 우리도 돈을 벌면 되지 않겠느냐 하는 사람이 있을는지도 모르지만, 재정이 달린다 해서 고려대학교가 요새 흔히 듣는 '학원모리배'가 될 수는 없는 일이다. 비정상적인 방법으로 약간의 돈을 거두어 본댔자 그것으로 문제가 해결될 성질의 것도 아니다.

제2의 인촌대망론이 나옴직도 하다. 그러나 그것도 난망이려니와 독지가가 있다 하여도 반세기전에 인촌이 보전에 대해 한 것 같은 기여를 현재 규모의 고려대학교에 대해 할 수 있는 사람이 있으리라고는 기대할 수 없다.

여기서 나는 선인들의 봉공멸사의 정신을 되새겨보고 싶다. 이용익 선생이 보전 창설에 쓴 돈이 그분의 사재였는지 황실 비용이었는지는 분명치 않으나, 그분도 그 손자 이종호(李鍾浩) 씨도 보전을 빙자하여 사사로운 명예와 이익을 꾀한 흔적은 없으며, 손병희 선생이 보전에 흔쾌히 투자한 돈도 그분의 사재였는지 천도교의 재산이었는지 구별은 명확하지 않으나 그분도 천도교도 명예와 이익에 관해서는 참으로 담백하였다. 1920년 재단법인이 설립되던 때에는 천도교는 박인호(朴寅浩) 씨를 설립자의 1인으로 보냈을 뿐이었다.

김성수 선생에 이르러서는 더할 말이 없다. 막대한 사재를 내놓았을 뿐 아니라 당신의 몸과 마음을 동틀어 학교 일에 바쳤으니 말이다. 인촌 밑에서 일하면서 나는 재정상 문제로 때로 불만을 가지는 일이 없지 않았지만 그분이 자기 재산을 내놓은 위에 한푼 보수도 없이 진심갈력(盡心竭力)하는 것을 생각하면, 감히 입을 열지도 못하고 지냈다.

그러한 분들의 사심없는 애국정신이 오늘날 고려대학교의 정신적 지주를 이루고 있는 것이다. 그러한 정신적 뒷받침이 없었던들 고려대학교가 아무리 70년 역사를 자랑하고 민족의 대학임을 자처하여도 그 말은 오늘과 같은 광망(光芒)을 발할 수 없었을 것이다.

고려대학교가 직면한 난관을 직시하면서, 선배들의 위대한 발자취를 뒤따를 결심으로 우리 모두 진격(眞擊)하게, 또 심각하게 고려대학교의 앞날을 생각할 때는 왔다고 생각한다.

민족주체·민간주체의 대학

김상협(金相浹, 고려대학교 제6·8대 총장)

※이 글은 김상협의 《지성과 야성–강연 및 연설집》(일조각, 1990)에서 원문을 발췌하여 수록한 것임을 밝힙니다.

▲고려대학교 제6대 총장 취임식 1970. 10. 2

◀1971년도 신입생 환영사
"진리탐구의 무한과정에는 안이한 휴식이나 비겁한 타협이 있을 수 없습니다. 치열한 경쟁, 줄기찬 도전, 그리고 끊임없는 창조가 있을 뿐입니다."

민족주체·민간주체의 대학

김상협(고려대학교 제6·8대 총장)

존경하는 내외 귀빈 여러분

이사장을 비롯한 재단 이사 여러분

회장을 비롯한 교우 회원 여러분

그리고 뜻을 같이 하는 동료 교직원 여러분

또 친애하는 7천 학생 여러분

오늘 전통과 업적에 빛나는 고려대학교 제6대 총장직에 본인이 취임함에 있어서 이같이 성대한 식전을 베풀어 주신 데 대하여 충심으로 감사의 뜻을 표하는 바입니다.

금후 5년의 임기 동안 본인은 맡은 바 직무를 충실히 수행하고 고려대학교의 끝없는 발전에 적극 기여할 수 있도록 있는 정열과 지혜와 역량을 다 바칠 것을 여러분 앞에 엄숙히 선서합니다.

여러분들께서도 본인의 굳은 결의를 양찰(諒察)해 주시고 지금 이 순간부터 본인이 하는 일에 대하여 하나에서 열까지 지도편달과 협조협력의 노고를 아끼지 말아 주실 것을 간절히 부탁드려 마지않습니다.

그러면 이 영광된 자리를 빌어 외람되나마 고려대학교 총장직에 취임하는 본인의 소감 몇 토막을 여러분 앞에 피력해 보겠습니다.

예부터 우리 동양에는 온고지신(溫故知新)이라는 좋은 격언이 있습니다. 지난날에 있었던 옛것을 잘 익힘으로써 앞날에 닥쳐올 새것을 미리 알아내자는 뜻입니다.

현대의 표현방식으로 바꾸면 오늘의 우리는 도대체 어디에서부터 왔는가. 그 연원과 진로를 구명(究明)하고 이를 통해서 앞날의 우리는 과연 어디로 갈 것인가. 그 방향과 진로를 정립해 보자는 것입니다.

그러면 우리 고려대학교의 오늘은 도대체 어디서부터 왔겠습니까?

첫째로, 우리 고려대학교는 민족을 위한 민족의 최고학부(最高學府), 민간에 의한 민간의 최고학부(最高學府)로 출발하여 오늘에 이르렀습니다.

여러분도 잘 아시다시피 우리 고려대학교는 지금으로부터 65년 전에 창설된 이후 오늘의 이 날에 이르기까지 여러 차례에 걸친 경영주체의 변경에도 불구하고 시종일관(始終一貫) 타민족의 힘이 아닌 우리 민족의 힘에 의해서, 관(官)의 힘이 아닌 우리 민간의 힘에 의해서 유지 발전되어 온 순수 민족주체(民族主體)·민간주체(民間主體)의 사학(私學)이었으며, 이 기본성격에는 조금도 변질이 없었습니다.

민족의 자조자립과 이를 바탕으로 하는 민족주체성의 확립, 민간의 자조자립과 이를 바탕으로 하는 민간주체성의 확립, 바로 이것이 우리 고려대학교의 숭고한 건학정신이 아닐 수 없습니다.

이 점에 있어서 오늘에 사는 우리 당대인(當代人)들은 지난날을 살아온 역대 창립자 여러분들, 교직원 여러분들, 그리고 교우(校友) 여러분의 현명한 선택과 강인한 의지에 대하여 아낌없는 경의와 사의를 표명해서 마땅할 것입니다.

오로지 민족의 힘에 의한 대학

민족의 힘을 위한 대학
오로지 민간의 힘에 의한 대학
민간의 힘을 위한 대학
이 얼마나 숭고한 건학정신이 아니겠습니까.

둘째로, 우리 고려대학교는 지금에 이르기까지 참다운 개방의 광장, 자유의 전당이었음을 큰 자랑으로 삼고 있습니다.

천하공지(天下公知)의 사실이지만 우리 고려대학교는 지금 말씀드린 건학정신을 따른다는 큰 테두리 안에서 만인에게 개방된 자유학원입니다.

어느 하나의 기성 신앙이나 기성 종교의 전도만을 목적으로 하는 이른바 사명감에 불타는 포교단체(布教團體)도 아니요, 어느 하나의 기성 세계관이나 기성 가치체계의 절대성만을 관철해 보려는 이른바 사상의 강제수용소도 아닙니다.

더구나 어느 하나의 기성 가설이나 기성 학설의 정당성만을 고집하기 위한 이른바 밀폐된 암흑의 동굴도 물론 아닙니다.

우리 고려대학교에서는 어느 누구도 자기 혼자만의 사명감이나 절대성이나 정당성을 동등한 발언권을 가진 다른 사람들에게 무조건 강요할 수는 없습니다.

각양각색의 신앙과 종교
각양각색의 세계관과 가치체계
각양각색의 가설과 학설
이들 사이에 벌어지는 치열한 경쟁
일체의 기성에 대한 과감한 도전
일체의 기성에 대한 가차 없는 비판
그리고 이러한 개방의 광장

자유의 전당 속에서 이루어지는 새로운 진리의 창조
이 또한 얼마나 훌륭한 아카데미즘의 학풍이 아니겠습니까.

세째로, 우리 고려대학교는 개교 이래 65년을 지나는 동안 가지가지 시련과 고난에 능히 이겨낼 수 있는 영원의 생명체, 불멸의 활력체임을 만천하에 증명하였습니다.

국운이 날로 쇠퇴해가는 구한말, 경국(傾國)의 시대에 처음으로 탄생하여 마침내는 외적의 침공으로 국권이 소멸되는 망국의 시대를 거쳐, 이윽고 일제 말기 민족혼마저 박탈되는 망민(亡民)의 시대를 넘어 우리 고려대학교는 그 생명과 활력을 한번도 잃어본 일이 없었습니다.

또 8·15해방에 뒤따른 국토 양단과 남북 대결의 숨막히는 국제 긴장 속에서도, 6·25동란으로 빚어진 동족상잔의 비극 속에서도, 그리고 양차에 걸친 혁명과정에서 벌어진 걷잡을 수 없는 격동과 혼미 속에서도 우리 고려대학교는 꾸준히 발전해 왔습니다.

경국(傾國)의 절망, 망국의 비통,
망민의 수회(受悔), 이같은 여러 시기를 넘어서서
분단의 환멸, 전쟁의 처참,
혁명의 단절, 이같은 여러 시기를 넘어서서
영영 사라지지 않고 끈질기게 자라 나온
불사불로(不死不老)의 거인
이 얼마나 줄기찬 생명력이 아니겠습니까.

이 자리에 모이신 고려대학교 가족 여러분!

우리들은 이같이 위대한 선배의 유산들을, 그 숭고한 건학정신, 그 훌륭한 아카데미즘의 학풍, 그 줄기찬 생명력을 어김없이 계승해 나갈 각오를 굳게 해야 하겠습니다.

그러나 우리들은 지난날에 대한 자화자찬이나 자가도취만으로 앞날에 닥쳐올 벅찬 도전을 이겨낼 수는 없습니다.

진정 역사의 고아, 시대의 낙오자로 탈락하지 않고 여전히 민족의 새로운 선두로 민간의 새로운 향도(嚮導)로서 계속 달리기 위해서는 날로 새로워지고 날로 젊어지는 진취적 기상을 유감없이 발휘해야 하겠습니다.

새 시대를 능동적으로 살아갈 수 있고 새 역사 창조에 주체적으로 참여할 수 있는 새로운 지도자 형성에의 길을 모색해내야 할 것입니다.

그러면 새 시대의 새로운 지도자는 어떤 인간형이어야 하겠습니까?

첫째로, 새 시대의 새로운 지도자는 치밀한 지성(知性)과 아울러 대담한 야성(野性)을 한 몸에 지니면서도 능히 그 조화를 이루어 낼 수 있는 높은 차원의 전인적(全人的) 인간이어야 하겠습니다.

과학기술의 고도 발달로 인한 모든 사물의 기계화와 자동화, 전문직업의 과도 분화로 인한 모든 과정의 초고속화, 이와 같은 방향으로 달리는 미래사회에 있어서는 그 구성원은 누구나 합리주의적 사고에 바탕을 둔 치밀한 지성의 소유자여야 합니다.

그러나 그들은 이런 속에서 파생되지 않을 수 없는 모든 인간생활의 중성화(中性化)·부분화·계량화·비인간화 그리고 이로 말미암아 생기는 인간 상실의 공백을 메꾸기 위해서 인간성에 바탕을 둔 대담한 야성의 소유자이기도 하여야 합니다.

특히 미래사회의 지도자로 자처할 수 있으려면 이 두 가지 상반되는 인간 속성을 어느 한편에 기울어짐이 없이 높은 차원에서 조화시켜 나갈 수 있는 능숙한 전인적 인간이어야 합니다.

지성과 아울러 야성
서양과 아울러 동양
현대와 아울러 원시
이 양극단들을 초월적인 입장에서 능란하게 조화 통합해 나갈 수 있는 새로운 슈퍼맨을 우리는 만들어내야만 합니다.

둘째로, 새 시대의 새로운 지도자는 주체성에 뿌리박은 민족의 일원이면서도 능히 국제 시민의 일원으로도 될 수 있는 세계적 인간이어야 하겠습니다.

교통수단의 고도 발달과 국제교류의 급격한 증대로 넓은 지구는 날로 좁아져 가고 있으며, 이와 같은 세계 추세로 미루어 보아 국제무대에 나서지 못하고, 국제 문물과 접하지 못하고, 국제 경쟁을 이겨내지 못하는 민족은 필경 쇠퇴 멸망의 운명을 면치 못하게 될 것입니다.

고루(固陋)하고 낡아빠진 전시대(前時代)의 폐쇄주의 때문에 세계로 뻗어나는 길이 막혀 있던 시대, 조상 전래의 고국산천 아니면 못 살겠다고 집착하는 옹졸한 감상(感傷)의 시대는 이미 지났습니다.

새 시대의 새로운 지도자라면 동서남북을 가리지 않고 자신만만하게 세계로 뻗어나가야 하겠습니다.

주체성과 아울러 국제성
한국과 아울러 세계
이 2원 공간을 대승적인 견지에서 자유자재로 왕복할 수 있는 새로운 슈퍼네이션을 우리는 만들어내야만 합니다.

여기에 모이신 선후배 및 동료 여러분!

우리는 고려대학교의 사명을 다하기 위해 품위와 활기와 신뢰와 친화로 함께 분발합시다!

그리고 힘차게 전진합시다!

김상협 총장 '취임사'—1970년 10월 5일자 〈고대신문〉·〈동아일보〉

취임사에서 김상협 총장이 제시한 '지성(知性)과 야성(野性)'은 교내에 커다란 반향을 불러일으켰다. 〈고대신문〉이 1971년 3월부터 여러 차례에 걸쳐 기획연재한 학생과 교수들의 '지성과 야성론'의 일부를 여기 소개한다.

'야성'이 부딪쳐 오는 그 감동

이명자(李明子, 대학원 국문과)

실상 '지성과 야성'이란 두 개의 단어가 포용하고 있는 개념의 한계는 대단히 광범하여서 일언(一言)으로 단정하여 '이러한 것이다'라고 말하기가 매우 힘들다.

그중에 지성이란 말은 입에 오르내리는 빈도수가 유달리 많아, 주로 지성인이니 지성적이라느니 하여 빈번히 쓰여지고 있으나 모두가 명확한 정의를 가지고 쓰는 것 같지는 않고 다만 인물 평가의 용어로서 막연히 사용되고 있는 것이 대체적인 경우이다.

무식인(無識人)에 대하여, 지적인 수준이 어느 정도 갖춰진 사람을 지성인이라 부르는 제일의적(第一義的)인 구별로서 지성, 혹은 지성인이란 말의 뜻이 어렴풋이 드러나긴 하지만 그 정도가 어느 만큼인가가 문제이고, 어디서 어디까지가 지성인이다, 무식인이다 라고 선을 긋는다는 것은 거의 가능할 수가 없는 일이다.

그리고 또 야성이란 말을 생각해 보자. 이 말은 확실히 '지성'처럼 자주 쓰여지는 말은 아니다. 아니, 1970년 10월 이전까지 그것은 퍽 생소한 말이 아니었는가 하고 생각하는 것은 전혀 필자의 생각일는지는 모른다. 여하튼 간에 그것이 생소했던 만큼 그 말에서 부딪쳐오는 신선한 충동력은 아주 대단한 것이었다. 이미 무수한 사람들에 의해 무수히 사용되어 왔고, 때로는 지나치게 남용되었던 탓으로 이미 언어 자체로서 부딪칠 수 있는 순수한 감동력마저 잃은 감이 없지않은, 지성이란 말에 비하면 단어 하나가 그같이 참신하고, 그 같이 밀도있게 부각되어진 것은 드문 일에 속하는 것이다.

때문에 그것이 막연하고 광범한 개념과 남용 탓으로 신선감을 잃었다고는 하나 아직도 충분히 내면적인 문제성을 가지고 관점이 돌려지고 있는 '지성' 및 '지성인'이란 말에다 야성이란 말이 결합되어 미묘한 뉘앙스를 풍기게 된 것은 결코 단순한 말의 조화로서만 보아선 안될 것 같다. 즉 이 말은 단어의 뉘앙스가 갖는 것과 같은 신선하고, 깊이를 가지며 박력을 지닌 인간, 그냥 '사라지는 인간'이 아니라 '사는 인간'의 긍지 속에 조화감을 담고 있는 새로운 인간형을 발견하고 감지할 수 있었다는 생각에서가 아닐까? '지성과 야성'이란 어구는 이미 지성, 또는 야성이란 단어의 뜻풀이로서 해석될 수 있는 영역을 넘어서 있다. 이 두 개의 단어는 결합과 동시에 새로운 뉘앙스를 갖고 새로운 의미를 탄생시키고 있다.

지성이 결여된 야성은 인간성의 한계에서 제외되어야 한다. 거기엔 단지 동물성만이 남아 있을 것이기 때문이다. 야성이 결여된 지성이란 살아 있는 인간이 택할 수 있는 인간성은 아니다.

우리는 하루에도 수없이 절망하고, 죽음의 가능성 속에서 자기부재를 확인하지 않을 수 없다.

지성은 지성대로의 타락, 야성은 야성대로의 무지, 이같은 속성의 결핍 때문에 전인(全人) 형성을 기대하지 못하고, 그로 해서 한 사회에 서로 다른 양상의 부패가 도사리는 것이다.

1971년 5월 11일자 〈고대신문〉

위축된 대학풍토에의 과감한 도전

이상호(李相虎, 법학과)

'지성과 야성의 조화'……참 멋있는 말이다. 지성이라는 단어에서 나는 오늘날 눈이 핑핑 돌도록 변화해 가는 현대 물질문명을, 그리고 '야성'이라는 말에서 나는 현대가 뱉아내고 있는 심각한 인간소외마저 능히 극복해 낼 수 있는 능동적인 주체성의 새 역사의 창조자를 연상한다. 그 단어 두 개가 현대사회의 '오늘'과 '내일'을, 그리고 '서양'과 '동양'을 몽땅 담보하고 있는지 모른다.

그러나 '지성'과 '야성'이라는 양극적인 단어의 조합에서보다도, 나는 그 '조화'라는 평범한 말에서 오히려 홀딱 반할 만큼의 멋을 느낀다.

어느 하나가 아닌, 어느 두 개의 중간지점도 아닌, 그 두 개를 한꺼번에 포용하는, 아니 그 두 개가 완전한 변증법적 통일을 이루어낸 그 무엇 위에 올라서야 한다는 말이 아닌가?

'지성과 야성의 조화'— 이것이야말로 현대사회를 계속 발전시켜 나가면서도 인간의 소외를 능히 극복해 낼 수 있는 위대한 연모(戀慕)일 것 같다.

특히, '서구'와 '전통'이 법칙도 없이 맞붙어 이전투구(泥田鬪狗)가 되어 있고 물량적 근대화를 위해 구축된 동원체제가 모든 개인에게 단일 목적을 위한 획일화를 강매하는 오늘의 우리 질서에서 '지성과 야성을 조화'하는 인간이야말로 오아시스 이상으로 반가운 얘기일 수밖에 없다.

그렇다.

오늘의 우리 질서에선 너무나 기대되는 인간상이다. 그러나 그것이 그렇게 기대되며 '지성과 야성의 조화'라는 말이 그토록 유행된다는 사실은 역설적으로 '지성과 야성을 조화한 인간'이란 거의 기대할 수 없을 만큼 우리의 풍토가 그릇되어 있음을 말해 주고 있는 것이다. 그래서 우리는 '지성과 야성을 조화한 인간'을 길러내겠다는 새 총장의 '공약(公約)'을 반역적인 대학풍토와 대학정책에 대한 과감한 도전으로 받아들일 필요가 있다.

내일을 준비해야 하는 대학생마저 날조한 위기의식으로 묶어 아카데미즘의 저편 피안, 계급장과 명령복종만이 존재하는 연병장으로 내던져 쳐박아 두려는 대학 말살정책.

그리고 감찰기관 아니면 '순사' 노릇, 또는 지식의 행상이 아니면 어용학문의 대매출…… 이런 것밖에 못하는 무기력하고 그릇되먹은 대학 당국이나 교수들.

또 좌절이나 상호 불신, 개인주의나 도피에 빠진 채 변소 속에 '××는 ×부 사꾸라'라는 식의 낙서나 내깔기는 것으로 만족하는 꾀죄죄한 대학생들.

여기서, 이 울고 싶도록 답답한 풍토 아래서, '지성과 야성을 조화한 인간'이 어떻게 태어날 수 있겠는가? 여기서 그런 인간이 태어난다는 건 정말 '쓰레기통에서 장미가' 우리나라에서 민주주의가 꽃피어나는 것보다 더 어려운 것이 아닌가?

바깥의 무시무시하고 무식한 사람들이나 울안의 영악 무력한 사람들이나 모두 한번 깊이 생각해 볼 일이다.

1971년 4월 20일자 〈고대신문〉

'지성'의 원동력 '야성'

강윤구(姜允求, 철학과)

우리에게 지성이 필요한 것은 극도로 기계화, 세분화된 시대에 융합 적응하기 위해서라기보다 이러한 극도의 기계화, 세분화로 인해 상실된 자아를 되찾기 위한 즉, 인간화·종합화를 위해서이다. 우리에게 야성이 필요한 것은 지성에 근거를 둔 인간화, 종합화의 과감한 실현을 위해서, 또한 우리들 일상생활의 고질적인 무기력으로부터 근본적으로 탈출하기 위해서이다. 야성이 동적, 감성적(感性的)이라면 지성은 정적, 이지적이다. 우리의 역사상 그 호전적이며 강렬한 민족성으로 요동에 이르는 광대한 영역을 차지할 수 있었으나, 이지적이고 섬세한 성질이 부족하였던 대륙적인 기질의 고구려인이 야성적이었다면 이와는 대조적으로 백제인에게서는 전혀 이러한 야성적인 면을 찾아볼 수가 없다. 그들은 지나치게 섬세, 온유하였다, 이들 고구려, 백제인들이 지나치게 한쪽으로 치우쳤던 반면에 신라인들은 오늘날의 의미에 있어서의 지성과 야성을 겸비하였다. 그들이 삼국통일을 하는데 있어서 주역으로서의 일역(一役)을 담당했던 화랑도의 정신으로 대변되는 이러한 지성과 야성의 조화는 임전무퇴(臨戰無退), 살생유택(殺生有擇) 등의 세속오계(世俗五戒)에 잘 나타나고 있는 것이다.

요컨대 지성이나 야성의 어느 한편에 치우치지 않은 적절한 본보기로서의 신라인의 기질은 오늘에 있어서 특히 높이 사고 싶어진다. '나약한 지성'이니 '창백한 지성'이니 하는 말들도 기실은 사색이 행동화를 위한 이론적 근거가 되지 못하고 사색 그 자체로서 만족하여 버렸기 때문이다. 이렇듯 그 자체로서 자족하는 지성이란 전혀 무가치하다. 지성이 유의미(有意味)하려면 모름지기 표면화되어야 한다.

이러한 지성의 표면화를 위해서 그 행동화의 원동력이 되는 대담한 야성이 강하게 요구되는 것이다.

이렇듯 지성과 야성은 우리의 심원한 사색의 과감한 행동화를 위해서 적절하게 조화되어야 한다. 그리하여 대담한 야성을 그 행동화의 원동력으로써 수반하지 않은 지성이란 공허한 것이요, 치밀한 지성을 그 바탕으로 하지 않은 야성이란 맹목적이다.

지성만을 극단적으로 강조하는 사람, 그는 햄릿형의 인간이 되기 쉽다. 극단적으로 야성만을 강조하는 사람, 그는 동키호테형의 인간이 되기 쉽다. 양극(兩極)이 아닌 원만한 조화가 요구되는 것이다.

인간이란 호흡이 계속되는 한 무한히 사색하고 또한 끝없이 행동한다. 현대를 살아가는 깊고, 넓은 사색과 그리고 이 사색에서 얻어진 결론에 따르는 과감한 행동이 아울러 요구된다. 요컨대 깊고 넓은 사색이 바탕을 이루는 지성은 대담한 야성이 그 추진력, 원동력이 되는 행동으로 이루어져야겠다는 것이다.

그리하여 새로운 시대의 새로운 전인적(全人的) 인간형이란 올바르게 사색하고 이에 따라 과감하게 행동하는 적극적인 참여의식을 가진 건전한 시민 사회의 일원이어야 하겠다.

1971년 4월 7일자 〈고대신문〉

입체적·창조적 상보관계(相補關係)

김형배(金亨培, 법과대 교수)

1970년 10월 2일 김상협(金相浹) 총장은 그의 취임사에서 높은 차원의 전인적 인간형의 미래상을 지성과 야성, 동양과 서양, 현대와 원시의 초월적 조화, 통일에서 추구하여야 한다고 말하였다. 이것이 계기가 되어 〈고대신문〉에서는 '지성과 야성'의 본질 구명을 위하여 여러 가지 시론(試論)이 전개되었고, 특히 지성과 야성론의 컬럼에서는 10여 차례에 걸쳐 대학생 및 대학원생들의 활발한 논의가 거듭되어 왔다.

즉, 지성은 '기계화에 융합하기 위함이며 야성의 필요성은 기계화가 필연적으로 초래하는 인간성 상실의 극복'에 있으므로 지성과 야성을 갖춘 인간형은 '기계화와 아울러 정서를 갖춘 미래의 지도자'라야 한다고 풀이하는가 하면, '지성과 야성'은 '우리의 심원한 사색과 과감한 행동화를 위해서 적절하게 조화되어야 한다'고 하기도 하고, 지성을 여성에 야성을 남성에 비유하기도 하고, 지성과 야성의 조화라 함은 현대의 물질문명과 능동적인 인간의 주체성의 변증법적 통일이라고 하기도 하고, 지성은 고등교육을 받은 사람이면 대개 갖추어지는 것이나 야성은 '자연 또는 본능 그대로의 성질'을 가진 것으로 '가식적이거나 거짓이 아닌' 것을 말하며 현사회의 위선을 배척하는 성품이라고 하기도 하고, 인간의 존재가 부조리한 것이라고 전제한 다음 '인간이 인간으로서 존재해 나가는 방식은 오로지 지성과 야성에 따라 사는 길'이라고 하는 철학적 또는 신학적 풀이를 하기도 하고, 또 '지성과 야성이 포섭하고 있는 개념의 한계는 매우 광범하며, 특히 생소한 야성이라는 말이 어필하는 신선한 충동력은 대단히 커서 지성에 대하여 보완적 의미를 부여한다' 하고 그래서 '인간의 모습은 이 두 개의 요소가 융합할 때 비로소 그저 피동적으로 살아가는 인간이 아니라 살려는 인간이 된다'고 말하기도 하며, '물질문명의 발달은 知의 세계를 발전시켜 왔으나 인간성을 둔화시켰기 때문에 우리는 자기 앞에서 순수하고 냉철할 줄 아는 지성과 자기 앞에서 용감하고 날카로울 줄 아는 야성이 필요하다'고 하고 '이와 같이 하여 전인적 내면세계를 구축해 나아가야 한다'고 말하고 있다.

이상과 같이 지성과 야성론은 여러가지 측면에서 각각 그 강조점을 달리하면서 풀이되고 있다. 확실히 지성과 야성이 의미하는 내용은 그 범위가 일정하게 한정될 수 없을 만큼 무한한 것이다. 그러나 지성과 야성의 조화통일이라는 것은 두 개의 유개념(類概念) 속에 속하는 무수한 종개념(種概念)들을 산술적으로 통합함으로써 이루어지는 것은 아니다. 즉 지성으로서의 정신, 의식, 기술, 사색, 이성 및 '에토스'와 야성으로서의 육신, 본능, 자연실천 행동 및 '파토스' 등의 총화(總和)만을 의미하는 것은 아니다. 지성이 지니는 일방적이고 부정적인 면, 그리고 야성이 지니는 일방적이고 부정적인 면을 지성과 야성은 서로 통합함으로써 상대방을 입체적 긍정적으로 발전시키고 승화시키며 창조적인 질적 상보(相補)를 가하는 것이다. 인간이 생물학적 존재이기 때문에 부인될 수 없는 그 공간적 야성과 인간이 문화적 또는 문명적 존재이기 때문에 부인될 수 없는 그 정신적 지성은 참다운 인간의 행태에서 서로 대립되어 있는 것이 아니라 통합된 전체 또는 단일체로서 나타나는 것이다.

따라서 지성은 야성을 바탕으로 하여야 하고 야성은 지성을 바탕으로 하여야 한다. 지성을 바탕으로 하지 않은 야성은 야만이요, 야성을 바탕으로 하지 않은 지성은 생명력이 없는 '로보트'에 지나지 아니한다. 지성과 야성이 조화된 전인적 인간형은 모순없는 실체이며, 여기서 우리가 지성과 야성의 둘을 본다 함은 '야누스'의 얼굴을 보는 것과 같다.

따라서 지성이 正이라면 야성은 反이며 正과 反이 종합 지양하여 새로운 형태의 正과 反을 탄생시킴으로써 지성과 야성은 양적 통합이나 상대방의 수정 작용에서 그 사명을 다하지 않고 질적 활동법칙으로서의 의미를 갖는 것이다. 그러므로 지성과 야성의 조화 속에서 우리는 하나의 역사발전의 원리를 이해하지 않으면 아니된다. 지성과 야성의 조화·통합으로 이루어지는 현재는 역사의 흐름 속의 현재이므로, 그 지성은 현재가 요구하는 지성이어야 하며, 그 야성은 현재가 요구하는 야성이어야 한다. 그렇게 함으로써만이 이 두 개의 요소는 미래를 지향하는 발전적 요소를 정립할 수 있으며 현재라는 구체적 행동 상황 속에서 현실적 의미를 지니게 되는 것이다.

현대는 확실히 기계문명이 고도로 발달한 시대임에 틀림없다. 기계문명이 인간생활에 가져다 준 혜택을 살핀다면 그만큼 현대인은 축복을 받고 있다 하겠으며 그 공로를 인간의 지성에 돌려야 할 것이다. 그러나 기계문명의 와중에서 인간은 생각하는 기능마저 기계에 의하여 박탈되어 가고 있다는 모순도 부인할 수 없는 사실이다.

정서 양식의 대부분도 문화라는 이름으로 이렇게 또는 저렇게 조작되고 있어서 인간의 자연 그대로의 야성은 학대 속에서 고난을 겪고 있는 것이다. 인간으로서의 발산이 단절되어 가고 있는 현실에 있어 이에 대한 본능적 저항을 느낄 줄 아는 자연스러운 야성을 우리는 필요로 하는 것이다.

이러한 점들을 여러 가지 각도에서 지적해 준 학생들의 '지성과 야성론'은 정당한 것이라고 아니할 수 없다. 그러나 역사적 상황은 그때그때 변하는 것이며 흐르는 구체적인 상황 속에서 지성과 야성의 융합의 형태도 변모한다는 것을 우리는 잊어서는 아니될 것이다.

미래 사회를 지향하는 전인적 인간형의 재구성을 위하여 지성과 야성의 조화·통일은 끊임없는 노력을 통해서 추구되어야 할 것이다.

1971년 6월 8일자 〈고대신문〉

호랑이의 기상

김상협(고려대학교 제6·8대 총장)

갑인년(甲寅年), 우리 호랑이 대학에서 오랫만에 맞이하는 우리 호랑이의 해.

그 답답하고 지루하기 그지 없던 소의 해는 가고, 또 다시 시원시원하고 날쌔기 한이 없는 호랑이의 해는 왔습니다.

산야를 뒤흔드는 호랑이의 우렁찬 포효로 새 역사의 전개를 타종하여 우리 민족의 가슴 속에 벅찬 희망과 끝없는 기대, 그리고 보람있는 성취를 약속해 줄 1974년의 여명이 밝았습니다.

새해를 맞는 기쁨과 축복의 서기(瑞氣)가 온누리에 가득찬 신생(新生)의 원단(元旦), 이 아침을 맞이하여 나는 무엇보다 먼저 우리 고려대학교의 지칠 줄 모르는 활력과 줄기찬 생명력을 더욱 커다란 가능, 더욱 새로운 창업의 터전으로 집대성시켜 줄 것을 믿어 마지않는 전체 고대 가족에게 한결같이 행운과 만복이 있기를 축원합니다.

아울러 민족과 함께 고난과 휴척(休戚)을 함께 해 온 지난날의 고대(高大)가 그러했듯 새해에도 내외의 충격과 변환의 시련 속에서 방황하는 우리 민족의 앞길에 찬연한 빛을 밝혀 줄 선지자(先知者)의 슬기와 선행자(先行者)의 용기를 더욱 유감없이 발휘할 수 있도록 온 석탑가족(石塔家族)의 분발이 있기를 촉구합니다. 시대가 어떻게 변화하고 환경이 제아무리 혼미(昏迷)의 극(極)을 달린다고 하더라도 민족의 꿈과 슬기를 키워온 우리 고대의 '민족의 자유·민족의 정의·민족의 진리'를 지키는 무거운 책무는 영원히 변함이 없을 것입니다.

우리의 이 막중한 사명과 무거운 책무를 다할 수 있도록 우리의 새로운 결의를 굳게 다지기 위해 나는 전고대가족(全高大家族)에게 다음 몇 가지를 강조하고자 합니다,

첫째로, 이 땅의 불신풍조를 친화(親和)의 풍조로 전환시키는데 우리 고대가족이 선두에 나서야 하겠습니다. 우리도 모르는 사이에 우리 모두의 마음 속에 험준하게 쌓여 가는 불통의 벽을 과감히 타파하지 않고는 우리의 역량을 집결시킬 수 없을 뿐만 아니라 나아가서는 민족의 어떠한 발전도 결국은 허장성세(虛張聲勢)에 지나지 않을 것입니다.

둘째로, 우리는 학문 연구와 지식 습득을 바탕으로 하는 종합 실력 양성을 위해 촌음(寸陰)이라도 헛되이 낭비하는 일이 없어야 하겠습니다. 우리 고유의 책무를 다하기 위해 어제와 오늘에만 집착하지 않고 먼 내일을 치밀하게 구상하고 착실하게 준비를 다져 가는 고유의 실력을 기르는 데 시간과 장(場)이 따로 있을 수 없습니다.

셋째로, 우리는 호랑이로 상징되는 우리 고려대학교의 진취적 기상과 개혁자적 탐험정신을 어떤 역경에서도 추호도 위축되지 않게 지키고 발양(發揚)하는데 노력해야 할 것입니다. 하찮은 토끼 한 마리를 잡기 위해서까지 호랑이는 모든 지혜와 혼신의 정기를 집중시킨다고 합니다.

호랑이의 그 치밀한 계획, 그 신중한 경계(警戒), 영겁과도 같이 지루하고 괴로운 시간을 태산처럼 무겁게 기다리는 그 끈질긴 인내, 그리고 바람같이 신속한 결행으로 최후에는 정확하게 목표물을 전취

(戰取)하고 마는 그 무서운 위력을 빈틈없이 본받고 여지없이 발휘해야 할 것입니다.

끝으로, 이 엄동설한(嚴冬雪寒)에 아직도 영어(囹圄)의 몸에서 풀리지 못하고 옥고(獄苦)의 모진 고뇌를 감내하고 있는 몇몇 젊은 호랑이에게 전체 교직원, 그리고 9000여 학우의 뜨거운 사랑과 동료애의 말을 전해야 하겠습니다.

다시 한 번 5만 고대가족 전원의 행복과 건승을 기원합니다.

김상협 총장 '1974년 신년사'—1974년 1월 1일자 〈고대신문〉

나의 조국 대한민국 영원하라!

홍일식(고려대학교 제13대 총장, 국문학과 '55)

※이 글은 필자의 《나의 조국 대한민국》(동서문화사)에서
원문 일부를 발췌한 것임을 밝혀 드립니다.

백두산 천지

한라산 백록담

나의 조국 대한민국 영원하라!

1. 대한민국의 탄생

1) 유구한 역사와 전통에 빛나는 대한민국

1948년 8월 15일, 이날 우리의 조국 대한민국이 탄생하여 자기의 존재를 온 세상에 알렸습니다. 우리 민족이 '광복의 새날'을 맞은 지 꼭 3년만의 일입니다. 우리는 새 나라의 이름을 줄여서 '한국'이라고 부릅니다.

우리나라 '대한민국'은 이미 있었던 것이 거듭난 것일 수도 있고, 다른 모습, 다른 성격을 띠고 민주적으로 다시 태어난 새로운 존재일 수도 있습니다.

이로부터 우리는 대한(大韓)의 '새 하늘'을 열고 대한민족, 곧 한(韓) 민족이 되었습니다. 국호(國號)를 굳이 '대한'으로 이름한 것은 일제 항쟁기 대한민국 임시정부 법통을 잇고, 옛 대한제국(大韓帝國)의 역사까지도 가벼이 여기지 않겠다는 뜻을 밝힌 것이라고 봅니다.

대한국인이라는 명칭은 대한제국이 낳은 영원한 청년영웅이라 할 안중근(安重根) 의사가 일제 관동군의 점령지 만주 여순(旅順) 감옥에서 단지장인(斷指掌印)과 함께 그의 유묵(遺墨)에 남긴 자기 정체성의 표상어(表象語)이기도 합니다. 우리들이 한국인이라는 말을 주로 쓰면서도, 때로는 '대한국인'이라 자처하는 것도 이러한 안중근 의사의 뜨거운 애국의 기상과 애족의 단심(丹心), 그 불요불굴(不撓不屈)의 정신을 힘써 따라 배우고자 하기 때문입니다.

대한민국 제헌헌법(制憲憲法.建國憲法)이 그 전문 첫 머리에서 "유구한 역사와 전통에 빛나는 우리 대한민국"으로 자기의 존재연원을 압축 규정한 것도 이와 같은 맥락에서 기초한 것이라고 생각합니다.

아득히 먼 옛날 '동이(東夷)'의 한 갈래였던 고조선(古朝鮮)의 위대한 조상으로부터 면면히 이어져 내려온 그 찬란한 문화를 자랑스럽게 계승하고, 이를 다시 창조적으로 발전시켜 나가려는 확고한 뜻을 이렇듯 헌법 전문 첫 구절에 담아 엄숙히 다짐하고 있는 것입니다.

물론 우리 민족이 걸어온 반만년의 역사는 참으로 험난한 가시밭길이었습니다. 끊임없는 외침과 외압으로 얼룩진 그 처절한 시련과 수모, 고난의 도정(道程)을 떠올린다면, 우리 민족에 대한 회의와 자기비하가 일 때도 없지 않습니다.

다시 말해, 우리 민족사는 일면 수난사(受難史)이면서도 눈부신 항쟁사(抗爭史)였습니다. 헌법 전문의 '유구한 역사와 전통에 빛나는' 이라는 구절에는 바로 불사조와 같은 우리 민족의 강인한 생명력이 매우 함축적으로 담겨져 있다고 하겠습니다.

제헌헌법을 기초한 현민 유진오(玄民 俞鎭午 1906~1987 고려대총장 역임) 선생은 건국의 연혁과 이념, 지도원리 그리고 바야흐로 탄생할 새 나라 국민의 역사적 사명과 책무 등을 단일문장으로 압축, 서술하는 전문을 초(抄)하면서, 그 첫마디를 여는데 무척이나 고심한 흔적이 선생의 육필 초고에 뚜렷이 나타나 있습니다.

선생은 애초에 '반만 년의 광휘 있는 문화적 전통에 빛나는 우리들 조선인민은'이라고 썼다가, 수식이 다소 장황하다고 느꼈음인지 '반만 년의 광휘 있는 문화적 전통' 대신에 '장구(長久)한 역사와 전통'

으로 줄였다가 다시 '장구한' 을 '유구(悠久)한'으로 고쳐 써, 마침내 '유구한 역사와 전통에 빛나는 우리들 조선인민은'이라고 확정짓기까지 그 어휘와 자구(字句) 하나하나에 참으로 세심한 주의를 기울였던 것입니다.

1948년 5월 10일 총선거로 5월 31일 제헌국회가 개원되고 7월 17일 헌법이 공포됨에 따라 새 나라의 국명(國名)이 '대한민국'으로 정해진 이상, 헌법 제정의 주체 또한 '조선인민'이 아니라 마땅히 정식 국호에 따라 대한민국 국민 곧 '대한국민'으로 대체하게 된 것입니다.

2) 21세기 인류문명의 주역으로

우리 조국 대한민국은 반만 년의 오랜 역사와 전통에 그 뿌리를 두고 우뚝 선 나라입니다. 유구한 역사 속에 살아 숨쉬는 민족의 개성과 독창적인 전통문화야말로 우리 한(韓)민족의 과거 현재 그리고 미래를 관통(一以貫之)하며 '한국인'의 한국인다움, 또한 '대한국인'을 '대한국민'으로 길러내는 자기 정체성의 원천이요 토양이자, 민족적 이상실현과 자아완성의 소중한 원동력입니다.

우리 민족이 지닌 그 특유의 저력과 자질을 전통문화의 창조적 계승을 통해 발휘한다면, 우리는 기필코 그 명제를 실현 가능한 미래, 반드시 오고야 말 내일로 꽃 피울 수 있다는 믿음에서였습니다.

이 소망과 기대는 무엇보다 먼저 '내가 누구인가'를 아는 일에서 출발하여 우리의 역사와 전통의 유구성에 대한 투철한 이해에 도달할 때 비로소 성취가 가능할 것으로 확신합니다.

2. 우리 민족의 뿌리

군자, 불사의 나라 : 진국(震國)의 단상

국가성립의 절대요소는 국민, 영토, 주권입니다. 이 세 요소 중 어느 하나라도 빠지면 국가는 존립할 수 없습니다. 우리는 지난 한 때 36년간 일본인들에게 주권과 영토, 심지어 자기의 성씨와 이름마저 빼앗긴 채, 혹독한 착취에 시달리며 살았습니다. 유사(有史) 이래 처음 있는 일이었습니다.

'삼천리 금수강산'입니다.

아름답기가 비단 위에 색실로 수놓은 그림 같은 풍광, 뚜렷한 사계절의 온화하고 쾌적한 기후, 풍부한 강수량, 가을이면 오곡백과가 무르익는 황금들판…, 태양이 눈부시게 빛나는, 그리하여 순박한 민초들이 착하고 어진 본성을 고이 간직하며 살아 온 세상 그 무엇에도 비할 수 없고 그 무엇과도 바꿀 수 없는 이 아름다운 조국강토,

한국을 소개한 장편 《살아있는 갈대(Living Reed, 1963)》를 쓴 미국의 노벨문학상 수상작가 펄벅(Pearl. S. Buck, 1892~1973) 여사가 "고상한 사람들이 사는 보석같은 나라"라고 극찬하여 마지않던 아시아의 동쪽 옛 군자의 나라, 이곳이 바로 중국인들이 말하던 진국(震國)입니다.

육당 최남선(六堂 崔南善, 1890~1957) 선생은 진(震)의 글자 뜻 자의(字意)를 '광명과 생명'의 표상이라 하고 《조선상식문답(1946.6)》 〈제1 국호(國號)편〉에서 풀이하기를, "동방에 있는 모든 나라들을 통틀어 이야기할 때에 진역(震域)이란 말을 씀은 의미가 깊다"고 강조한 바 있습니다. 아울러 육당은 거룩한 혁명가가 나타나 새 세상을 열 때 신령님이 진(震)의 방향에서 나타났다고 빗대어 쓰던 고사(故事)를 상기시키면서, 고구려의 계승 재건을 표방하고 진(震)이란 국명을 빌려

썼던 대조영(大祚榮)과 궁예(弓裔)를 그 예로 들고 있습니다.

예부터 우리나라를 이르는 국호는 무수히 많았습니다. 물론 우리 선조들 스스로 붙인 것도 있었지만 주류는 중국에서 나온 이름들입니다. 중국 남조시대 송나라의 범엽(范曄, 398~445 AD)이 찬술한 《후한서(後漢書)》 〈동이열전(東夷列傳)〉은 그 첫 단, 첫 문장에서 《예기》의 〈왕제 편〉에 기술된 '동방을 이(夷)라 한다(王制云東方曰夷)'라는 일절을 제시하고,

"이(夷)라는 것은 근본(뿌리)이다. 이(夷)는 어질어서 생명을 사랑하나니 이는 만물이 뿌리에서 나오는 이치와 같음을 말하는 것이다. 까닭에 이(夷)는 천성이 유순하여 도(道)로써 다스리기가 용이하므로 군자(君子) 불사(不死)의 나라까지 있을 정도이다. 이(夷)에는 아홉 종류 구이(九夷)가 있다"고 했습니다. 공자가 '구이에 살고 싶어 했다' 는 이야기는 《논어(論語)》 〈자한(子罕)편〉에도 나옵니다.

자랑스러운 저항의 발자취

1. 독립운동에 얽힌 사연들

삼일운동의 세계사적 의미

일제는 1910년 경술년의 조선병탄을 계기로 통감부 때부터 도입한 '헌병경찰제' 군사통치를 더욱 강화했습니다. 그런데도 10년이 채 못 가서 거족적인 삼일독립운동이 일어난 것입니다. 국내는 말할 것도 없고 국외에서 조선 사람이 사는 곳이면 어디서나 대한독립만세의 함성이 울려 퍼졌습니다. 눌러도 눌러도 눌리지 않고, 꺾어도 꺾어도

꺾이지 않는 우리 겨레 특유의 민족혼이 되살아난 것입니다.

이를 보고 세계가 놀랐습니다. 여기에 참가한 인원이 몇 백만이냐의 문제보다 더욱 중요한 것은, 이 운동에 대한 평가가 우리의 민족사적 차원을 넘어 세계사적 의미로까지 확대되었다는 사실입니다.

삼일운동의 민족사적 의미에 대해서는 흔히 다음 세 가지 점이 지적됩니다.

첫째, 민족내부의 항일투쟁 역량이 강화되어, 장기적으로 독립을 쟁취할 수 있는 확고한 동력이 형성되었고

둘째, 국민주권운동으로 질적인 전환을 이루어, 우리 역사상 최초의 공화정제인 상해임시정부가 수립되었으며

셋째, 제한적이나마 언론, 출판, 집회, 결사의 자유를 쟁취하여, 민족 실력 양성의 기반을 다지는 계기가 마련되었다는 것입니다.

그런데 삼일운동에서 또 하나 중요한 것은 그 세계사적 의의입니다. 즉 중국, 인도 등 식민지, 반(半)식민지 지역의 반(反)제국주의 운동을 자극, 촉진시킴으로써 세계사의 정의로운 진전에 크게 공헌한 것입니다.

특히 중국의 '5·4운동'은 우리나라 삼일운동의 직접적이고도 절대적인 영향을 받아 일어난 반제(反帝), 반(反)봉건운동이었습니다.

그즈음 중국은 서구 열강의 무력을 앞세운 경쟁적인 경제침탈에 속수무책이었습니다. 게다가 베이징의 군벌정부는 뒤늦게 뛰어든 일제의 무력시위에 굴복, 제1차 세계대전 후 패전국 독일이 그전부터 갖고 있던 산동성(山東省)의 이권을 고스란히 일본에게 내주고 말았습니다. 그러자 삼일운동에 자극을 받은 베이징 대학 학생, 교수 등 지식인들이 중심이 되어 봉기한 것이 바로 중국의 현대사를 바꾸어 놓은 '5·4운동'입니다.

2. 투쟁 속에도 살아 있는 선비정신

1) 구원의 성자(聖者) 안중근 의사

안중근(安重根) 의사께서 이 나라 한국을 '대한국(大韓國)'이라 자부하고 스스로 '大韓國人'임을 자랑스러워한 나머지 '대한국인 안중근'이라고 스스로 자처하여 오신 것에 대해 저는 항상 감격해 마지않았습니다. 침략의 원흉 이토 히로부미(伊藤博文) 포살의거 당시, 안 의사는 그 어떤 노성한 지성도 따를 수 없는 위대한 사상과 철학을 지닌 만 30세의 새파란 청년이었기 때문입니다.

약육강식이 정당화되던 20세기 초, 정글과도 같은 제국주의시대에 안중근 의사는 결코 자국제일주의에 빠진 국수주의자가 아니었다는 점에 인류사는 주목해야 합니다. 우리가 안 의사를 겨레의 영원한 표상이요, 스승이며 위인으로 추앙하는 까닭은 보통사람이 해낼 수 없는 일을 해낸 그 진용(眞勇)에 감동하기 때문만이 아닙니다. 그렇다고 그 뜨거운 애국의 열정에 감복해서만도 아닙니다. 거기에는 그 누구도 감히 흉내낼 수 없는 숭고한 도덕적 이상이 내재해 있기 때문입니다.

안 의사에 의해 처단된 이토(伊藤)도 제나라 기준으로 보면 다시없는 애국자요 위인일 수 있습니다. 요즘 세계 도처에서 횡행, 반발하는 각양 각종의 테러에도 분명 제 나름대로 애국, 애족의 논리와 명분이 있을 것입니다.

하지만 '대한국인 안중근' 의사는 이미 100년 전에 인류가 마땅히 지향해야 할 영원한 대의를 지표로 제시하였습니다. 공(公)은 그때 이미 자신의 조국만이 아니라 동양의 평화, 세계의 평화, 그리고 나아가 전체 인류 공통의 자유, 평등, 복지, 행복을 제시한 위대한 사상가요, 철인이며 성인이었습니다.

공(公)의 위대한 사상과 철학의 요체는 유사 이래 그렇게도 인류가 갈망해 오던 세계평화와 인류공영(人類共榮)의 구현입니다.

바로 이 위대한 이상을 인류 보편적 가치와 이념으로 정립, 승화시켜 우리의 '대한국인 안중근'을 온 세상 사람들이 다 함께 흠모하고 그 정신을 따라 배우도록 우리의 모든 지혜와 역량을 모아야 할 것입니다.

당장의 물질적 풍요와 소유만을 늘려가면 마냥 행복할 줄로만 알았던 인류는, 지금 극심한 가치관의 혼돈으로 어찌할 바를 몰라 헤매고 있습니다.

공의 위대한 사해동포, 세계평화사상이 새롭게 정립된다면 그것은 비단 오늘의 시대를 살아가는 우리 겨레만이 아닌, 전 인류에게 하늘이 내리는 구원과 희망의 등불이 될 것으로 저는 확신합니다.

여기서 저는 미완성으로 남은 안중근 의사의 '동양평화론'을 관통하는 한민족 독립운동의 도덕적 정당성을 재발견하고는 거듭 깊은 감회에 잠기게 됩니다.

2) 도산 안창호 선생의 도덕성

우리 민족의 독립운동사상 그 도덕적 정당성과 관련하여, 일반에게는 널리 알려지지 않은 열혈투사 두 분의 의거를 저는 잊지 못합니다. 1922년 김익상(金益相, 1895~1925), 오성윤(吳成崙, 1900~?) 등 두 분 의사의 '상해 황푸탄(黃浦灘) 의거'가 바로 그것입니다.

거사 당일인 3월 28일, 적장 다나카 일행이 상해 황푸탄에 도착하여 배에서 내리자, 대기하고 있던 오상윤이 적을 향하여 권총을 발사했습니다.

그러나 때마침 동승한 영국인 승객 스네트 부인이 앞서 나오다 그 총탄에 맞는 바람에 거사는 실패로 돌아가고 말았습니다.

그런데 이 시기는 도산 안창호 선생이 삼일운동 직후 미국에서 상해로 건너가 대한민국임시정부 내무총장 대리직을 맡아 독립운동 방략을 수립하고, 연통제(聯通制)를 제정하여 실행하는 등, 행정력 강화에 전력을 기울이고 있던 시절이었습니다.

도산 선생은 임정 요인의 자격으로 불의에 횡액을 당한 스네트 부인 남편을 찾아가서 심심한 사과와 위로의 말과 함께 보상금까지 전했다는 것이 제가 주목하고자 하는 사실입니다.

자고로 세계민족운동사상 과연 이런 의로운 전례가 있었는지 저로서는 아는 바가 없습니다. 그러나 우리 선인들의 투쟁방법은 처단해야 할 원흉만을 저격할 뿐 그 밖의 인물은 절대로 해치지 않는 것을 원칙으로 삼았다는 데에 그 특징이 있습니다. 그래서 권총으로만 저격할 뿐 폭탄을 사용하지 않았던 것입니다. 다만 1932년 윤봉길 의사께서 폭탄을 사용한 것은 단상에 있는 무리들 전부가 침략의 원흉들이었기 때문이었습니다.

선구자의 영예와 비애

1. 우당(友堂) 일가의 노블리스 오블리주

1) 여섯 형제 함께 망명길에 오르다

조국의 독립을 위해 우당 이회영(友堂 李會榮, 1867~1932) 선생 일가가 결행한 대가족 집단망명은 세계사에서 그 유례가 없는 일이 아닌가 합니다. 그 많던 재산을 오로지 독립운동자금으로 다 내놓고 풍찬노숙, 간난신고의 항일투쟁으로 일관하다 일경에게 붙잡혀 모진 고문 끝에 옥사하신 우당 선생의 그 비통한 최후야말로 모든 이로 하여금 뜨거운 감동에 눈물짓지 않을 수 없게 합니다.

선생의 본관은 경주 이씨(李氏)로 조선 선조 때 명신(名臣)인 백사 이항복(白沙 李恒福) 선생의 직계 후손입니다. 형제가 여섯 분인데 맏이가 건영(建榮), 둘째가 석영(石榮), 셋째가 철영(哲榮), 넷째가 회영(會榮), 다섯째가 시영(始榮), 그리고 막내가 호영(護榮)입니다. 이 여섯 형제분 가운데 광복 후 조국에 살아서 돌아오신 분은 다섯째 성재 이시영 선생(省齋 李始榮) 한 분뿐이었습니나. 이 어른이 바로 대한민국 초대 부통령이십니다.

대한제국이 국권을 잃자, 곧 이 형제 모두가 망명길에 오릅니다. 형제분들을 설득하는데 앞장을 서신 분이 바로 우당 선생이십니다. 선생은 “오랜 세월 우리 집안은 대대로 나라의 큰 은혜를 입고 살아온 명문가이다. 허나 이제 나라가 망했으니 가문이 무엇이며, 재산이 다 무슨 소용이냐! 명색이 이 나라의 사대부로서 마땅히 책임을 질 줄 알아야 하지 않겠는가!” 이러시면서 재산을 모두 정리하자고 했습니다. 그야말로 노블리스 오블리주(Noblesse Oblige)의 실천을 역설한 것입니다.

다 팔아보니 이때 금액으로 40만원에 이르렀다고 합니다. 몇 해 전 한국은행에 이 돈이 오늘의 화폐가치로 대략 얼마나 되느냐고 문의했더니 약 600억 원 정도라고 하더군요. 실로 어마어마한 재산입니다.

1946년 7월, 광복된 조국을 처음 찾아오신 서재필(徐載弼, 1866~1951) 박사가 보성전문학교에서 하신 특별 강연을 통해 그동안 국내에서 펼친 인촌의 애국애족운동을 극구 치하하고는 이어서 앞으로 정식 독립정부가 수립되면 최소한 우당 이회영 선생 댁과 육당 최남선 선생 댁, 이 두 집 재산만은 반드시 국가에서 보상을 해주어야 할 것이라고 말씀하셨다고 합니다.

저는 이 말을 당시 보성전문학교 교수로 이 강연회를 직접 주도했던 유진오 선생, 그리고 강연을 직접 들으셨다는 김두종 박사로부터 평소 여러 번 들었습니다.

2) 항일무장투쟁의 본산 신흥무관학교

① 고난의 개교

앞에 언급한 바와 같이 우당 이회영 선생 일행은 1910년 12월, 리우허시엔(柳河縣) 산위안바오(三源堡) 조우자지(鄒家街)에 기착(寄着)하였습니다.

이듬해 4월 선생은 경학사라는 이주 민단을 조직하고, 이를 토대로 신흥강습소를 열면서 독립운동의 첫발을 내딛게 됩니다.

강습소의 이름을 '신흥'이라 한 것은 신민회(新民會)의 '신(新)'자를 따고, 여기에 나라를 일으킨다는 뜻의 '흥(興)'자를 덧붙여 기필코 조국의 땅에서 일제를 몰아내고 새 나라를 건설하겠다는 의지의 표현이었습니다.

명칭만 강습소일 뿐 실질은 무관학교였습니다. 처음부터 무관학교라는 이름을 내세우지 않고 '강습소'라고 한 것은 우리 이주민들을 일제의 앞잡이로 의심하는 토착 원주민들의 냉대와 비협조, 그리고 만주 군벌들의 탄압을 피하기 위한 고육책(苦肉策)이었습니다.

또한 신흥무관학교의 초대 교장에는 이동녕 선생(2대 교장 이석영)을 추대하였고, 교육과정은 4년제 중등과정 수준의 본과와 무관 양성을 목표로 하는 단기속성과(1개월 혹은 3~6개월 과정)로 나누어 개설하였습니다.

그리하여 1911년 6월부터는 정식으로 문을 열고, 이주민 자제들과 고국에서 찾아오는 항일애국청년들을 대상으로 강고한 민족 독립정신의 배양과 엄격한 군사교육을 실시하여, 개교 1년차 연도에는 첫 졸업생으로 특기생 40여명을 배출했습니다.

② 하니허(哈泥河)에 새 교사

신흥무관학교는 고국으로부터 몰려오는 이주민과 젊은 인재들이 크게 늘어나 시설확충이 시급히 요구될 정도로 일대 성황을 이룹니다. 하지만 이주 동포들은 현지 토착민들과의 갈등으로 불화가 끊이지 않았습니다. 1911년에는 지독한 흉년이 든 데다 유례없는 혹한이 풀리자 풍토병이 돌면서, 굶주림과 추위에 시달려 자포자기 상태에 빠지게 되었습니다. 결국 경학사는 해체되고 신흥무관학교 또한 위기에 맞닥뜨리게 됩니다.

이에 우당 이회영 선생은 결연히 베이징[북경(北京)]으로 대총통 위안스키(원세계)를 찾아가 도움을 요청하게 되었고, 마침내 그의 호의로 허니허에 새로운 기지촌 건설 부지를 얻어내는 데 성공하였습니다. '신흥무관학교'의 새로운 기지촌 건설부지 확보에 이어서 다음 과제는 번듯한 새 교사의 건축이었습니다. 이듬해(1912년) 봄부터 새 교사 건설에 일심전력, 1년 후인 1913년 5월에는 드디어 신축교사의 준공을 보는 일대 감격의 순간을 맞이합니다.

③ 교육내용과 훈련

신흥무관학교를 배경으로 혁명가 김산(본명 張志樂, 1905~1938)의 불꽃같은 삶의 일대기를 그린 미국인 여기자 웨일즈의 소설《아리랑(1941)》은 18개 교실로 이루어진 이 학교가 산허리를 따라 눈에 띄지 않게 은밀하게 자리잡고 있는 것으로 묘사하고 있습니다. 일과는 아침 6시 기상나팔로부터 저녁 9시 취침나팔까지 총기 다루기와 사격 훈련에 역점을 두고, 군사 이동훈련은 고된 산악훈련에 치중하였습니다. 게릴라 전술 구사에 요구되는 민첩하고도 강철 같은 체력과 정신력을 기르기 위해서입니다.

특히 생도들은 그 고된 훈련 중에도 또 한편 재정궁핍과 싸워야 했습니다. 1914년 봄, 거듭되는 자연재해로 동포들의 지원이 끊기자, 원주민의 산야를 임차 개간하여 콩과 옥수수를 경작하는 등 농사에도 힘을 기울여 학교운영에 충당하였습니다.

이러한 고난 속에서도 학교 주위에는 끊임없이 망명 동포들이 몰려들어 저절로 신한민촌(新韓民村)이 형성되면서, 신흥무관학교를 거점으로 하는 강력한 독립군 기지가 자연스럽게 만들어졌습니다.

④ 10년간 3500명의 독립군 간부 양성

1911년에 신흥강습소로 출발한 신흥무관학교는 설립 이후 항일독립운동의 무력양성 본거지로 10년간이나 존속하는 대기록과 함께 무려 3500여명의 독립군 간부를 양성해 냈습니다. 특히 삼일운동 직후에는 한반도와 중국 각지에서 수많은 젊은 인재들이 몰려들어 본교의 시설을 크게 늘려야 할 정도로 양적 팽창을 거듭하였습니다. 이러한 과정 속에서 축적한 잠재력이 세계적 강군을 자랑하는 일본군을 여지없이 무찌른, 1920년 6월 '봉오동전투'와 10월 '청산리전투'의 대첩으로 나타난 것입니다.

신흥무관학교가 그토록 수많은 항일운동 지도자를 배출하고 무장투쟁 역량을 길러내며 10년간이나 지탱할 수 있었던 결정적 요인은 우당형제 일가의 조국광복을 향한 원력(願力)과 전 재산 쾌척, 그리고 그의 무장투쟁 사업을 적극 밀어준 신민회, 또 그들과 일심동체가 되어 독립투쟁 역량을 배양하는데 협력을 아끼지 않은 현지 이주동포들의 뒷받침이라고 하겠습니다.

말년에 우당 선생은 상부상조하며 공생, 공영하는 철학이자 이타주의로 인간의 참된 해방을 추구하는 아나키즘 운동을 제창하면서, 그 사상을 몸소 실천하는데 앞장섰습니다.

우당 선생은 정말 위대한 거인으로서 열정적이면서도 냉철한 이지를 갖춘 고독한 혁명가요, 애국자였습니다. 전 생애를 오로지 애국애족의 일념으로 일관한 행동주의자로서 그의 최후는 너무도 비참했지만 거룩했습니다.

그의 일생은 그야말로 하늘을 우러러 한 점 부끄러움 없는 떳떳하고 자랑스러운 생애였습니다. 평생에 그렇게 많은 일들을 직접 조직하고 추진하면서도 당신이 대표나 장(長)이 되신 적이 한 번도 없었으니, 이런 분이 우당 선생 말고 또 있다는 사실을 저는 알지 못합니다.

2. 육당(六堂)의 '조선주의·조선정신'

최남선은 연설, 논문, 산문, 창가, 신체시, 시조, 역사 글을 통해 '조선주의·조선정신' 을 부르짖었습니다.

"'쇠망의 민(民)'이라는 이름 아래 가련한 것은 조선사람이라 한다. 그러나 조선사람보다도 이 세상에 더 가련한, 누구보다도 측은하고 가련한 것은 '조선(朝鮮)'이고, '조선 산하'이다. 또 '산하의 정령'이다.

우리는, 우리의 조상들은 이 산하의 우로(雨露)서 자라났고, 이 산하에 묻히었고, 이 산하의 정령에 사무쳐 있다. 그러나 이 '조선' 이 '조선의 산하'는 이 '산하의 정령'은 뉘라 사랑하고 뉘라 돌보려는가?"

《동명(東明)》 제2권 23호. 1923.6.3 마지막 호에서

"백두산은 읽고 읽어도 다할 날이 없고, 알고 알아도 끝날 날이 없는 신(神)에게서의 대계시(大啓示) 그것이요, 동방 사람의 산 경전(經典)입니다. 실상 그대로 전현(全現)해 있는 우리의 윤리학이며, 과거란 문자로 기록된 예언서입니다. 푸고 퍼도 마르지 않는 생명의 원천이란 우리의 백두산을 두고 부르는 이름일까 합니다. (중략)"

《백두산 근참기》 서문에서

이와 같이 최남선은 학문과 출판을 통하여 절절한 조선주의, 조선정신과 애국정신을 고취해 나아갔습니다.

1) 선각자들의 지적(知的) 네트워크 '조선광문회'

삼각동 한옥 2층 건물에서 백암(白巖) 박은식(朴殷植)과 도산(島山) 안창호(安昌浩), 육당 최남선(崔南善)을 비롯한 조선의 선각자들이 조선광문회(朝鮮光文會)를 결성합니다. 이 광문회는 우리 고전의 수집 보존과 출판, 반포를 역점사업으로 내세웠습니다. 그러나 진실은 일제강점기 아래서도 멈출 수 없는 민족의 혼백을 지켜가려는 일대 문화운동이었습니다. 광문회에 모여든 조선팔도 지식인들은 주시경(周時經), 장지연(張志淵), 정인보(鄭寅普), 홍명희(洪命憙), 한용운(韓龍雲), 김성수(金性洙), 송진우(宋鎭禹), 이광수(李光洙), 김두봉(金枓奉) 등 당대 대표적 지성들이었습니다.

조선광문회는 그때 육당이 이끄는 출판사 '신문관(新文館)'과 한 건물에 있었습니다. 신문관이 잡지 《소년》 발행을 비롯하여 신문화운동의 산실이었다면, 조선광문회는 유실되어가는 조선의 고전과 서지를 수집, 복간하여 널리 보급하는 민족문화 연구, 발굴의 중심이었습니다. 뿐만 아니라 바로 이곳에서 천도교, 불교, 기독교계의 요청으로 육당이 독립선언서를 기초했고, 또 이곳에서 육당이 손수 문선, 조판까지 했다는 사실이 이를 입증해 줍니다. 이로써 육당은 2년 7개월 옥고를 치르게 됩니다.

육당은 1907년 18세의 나이로 신문관을 창설했고 민중을 계몽, 교도하는 내용의 책을 출판하기 시작하였습니다. 문학과 문화, 언론 등 여러 부문에 걸쳐 활약한 육당은 신문관을 통해 청년잡지 《소년》에 이어 《붉은 저고리 아이들》《아이들 보이》《새별》《청춘》 등 수많은 잡지들을 발간하여 특히 청소년 계몽과 교도를 꾀합니다.

2) 연작(燕雀)의 큰 뜻을 어찌

① 미래 건국을 위한 학병 권유

영국은 인도를 지배하면서 인도청년들로 조직된 '인도군'을 편성해서 세계대전 중 이집트, 아프리카, 이탈리아, 그리스 등 여러 전선에 투입하여 영국군과 합동작전을 폈습니다. 식민지 청년들을 자국군의 병력으로 주저 없이 활용한 것입니다.

그런데 일본은 만주사변(1931) → 상해사변(1차 1932, 2차 1937) → 지나사변(중·일전쟁, 1937) → 태평양전쟁(1941)으로 확대되는 그 가열일로의 전쟁기간 중 그토록 병력증원이 절실했지만 조선청년들을 징집하지 않았습니다. 그러다가 태평양전쟁 막판에 가서야 어쩔 수 없이 징집령(1943)을 내려 조선청년들을 싸움터로 내몰기 시작했습니다. 그것도 일본인 부대에 분산 배속시켰지 별도로 조선군을 편성하지는 못했습니다.

이것은 조선 사람에게 군사교육에다 무장까지 시켜 전투능력을 갖추게 했다가는 언제 총구를 돌릴지 모른다는 공포감 때문이었습니다. 육당이 학병을 적극 권유한 까닭이 바로 여기에 있었습니다.

"조선의 청년학도들아 입대하라! 그것도 지체 없이 나가라! 이런 기회가 아니면 저들은 절대로 우리에게 군사기술-군사지식을 가르쳐 주지 않는다. 기왕에 입대하려면 될 수 있는 대로 장교로 나가라! 장교라야 고급군사학을 습득하고 지휘능력-작전능력을 기를 수 있다……."

강영훈 전총리 증언

이것이 육당의 학병권유 논리였습니다.

그러나 이 같은 논리가 당시로서는 그의 진심과는 달리 오해의 소지가 컸던 것이 사실입니다. 더구나 〈3·1독립선언서〉의 작성자요, 신문화운동의 선구자이며, 조선민중의 '지적우상(知的偶像)'이었던 육당이었기에 더욱 그러했습니다.

육당은 그의 〈자열서(自列書)〉에서 이렇게 밝히고 있습니다.

"(전략)처음 학병문제가 일어났을 때 나는 독자적 관점에서 조선청년이 다수히 나가기를 기대하는 의(意)를 가지고 이를 언약한 일이 있었더니 (중략)우리는 이 기회를 가지고 이상과 정열과 역량을 가진 학생 청년층이 조직-전투-사회 중핵체 결성에 대한 취위성(取爲性) 능력을 양성해 임박해 오는 신운명에 대비하고자 함에 있었다.(후략)"

〈자열서〉란 1949년 2월, 이른바 반민법(反民法) 혐의로 수감 중 조사위원장 앞으로 제출한 일종의 자술서를 말하는 것입니다.

따라서 육당의 학병권유를 비현실적이라고 반대–비판할 수는 있어도 반민족적인 친일–변절로 모는 것은 생각이 모자라거나 정치–사회적 특정세력의 불순한 의도가 깔린 비방으로 의심하지 않을 수 없습니다. 진실을 밝히기 위해 그때 일본 유학생으로 육당의 학병권유 연설을 직접 들은 김붕구((金鵬九 서울대학교 문리과대학, 불문학)) 교수가 훗날 회고한 바를 인용해 보겠습니나.

"'육당의 경우, ……일제관헌과 입회 교수들을 뒤에 앉히고, 그는 거침없이 토로하는 것이었다. 온 세계의 청년들이 전쟁터에서 싸우고 있다. 오직 조선청년만 편히 앉아 있으라고 뒤둘성 싶지도 않고, 또 그렇게 된다면 전쟁 뒤에 어떤 발언권을 얻을 수 있겠는가? 비단 일본에 충성을 하기 위해서 나가라는 것이 아니다. 어쨌든 총 쏘는 법을 배워두란 말이다……고.'

관점에 따라서는 무책임한 말, 혹은 하나의 궤변(詭辯)이 될지도 모른다. 그러나 간단명료한 말이며, 그의 진의를 충분히 전달하여 의문의 여지가 없다. 그 자리에 입회했던 관리와 일인 교수도 탄복했지만, 그때의 최후 발악적인 무시무시한 분위기 속에서는 놀라울 만큼 대담하고 솔직한 표현이었다……."

《신동아(新東亞)》, 1967년 3월호 통권31호 pp. 70~85.

육당에게는 이 학병권유 행적 말고도 변절 의심을 받은 몇 가지

시빗거리가 더 있습니다. 하나는 그때 조선총독부가 주관하는 '조선사편수회'의 위원직을 맡은 일이요, 또 하나는 이른바 만주국의 건국대학 교수로 부임한 일입니다.

② '조선사편수회' 위원

조선사편수회란 일제가 우리 역사를 편찬하겠다고 설치한 기관입니다. 쉽게 말해서 우리의 역사를 저희들 멋대로 구성, 편찬하겠다는 것이니 민족감정이 이를 용납치 않는 것은 마땅한 일입니다. 식자들은 물론 일반 민중까지도 거부감을 가지고 이 짓거리를 의심에 찬 눈으로 바라보고 있었습니다. 그러면 육당은 비난받을 짓인 줄 뻔히 알면서 무슨 생각으로 이 직책을 맡았을까요?

육당의 《자열서(自列書)》를 보면 정작 그때 육당에게 가장 절실한 것은 '절체질명(絶體絶命)'의 위기에 빠진 학문연구 사업을 계속하는 일이었습니다. 학문연구는 필생의 일이니 이를 중단함은 그에게는 애석한 정도가 아니라 죽기보다도 더 괴로운 일이었을 것입니다.

게다가 위원이 됨으로써 얻게 될 '학구상의 편익' 또한 육당으로서는 놓칠 수 없는 유혹이 아닐 수 없습니다.

그 때 조선총독부는 행정조직을 총동원하여 전국적으로 편수자료를 수집했기 때문에 귀중한 사료들을 발굴하는데 대단한 성과를 거두고 있었습니다.

이미 일제는 조선에 대한 식민통치를 정당화하기 위해 '식민사관'의 기조 위에서 우리의 역사를 왜곡, 날조해 온 지 오래였습니다. 그 때문에 일제가 마음대로 편찬하도록 내버려두느니 차라리 뛰어들어 적극적으로 대처함만 못하다는 것이 육당의 기본 인식이었습니다.

실제로 육당은 위원에 참여함으로써 해박한 지식으로 당당하게 일본학자들의 독주를 견제하는 등 큰일을 해냈는데 그 중 다음 두 가지를 들어보겠습니다.

첫째는 《단군기사(檀君記事)》의 수록을 집요하게 주장하여 끝내 제 1편의 별편으로 수록토록 한 사실입니다.

둘째 우리 고대사 분야의 대가라는 이마니시 료(今西龍)란 자가 교토대학에서 삼국유사 정독본의 영인본을 제작 간행할 때 단군고기의 원문에 '석유환국(昔有桓國)' 의 '국(國)'자를 '인(因)'자로 바꾸어, 석유환인(昔有桓因)으로 개작한 사실을 발견, 이를 준엄하게 질타하며 바로잡은 일입니다. 이것은 단지 글자 한자의 바꿈에 불과하지만 그 뜻은 고조선의 국가 건립사실을 한낱 신화의 수준으로 떨어드려 그 존재 자체를 부정하려는 악의에 찬 날조였던 것입니다.

③ 건국대학 교수

1931년에 만주사변을 촉발한 일제는 괴뢰 만주국(滿洲國)을 세워 대륙침략의 병참기지로 삼고, 군국주의(軍國主義) 파쇼체제를 구축, 1937년 중일전쟁, 1941년 태평양전쟁을 일으키는 등 확전일로로 치달았습니다.

1938년에 일제가 지린성 창춘에 건국대학을 설립한 것은 만주는 물론 동아시아 전역을 효과적으로 지배하기 위한 제국주의 야욕의 발로였습니다. 육당은 이 대학이 설립된 이듬해에 교수로 초빙되어 〈동방문화론〉 〈만몽문화사(滿蒙文化史)〉 등을 강의하였습니다.

그런데 육당의 대학교수 부임을 두고, 그 때 우리 지식인들은 많은 비난을 하였으나, 육당은 나름의 생각과 논리에 수긍할 바가 없었던 것은 아닙니다. 육당이 여기에 선뜻 응한 데는 스스로 회심의 역작이라고 자부하는 〈불함문화론〉을 펼쳐 세계의 석학들과 한번 겨루어

보고 싶은 욕망이 크게 작용했다고 보아야 할 것입니다. 또 이곳에서 한국청년 강영훈 등에게 조국애를 일깨워 주었습니다.

3. 인촌(仁村)과 수당(秀堂)의 우국애족

《신당서》에 이런 말이 있습니다.

"위태로워진 까닭을 살피면 다시 안정을 찾을 수 있고,
思所以危則安矣
어려워진 이유를 살피면 다시 다스릴 수가 있으며,
思所以亂則治矣
망한 원인을 살피면 다시 살아날 수가 있는 법이다.
思所以亡則存矣"

우리의 선각자들은 국권상실의 원인이 바로 근대국가 건설의 실패에 있음을 정확히 파악하고 서둘러 민족의 역량을 다음과 같은 두 방향으로 나누어 매진하였습니다.

그 하나는, 해외로 망명하여 격렬한 무력항쟁을 전개하는 한편 국제정치 외교에 주력하자는 적극적 '강경투쟁' 노선이요, 다른 하나는 국내에서 온갖 굴욕과 수모를 참아가면서 오로지 근대교육을 통해 국민의 역량을 키우고 산업기술을 일으켜 근대국가 건설의 토대를 구축하자는 '온건준비' 노선입니다. 사전에 서로 약속하고 행동에 옮긴 것은 아니지만 이처럼 절묘하게 역할 분담이 이루어진 것입니다.

이 때 인촌 김성수(仁村 金性洙, 1891~1955) 선생과 수당 김연수(金秊洙, 1896~1979) 선생 형제는 후자의 노선, 즉 민족의 역량을 배양하여

미래를 준비하자는 온건준비 노선으로 그 진로를 잡았습니다. 일찍이 일본 유학을 마치고 돌아온 인촌은 막대한 개인재산을 쾌척하여 근대산업과 교육, 언론(문화) 등 민족의 경제, 문화 역량을 배양해서 미래를 준비하는 데 온 힘을 다 바쳤습니다.

오늘의 경성방직, 동아일보, 중앙고교, 고려대학교 등이 바로 그가 일으킨 국권 회복과 독립국가 건설의 대표적인 징표들이라 하겠습니다. 여기서 결론부터 말하자면 오늘의 자랑스러운 우리 대한민국과 고려대학은 바로 선인들의 절묘한 역할 분담을 통해 저마다 축적한 두 역량이 광복 후에 합쳐져서 이룩한 참으로 값진 보람이라고 저는 확신합니다.

1) 인촌의 경세가적(經世家的) 민족사업

1955년 2월 18일, 인촌 김성수 선생이 계동 자택에서 영면했을 때, 빈소를 찾은 이승만(李承晩) 대통령이 던진 첫 마디는 '애국자가 돌아갔어!' 였습니다. 지극히 평범한 이 일성이 상징하는 바, 인촌은 가장 범상했기 때문에 오히려 가장 특출한 애국자였다고, 그의 평생 조력자였던 현민 유진오 선생은 그의 회고록 《양호기(養虎記)》에서 밝힌 바 있습니다.

또한 지난날 일경의 모진 고문으로 두 다리가 모두 부러지면서도 때리는 자를 향해 '네놈 몸만 지칠 뿐' 이라고 추상같이 호통을 치시던 김창숙(心山 金昌淑) 선생께서도 친히 만장을 지어 보내셨습니다.

"가시어야 알았던가, 가신 뒤에야 느꼈도다.
선생의 높으신 뜻 인제서야 알단 말이"

대한민국 제헌헌법을 기초하고 고려대학교 총장을 지낸 현민 유진오는 광복이 된 1946년 7월, 근 반세기(49년)만에 돌아온 서재필 박사가 보성전문학교에 와서 행한 다음과 같은 연설을 생전 잊지 못한다고 했습니다.

"해외에서 독립운동하고 국내에서 감옥살이를 한 사람들도 애국자지만, 인촌 같이 묵묵히 민족의 실력을 양성하는데 일생을 바쳐온 사람도 애국자다. 아니 그런 사람이야말로 진짜 애국자다"라는 의미의 말을 했다. 국내 우익의 최고 영도자의 위치에 있는 인촌을 가지고 좌익 사람들이 투쟁 실적이 있네, 없네 하고 시비하던 때에, 해외 독립투사의 대표격인 서재필 박사의 입에서 그런 말이 나온 것이기에 그 말은 나에게 한층 감명 깊게 들렸다."

유진오 《양호기(養虎記)》 고대출판부, 1977

고려대학교 《교우회 80년사》도 이렇게 재평가한 바 있습니다.

"인촌의 애국은 순교적, 영웅적, 투쟁적인 것은 아니었다. 그의 사업은 기나긴 도정을 인내와 고독으로 주파해 나아가야 하는 숨이 긴 승부여서 지리할 만큼 평범하게 느껴지는 것이었다. 그러나 그 뜻은 항상 구원한 곳에 있었기에 '경세적'이었다. 이 점이 인촌 김성수 선생의 애국적 생애가 갖는 특출함이었다."

고려대학교 교우회 《교우회 80년사》 고대출판부, 1991

인촌의 경세가적 애국사업에 대한 이와 같은 회고와 평가에 대해서 저는 다음 두 가지 예화를 곁들여 그 의미를 좀 더 보태보고자 합니다.

첫째는 삼일운동의 모의 단계에서 기독교단이 운동자금 분담 문제로 난항을 겪던 시점의 이야기입니다. 이 때 인촌은 5000원에 달하는 기독교측 분담금을 대납하여 이 난제를 단숨에 해결합니다. 인촌의 사업방식은 일을 표나지 않게 물 흐르듯이 해결해 나가는 데 그 묘체(妙諦)가 있다고 할 것입니다. 제가 육당 선생으로부터 직접 들은 바로는, 이 분담금을 육당이 인촌의 부탁을 받고 당시 종로 YMCA회관 뒤 황금여관에 머물고 있던 남강 이승훈(南崗 李昇薰, 1864~1930) 선생에게 직접 전달했다고 합니다.

그 때 남강은 천도교 측과의 합작을 모색하기 위한 발걸음이었고, 회동 즉석에서 그는 쾌히 동의하였습니다. 그 막후의 핵심 가교 역은 인촌을 비롯하여 송진우(古下 宋鎭禹, 1890~1945), 현상윤(幾堂 玄相允, 1863~?) 등 중앙학교의 젊은 경영자들과 천도교 측의 최린(崔麟, 1878~1958) 그리고 육당이 맡고 나섰던 것입니다.

둘째는 인촌의 교육, 언론, 산업이라는 3대 사업 성격이 의암 손병희(義菴 孫秉熙, 1861~1922) 선생의 삼전론, 그리고 도산 안창호 선생의 사업방향과도 일치한다는 점입니다. 의암 선생은 〈을사늑약〉 3년 전인 1902년 발표한 글에서 "병전(兵戰)보다 더 무서운 것이 세 가지 있으니, 첫째는 도전(道戰)이요, 둘째는 재전(財戰)이요, 셋째는 언전(言戰)이라, 이 세 가지를 능히 안 뒤에라야 보국(輔國), 안민(安民), 평천하(平天下)의 계책을 얻게 될 것"이라는 논지를 폈습니다. 의암이 말하는 도전, 재전, 언전이란, 곧 '교육사상' '경제' '언론' 세 가지를 뜻하는 것으로 인촌이 일으킨 3대 사업이 바로 그것입니다.

2) 수당이 지향한 '과학입국' 의 꿈

일제하 우리 한반도는 모든 식민지 시장이 다 그러했듯 일본기업의 소비시장에 불과했습니다. 더구나 근대 산업기술 분야에 있어서는 거의 황무지였던 식민지에서, 게다가 상대적 우위에 있는 일본인, 일본자본과 싸운다는 것이 얼마나 어렵고 힘든 일인가는 설명이 필요치 않을 것입니다. 그러나 이처럼 불리한 여건 속에서 오늘날 세계를 향해 뻗어가는 우리 근대산업 전반의 기초를 닦고 싹을 틔어준 기업인이 바로 삼양사(三養社)를 일으킨 수당 김연수 선생입니다.

하지만 내가 수당 선생을 존경하는 것은 그가 기업경영을 하면서 보여준 인문학적 감성 때문입니다.

1939년, 이 땅에서 최초로 민간 육영재단인 양영(養英)장학재단을 설립하여 지금까지 2만여 명의 젊은 인재들에게 향학의 길을 열어주었습니다. 또 식민지 치하에서 차별과 모멸 속에 자연과학을 연구하는 우리 한국인 학자들에게 막대한 연구비를 지원하여 그들로 하여금 실력과 실적으로 일본 학자들과 당당히 겨루도록 재정적 뒷받침을 다했습니다.

그 수혜자들은 광복 이후 남과 북에서 각기 탁월한 연구업적과 지도력을 발휘하였습니다. 그 중에서도 최고로 추앙을 받은 과학자로는 남쪽의 이태규(李泰圭, 화학, 1909~1996) 박사와 북쪽의 이승기(李升基, 화공학, 1905~1996)를 비롯하여, 박철재(朴哲在, 생리학, 1905~1970), 조규찬(趙圭瓚, 의학, 1909~1997), 김양하(金良瑕, 농화학, 1901~1997), 강정택(姜鋌擇, 농업경제, 1907~?), 송민구(宋旼求, 건축학, 1920~1993), 조용달(趙容達, 원자력, 생몰미상), 최규원(崔圭遠, 화학, 1921~1993) 박사 등이 있으며, 인문학자로는 전해종(全海宗, 동양사, 1919~) 박사를 꼽을 수 있겠습니다.

특히 1939년 이태규 박사가 프린스턴 대학으로 유학을 떠날 때 일본 당국이 전시를 이유로 국비지원을 거부하자 실의에 차 있던 그를 불러 쌀 200가마에 해당하는 1000원을 선뜻 내주면서 하셨다는 애국적 말씀에 저는 너무도 큰 감명을 받았습니다.

우리가 특히 주목할 것은 수당의 이러한 장학 및 연구지원 사업이 1939년부터 1944년까지 2차대전 기간 중에 집중적으로 이루어졌다는 사실입니다. 이는 수당이 머지않아 광복과 더불어 탄생할 신생조국의 가장 중요한 과제가 과학입국임을 내다보고 과학인재의 육성에 이처럼 거만대금을 주저 없이 쾌척했다는 것을 말해줍니다. 참으로 수당의 선견, 선각적 안목과 결단이 크게 돋보이는 일면이라고 하겠습니다.

1922년 4월, 형님 인촌이 중심이 되어 설립한 경성방직회사의 전무취체역(取締役) 겸 지배인으로 경영일선에 나서, 삼성(三星) 삼각산(三角山)이라는 상품의 국산 광목을 생산하여 일본산 광목에 도전하여 성공합니다.

수당 선생은 종종 인촌 선생에게 이렇게 말하곤 했다 합니다.

"돈은 내가 벌어 댈 테니 형님은 좋은 일에 쓰기만 하십시오. 누가 못 당하나 해 봅시다."

이 얼마나 아름답고 멋진 이야기입니까?

지난 날 국권 상실기 선각자들의 판단과 지혜 그리고 피눈물 나는 분투야말로 그 힘의 원천이었다는 사실을 결코 잊어서는 안되겠습니다. 그 '망국의 시대' 에 목숨을 걸고 무장투쟁을 전개한 독립운동의 영웅들을 높이 선양해야 한다는 것은 너무나도 당연한 우리의 의무가 아닐 수 없습니다. 동시에 그에 못지않게 국내에서 갖은 수모를 참아가며 마치 어미닭이 병아리를 품듯이 겨레의 아픔을 보듬고,

미래 도약의 발판을 준비했던 선각자들의 간난신고(艱難辛苦) 또한 길이 기억하고 숭모해야 마땅합니다.

그럼에도 과연 이 시대를 암흑시대라 하고 치욕의 역사, 부끄러운 과거로만 타기해야 할 것인지, 자기 역사를 부정적으로 보는 뒤틀린 그 생각이야말로 일제가 심어 놓은 식민지 노예근성의 부끄러운 잔재가 아닌지, 잠시 숙연한 마음으로 지난 날을 되돌아봅니다.

역사를 보는 눈

1. 단재(丹齋)의 역사관과 소동파의 현실인식

1) 단재의 자주사관

인류 구원(久遠)의 이상사회, 저 유토피아의 동양적 원조라 할 수 있는 요순시절에도 소인배는 있었고, 그들의 행악은 존재했습니다. 좀도둑은 물론 강도, 살인, 패륜과 같은 흉악범까지도 있었을 것입니다.

인간이 만드는 사회는 고도로 정제된 증류수나 진공상태가 아닙니다. 온갖 불순물들이 뒤섞여 악취를 뿜어대는 시끄러운 곳입니다. 역사가 온통 어둡고 슬프고 가슴 아픈 상흔들로 점철된 것처럼 보이는 것도 이 때문입니다.

그러나 역사란 이 모든 부정적 현상을 정화하며 발전과 정의를 향해 나아가는 숭고한 투쟁의 기록인 동시에 그 투쟁을 통해서 만들어지는 건강하고 아름다운 삶의 기록인 것입니다.

단재 신채호(丹齋 申采浩) 선생은 일찍이 그의 기념비적인 저서 《조선상고사(1948)》 '총설'에서 우리 역사를 부정적으로 보는 사안을 호되게 비판한 바 있습니다.

단재 선생의 이같은 지적은 요컨대 역사가 온통 굴절, 왜곡된 그 원인이 역사적 사실 그 자체에 있다기보다 사실을 비뚤어지고 어둡게만 바라보고 그렇게 밖에 그려낼 줄 모르는 역사 서술자의 허물이 더 크다는 것이니, 역사의 오류를 이보다 더 정확하게 짚어낸 명언도 없다고 할 것입니다.

어떤 역사서술이 실제 사실일지라도 그것을 선택, 인용, 해석하는 과정에는 서술자의 주관적 세계관이 작용하기 마련입니다. 특히 남이 자기의 입장과 필요에 따라 멋대로 추단하고 개삭까지 한 경우 그것이 일그러지고 비뚤어지지 않았다면 오히려 이상한 일이라고 아니할 수 없습니다.

그러나 본질적인 문제는 남이 기록한 우리 역사의 왜곡 굴절상이 아니라 우리 스스로가 우리 역사를 어떻게 보느냐 하는 것입니다.

우리가 과거를 부끄러워하고 저주하며 부정 일변도로 우리 역사를 바라보는 한, 밝은 내일이 깃들 여지는 없습니다. 비록 고난의 과거사일지라도 오늘의 우리가 엄연히 존재하는 것만으로도 거기에는 반드시 긍정적인 면이 있을 것입니다.

우리 민족사는 끊임없는 외침의 반복 속에서 진퇴가 무수히 교차하는 피어린 고난의 역정이었습니다. 하지만 단재는 그럴수록, 여기에 대항하는 우리 선인들의 굳센 정기를 더 높이 평가하고 여기에서 미래의 새로운 민족사의 희망을 강조하였습니다.

대체로 우리는 부정적인 눈으로 우리의 과거사를 바라보는데 익숙해 있습니다. 우리의 과거사가 수난으로 점철되어 어두운 역사인 것도 사실입니다.

그러나 좀 더 냉정하게 바라보면, 이것은 우리 역사를 어디까지나 겉으로 드러난 것만 보는 단견일 뿐 아니라, 남의 눈(일제, 日帝)으로 본 것을 그대로 따른 면이 없지 않습니다. 역사를 눈으로만 보는 것이 아니라 열린 마음으로 바라볼 때 거기에는 이제까지 보이지 않던 새로운 상이 떠오르는 법입니다. 이를 저는 심안(心眼), 곧 마음의 눈으로 읽는 역사라고 말하고 싶습니다.

2. '과거사' 문제-'친일청산' 어떻게 할 것인가?

1) '죄 없는 자 돌로 쳐라'

일제강점기는 민족 최악의 수난기였습니다. 이 시기에 민족반역자들이 겨레의 고통을 더욱 가중시켰다는 사실을 우리는 한시도 잊어서는 안 될 것입니다. 민족정기 회복의 차원에서도 반민족 행위에 대한 시한 없는 규명과 단죄는 반드시 이루어져야 합니다. 그러나 문제는 그들 대부분이 이미 어떤 형태로든 벌을 받았거나 이 세상 사람이 아니라는 사실입니다. 또 그들의 행악을 고발하거나 증언해 줄 사람들마저 거의 타계함으로써 그 '문죄와 가벌'의 객관성을 확보하는데 한계가 있다는 것입니다. 불행하게도 우리는 그들에 대한 응징의 기회를 놓쳐버렸고, 안타깝게도 그 이성적, 합리적인 처리 수단과 방법을 잃고 말았다는 것입니다.

그 시대 이 땅에서 목숨을 부지한 사람치고 어느 누가 일제가 만든 법에 따르지 않고, 일제가 정해놓은 생존 조건을 거부하며 살았다고 장담할 수 있겠습니까? 이유야 어찌되었건 그 시대 생존은 정도의 차이는 있겠지만 최소한의 친일이요, 부일이며 굴신이었음을 부인할 수 없을 것입니다.

나는 그 절망적인 시기에 해외에서 불굴의 민족정신과 항일투쟁으로 일관한 단재나, 우당이나, 우남 이승만이나 백범 김구 선생 같은 분들의 치열한 삶이 높이 추앙되어야 하듯이, 국내에 살아남아 그 모진 압박과 고통을 감내하며 조국광복의 희망을 잃지 않고 저마다 자기 분야에서 겨레의 역량을 배양, 비축하는 데 앞장 선 분들의 고달팠던 삶도 같은 무게로 평가받아야 한다고 믿습니다.

2) 항일과 친일

'친일시비'는 결국 친일파의 정의를 어떻게 내릴 것인가로 요약되고 귀결될 문제라고 하겠습니다.

그들은 한 마디로 민족을 배반하고, 일제에 빌붙어서 겨레에게 해악을 끼치고 일신의 영화를 누린 자들을 말하는 것입니다. 요컨대 친일의 기본 요건은 을사오적같이 민족에게 피해를 준 것이요, 그 대가로 개인의 영달을 누렸다는 것 두 가지입니다.

하나의 예로 창씨개명(創氏改名) 문제를 생각해 봅니다. 그즈음 국내에 살던 일반 서민치고 창씨개명 안 하고 버틴 사람은 거의 없었습니다. 그 서슬 퍼런 강요가 두려워서 그랬겠지만, 예컨대 조상 뵐 낯이 없어 '성(姓)을 가는 짓은 죽어도 못 하겠다'고 필사적으로 버틸 경우 취직은 말할 것도 없고, 식량 배급을 안 주는 것은 물론이요, 아이들 학교도 못 다닐 판이고, 징용이니 노력동원이니 온갖 잡역에 시달려 꼼짝없이 굶어죽을 수밖에 없을 지경이었습니다.

인도에서는 마하트마 간디(1869~1948)를 결코 친영파(親英派)로 보지 않습니다. 간디는 인도에서만이 아니라 온 인류가 다 아는 비폭력 운동의 세계적 지도자였습니다. 그런데 그는 영국 유학을 했고 영국식으로 교양된 가장 영국인에 가까운 인도인이었습니다. 더구나 그 스스로도 실토한 바 있듯이, 인도 청년들의 영국군 입대를 장려했습니다. 어째서 그렇게 했겠습니까? 그는 근시안적으로 인도인의 민족감정에 사로잡히기 보다는 인도의 장래를 거시적으로 멀리 내다보았던 것입니다.

3. 역사는 엄숙한 것

6·25는 '전쟁'이 아니다.

동양적 정명론(正名論)에 입각해서 보면 '말(언어)'은 단순한 의사소통의 수단만이 아닙니다. 그것이 곧 도덕적 정당성과 논리적 합리성 위에서 심오한 역사의식까지 내포하는 고도의 문화행위이기 때문입니다. 예를 들면 1592년 선조 25년 임진년에 우리는 일본과 7년에 걸쳐 큰 전란을 치렀습니다.

그런데 우리는 그것을 '조·일전'이나 '임진전쟁'이라고 부르지 않았습니다. 지금까지도 우리는 '임진왜란'이라 부르고 그렇게 기록하고 있습니다. 1627년 인조 5년 정묘년에 후금(後金)의 침입, 1636년 병자년에 청나라의 침입도 모두 '정묘호란' '병자호란'이라 했지 '조·후금전'이나 '조·청전쟁'이라 부르지 않습니다.

왜 그랬을까요? 그리고 그것이 오늘날까지도 정당성을 갖는 이유는 무엇일까요? '전(戰)'이나 '전쟁(戰爭)'이라는 것은 피차 정통성 있는 대등한 나라끼리 무력으로 다투는 행위를 말합니다. 요즘 말로 하면 서로가 당당히 선전포고를 하고 전투행위를 하는 것입니다. 선전포고도 없이, 더구나 정통성도 없는 임의 집단이 정통성 있는 국가체제에 도전하는 행위는 '전쟁'이라는 이름에 해당하지 않습니다. 그런 것을 일러 '난(亂)'이라고 하는 것입니다.

6·25 발발 당시 우리는 이를 '사변(事變)'이라 불렀습니다. 졸지에 불법 남침의 변고를 당했으니 일단 이렇게 불렀던 것입니다. 그 뒤 1953년 휴전이 되자 그 동안의 여러 정황들을 종합해 고려한 끝에 '6·25동란(動亂)'으로 명명하는 것이 가장 합당하다고 해서 정부나 민간에서나 모두 그렇게 명기해 왔었습니다. 그러던 것이 언제부터인가 '한국전쟁', '6·25전쟁'으로 둔갑해 버렸습니다.

그러면 남침을 도발한 북에서는 6·25를 어떻게 부르고 있을까요? 그들은 언필칭 '조국통일 성전(聖戰)'이라 하고, 김일성에 의한 남조선 '해방전쟁'이라고 공식화하고 있습니다.

남북 분단은 어디에서 왔는가?

1. 민족사의 정통성

1) '김일성 민족', '김일성 조선'

한 마디 자문(自問)으로 말문을 열겠습니다.

외세에 의한 한반도 분단이 우리 민족사에서 연속성, 일관성의 단절을 의미하는 것인가? 그리고 분단의 결과 우리 앞에 무엇이 나타났는가 하는 것입니다.

말할 것도 없이, 이른바 조선민주주의인민공화국, 즉 오늘의 북한 정권은 우리가 동유럽에서 보았듯이 소련의 시나리오에 따라 계획, 조작된 극동판 소비에트 위성국입니다.

그렇다면 북한은 현실적으로 우리에게 어떤 존재입니까?

먼저 우리 대법원은 상반되는 두 개의 성격이 혼재(混在)하는 이중적 존재로 북한의 법적 지위를 규정하고 있습니다. 하나는 '조국의 평화적 통일을 위한 대화와 협력의 동반자'라는 것이요, 또 하나는 '남한의 자유민주주의 체제를 전복하고자 적화통일 노선을 고수하는 반국가 단체'라는 것입니다.

다음으로 헌법재판소도 대법원이 판단한 이중성을 그대로 공유하면서 동반자로 보는 경우, 헌법 제4조의 '통일을 지향하며 자유민주주의적 기본질서에 입각한 평화적 통일정책을 수립–추진'하기 위하여 '남북교류 협력에 관한 법률'로써 이에 대처하고, 반국가단체로 보는 경우는 국가보안법의 대상이라고 그 성격을 분명하게 한정하고 있습니다.

한마디로 우리에게 북한은 숙명입니다. 우리가 통일을 해야 하는 이유는 이 한 가지 사실만으로도 충분합니다.

그런데 오늘의 북한은 어떻습니까?

사회주의 종주국인 소련과 그 위성국이었던 동구 공산권이 자멸한 지도 어느덧 30년이 다 되어가고 있습니다. 이들 국가는 지금 낡아빠진 공산주의 외투를 벗어던지고 시장경제와 민주화의 행보를 이어가기에 여념이 없습니다. 하지만 북한정권은 소위 '주체사상'으로 자력갱생하겠다는 구호를 외친 지가 소련과 동구권의 두 배 이상이나 되었지만 아직껏 굶주림에서 조차 헤어나지 못하고 있습니다.

그뿐만이 아닙니다. 북한에서는 북한 인민들을 '김일성 민족'이라 부르는가 하면, 북한 헌법 서문에는 '김일성 조선'이라고 버젓이 못을 박아놓고 있습니다. 게다가 김정은을 '최고 존엄'이라고 떠받들고 북한의 최고 권력기관인 조선노동당 규약에 버젓이 '김일성, 김정일 당'으로 명시하여 3대 세습을 정당화하고 있으니 참으로 21세기 IT 문명시대란 말이 무색할 지경입니다.

이제 남북 간의 정통성 시비는 그 의미가 없어졌습니다.

우리 대한민국이 걸어온 65년의 발자취는 민족, 국가사의 정통성을 더욱 굳건히 확립해 온 빛나는 역사라고 하겠습니다.

2) 건국 대통령 이승만

흔히 역사에서 가정(假定)은 의미가 없다고 합니다. 그럼에도 나는 우리 현대사를 접할 때마다 이른바 '해방공간'의 혼미와 격동 속에서 우남 이승만(雩南 李承晩, 1875~1965) 박사의 그 정치적 혜안과 리더십이 아니었다면 우리 대한민국이 과연 탄생할 수 있었을까? 라는 생각을 지울 수가 없습니다.

이승만 대통령이 어떤 분입니까?

일찍이 구한말에는 국정개혁을 위한 독립협회·만민공동회 등 사회운동에, 일제강점기에는 해외로 망명하여 국권회복을 위한 항일독립운동에, 그리고 1941년 〈Japan Inside Out〉이라는 책을 저술하여 미·일전쟁을 정확히 예언·경고해서 미국 조야(朝野)를 크게 놀라게 했는가 하면, 광복 후에는 반공투쟁과 건국운동에 전 생애를 바친 우리 근현대사의 압도적 중심인물입니다.

대한민국의 초대 대통령으로서 신생 조국의 진로를 자유민주주의와 시장경제체제로 설정한 그 선견지명이야말로 오늘날 세습 독재하에서 온갖 고초를 겪고 있는 북한동포를 생각할 때 얼마나 위대하고도 현명한 선택이었나를 새삼 깨닫게 합니다. 또한 건국과 동시에 서둘러 토지개혁을 단행하여 농민이 전 국민의 80%가 넘던 시대에, 그 가운데서도 절대 다수이던 소작인들을 모두 지주(地主)이자 자작농으로 만들어주었습니다.

이승만 대통령의 놀라운 영단은 이뿐이 아닙니다. 휴전회담이 막바지에 이른 1953년 6월에는 과감하게도 2만 7000여 명의 반공포로를 일방적으로 석방하여 온 세계를 깜짝 놀라게 했습니다.

또한 휴전협정에 동의하는 전제 조건으로 '한미상호방위조약'의 체결을 미국 측에 강력하고도 끈질기게 요구하여 끝내 관철시켰으니 이것이 이후 튼튼한 안보 아래에서 우리가 경제개발에 매진할 수 있는 토대가 되었습니다. 이렇게 볼 때 이와 같은 일들은 당시 이승만 대통령 특유의 결단력과 탁월한 외교 역량이 아니고는 도저히 어려웠던 일들입니다.

한마디로 이승만 대통령은 국가철학과 역사의식이 너무도 뚜렷한 지도자였습니다. 그리고 이러한 지도자 상(像)은 4·19혁명 당시 "젊은 학생들이 불의를 보고 항거하는 것은 당연하다. 나더러 대통령직에서 물러나라고 하는 것이라면 기꺼이 그러하겠다"며 조금의 망설임도 없이 그 자리를 떠난 마지막 모습에서도 여실히 드러납니다.

다시 말해 이승만 대통령의 공(功)과 과(過)를 함께 인정하고 총체적인 평가를 하는 것이 결코 4·19정신을 훼손하거나 4·19혁명을 평가절하하는 것이 아니라는 것을 우리 국민 모두가 깨닫고 인정하게 되기를 바랍니다.

3) 자립경제를 이룬 박정희 대통령

벌써 반 백 년을 넘긴 오랜 세월이 흘렀는데도 5·16에 대한 우리 사회의 평가는 아직도 긍정과 부정으로 양극화되어 있습니다. 혁명이냐 쿠데타냐 하는 것인데, 인문학도인 나로서는 이들 용어의 정확한 개념이나 차이점이 무엇인지 깊이 아는 바가 없습니다. 쿠데타로 시작했다가도 혁명으로 이끌어 갈 수는 없는 것인지, 또 혁명으로 출발했다가도 전락되는 경우는 없는 것인지, 하지만 5·16 당시의 정치, 경제, 사회상을 직접 목격하고 체험한 나로서는 그 후 전개된 국가 전반의 변화와 발전 등 상황논리의 관점에서 내 나름의 소견을 말할 수는 있을 것 같습니다.

우리 세대 모두가 직접 경험했듯이 4·19 직후의 나라 사정은 극도의 정치, 사회적 혼란 속에 가중되는 경제난과 민생고, 게다가 진보와 혁신을 표방한 용공세력의 발호로 무정부 상태를 방불케 하는 그야말로 난세(亂世)였습니다.

당시 우리나라의 1인당 국민소득이 고작 90달러에도 못 미치던 때 박정희 대통령은 장기집권을 했음에도 매우 검소하고 청빈한 생활을 했을 뿐만 아니라 친족들까지도 축재나 부정부패에 연루된 일이 없다는 사실입니다. 나는 이러한 사실이 역대 대통령들 곧 국가지도자로서의 자질과 치적을 평가하는 데 중요한 요소가 되어야 한다고 믿습니다. 세계역사에 어떤 위대한 인물도 완전무결하게 평가받는 인물은 없다고 생각합니다.

나는 이승만, 박정희 대통령의 업적을 내세워 두 분의 정치적 과오를 변명하려는 것이 아닙니다. 하루빨리 국민적 합의로 두 분의 공·과에 대한 재평가가 이루어져서 우리 대한민국의 정체성과 민족사적 정통성이 더욱 굳건해지기를 바라는 마음 간절합니다.

2. '분단'의 원인과 책임

국토의 양단은 제2차 세계대전 종전이 우리 민족에게 가져다 준 광복의 어두운 반면(反面)이자 한반도가 지닌 지정학적 숙명성을 극명하게 드러낸 지각변동, 바로 그것이었습니다. 그러므로 남북분단은 대한민국 탄생, 즉 새나라가 출발에서부터 짊어진 큰 멍에이자 건국

이후 우리 민족이 겪는 만난(萬難), 만병(萬病)의 근원이 된다는 점에서 한국 현대사의 첫 화두가 되어야 합니다.

먼저 남북분단이 대한민국 탄생에 던지는 기본 질문은 다음 세 가지 라고 생각합니다.

– 남북분단은 대한민국의 진로에 어떤 의미를 갖는가?
(국토분단의 의미규정)

– 남북분단은 왜 일어났는가? (원인규명)

– 남북분단의 책임은 누구에게 돌아가야 하는가? (귀책(歸責) 문제)

먼저, 국토분단의 의미규정에 대해서는 이미 짚어 본 바와 같이 분단 상태는 대한민국 탄생의 큰 멍에이자 그 앞길을 결정적으로 가로막는 장애물이므로 반드시 극복하고 해결해야 할 지상과업입니다.

다음으로 분단의 원인에 대해서는 '군사편의주의설', '정치편의주의설' 등 보수주의적 관점을 비롯해서, 이에 대한 수정주의적 시각, 그리고 이 수정주의적 시각을 또다시 수정한 '신(新)수정주의'적 관점 등 여러 가지 설이 분분하여 여기서 일일이 비교, 설명하지는 않겠습니다.

1) 우리 민족 자책론
2) 일본의 원죄론
3) 소련의 야욕론
4) 북한의 우리식 사회주의

를 '귀책대상'으로 분류해 보았습니다.

3. 우리에게 미국은 무엇인가?

미국이 한반도에 분할선을 그은 장본인이라는 점과 광복의 은인이라는 점은 부인할 수 없는 사실입니다. 그러므로 우리 입장에서 미국과의 은원(恩怨) 관계를 엄밀히 따질 때, 해방의 은공(恩功)과 분단의 책임을 놓고 어디에 비중을 더 두느냐에 따라 사람마다 평가가 달라질 수 있습니다. 게다가 당시 우리 민족으로서는 해방자로 다가온 미국을 향해서 분할 점령의 시비곡직을 따질 처지가 아니었다는 데에 약소민족의 비애가 있었던 것입니다.

그렇지만 우리의 분단은 순전히 미·소 두 전승국의 세계전략에 묻혀 한마디 항변조차 못하고 희생만을 강요당한 경우이니, 이 얼마나 본말전도(本末顚倒)의 모순입니까? 한 마디로 미·소는 일본에게 내렸어야 할 전쟁책임에 대한 단죄를 애꿎은 우리 민족에게, 그것도 분단이라는 최악의 징벌 형태로 내린 꼴이 되고 만 것입니다.

역사적으로 한반도 분할 논의는 여러 번 있었습니다. 첫 번째는 명·일간에 두 번째는 청·일간에, 다음은 러·일간에 논의가 있었습니다.

그렇다면 우리에게 이처럼 황당한 역사가 반복되는 이유는 무엇이겠습니까?

가장 큰 이유는 지정학적 조건입니다. 동북아시아 대륙과 태평양을 잇는 교량역할을 하는데 가장 적합한 곳이 우리 한반도입니다. 따라서 한반도 전체가 대륙세력에 포함되면 해양세력인 일본과 미국은 자기 가슴에 비수가 꽂힐 것만 같은 불안과 공포에 떨지 않을 수 없게 됩니다.

또한 그 반대로 한반도가 해양세력으로 넘어가면 중국과 러시아가 자기네 안방으로 쳐들어오는 대청마루를 스스로 내주는 꼴이 되어 잠시도 마음을 놓을 수가 없게 됩니다.

따라서 주변의 열강들은 한반도가 어느 한쪽 세력에 완전 귀속되는 것을 절대 용납하려 하지 않습니다. 그것은 곧 자기네 운명과 직결되기 때문입니다.

최근 젊은 세대 사이에 '외세를 배격하고 우리 민족끼리 자주적으로 통일하자!'는 북한의 주장에 동조하는 경향이 있으나 그것은 진정한 의미의 자주도, 주체도 아닙니다. 그러면 지금 우리의 젊은이들이 생각하는 진정한 의미의 자주정신, 주체의식이란 어떤 것이어야 하겠습니까? 그것은 이 땅에서 외세를 배척하려고만 할 것이 아니라 오히려 그 외세를 능동적으로 포용하는 것입니다. 외세와 공존하면서 그 안에서 글로벌 리더십을 발휘해서 그들과 함께 번영해 나가는 길을 모색하는 것입니다.

우리는 그동안 역사교육에 소홀했습니다.

6·25동란의 경우도 바로 이와 같은 것이 아닌가 합니다. 6·25를 호되게 겪은 우리 세대는 공산주의라는 그 이념의 실체가 무엇이고, 특히 북한 공산집단의 행태가 어떤 것인가를 직접 체험을 통해서 알았기 때문에 '공산주의로는 안 된다, 공산주의자들은 아니다'라는 생각이 신념으로 굳어져 있습니다. 그런데 요즈음 일부 젊은 세대 중에는 반미, 좌경, 종북을 통일의 길로 착각하는 경향이 있으니 안타깝기 그지없습니다.

지금에 와서 보면, 70여년에 걸친 공산주의 실험은 20세기 인류사를 피로 얼룩지게 한 엄청난 비극이었습니다.

대한민국에 망명하여 얼마 전 세상을 떠난 황장엽(黃長燁) 선생의 말처럼 이른바 '주체사상'으로 대변되는 북한의 행태는 도저히 공산주의라고 할 수조차 없는 시대착오적 '봉건세습 왕조체제'일 뿐입니다.

6·25를 겪으면서 우리는 그 본성과 실체를 너무도 똑똑히 보았습니다.

제3의 사상적 대안을 찾아서

1. 인간상실에서 인간회복으로

사회주의의 몰락은 마치 자본주의라는 늙은 아비를 두고 사회주의라는 젊은 자식이 먼저 죽은 꼴이 되었다고 하겠습니다. 따라서 자본주의가 판정승했다고 환호할 것이 아니라 인류문명에 대안(代案)이 없어졌다는 사실에 더욱 주목해야 한다는 것이 내 생각입니다.

사회주의가 몰락하고 나서 자본주의도 스스로 한계에 봉착하자 그 대안으로 나온 것이 이른바 '신(新)자유주의'입니다.

거기에는 자유는 충분히 보장되지만 공정성의 문제가 약점으로 제기된다고 하겠습니다. FTA에서 보듯이 신자유주의는 국가 간 무역에서 최대한의 자유를 보장한다는 것입니다. 네 나라 내 나라 할 것 없이 자본, 금융, 상품에 관세를 아주 없애거나 낮게 하여 자유롭게 유통되도록 하자는 것입니다.

많이 가진 자와 적게 가진 자가 같은 '룰'에 따라 무한경쟁을 하는 것을 어찌 공정한 게임이라고 할 수 있겠습니까?

20세기 인류문명사는 한 마디로 자본주의와 사회주의의 대결, 바로 그것이었습니다. 그런데 자본주의의 한계를 극복하겠다던 그 사회주의가 먼저 무너지고 말았습니다. 지금 21세기 인류문명 창조의 주역이라 자처하는 新 자유주의나, 기사회생에 몸부림을 치고 있는 사회주의(제3의 길)나 공교롭게도 똑같은 구호를 외치고 있습니다.

'인간의 얼굴을 가진 자본주의',

이렇게 볼 때 서구세계가 만들어 낸 자본주의와 사회주의는 결국 동양전래의 인본주의(人本主義)로 돌아오기 위해 그처럼 멀고도 험한

길을 돌고 돌아서 온 것이 아닌가 하는 생각을 해 봅니다. 지난 수세기 동안 인류는, 특히 서구인들은 빈곤으로부터의 해방을 위해 엄청난 노력을 기울여 왔고, 그 결과 인류에게 오늘과 같은 풍요와 복지를 제공한 것이 사실입니다.

나는 운명사관이나 순환사관의 신봉자는 아닙니다. 하지만, 한계상황에 봉착한 인류문명의 활로를 동양의 정신문화에서 찾아야 한다는 주장에는 전적으로 동의합니다. 이것은 일찍이 아놀드 J. 토인비(1989~1975)와 같은 서양의 지성들이 제기한 이래 지금은 거의 상식처럼 되었습니다.

'역사의지'와 '인간의지'

역사의 수레바퀴는 결코 인간의 의지대로만 굴러가는 것이 아닙니다. 2차 세계대전의 전승국인 미·영·프·소가 패전한 전범국들을 어떻게 다루었습니까?

역사적으로 독일은 부강해지면 전쟁을 일으키곤 했습니다. 그렇게 전과(前過)가 많다 보니 다시는 주변국가에게 재앙이 되지 않도록 만들 필요가 절실했던 것입니다. '소(小)독일'도 위험한데 '대(大)독일'은 더욱 두려운 존재라는 것이 그때 전승국들의 기본인식이었습니다. 그래서 '대독일'이 되지 못하도록 오스트리아를 떼어내 독립시키고, 나머지는 동·서로 갈라놓고, 한동안은 독자적인 군대조차 갖지 못하게 했습니다.

그런데 결과는 어찌되었습니까? 지금은 세계 그 어느 나라도 절대로 무시하거나 함부로 대할 수 없는 정치대국, 경제대국, 군사대국이 되었고, 자력으로 보란 듯 통일까지도 이루지 않았습니까!

일본은 또 어떻습니까? 일본 또한 미국의 핵우산 아래에서 경제대국, 기술대국이 되었고 정치대국에 이어 이제는 군사대국에다 유엔 안전보장이사회 상임이사국 자리까지 노리고 있습니다.

70여 년에 걸친 소련의 공산주의 혁명은 한낱 환상의 포로가 되어 세계 공산화를 꿈꾸다 고르바초프 때에 와서 스스로 막을 내린 인류역사 최대의 해프닝이었습니다. 그러나 냉전이 끝나고 유일 초강국이 된 미국 또한 딱하기로 말하면, 구소련의 처지보다 크게 나을 것이 없다고 하겠습니다. 그 상징적인 예가 초강대국 미국의 자존심을 여지없이 짓밟은 2001년의 '9·11 테러사건'입니다.

이처럼 역사란 인간의 의지대로만 되는 것이 아니기 때문에 우리도 통일문제에 대해서 지나치게 비관만 할 일은 아니라고 생각합니다. 우리 주변의 강대국들이 아무리 우리의 통일을 가로막는다고 해도 우리의 끈질긴 도전정신이 살아 있는 한, 그리고 우리 국민이 높은 도덕성을 지니고 있는 한 역사의 신(神)은 반드시 우리 편에 설 것이라고 믿습니다.

2차 세계대전 후 국토분단의 비극 속에서 사상과 이념의 대립으로 시련을 겪은 나라는 비단 우리 한국만이 아니었습니다. 저 대륙의 중국도, 베트남도, 패전국 독일도 우리와 같은 운명을 겪어야 했습니다. 하지만 이들은 그 동안의 시련을 극복하고 이제는 모두 통일을 성취하였습니다. 나는 그들이 통일을 성취한 '힘의 원천'이 대체 무엇이었나를 알아보기 위해 직접 그 세 나라를 찾아가 면밀히 살펴보았습니다. 고심 끝에 얻은 결론은 오직 '도덕성'이었다는 확신을 얻게 되었습니다. 중국, 베트남 모두 부정부패로 정권이 무너졌습니다.

독일 통일의 경우, 흔히들 서독의 월등한 경제력이 마침내 동독을 흡수 통일하였다고 말합니다.

그러나 서독의 막강한 경제력보다 더 크게 또 직접 통일에 작용했던 것은 역시 서독 정부와 서독 국민의 도덕성, 즉 성숙한 문화의식이었다고 확신하게 되었습니다.

우리의 통일문제도 같은 맥락에서 접근해야 합니다. 무엇보다 우리가 서둘러 해야 할 것은, 국민 개개인의 도덕성을 함양하는 일입니다. 우리 모두가 북한보다 도덕적 우위에 서서, 진심으로 북한동포를 끌어안을 수 있게 되어야 그들도 우리와 함께 살기를 바라게 될 것이기 때문입니다. 이것이 곧 통일로 가는 왕도(王道)이자 지름길입니다.

2. 한국이 주도하는 '아시아공동체'

1) 창조적 〈신통일론〉

산업혁명 이후 지난 200여 년 동안 세계는 구미 여러 나라가 주도해 왔습니다. 전쟁도 평화도, 생산도 소비도, 건설도, 파괴도 모두가 서양의 힘과 의지에 따라 좌우되었습니다.

이렇게 된 데에는 여러 가지 이유가 있겠지만, 무엇보다도 냉전시대를 거치면서 미국이 독점했던 핵무기를 포함한 절대적 군사력이 상대화되었고, 인권의식의 보편화, 정보의 대중화, 지식의 일반화 등이 가져온 결과가 아닌가 생각합니다.

일찍이 세계은행은 1995년에 발표한 장기전망에서 2020년에 이르면 국내총생산(GDP) 상위 7개국 중 무려 5개국이 아시아국가(중국·미국·일본·인도·한국·인도네시아·독일 순)가 될 것이라고 예측한 바 있습니다.

그 밖의 대부분의 경제전문가들이 2050년경이면 세계경제의 중심축이 구미지역에서 아시아로 이동할 것이라는 공통된 전망을 내놓고 있습니다.

그렇다면 이제부터 아시아 국가들이 해야 할 일은 무엇이겠습니까? 한마디로 구주(歐洲)의 EU나 미주(美洲)의 NAFTA와 같은 '아시아공동체'를 결성해서 명실상부한 아시아의 시대, 동양이 세계를 이끌어가는 시대를 열어 가야 합니다. 그리고 이러한 역사적 대 변혁기를 맞아 우리 대한민국이, 우리들 한국인이 아시아 공동체건설에 그 주역을 담당해야 한다고 나는 생각합니다.

이런 일은 기존의 강대국이 주도해서는 성사되기 어렵다고 봅니다.

이렇게 보면, 지금 아시아에서는 단연코 우리 대한민국이 으뜸이라고 나는 확신합니다. 지난날의 '한강의 기적'뿐만 아니라 우리에게는 아시아와 온 세계에 자랑스럽게 내놓을 수 있는 대표 브랜드가 있습니다. 우리의 효(孝) 사상, 효 문화를 응축한 신(新)인본주의가 바로 그것입니다. 이 신인본주의를 바탕으로 우리는 장차 세계평화와 인류의 공생공영(共生共榮)을 위한 전단계로서 아시아공동체 결성에 앞장서야 합니다. 나는 이같은 문명사의 큰 흐름을 일찍이 '문화영토시대'라고 명명(命名)한 바 있습니다.

우리가 이렇게 접근할 수 있는 나라는 참으로 많습니다. 대만–베트남–인도네시아–필리핀–말레이시아–태국–라오스–캄보디아–미얀마–싱가포르–네팔 등등이 그들입니다. 또 서쪽 끝으로는 터키, 북쪽으로는 몽골 등이 있습니다. 이들은 우리와 이미 각별한 인연과 우호관계를 맺고 있는 나라들입니다. 이들과 진정으로 이해와 뜻을 함께 하며 결속을 다져 나가는 것입니다.

오늘날 우리에게 이같은 절묘한 기회와 사명이 주어진 것이 결코 우연이 아닙니다. 이것은 아득한 옛날 단군왕검(檀君王儉)께서 밝힌 홍익인간(弘益人間)과 광명이세(光明理世)라는 개국이념의 필연적 귀결로서 거역할 수 없는 우리 겨레의 숙명적 소명이라고 나는 생각합니다.

이제 '아시아 공동체' 결성이라는 커다란 과제를 우리 대한민국이 주도해 나가게 되면 그 과정에서 남·북 관계는 큰 변화를 가져오지 않을 수 없게 될 것입니다.

2) 통일과 세계화는 하나

어느 나라, 어느 민족에게나 역사 발전에는 나름대로의 과정이 있고, 그 과정마다 전체 성원이 마땅히 함께 추구하고 수호해야 할 시대정신 또는 절대명제라는 것이 있습니다.

그렇다면 오늘을 사는 우리의 시대정신과 절대명제는 무엇이겠습니까? 그것은 통일 민주국가 건설과 세계화를 달성하는 일이라고 하겠습니다.

한반도를 둘러싼 오늘의 정세는 여전히 주변 외세의 이해관계가 첨예하게 얽혀 있습니다. 다시 말해 우리의 통일문제는 대단히 복잡, 미묘하여 그것이 주변 4강 모두에게 절대로 위협이 되지 않거나 적어도 손해는 아니라는 확신을 줄 수 있을 때, 비로소 가시권에 들어올 수 있습니다. 그러므로 통일을 단순히 우리 민족만의 문제로만 한정하여 접근하는 방식은 근시안적 단견이라 하지 않을 수 없습니다.

이렇게 보면, 다음에 제기되는 문제는 마땅히 우리의 그 가치와 질서가 어떤 것이냐는 것으로 모아집니다. 나는 앞에서도 누누이 강조했듯이 그것을 동양의 정신문화, 특히 그 중에서도 우리 문화 속에 깊게 뿌리내리고 있는 전통적 효 사상을 바탕으로 하는 인본주의를 중심축에 놓고, 그 양옆에 자본주의의 효용가치와 사회주의의 평등가치를 아우르는 도의문화 즉 신인본주의라고 확신합니다.

이미 많은 문명사학자들은 인류문명의 큰 흐름을 다음과 같이 요약, 정리하고 있습니다. 사회경제사적으로 농경사회에서 산업사회를 거쳐 정보화 사회를 지나 현대는 고도의 전문지식 정보사회를 향해

질주하고 있다는 것입니다. 이를 또 다른 지배구조의 측면에서 보면, 군사주권 시대에서 경제주권 시대를 거쳐 기술주권 시대를 지나 바야흐로 문화주권 시대가 열려가고 있다고 하겠습니다. 100여 년 전 우리 민족의 영웅이요 성자(聖者)이신 안중근 의사께서 생각했던 동양평화론의 그 원대한 구상이야말로 아시아의 평화와 번영을 통해 세계평화와 인류복지를 이루려는 위대한 선견지명(先見之明)이었음을 다시금 확인하게 됩니다.

3) 통일로 가는 길

통일 민족국가 건설이 세계화, 국제화와 더불어 우리 민족 앞에 놓여 있는 가장 절실한 과제라면, 이어서 제기되는 문제는 당연히 이를 어떻게 풀어나갈 것인가 하는 방법론이 될 것입니다. 이에 관해서는 그동안 남북 양측이 '통일의지'를 어떻게 표출해 왔는가를 검토해 보는 것이 당연한 수순이라 하겠습니다.

불행하게도 그 첫번째 시도가 김일성의 '남조선 해방논리'에 입각한 무력남침입니다. 1950년 소련과 중공의 전폭적인 지원을 받아 김일성을 일으킨 6·25동란이 바로 그것입니다. 이로 인해 남·북은 엄청난 참화와 이산의 아픔을 겪었을 뿐 아니라 그 후유증으로 현재까지도 상호 불신과 적대관계가 지속되고 있습니다.

두번째는 평화통일로의 노선전환입니다. 북한 김일성의 무력통일 기도가 실패했고 또 현실적으로 불가능하다는 것이 확인되자, 남북은 다 같이 평화통일을 구호로 내세웠습니다. 하지만 이 또한 내면적으로는 열전(熱戰) 못지않게 치열한 소모전이었습니다. 이념(사상)과 체제의 우열을 다투는 과다경쟁을 벌였으며, 여기에서의 승자가 통일을 주도하게 될 것으로 믿고 돌진해 갔습니다. 결과는 분명 남한의 승리였습니다.

그러나 상황은 분명 이러한데도 통일의 전망은 여전히 불투명합니다. 오히려 북한의 핵개발–핵실험–핵위협으로 위기상황은 더욱 심화되어가고 있습니다. 이념과 체제경쟁에서 이기는 쪽이 통일을 주도하게 되리라던 기대는 대체 어디로 간 것입니까? 또 그 책임은 누구에게 있을까요? 나는 그 책임의 상당 부분이 우리 국민에게 있다고 생각합니다.

이런 상황에서 남한 주도로 통일이 된다면 북쪽 당 간부나 군 장성, 고위관리 등 상층부가 온전히 살아남을 수 있을 거라고 믿을까요? 또한 간부가 아닌 인민 대중들도 남한사람들과 더불어 사람대접 받으면서 살 수 있을 것으로 생각하지 않을 것입니다. 그들이 이 같은 의구심을 갖는 한, 우리가 아무리 체제와 이념 경쟁에서 이기고 물질적 풍요와 복지를 누리고 있다 해도, 평화통일의 그 날이 멀어질 수밖에 없습니다.

3. 중국이라는 나라와 더불어 살기

1) 이소사대(以小事大)의 역발상

본디 중국이라는 말은 고유명사로서 국호가 아니라 천하지중심국(天下之中心國)이라는 뜻을 지닌 보통명사였습니다. 천하, 즉 세계의 중심이 되는 곳으로서 변방을 모두 거느려서 천하를 이룬다는 의식이 깔려 있는 말입니다.

오늘의 중화인민공화국은 중국 역사상 가장 큰 영토, 가장 많은 인구, 가장 강대한 군사력과 현대적 경제, 과학, 기술력을 갖춘 일찍이 볼 수 없었던 대단히 부강한 나라로 부상하였습니다. 중국은 절대 다수의 한족과 55개 소수민족으로 이루어진 나라입니다. 본디는 수백 개의 종족이지만 지금은 모두가 한족에 동화되고 남은 것이 55개 정도입니다. 그래서 스스로를 일러 56개 다민족 사회주의국가라고 자랑삼아 말합니다. 2016년 말 제6차 인구센서스 결과 중국 인구는 대략 13억 6000여만 명, (이 중 13억 2000만이 한漢족) 지구촌 인구의 약 20%로 세계 으뜸입니다.

한족을 뺀 55개 소수 민족 속에는 약 200만을 헤아리는 연변(吉林)의 우리 조선족도 포함됩니다. 이로 볼 때 중국을 그들 자신의 말처럼 여러 민족이 대등하게 함께 사는 다민족국가라고 하기에는 어폐가 있다고 할 것입니다. 여기서 특히 주목되는 것은 이들 소수민족 가운데는 중국 영토 밖에서 독립 주권국가를 이루고 있는 민족은 우리 민족과 몽골족 단 둘 뿐입니다.

중국의 역대 왕조들은 역성혁명을 통해 자주 교체되었습니다.

우리처럼 하나의 왕조가 500년, 천년 씩 지속한 예는 찾아 볼 수 없고 100년 이상 지속된 왕조도 드물어, 한·명·청(漢·明·淸) 말고는 불과 수십 년 정도가 예사였습니다.

이처럼 왕조의 명멸이 무상한 가운데서도 중국역사에는 불변의 통치 철학이 있었습니다. 공맹지도(孔孟之道)가 바로 그것입니다. 중국 역사상 누가 천하를 지배하더라도, 그들이 표방하는 통치철학에는 변함이 없습니다.

주자의 핵심 가운데 하나가 예(禮)입니다. 중국에 대한 우리 선인들의 외교적 기본자세는 '작은 나라가 예(禮)로써 큰 나라를 섬긴다.'는 '이소사대(以小事大)'의 표방입니다. 이를 두고 비굴한 사대주의라고 매도하는 것은 진실을 외면하는 것일 뿐 아니라, 일제 어용사가들의 식민사관에 동조하는 우를 범하는 것입니다.

큰 것으로써 작은 것을 섬기는 것은 하늘의 뜻을 즐김이요, 작은 것으로써 큰 것을 섬기는 것은 하늘의 뜻을 두려워함입니다. 하늘의 뜻을 즐기는 자는 천하를 평안케 거느리고, 하늘의 뜻을 두려워하는 자는 그 나라를 평안케 보존할 수 있습니다.

2) 동북공정은 '쿨'하게

중국이 동북공정(東北工程)이란 이름의 기습적 '역사날치기' 행각을 벌인지도 제법 세월이 흘렀습니다. 이 작업은 이미 알려진 바와 같이 우리 민족의 자존과 영광의 상징인 저 고구려가 중국의 지방정권의 하나라는 견강부회(牽强附會)의 논리로 자기네 역사에 편입시키려는 역사침탈 행위입니다. 그러므로 우리 국민이 중국의 동북공정 관련 보도에 비상한 관심을 쏟으며 분노하고 규탄하는 것은 지극히 당연한 민족감정의 발로라 하겠습니다. 문제는 우리의 대응 방식입니다.

백두산 문제, 독도 문제 등은 되도록 외교적 마찰 없이 조용히 해결해 나가는 것이 최선입니다. 마찬가지로 고구려 역사와 백두산 문제 또한 지금은 북한이 그 편면(片面)이라도 점유하고 있는 실정이므로 외교적 분쟁이 일어나지 않도록 대처하는 것이 오히려 현명한 방법이라고 생각합니다. 오늘의 중화인민공화국은 이른바 '강한성당(强漢盛唐)'을 꿈꾸며, 어느새 G2 반열에 올라서 세계질서의 양극체제를 이룬 강대국입니다.

특히 우리의 중국에 대한 경제의존도는 미국보다도 높아져서 이제는 중국에 등을 돌리고는 발전을 지속하기 어려울 만큼 이미 우리의 최대 교역국이 되었습니다. 1992년 한·중 수교 이래 21년간의 교역량은 그 누적액이 무려 1조 8944억 3000여만 달러에 이르고, 무역수지 흑자도 2013년에는 무려 628억 1000여만 달러를 기록하였습니다. 같은 해의 중국에 대한 수출총액은 1458억 달러를 기록하였습니다.

하지만 세상일이란 개인에 있어서나 국가에 있어서 뜻하지 않은 순간 위기가 닥치는 법입니다. 성장일변도로 달리던 우리의 경제가 한 때 외환위기라는 대환란을 겪었던 것처럼, 지금 정치, 경제, 외교, 군사 등 모든 분야에서 약진하고 있는 중국도 언젠가 위기를 맞을 날이 올 것입니다.

3) 연변대학 '발해사(渤海史) 연구소' 설립

내가 중국의 조선족 자치주 연변 땅을 처음 밟은 것은 1987년 5월이었습니다. 그 무렵 나는 고려대학교 민족문화연구소(이하〈민연〉) 소장으로서 《중·한 대사전》 편찬 관계로 중국을 자주 오가고 했습니다.

연변대학은 애초에는 설립인가도 없이 출범한, 말하자면 무인가 대학이었다고 합니다. 무모하지만 대단한 용기였다고 하겠는데, 뒷날 평양을 방문하고 돌아가던 저우언라이(주은래周恩來) 총리가 연변에 들렸을 때 사정을 듣고 몇 해 뒤 추인해 주었다고 합니다.

연변에 조선족 특유의 문화가 보존되고 거기에 대학까지 설립되어 있다는 사실은 우리로서는 대단히 흐뭇한 일이 아닐 수 없습니다. 박교장과 정부교장은 나에게 대학발전 계획을 의욕적으로 설명하면서 조언과 협조를 부탁했습니다.

그날 내가 연변대학만이 할 수 있는 분야로 제안한 것이 바로 발해사 연구였습니다. 연변대학의 입지가 바로 발해의 고토이기 때문입니다. 이 조건을 최대로 활용하여 발해사 연구를 계속 쌓아가다 보면, 이 분야에서는 세계 최고의 대학이 되어 주목을 받게 될 것이라는 것이 그날 내가 권유한 대학특화 전략의 요지였습니다.

그래서 나는 먼저 순수 학술적, 문화적으로 접근해야 탈이 적을 것이라고 귀띔을 하였습니다. 그러므로 가령 발해인들의 주거생활이 온돌구조라는 사실, 고분벽화에 나오는 여인들의 의상이 주름치마라는 것, 만족의 의상은 아래·위가 붙은 원피스 형인데, 발해인의 의상은 바지·저고리의 투피스 형태라는 점 등, 우리 민족과의 일체성을 밝힐 수 있는 자료가 될 만한 것이면 무엇이든 수집해 하나하나 차근차근 체계적으로 연구해 나가자는 것이었습니다.

다시 말해서 발해인들의 생활문화가 우리와 일치한다는 것을 인내심을 가지고 충분히 검증해 나가다 보면 언젠가는 저들도 꼼짝없이 인정하지 않을 수 없게 될 것이고, 뒷날 이를 바탕으로 국경 문제에서든 우리가 바라는 성과를 거둘 수 있으리라는 것입니다.

그때 내가 이처럼 발해사연구소를 설립하도록 권유하고 학술지 《발해사연구》 발간에 재정지원까지 하면서 집착했던 까닭이 무엇이겠습니까? 거듭 말하기니와 우리가 저 거대한 중국을 상대로 공생공영하려면 우선 문화적 접근이 최선이라고 생각했기 때문입니다.

신인본주의 선언 : 맺음하기

1. '신인본주의 선언'

1) 한국인의 '인간중심사상'

19세기가 저물어가고 20세기로 넘어오는 개항기에 우리 민족은 일제의 침탈로 한때 국맥이 끊기는 절망의 세월을 살았습니다. 그럼에도 불사조와 같은 생명력을 발휘하여 끝내 광복을 쟁취하고 이어지는 국토 분단과 동족상잔의 비극을 겪으면서도 공업화, 산업화에 성공하여 마침내 세계 10대 무역대국으로 우뚝 섰습니다.

오늘의 대한민국은 이와 같은 최악의 조건을 극복하고 이룩한 성취이기에 그 값어치는 더욱 크고 보람찬 것입니다. 전 세계가 '한강의 기적'이라며 찬사를 아끼지 않는 것도 마땅합니다.

그리고 이 주특기의 핵심이 다름 아닌 우리의 토속, 원시종교에 있다고 생각합니다. 우리에게는 뿌리 깊은 사람 존중, 사람 중심의 인본사상이 엄존하고 있습니다. '널리 인간을 이롭게 하고 세상을 다스려 일깨운다' 는 단군 성조(聖祖)의 홍익인간(弘益人間)·이화세계(理化世界)의 '개천(開天) 이념'이 바로 그것입니다.

오늘의 인류는 물질적 풍요는 얻었지만 정작 그보다 더 귀한 사람의 마음, 인간의 얼굴을 잃고 말았습니다. 인간상실, 인간소외 속에서 끝없는 고독의 늪으로 빠져들고 있습니다. 오죽하면 많은 미래학자들이 21세기는 '인간의 얼굴 찾기 경연장'이 되어야 할 것이라고 말했겠습니까?

인간은 태어나서 맨 처음 만남이 부모요, 바로 그 부모의 품에 안겨 세상을 바라보며 성장하기 시작합니다. 따라서 인간관계에서 부모와 자식 사이가 가장 가까울 수밖에 없으며 일체의 도덕적, 윤리적 가치도 바로 여기에 비롯되는 것입니다.

현대인을 고독의 늪에서 탈출, 해방시킬 사상과 철학도 여기서 모색되어야 한다고 믿습니다. 우리가 서둘러 효 사상을 새롭게 정립하고 효 문화를 진작시켜야 하는 까닭이 여기에 있습니다.

그리하여 사람 중심의 인본사상을 중심축에 놓고 그 양옆에 자본주의의 효용가치와 사회주의의 평등가치를 아우르는 새로운 보편적 가치를 창조해내야 합니다. 이것이 내가 제기하는 신(新)인본주의의 기본틀입니다.

2) 신격화된 '한국 어머니'

한국 사람은 무슨 종교를 믿던 간에 반드시 사람을 그 중심에 두고 있습니다. 불교와 유교를 수용할 때도 그러했고, 근대 기독교를 받아들이는 과정에서도 그러했습니다. 이것은 한국인의 정신세계 저변에 자리잡고 있는 원초적인 영혼숭배, 조상숭배 사상에서 나온 것입니다.

우리 한국 사람은 위험에 처했을 때 누구나 '어머니'를 찾습니다. 또 몸이 몹시 아파서 견디기 어려울 때에도 우리는 '아이고 어머니!'라고 외칩니다. 6·25동란 때 군의관으로 참전했던 미국 외과의사가 쓴 수기를 읽은 적이 있습니다. 전쟁터에서 가장 필요한 군의관이 외과와 정신과 의사라고 합니다.

그런데 이상하게도 그 때에 한국군에는 정신과 환자들이 거의 없더라는 것입니다. 하도 이상해서 오랫동안 관찰한 결과, 한국인에게는 '어머니'가 절대 신(神)이기 때문이라는 것을 알게 되었다고 합니다. 야전병원에서 한국 병사들이 숨을 거둘 때도 모두 '어머니'를 찾더라는 것입니다.

나는 한국인의 이러한 종교–사상–문화적 특성이 오늘의 우리에게는 물론, 앞으로의 온 인류에게도 커다란 전범(典範)이 되리라고 믿습니다.

2. 인류 구원(救援)의 철학

1) 효의 본질

유교 문화권에서도 한국문화–한국사상이 가장 인본주의적 성격을 지니게 된 요인은 무엇일까요? 그것을 나는 우리 한국인들이 오래도록 간직해온 '효(孝) 문화' 덕분이라고 생각합니다.

나는 '효'의 본질을 다음과 같이 조명해 보았습니다.

첫째로, 효는 지극한 인본주의에 바탕을 두고 있습니다. 효심은 자기 생명의 창조자인 부모와 조상을 신으로 받드는 우리 원시종교에서 뿌리를 찾을 수 있습니다. '사람은 누구나 죽어서는 신이 된다.', '사람이 곧 신이다'라는 이 생각, 그것은 인간 위에 어떠한 권위도 용납하지 않는 '인간본위'의 극치가 아닐 수 없습니다. 국조(國祖) 단군(檀君)의 이념이 홍익인간(弘益人間)이요, 민족종교 동학(東學)이 인내천(人乃天, 사람이 곧 하늘)을 표방한 것도 결코 우연이 아닙니다.

둘째로, 효는 이타(利他)주의를 본질로 합니다. 사실 부모도 엄밀하게는 나와 다른 개체입니다. 그럼에도 효는 나보다 부모를 먼저 생각하는 마음, 즉 효심과 그 마음의 실천인 행위, 즉 효행을 말하는 것입니다.

셋째로, 효는 인내심을 필수로 합니다. 부모를 섬기고 받드는 과정은 곧 나의 감정과 욕구를 자제해 나가는 과정입니다. 그러므로 효를 실천한다는 것은 인내심을 함양해가는 과정이기도 합니다.

넷째로, 효는 절충주의를 필수로 하고 있습니다. 부모를 모시는 사람은 자신의 입장만을 고집할 수 없습니다. 윗세대와의 조화를 이루려면 반드시 절충의 지혜를 발휘해야 합니다. 성심을 다해 부모의 뜻에 따르지만, 맹종과는 달라야 합니다.

다섯째로, 효는 화평(和平)을 이상으로 합니다. 위로 부모를 받들어 모시면서 아래로 자식 손자에 이르기까지 가족 전체를 이끌고 화평한 가정을 꾸려 나가는 것은 인간생활의 원형입니다.

그래서 효를 일러 백가지 행실의 근원, 곧 '백행지원(百行之源)'이라고 선인들은 가르쳐 왔습니다.

효 속에는 이처럼 인본주의, 이타주의, 절충주의, 인내심, 화평의 정신이 응축되어 있는데, 이것은 모두 오늘의 인류가 절실히 갈망하는 최고의 정신적 가치들입니다. 효를 가르친다는 것은 이 모두를 한꺼번에 달성하는 것입니다.

이러한 효 문화가 우리 민족의 가슴속에 아직 꺼지지 않은 불씨로 남아 있다는 사실은 전체 인류를 위해서도 참으로 다행한 일입니다. 우리는 이 효 문화를 위기에 처한 현대문명 앞에 한 줄기 희망으로 제시해야 하겠습니다.

2) 현대인의 고독

농경사회에서는 굶주림을 해결하는 것이 가장 큰 일이었습니다. 많은 사람들이 배고파 못 살겠다고 아우성을 치던 시대였습니다. 산업사회가 되면서 대량생산이 가능해지자 굶주림은 면할 수 있게 되었으나 과중한 노동 때문에 이제는 힘들어서 못 살겠다고 아우성치는 시대가 되었습니다. 뒤이은 정보, 통신의 발달로 이제는 바빠서 못살겠다고 아우성치는 정보화시대가 되었습니다. 그리고 이어지는 오늘날 고도의 전문지식 정보사회에서는 너나 없이 '고독'이라는 늪에 빠져 외로워서 못 살겠다고 아우성치는 시대가 되었습니다. 혼자라서 외롭다는 것이 아닙니다. 대중 속에서의 고독입니다. 심지어 한 지붕 아래 가족 간에도 마음의 문을 닫고 살아가니 외롭지 않을 수 없습니다. 오늘날 세계적으로 애완동물, 특히 개(犬)와 더불어 살아가는 사람이 폭발적으로 늘어가는 것도 이 때문이라 하겠습니다. 이처럼 현대인의 행복지수는 급격하게 낮아졌습니다.

스탠포드 대학의 한 보고서는 1950년대 미국 사회에서 'TV가 가정을 해체시켰다'고 했습니다.

더구나 1990년대 들어서면서 컴퓨터가 급속히 보급되면서 가족 간의 단절은 더욱 심화되었습니다. 인터넷 속에 들어가 모두가 혼자 살아가고 있습니다.

그렇다면 오늘날 우리 사회는 또 어떻습니까? 우리도 '물신(物神)' 사상이 지배하는 천민(賤民) 자본주의 사회를 그대로 닮아가고 있습니다. 돈이 곧 신이 되어 버렸습니다. 돈 앞에는 부모도 형제도 없는 듯합니다.

오죽하면 항간에 '자식한테 재산 안주면 맞아죽고, 반(半)만 주면 졸리어 죽고, 전부 다 주면 굶어 죽는다.' 는 우스개 아닌 우스갯소리가 생겨났겠습니까?

효(孝)는 인간의 원초적인 관계입니다.

그래서 옛 성현께서도 이렇게 말씀하였습니다.

"내 부모를 섬기는 마음을 길러서 남의 부모도 존중하게 하고, 내 자식을 사랑하는 마음으로 남의 자식도 사랑하게 하라."

《맹자》

이것이 바로 효(孝)의 사회적 기능입니다. 그리고 이 효심이야말로 21세기 인류를 구원할 위대한 사상의 원천이 아닐 수 없습니다.

하지만 그것은 아직 생경한 원자재일 뿐입니다. 이를 갈고 닦고 다듬어서 인류의 보편적 가치로 승화시키는 것은 이제까지 효행을 최고 덕목으로 삼아 온 우리 한국인의 몫입니다.

일찍이 서구의 지성들도 간파했듯이, 단절된 인간관계를 회복하고 잃어버린 인간의 마음, 인간의 얼굴을 찾아낼 원동력은 결국 서구 문명이 아닌 동양의 지혜에서 나올 수밖에 없다고 하겠습니다.

3) 국민교육의 근본은 '효'

옛부터 우리 선인들은 인생의 최종 목표와 보람을 자식 가르치는 일이라고 생각합니다. 그래서 생자비난(生子非難)이요 양자난(養子難)이며 양자비난(養子非難)이요 교자난(敎子難)이라, "자식 낳기가 어려운 것이 아니라 기르기가 어렵고, 기르기가 어려운 것이 아니라 가르치기가 더욱 어렵다"고 해서 교육을 가장 중요하게 여겼고, 그 근본을 '효'에다 두어 왔습니다.

부모 자식 사이에 첫 관계는 '내리사랑' 입니다만 이것은 뭇 동물에게도 있습니다. 그러나 자식이 부모를 공경하고 받드는 '치사랑' 즉 '효'는 사람만이 타고 난 천성(天性)입니다. 영민한 동물들도 훈련시키면 온갖 재주를 다 부리지만 '효도(孝道)'만은 절대로 안 됩니다. 짐승의 천성에는 '효심(孝心)'이 없기 때문입니다.

그러나 인간본성 속에 내재하는 '효심'이 행위로 나타나는 것이 '효행(孝行)'인데, 이것은 시대와 상황에 따라 달라져야 합니다. 그리고 시대마다 상황에 맞게 새로운 '효행'의 전범(典範)을 창안해내는 것, 이것이 바로 앞으로 우리의 과제가 아닐 수 없습니다.

무엇보다 오늘의 '효'는 자기 자신이 성공하는 것입니다. 그래서 옛날에도 입신양명(立身揚名)을 효의 마지막(孝之終也)이라고 했던 것입니다. 나의 성공을 나보다 기뻐해 줄 사람은 이 세상에 오직 부모 밖에 없습니다. 자기가 잘 돼서 부모를 기쁘게 해드리는 것, 이것이 곧 오늘의 효행입니다.

그동안 우리의 효는 불교를 만나 그것으로 살을 더하고, 유교를 만나서는 그것으로 화려한 옷을 입히고, 근대에 이르러서는 기독교로 몸단장과 화장까지 해 가면서 절묘하게 변신, 적응해오고 있습니다.

오늘날 고독의 늪에 빠져 외로워서 못살겠다고 아우성치는 인류를 구원할 방안은 오직 '효' 교육의 강화가 있을 뿐이라는 것을 우리는 모두 가슴 깊이 새겨야 하겠습니다.

500여년 전 김장생(沙溪 金長生, 1548~1631) 선생께서도 어린 제자들에게 도덕(禮)을 가르치면 나라가 평온해지지만, 법(知識)을 먼저 가르치면 나라가 시끄러워진다고 했습니다.

20세기 인문학의 최고 석학인 아놀드 조셉 토인비가 말년에 '한국'이 장차 인류문명에 기여할 것이 있다면 그것은 효의 문화일 것이라고 한 말이 새삼 시사하는 바가 크다고 하겠습니다.

그러나 지금 우리의 젊은 세대에게서도 말로 옮기기조차 민망한 패륜(悖倫) 행위가 빈발하는 것은 그동안 기성세대가 가르치지 않았고, 또 잘못 가르친 탓이라고 아니 할 수 없습니다. 어려서부터 부모와 어른을 공경하도록 가르치기보다 너만 잘해서 남보다 앞서라고, 일등만 하라고 닦달하여 왔으니 그 결과가 이렇게 나타난 것입니다.

다시금 옛 성현의 말씀이 떠오릅니다.

"효(孝)는 덕(德)의 근본이니 모든 가르침이 이것으로부터 말미암아 생겨나는 것이다."

《효경(孝經)》

이제부터라도 잘만 가르치면 오늘의 젊은 세대들이 우리 사회의 주역이 될 21세기 중엽 쯤에는 지금의 성장 동력에 한층 더 가속이 붙어서 우리의 '민족, 국가사'가 유사 이래 처음으로 인류역사 창조의 지류가 아닌 주류로, 수동적 객체가 아닌 능동적 주체로 따라만 가는 주변부가 아닌 앞장서서 이끌어가는 중심부로 크게 떨치게 될 것을 나는 굳게 믿습니다.

대한민국의 가치 대한민국헌법의 가치

이기수(고려대학교 제17대 총장, 법학과 '65)

대한민국 정의의 여신

대한민국의 가치 대한민국헌법의 가치

안녕하십니까? 고려대 법학과 65학번 이기수입니다. 1984년부터 2011년까지 고려대학교 법과대학과 법학전문대학원 교수로 봉직하였고, 제17대 고려대 총장으로 정년 퇴임하는 행운을 가졌습니다. 저는 그동안 국가와 민족이 필요로 하는 수많은 동량들을 길렀고, 40번째 박사학위논문 지도 제자가 4년제 대학 교수가 되는 보람도 얻었습니다. 학자로서의 역할을 마무리한 2011년부터는 제9대 이승만박사기념사업회 회장, 제3기 대법원 양형위원회 위원장, 제10대 대한중재인협회 회장 등 한국사회의 다양한 영역에서 대한민국의 가치를 회복하는 일, 특히 핵심가치인 대한민국 헌법의 가치를 제고하는 일에 남은 여생을 바칠 각오입니다.

지금 이 시간 여러분이나 저나 대한민국의 가치를 제대로 알고 있는지 반문해보아야 합니다. 대한민국이라는 국호가 탄생하게 된 배경을 설명하는 시간은 따로 가져야 하겠고, 오늘은 대한민국의 가치가 무엇인지, 그리고 어떻게 하는 것이 대한민국의 가치를 제고하는 것인지를 함께 생각해보도록 하겠습니다.

J.S. 밀은 "한 나라의 가치는 그 나라를 구성하는 사람 저마다의 가치이다"라고 말했습니다.

사실 저도 2011년 4월 17일 대법원으로부터 제3기 양형위원회 위원장(임기 2년)으로 위촉되기 전까지는 대한민국의 가치에 대해 명확히 알지 못했습니다. 그러다 2014년 봄인 것으로 기억됩니다만 평소 친분이 있던 중국 북경대 법학원(로스쿨) 원장 일행으로부터 국회의장, 대법원장, 헌법재판소장, 고려대, 연세대, 서울대 로스쿨 학장들과의 면담 주선을 요청받은 적이 있었습니다. 당시 중국측 일행들을 모시고 헌법재판소에 갔을 때 그곳에 비치되어 있던 자그마한 책자를 보게 되었습니다. '대한민국 헌법'이었습니다. 그 속에 담겨져 있는 내용을 찬찬히 읽는 순간 저는 놀라지 않을 수 없었습니다. "아! 바로 이거구나!" 그 속에 대한민국의 가치가 다 들어 있었습니다.

제가 여기저기 강연요청을 받아 대한민국의 미래를 이야기할 때마다 강조한 요지는 다음과 같았습니나. "대한민국 국민이라면 우선 자기 자신의 가치를 높여야 한다. 그런 다음 자기가 속해 있는 조직의 가치를 높여야 한다. 만약 고려대학교에 속해 있는 사람이라면 고려대학교의 가치를 높여야 하는 것이 당연하듯이 대한민국 국민이라면 대한민국의 가치를 높여야 한다."

그런데 그 가치를 어떻게 높일 것인지가 항상 고민거리였는데 대한민국 헌법 조문을 하나하나 읽으면서 그 동안의 의문을 해결하게 되었으니 그날 제가 얼마나 기뻤겠습니까?

우리 헌법은 1948년 7월 17일 제정된 제헌헌법 이후 모두 9번의 개정을 거쳐 오늘에 이르렀고, 현행헌법(1987.10.29 개정)은 전문(前文)을 시작으로 제1장 총강(제1조–제9조), 제2장 국민의 권리와 의무(제10조–제39조), 제3장 국회(제40조–제65조), 제4장 정부(제66조–제100조), 제5장 법원(제101조–제110조), 제6장 헌법재판소(제111조–제113조), 제7장 선거관리(제114조–제116조), 제8장 지방자치(제117조–제118조), 제9장 경제(제119조–제127조), 제10장 헌법개정(제128조–130조), 부칙 등으로 구성되어 있습니다. 다시 말해 제1장 총강은 대한민국에 관한 것입니다. 제2장은 국민이 어떻게 행동하고 어떻게 살아가야 하는지에 관한 것입니다. 제3장부터 제10장까지는 조직에 관한 것입니다.

그날 이후 어디를 가든 제 강의 주제는 "대한민국의 가치, 즉 대한민국 헌법의 가치"이며, 대한민국의 역사를 바로 인식하자는 것과 대한민국 헌법의 가치를 제대로 인식하자는 데 강의 초점이 맞춰져 있습니다.

오늘 여기서는 I. 대한민국의 건국, II. 6·25와 UN의 참전, III. 건국의 주역, IV. 대한민국 역사 바로 세우기, V. 대한민국 헌법의 가치 순으로 말씀드리겠습니다.

1. 대한민국 건국

해방정국

1945년 8월 15일 12시, 일본 히로히토가 연합국에 무조건 항복하겠다고 선언함으로써 제2차 세계대전이 끝났습니다. 이날 우리 민족은 35년간의 고통스런 일본식민지 강점으로부터 벗어나 자유해방의 빛을 되찾았습니다. 그러나 광복(光復)의 기쁨은 잠시뿐이었습니다. '대한독립만세'의 환호가 삼천리 강산에 울려퍼졌지만 엄밀히 말해 그 환호성은 '대한민족'의 만세였지 '대한민국'의 만세가 아니었습니다. 연합국의 승리로 한반도에서 일본세력을 몰아냈지만 그것이 곧바로 단일국가 수립으로 연결되지 못하고 38도선 이남은 미군이, 38도선 이북은 소련군이 각각 분할 점령하는 과도기를 거치게 되었습니다.

백범 김구선생이 이끄는 대한민국임시정부는 일본의 진주만 공습

3일 후인 1941년 12월 10일 "1910년의 합방조약 및 일체 불평등조약의 무효를 거듭 선포하여… 한국, 중국 및 서태평양으로부터 왜구를 완전히 구축하기 위해 최후의 승리를 얻을 때까지 혈전한다."는 대일 선전포고문을 공포하고 중국 각지에서 일본군과 싸웠지만 아쉽게도 연합국의 일원으로 참전하지 못했고, 우리 힘으로 한반도를 해방하기 전에 일본이 무조건 항복을 선언함으로써 자력광복의 기회를 얻지 못하고 말았습니다.

1945년 9월 2일 일본국 대표는 요코하마 인근 미주리함 선상에서 미국, 중국, 영국, 소련, 호주, 캐나다, 프랑스, 네덜란드, 뉴질랜드 등 연합국 대표에게 "일본 통치 하의 모든 군대를 무조건 양도할 것을 선언"하고 "일본 통치 하의 모든 군사령부는 자신은 물론 그 통제 하에 있는 모든 군에게 무조건 항복하라고 지시"하는 항복문서에 서명하였고, 9월 9일 조선총독부 총독이 서울 조선총독부 회의실에서 하지 중장 등 미군 지휘부에게 항복문서를 서명 전수함으로써 38도선 이남의 통치권이 일본에서 미국으로 넘어가고 말았습니다. 8월 15일 무조건 항복선언을 한지 만 26일 후의 일이었습니다.

물론 38도선 이북의 통치권은 1945년 8월말에 소련군에 넘어갔고, 1947년 2월 소련의 지지를 받던 김일성을 중심으로 북조선인민위원회가 결성되어 사실상 단독정부 수립이 추진되었습니다.

이승만의 외교독립노선의 승리

우남 이승만(1875–1965)은 대한민국임시정부의 초대 대통령이자 대한민국 제1대, 제2대, 제3대 대통령입니다. 이승만은 일제강점기 시절 다양하게 시도되었던 여러 독립운동 방략 중에서 특히 외교독립론에 집중하였고, 주로 미국에서 활동하였습니다.

그리고 이승만은 광복 직후인 1945년 12월, 모스크바에서 열린 미국과 소련과 영국 3개국 외교장관회의에서 합의되었고, 국내 공산주의자들이 지지했던 5년 기한의 미국, 영국, 중국, 소련 등 4개국 신탁통치 결의안을 김구, 김성수 등과 함께 결사 반대하였습니다.

1946년 6월 3일 전북 정읍에서 선거가 가능한 38도선 이남지역만의 단독정부 수립의 필요성을 역설한 후 좌우합작에 의한 남북 단일 과도정부 수립 움직임에 제동을 걸고 1946년 12월부터 1947년 4월까지 몸소 미국으로 건너가 본격적으로 반소, 반공의 단독정부 수립을 호소하는 외교운동을 벌인 결과 대한민국을 건국하는데 성공하였습니다.

좌우합작, 남북협상, 통일지상주의, 소비에트주의 등에 맞선 이승만의 외교독립노선, 외교건국노선이 결실을 맺은 것입니다.

대한민국 건국과정과 외교적 성과를 좀 더 구체적으로 살펴보면 다음과 같습니다.

1947년 3월 트루먼독트린 발표, 5월 제2차 미소공동위원회 결렬, 6월 마샬플랜 조직, 7월 좌우합작 운동의 여운형 암살 등 국내외 정세가 급변하면서 미국 주도로 한반도 문제가 UN(국제연합)에 상정되었고, 그 결과 1947년 11월 14일 스위스 제네바에서 열린 제2차 UN총회는 미군과 소련군을 1948년 1월 1일까지 철수하자는 소련측 안을 부결하고, UN한국임시위원단의 감시하에 한반도 전역에서 인구비례에 의한 총선거 실시 후 통일정부 수립과 함께 미·소 양국군을 철수하자는 미국측 안을 43대 0으로 통과시켰습니다.

1948년 2월 26일 미국 뉴욕에서 열린 UN소총회는 "1947년 11월 14일 총회 결의에 의해 설정된 계획은 실행되어야 하며, 이를 위해 UN한국임시위원단은 한반도 전역에서 선거 감시에 임해야 한다. 그

것이 불가능한 경우에는 접근 가능한 지역에서라도 선거 감시에 임해야 한다"는 미국측 결의안을 찬성 37, 반대 2, 기권 11로 가결하였습니다.

이처럼 UN의 결의로 인구비례에 의한 총선거가 결정되자 그동안 힘을 합쳤던 신탁통치 반대세력은 즉각 총선거와 단독정부 수립을 주장하는 이승만과 김성수 계열과 미·소 양국군 철수와 남북협상을 통한 통일독립정부 수립을 주장하는 김구와 김규식 계열로 갈라섰지만 UN한국임시위원단 내 의견도 38도선 이남지역에서의 단독선거안이 찬성 4, 반대 2, 기권 2였으며, 국내 정국도 UN한국임시위원단의 감시 아래 제헌국회를 구성하기 위한 1948년 5월 10일 총선거가 대세였습니다.

5월 31일 제헌국회가 구성되었는데 이날 출석의원 198명 중에 188표를 득표한 이승만이 대한민국의 첫번째 국회의장에 선출되었습니다.

6월 23일 국회 본회의에 상정된 제헌헌법안은 7월 12일 국회본회의를 통과한 후 7월 17일 제정, 공포되었습니다.

7월 20일 제헌헌법이 정한 바에 따라 초대 국회의장 이승만이 초대 대통령에, 이시영이 초대 부통령에 각각 선출되었습니다.

8월 15일, 해방 3주기를 맞아 이승만은 우리 역사상 최초의 자유민주공화국인 대한민국의 공식 탄생, 즉 건국, 정확히 말하면 국가재건을 대내외에 선포하였습니다.

9월 11일 한미행정이양협정 체결로 미군정으로부터 군사, 언론, 인사 등 행정권이 한국정부로 이양되었고, 9월 13일 사법권이 대법원으로 각각 이양되었습니다.

12월 12일 프랑스 파리에서 열린 제3차 UN총회는 투표를 통해 대

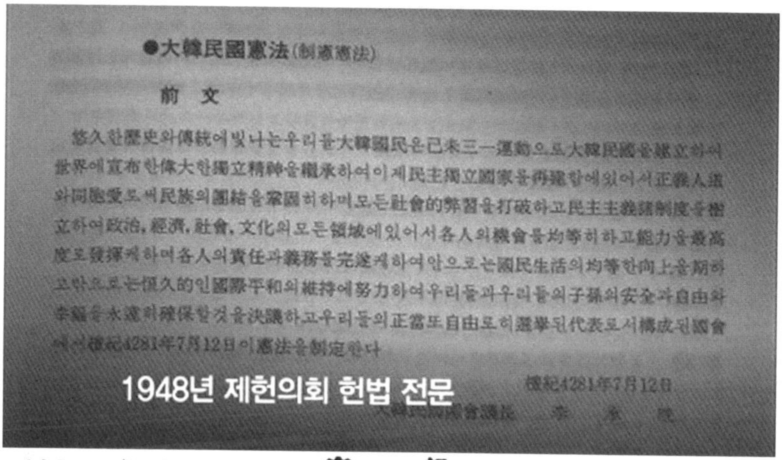

●大韓民國憲法(制憲憲法)

前 文

悠久한歷史와傳統에빛나는우리들大韓國民은己未三一運動으로大韓民國을建立하여世界에宣布한偉大한獨立精神을繼承하여이제民主獨立國家를再建함에있어서正義人道와同胞愛로써民族의團結을鞏固히하며모든社會的弊習을打破하고民主主義諸制度를樹立하여政治, 經濟, 社會, 文化의모든領域에있어서各人의機會를均等히하고能力을最高度로發揮케하며各人의責任과義務를完遂케하여안으로는國民生活의均等한向上을期하고밖으로는恒久的인國際平和의維持에努力하여우리들과우리들의子孫의安全과自由와幸福을永遠히確保할것을決議하고우리들의正當또自由로히選擧된代表로서構成된國會에서檀紀4281年7月12日이憲法을制定한다

檀紀4281年7月12日

大韓民國國會議長 李 承 晩

1948년 제헌의회 헌법 전문

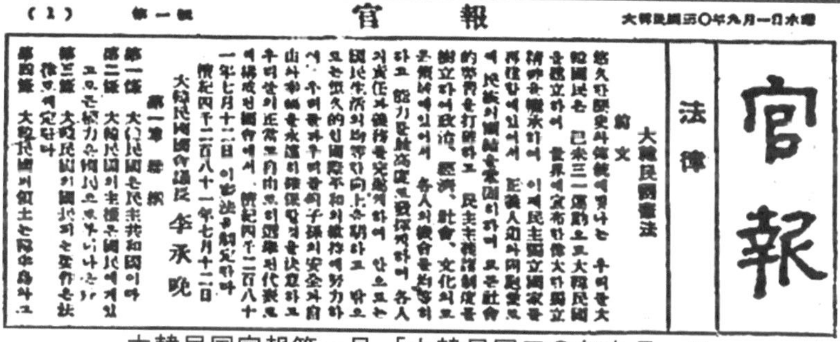

(1) 第一號 官 報 大韓民國三〇年九月一日木曜

官報

大韓民国官報第一号「大韓民国三〇年九月一日」

제헌헌법 전문, 아래는 헌법 전문이 실린 〈관보〉

한민국 정부가 '한국에 있어서 유일한 정부'라는 결의안을 통과시켰다. 찬성 41, 반대 6, 기권 1이라는 압도적인 지지였다.

유엔의 대한민국 승인은 6·25때 유엔군이 참전할 수 있는 결정적인 근거가 되었다는 점에서 대한민국의 생존과 직결된 더 없이 중요한 외교적 승리였습니다.

김구 선생

대한민국임시정부 국무위원회 주석(1940~1945) 백범 김구(1876~1949)는 1945년 8·15 광복 후 이승만, 김성수 등과 함께 신탁통치 반대운동에 앞장섰습니다.

그러나 1947년 11월 14일 제2차 UN총회가 남북한 인구비례에 의한 총선거를 결의하고, 이를 수행할 UN한국임시위원단의 활동이 1948년 초부터 본격화되자 김구의 한국독립당과 김규식을 비롯한 중도우파 계열은 남한만의 총선거에 반대하고 남북 지도자 간의 협상을 통한 통일독립정부 수립과 미·소 양국 군대의 철수를 주장하면서 이승만과는 다른 길을 걷기 시작하였습니다. 그러나 남북협상 과정에서 김일성의 통일전선에 이용당하고 말았으며, 5·10총선거 불참과 대한민국 정부 수립 이후에는 현실정치에서 물러나게 되었습니다.

이를 좀 더 구체적으로 살펴보면 다음과 같습니다.

1948년 1월 26일 UN한국임시위원단(의장 K. P. S. 메논)에 보내는 의견서 서면 제출. ①전국을 통한 총선거로 통일된 완전 자주정부의 수립, ②총선거는 인민의 절대 자유의사에 의해 실현, ③북한에서 소련이 입경을 거절한다는 구실로 유엔이 임무를 태만히 하지 말 것, ④북한에서 연금된 조만식 선생 등 남북한의 일체의 정치범 석방, ⑤미소 양군의 즉시 철퇴와 일시 진공상태의 치안은 유엔에서 부담할 것, ⑥남북한 지도자회의 소집

2월 13일 '삼천만 동포에게 읍고함'이라는 성명 발표. "이 육신을 조국이 요구한다면 당장에라도 제단에 바치겠다. 나는 통일된 조국을 건설하려다가 삼팔선을 베고 쓰러질지언정 일신에 구차한 안일을 위하여 단독정부를 세우는 데는 협력하지 아니하겠다."

2월 김구와 김규식은 남북지도자회담을 제안하는 편지를 김일성

과 김두봉에게 보냄

3월 25일 김일성, 김두봉이 북조선민주주의민족주의통일전선 명의로 김구, 김규식의 남북협상 제의를 수락

백범 김구(1876~1949)

4월 19일 오후 김구는 비서 선우진과 아들 김신을 대동하고 북행길에 오름, 20일 저녁 평양 도착

4월 19일-26일 전조선 제정당 사회단체대표자 연석회의 개최(남한 41개 정당사회단체, 북한 15개 정당사회단체 대표자 695명 참석)

4월 26일-30일 15인지도자협의회 개최(남측 인사 : 김구, 김규식, 조소앙, 조완구, 홍명희, 김붕준, 이극로, 엄항섭. 북측 인사 : 김일성, 김두봉, 최용건, 박헌영, 주영하, 허헌, 백남운).

4월 30일 남북협상 종료, 전조선 제정당사회단체지도자협의회 명의 공동성명서 발표. ①외국군 즉시 철군, ②외국군 철퇴 후 내전이 발생할 수 없다는 점 확인, ③4단계 통일정부 구성안(전조선정치회의 소집-임시정부 수립-총선으로 입법기관 탄생-헌법제정과 통일정부 수립), ④남조선 단독선거 절대 반대

5월 5일 김구, 김규식 귀환 성명. "자주적이고 민주적인 통일조국을

재건하기 위해 남조선 단정을 반대하며 미·소 양군의 철퇴를 요구”

5월 10일 김구, 5·10총선거 참여 거부

6월 29일 김구, 제2차 전조선 제정당사회단체지도자협의회 불참. 김일성의 단독정부 수립 비난

7월 21일 김구, 김규식 주도로 통일독립촉진회 결성. UN에 남북 총선거에 의한 통일정부 수립 요구

9월 9일 김구의 소원과 달리 김일성은 조선민주주의인민공화국 수립 선포

1949년 6월 26일 김구 서거

1950년 6월 25일 한국전쟁 발발

이승만 대통령의 정치분야 업적

이승만은 일평생 독립국가 건설과 국토통일 완수를 위해 수고한 대한민국 역사의 큰 어른입니다.

오늘 여기서는 대한민국 건국에 공헌한 것과 민주주의 정치 발전에 기여한 것 등 두 가지에 국한하여 말씀 드릴까 합니다.

오늘 우리 대한민국의 기초를 닦는데 가장 큰 공이 있는 분들은 누구일까요? 아마도 1948년 5·10 총선거를 통해 국민의 대표로 선출된 제헌국회 의원 198명이지 않을까 합니다. 사실상 대한민국 건국의 아버지들입니다.

그러나 이들 중에서 가장 높이 평가받아야 할 분이 있다면 역시 이승만 대통령을 빼고는 이야기하기 힘들 것입니다.

이승만 연구의 권위자인 유영익 선생은 건국사적 측면에서 이승만의 공헌을 모두 6가지로 제시하고 있습니다.

첫째, 반탁운동 추진입니다.

둘째, 남한 과도정부 수립론 제창입니다.

셋째, 과도정부 수립과 대미외교입니다.

넷째, 역사적인 민주적 총선거입니다.

다섯째, 대한민국 헌법 제정 총괄입니다.

여섯째, 대한민국정부 수립 선포와 UN 및 국제사회의 승인 획득입니다.

우남 이승만(1875~1965) 저서 《독립운동》 표지사진

그리고 이승만이 한국민주주의 정치발전에 기여한 점 역시 우리가 간과해서는 안 될 부분입니다.

물론 반민특위 해산 등 친일파 청산에 철저하지 못했던 점, 6.25전쟁 당시 보도연맹사건, 국민방위군사건 등 실책, 1954년 사사오입 사건, 1960년 3·15부정선거 사건 등 일부 과오가 있었다고 하더라도 이승만을 배제하고 대한민국의 역사를 논하기는 사실상 어렵기 때문입니다.

흔히 1952년 부산 피난시절에 있었던 정치파동(5.25), 즉 대통령중심제와 국민직선제로의 개헌을 이승만 개인의 권력독점과 정권유지

행위로 폄하하는 기존의 해석과 달리 유영익 선생은 이를 한국정치사에서 가장 중요한 업적의 하나로 평가하고 있습니다.

이승만은 1965년 7월 19일 미국 하와이에서 '독재자'라는 오명을 씻지 못한 채 생애를 마감했지만 그의 유해는 1965년 7월 27일 국립묘지에 모셔졌고, 당시 정일권 국무총리가 대독한 박정희 대통령의 조사에서 '조국독립운동의 원훈이요 초대 건국대통령', '조국근대화의 상징적 존재', '선구자', '혁명아', '건국인', '조국의 헌정사상에 최후의 십자가를 지고 가는 어린양', '자주독립의 정신과 반공투쟁의 선구자', '이 나라의 호국신(護國神)' 등으로 재평가되었음을 상기할 필요가 있습니다.

오랜 세월 나라 잃은 망국민으로서, 독립운동에 매진했던 무국적 해외망명객으로서 터득했던 그의 남다른 지혜와 생존 노하우는 오늘 우리에게 '독립정신'의 화신(化身)으로 존경받고 있으며, 후세인들에 의해 대한민국 건국 대통령으로서 뿐만 아니라 교육 대통령, 안보 대통령, 외교 대통령, 문화 대통령의 면모가 속속 드러나고 있습니다.

이상의 내용을 요약해서 말하면 이승만은 1948년 5·10 총선거에서 선출된 198명의 제헌 국회의원들과 국내정치세력의 거두인 김성수 등과 협력하여 제헌헌법과 정부조직법 제정·공포(7.17), 초대 대통령 선출(7.20), 정부수립 경축식 거행(8·15) 등의 일련의 건국과정을 주도해 나감으로써 사실상 '건국의 아버지'로서의 이미지를 확실히 굳혀 나갔습니다.

또한 6.25전쟁으로 한반도가 공산화되는 것을 막았으며, 평화선 선포(1952.1.18), 반공포로 석방(1953.6.18), 한미상호방위조약 체결(1953.10.1) 등 '호국대통령'으로서의 역할도 성실히 수행하였습니다.

아울러 농지개혁(1950.3.10)으로 '경제대통령'은 물론 초등학교 의무

교육 등 교육법 공포(1949.12.31), 중·고등학교 및 대학교 증설, 석박사 학위자(5천명)와 군장교(9천여명) 배출 등 '교육대통령'으로서도 탁월한 업적을 남겼습니다.

건국

현재 우리 정부는 매년 8월 15일을 광복절로 정하고, 삼일절, 개천절, 한글날 등과 함께 5대 국경일의 하나로 경축하고 있습니다.

이는 광복절이 1945년 일본제국주의로부터의 해방과 1948년 대한민국 정부수립을 동시에 기념하는 날이라는 의미이기도 합니다.

그러나 만약 이를 제대로 인식하지 못한다면 광복절은 8·15 해방기념일로만 기억될 뿐 8·15 정부수립일, 즉 건국기념일로는 기억되지 않을 것입니다.

또한 해방 이후 곧바로 근대국가를 건설하지 못한 채 3년 간의 미군정기를 거친 다음에야 비로소 대한민국임시정부의 법통을 계승한 대한민국정부를 수립했다는 사실도 무시하게 될 것입니다.

우리는 민족의 광복과 대한민국 건국 사이에 극심한 단절(분절)현상이 있었음을 결코 잊지 말아야 합니다.

우리 헌법은 대한민국 만들기의 핵심 요소로 크게 세 가지를 제시하고 있습니다.

첫째, 주권재민입니다. 헌법 제1조는 "①대한민국은 민주공화국이다. ②대한민국의 주권은 국민에게 있고, 모든 권력은 국민으로부터 나온다."라고 선언하고 있습니다.

이는 대한민국이 어느 특정 개인이나 일부 정치세력들의 주의·주장에 좌지우지되지 않았음을 뜻합니다. 다시 말해 제헌헌법 전문(前文)에서 강조하듯이 건국의 주체는 "유구한 역사와 전통에 빛나는 우리들 대한국민"이었으며, 건국의 뿌리는 "기미삼일독립운동과 대한민국임시정부"였습니다. 건국의 정신은 "세계에 선포한 위대한 (3·1)독립정신"이었으며, 건국의 형태는 "민주독립국가 재건"이었습니다. 이로써 기미독립선언(1919) 이후 30년 만에 "대한민국의 주권은 국민에게 있고 모든 권력은 국민으로부터 나온다"는 주권재민(主權在民)의 민주공화제 근대국가를 건설하는 집단지성(collective intelligence)의 저력을 보여주었습니다.

둘째, 한반도 통일입니다. 헌법 제3조는 "대한민국의 영토는 한반도와 그 부속도서로 한다", 헌법 제4조는 "대한민국은 통일을 지향하며 자유민주적 기본질서에 입각한 평화적 통일정책을 수립하고 이를 추진한다."라고 선언하고 있습니다.

이는 대한민국이 비록 분단국가로 출발했지만 대한민국의 관할권이 한반도와 그 부속도서 전역에 미칠뿐만 아니라 제헌국회에 북한지역을 대표할 100명의 의석을 남겨둔 것에서 알 수 있듯이 자유민주선거라는 평화적인 방법으로 통일국가를 건설하는 것을 최종목표로 하고 있음을 뜻합니다. 따지고 보면 지금의 대한민국은 반쪽짜리입니다. 한반도와 부속도서 모두를 포함하는 남북통일을 해야 진정한 건국이 되는 것입니다.

만약 독일연방공화국(서독)의 초대 수상(1949~1963)이자 독일연방헌법을 기초한 아데나워(Konrad Adenauer, 1876~1967)가 없었다면 오늘의 통일독일도 없었을 것입니다. 독일은 집권당이 기민당이든 사민당이든 상관 없이 1974년부터 1990년 독일 통일 때까지 16년 간, 그리고 통일이 된 1990년부터 1992년까지 2년 간 겐셔(Hans-Dietrich Genscher, 1927~2016)가 외무장관으로 활약했습니다.

우리도 독일처럼 통일된 민족국가를 건국해야 합니다 그러기 위해서는 일관된 통일정책이 필요합니다. 우리에게도 아데나워 같은 사람이, 겐셔 같은 사람이 필요합니다.

셋째, 문화창달입니다. 헌법 제9조는 "국가는 전통문화의 계승발전과 민족문화의 창달에 노력하여야 한다"고 선언하고 있습니다.

흔히 국가의 3대 구성요소로 영토, 국민, 주권을 들고 있습니다. 그러나 이 세 가지가 모두 있더라도 국민의 삶과 정신을 하나로 묶는 전통문화가 계승 발전되지 않고, 새로운 민족문화가 계속해서 창조되지 않는다면 국가는 생명력을 잃게 됨을 뜻합니다.

이상 대한민국 헌법의 세 가지 핵심가치를 제대로 알고 이를 실천하는 것이 매우 중요합니다.

대한민국이 선진통일국가로 나아가기 위해서는 대한민국 헌법의 가치를 제대로 알고 지켜야 합니다.

2. 6·25와 UN 참전

신생 대한민국에게 UN은 매우 중요한 국제기구이자 든든한 버팀목이었습니다.

첫째, UN은 1948년 12월 12일 프랑스 파리에서 개최된 제3차 총회에서 총회 결의 제195호로 대한민국정부가 민주적 절차에 따라 한반도에서 합법적으로 수립된 유일한 정부임을 선포하였습니다.

둘째, 1950년 6월 25일 새벽 4시 김일성이 선전포고도 없이 38도선 전역을 기습 남침하고, 6월 28일 서울을 함락시키자 6월 28일 UN 안전보장이사회는 소련 대표가 불참한 가운데 김일성의 불법 무력공격을 침략행위로 규정하고 한반도의 평화와 안전을 회복하는데 필요한 원조를 대한민국에 제공할 것을 결의하였습니다. 7월 7일 UN군사령부를 설치하였고, 미국 등 16개국의 전투부대 파견 외에 스웨덴 등 5개국의 의료지원과 브라질 등 43개국의 물자지원 등 총 63개국이 UN의 깃발 아래 한반도의 공산화를 막아내고, 대한민국의 자유민주주의를 수호하는데 절대적인 후원자가 되었습니다.

6·25전쟁은 남북간의 내전이 아니었습니다. 김일성의 무력남침계획을 소련의 스탈린이 비밀 승인하였고, 중국의 모택동이 동조함으로써 일어난, 핵무기만 없었던 사실상의 제3차 세계대전이었습니다.

3. 피와 땀과 눈물의 나라 세우기 주역들

일제강점기 시절 국권회복과 민족해방을 위해 독립운동을 전개한 대표적인 인물로 이승만, 김구, 김성수 등 세 사람을 들 수 있습니다.

미국에서 주로 활동했던 외교독립론의 상징 이승만, 중국에서 주로 활동했던 대한민국임시정부의 상징 김구, 그리고 국내에서 활동했던 우파 민족주의자의 상징 김성수 등은 1945년 광복 이후에 전개된 새로운 독립국가 건설을 위해 때론 협력하기도 하였고, 때론 갈라서기도 하였습니다.

그러나 단독정부 수립을 지지하던 이승만과 김성수는 1948년 5월 10일 총선거에 참여하였지만 끝까지 통일독립정부 수립을 주장하던 김구는 총선거에 참여하지 않았습니다.

그러나 1950년 5월 30일 제2대 국회의원 선거에서는 남북협상에 참가했던 조소앙, 안재홍, 여운홍, 원세훈, 윤기섭, 조시원 등 중간파 인사들이 대거 참여하였습니다.

4. 대한민국 역사 바로 세우기

대한민국의 역사를 역대 대통령의 특징별로 요약하면 다음과 같습니다.

첫째, 이승만은 건국과 호국의 상징입니다. 물론 우리 주변에는 이승만에 공과에 대해 논란이 많습니다. 그렇지만 이승만 등 건국의 주역들이 목숨 걸고 성취한 대한민국정부 수립과 6.25전쟁 발발로 자유민주주의가 뿌리째 흔들리는 것과 공산 적화로부터 우리 국민을 건져낸 공은 결코 과소평가할 수 없을 것입니다. 한마디로 이승만 대통령은 건국과 호국의 아이콘입니다.

둘째, 박정희, 전두환, 노태우는 부국과 경제발전, 그리고 북방외교의 상징입니다.

셋째, 김영삼, 김대중, 노무현은 군부통치를 종식시킨 민주화와 금권선거 종식의 상징입니다.

넷째, 이명박과 박근혜는 세계화와 통일준비의 상징입니다.

5. 대한민국 헌법의 가치

대한민국의 가치는 대한민국 헌법 속에 다 들어 있습니다. 왜냐하면 대한민국 헌법이 대한민국 국민과 각종 조직과 기관들에게 자유와 권리를 부여하고 있고, 책임과 의무를 일러주고 있기 때문입니다.

따라서 우리 모두는 국민, 그리고 그 국민이 속한 조직, 나아가 대한민국의 가치를 높이기 위해 최선을 다해야 합니다.

그 출발은 국민, 즉 나의 가치를 높이는 것으로부터 시작되며, 대한민국의 역사를 바로 아는 것으로부터 시작됩니다.

우리 모두 지금부터 대한민국의 가치, 고려대학교의 가치, 조직의 가치, 그리고 개인의 가치가 하나의 틀 속에 담겨 있는 대한민국 헌법을 제대로 읽고, 바로 이해하고, 구체적으로 실천하는 능력을 길러 나갑시다.

새로운 대한민국의 부상, 위대한 한민족의 길이 그리 멀지 않습니다.

〈마무리 인사말씀〉

오늘 8월 15일, 광복과 건국을 기념하는 고려대학교 삼삼동지회 초청 강연회에서 긴 시간 경청해주신 선배님들께 감사드리며, 앞으로 더욱 건강하셔서 백수를 누리셔 대한민국과 고려대학교 그리고 선배님 자신의 가치를 높이시기를 기원합니다. 감사합니다.

대한민국의 건국

양동안(한국학중앙연구원 명예교수)

제헌국회의원 사진 1948. 7. 19

대한민국 정부수립 국민 축하식 1948. 8. 15

대한민국의 건국

1. 38선 획정과 미·소의 분할점령

1) 연합국의 한반도문제 처리 구상

1910년 일본이 한반도를 자기들의 식민지로 만든 이래 우리 민족은 일본의 식민지 지배로부터 독립하기 위해 피나는 투쟁을 전개해 왔다. 그러나 우리 민족의 독립투쟁 역량은 일본이 한반도를 식민지로 지배하는 역량에 비해 매우 빈약해서 우리 민족의 힘만으로는 일본을 한반도에서 몰아낼 수 없었다. 다행히 제2차 세계대전에서 독일 이탈리아 일본 등 파시스트 국가들을 상대로 전쟁을 벌이고 있던 연합국들, 즉 미국 영국 소련 중국 등은 2차 대전에서 일본을 패배시킨 후 한반도를 일본의 식민지 지배로부터 해방시켜 주기로 합의했다.

연합국들은 제2차 세계대전 종전 후 한반도문제 처리와 관련하여 두 가지 구상을 가지고 있었다. 그 두 가지 구상이란 일본으로부터 한반도를 해방시키되 곧장 독립시켜주지 않고 일정기간 강대국들의 공동 신탁통치를 거쳐서 독립시켜준다는 구상(신탁통치구상)과 한반도를 점령하고 있는 일본군을 몰아내기 위해서 미국과 소련이 한반도에서 공동으로 군사작전을 전개한다는 구상(분할점령구상)이다.

한반도에 대한 신탁통치 구상은 1943년 11월 말 카이로에서 개최된 미국·영국·중국의 정상회담과 그해 12월 초 테헤란에서 개최된 미국·영국·소련의 정상회담에서 비공식적으로 합의되었다. 카이로회담을 끝마친 미·영·중 3개국 정상들은 카이로선언을 발표했는데, 그 선언에는 "3개국은 한국인민의 노예상태에 유념하고 있으며 적당한 절차를 거쳐서 한국이 독립될 것을 것임을 결정했다"라는 문장이 들어 있었다. 이 문장 속에 들어 있는 '적당한 절차를 거쳐서'라는 표현이 바로 '신탁통치를 거쳐서'라는 의미였던 것이다. 카이로회담에 이어 같은 해 12월 초 테헤란에서 개최된 미·영·소 정상회담에서 소련도 한반도에 대한 신탁통치 구상에 동의했다.

한반도에 대한 미국과 소련의 분할점령구상은 제2차 세계대전의 유럽전선에서 연합국이 완전히 승리하고 난 후인 1945년 7월 독일의 포츠담에서 개최된 미·소정상회담의 군사실무자 회담에서 대략적으로 합의되었다.

제2차 세계대전은 유럽전선과 태평양전선으로 나누어 전개되었다. 유럽전선에서는 독일과 이탈리아를 상대로 미국 영국 소련이 싸웠고, 태평양전선에서는 일본을 상대로 미국 중국 영국이 싸우고 있었다. 소련은 일본과 중립·불가침조약을 체결하여 태평양전선에서는 싸우지 않았다. 미국과 영국은 일본을 조속히 패배시키기 위해서 소련을 일본에 대한 전쟁에 참여시키고자 노력했으며, 이러한 노력은 1945년 2월 소련의 얄타에서 개최된 미·영·소 정상회담에서 절정에 이르렀다. 이 회담에서 소련은 태평양전선에 참여하는 조건으로 여러 가지 대가를 미국과 영국으로부터 약속받았다.

소련은 얄타회담에서 일본을 상대로 한 태평양전선의 전쟁에 참여하기로 약속해놓고도 그 약속을 선뜻 이행하지 않았다. 포츠담회담에서 미국과 영국은 소련에 대해 일본과의 전쟁에 참여할 것을 더욱 강하게 촉구했으며, 소련의 일본군에 대한 공격문제를 협의하는 미국과 소련의 군사실무자회담에서 한반도에 대한 미·소 양국군의 공동작전 내지 분할 진격이 대략적으로 합의된 것이다.

2) 38선 획정과 미·소군의 분할점령

일본을 상대로 한 전쟁 참여를 늦춰오던 소련은 1945년 8월 8일 일본에 대해 선전포고를 하고 다음날부터 만주와 한반도에 배치된 일본군에 대한 공격을 개시했다. 8월 9일부터 한반도 북쪽 끝 지역에서 일본군을 공격하기 시작한 소련군은 공격개시와 동시 쉽게 한반도로 진격했다.

소련군이 한반도 북부지역에서 일본군을 공격하고 있는 가운데, 일본은 8월 10일 연합국들에게 항복의사를 통고하면서 항복조건을 협상하자고 제의했다. 소련군의 한반도 진격 정보를 접수한 데 이어 일본의 항복의사를 전달 받은 미국은 일본의 항복 선언 전에 한반도 전체가 소련군에 점령당하는 사태를 막기 위해 황급하게 움직였다. 소련군이 한반도 전체를 장악하게 되면, 앞서 연합국 정상회담들에서 합의된 한반도에 대한 공동신탁통치 실시가 불가능해질 가능성이 크기 때문이다.

당시 미국은 소련군이 한반도 전체를 점령하는 것을 저지할 수 있는 군사적 수단이 없었다. 미군병력 중 한반도에 가장 가까이 있는 병력은 한반도에서 약 1000km나 멀리 떨어진 오키나와에 있는 미군이었으며, 이들마저도 한반도에 쉽게 투입할 조건이 되지 못했다. 그래서 미국은 포츠담회담에서 이루어졌던 한반도에서의 미·소군 공동 군사작전에 관한 대략적 합의에 근거하여 외교적인 수단을 통해 소련군의 한반도 전체 점령을 저지하려 했다. 미국은 한반도에서 소련군과 미군이 공동으로 군사활동을 전개할 때 지켜야 할 분계선을 소련에 통고함으로써 소련의 한반도 전체 점령을 저지하고자 했다. 미국의 군사실무자들은 8월 11일 미군과 소련군이 준수해야 할 한반도의 군사분계선으로 북위 38도선이 적당하다는 결론에 도달했다.

38선을 한반도에서의 미군과 소련군의 군사활동 분계선으로 정하자는 미국의 제안은 8월 15일 미국 대통령 트루먼에 의해 스탈린에게 통고되었으며, 스탈린은 다음날 그에 대한 동의의사를 미국에 전달했다.

일본은 1945년 8월 15일 항복을 선언했다. 일본의 항복 선언 직후 며칠간 휴식을 취한 한반도 진입 소련군은 8월 21일부터 38선 이북의 북한지역에 대한 점령을 신속하게 전개했다. 소련군은 북한지역을 점령함에 있어서 북한 지역의 최남단 지역인 38선 지역부터 먼저 점령한 다음 그 북부지역을 점령했다. 소련군은 8월 23일부터 28일까지의 기간에 서해안에서부터 동해안에 이르는 38선 인근의 북한지역의 교통요지들을 모두 점령했다.

38선 지역을 점령한 소련군은 곧장 38선 이남 지역과 이북 지역 간의 인적 왕래, 물적 교류, 통신을 모두 차단했다. 소련군은 시간이 갈수록 38선을 통과하는 남북한 간의 통행통제를 강화하여, 12월 중순에 이르면 38선은 마치 적대국간의 국경선처럼 되었다.

소련군은 8월 27일까지 북한지역 도청소재지들에 대한 병력진주를 마치고 그 다음날까지 북한지역에 대한 군사적 점령을 완료했다.

소련군이 신속하게 북한을 점령한 것과는 대조적으로 미군은 매우 느리게 남한을 점령했다. 미국은 일본의 항복선언 의사가 알려진 후인 8월 11일부터 미군의 한국진주 준비작업을 개시했다. 한반도에 진주할 미군병력으로 지명된 오키나와 주둔 제24군은 일본이 항복을 선언한 다음날부터 서울의 일제 조선총독부 및 한반도 주둔 일본군 제17방면군 사령부와 접촉하여, 미군의 한반도 진입을 준비했다.

미군은 9월 8일 인천에 상륙했으며, 그 다음날 서울에 진입하였다. 미군은 38선 지역을 비롯한 지방 도시들에 대한 점령도 느리게 실행했다. 미군은 38선에 인접한 지역에 대한 점령을 서두르지 않았으며, 9월 하순에 이르러서야 38선 지역 전체에 미군이 진주했다. 뒤늦게 38선에 도착한 미군은 소련군이 이미 취해놓은 통행차단 조치 등을 수동적으로 받아들였다.

미군은 10월 초순에 남한의 각 도청 소재지들에 대한 병력진주를 마치고 그 달 하순에 이르러서야 남한지역에 대한 군사적 점령을 완료했다.

3) 미·소군의 점령통치에 관한 기본자세

미군과 소련군의 자기 관할지역을 점령과정이 달랐던 것과 마찬가지로 점령지역의 통치에 임하는 미군과 소련군의 자세도 크게 달랐다.

북한 점령을 신속하게 완료한 북한주둔 소련군사령관 치스챠코프는 8월 26일 소련군이 북한주민들을 도와주기 위해서 온 해방자이며 친구들이라고 말하는 등 매우 우호적인 내용이 담긴 포고문을 발표했다. 소련군은 북한의 각 지역을 점령하면서 소련군의 점령과 동시에 각 행정단위별로 그 지역 주민들로 구성된 인민위원회를 조직했다. 소련군은 인민위원회에서 공산주의자들이 주도권을 장악할 수 있도록 지휘했다. 소련군은 각 도의 인민위원회가 조직되면, 도청에서 일본식민통치의 도 행정책임자 및 관리들을 모아놓고 그들의 항복을 받으면서 도 인민위원회에 행정권을 인수하도록 했다. 그 결과 북한에서는 각도의 도 인민위원회가 각도의 행정을 맡게 되었으며, 각 도의 인민위원회는 그 도에 주둔한 소련군의 지휘를 받았다. 소련군은 북한주민으로 구성된 민간행정기구를 전면에 내세우고 자기들은 뒤에서 조종하는 통치방법을 구사한 것이다.

미군은 인천을 거쳐 서울로 진입하면서도 한국인 지도자들이나 주민들을 전혀 만나지 않았고, 심지어는 미군을 환영하는 한국인 군중이 미군에 접근하는 것조차도 금지했다. 서울에 온 미군은 일본의 식민지통치기관인 조선총독부 지도자들과 한반도주둔 일본군 지휘관들로부터 항복을 받은 다음, 총독부의 명칭과 행정기구를 그대로 유지할 것과 총독 이하 총독부의 일본인 관리들을 그대로 유임시킬 것임을 선포했다. 뒤이어 남한 주둔 미군사령관 하지는 남한 주민들에게 자기의 명령에 잘 복종할 것과 복종하지 않으면 처벌받게 될 것임을 경고하는 포고문을 발표했다. 미군의 이러한 조치들에 남한주민들이 반발하자 미군은 9월 19일 국장급 이상의 총독부 관리들을 미군 장교들로 교체하고 통치기구 명칭도 주한미육군군정청으로 변경했다. 미군은 처음에는 일제 총독부를 그대로 유지하면서 남한을 통치하려다가 방침을 바꾸어 자기들이 직접 전면에 나서서 통치하는 방법을 택했다.

자기들이 점령통치할 지역에 대한 점령과정 및 통치 자세에 있어서의 미군과 소련군의 차이는 점령지역의 사회 상황을 변경하려는 계획을 가지고 있는지 여부의 차이에서 비롯된 것이다. 소련군은 북한을 사회주의사회로 바꾸어서 자기 나라의 위성국으로 만들려는 계획을 가지고 있었기 때문에 북한지역의 인적·물적 자원이 남한으로 유출되는 것을 막기 위해 38선을 봉쇄하면서 신속하게 점령했으며, 북한주민들의 환심을 사려했고, 공산주의자들이 주도하는 북한 주민의 민간행정기구를 조속히 구성했던 것이다. 그에 반해 미군은 남한사회를 기존의 상황대로 잠시 관리하다가 강대국 공동 신탁통치에 넘긴 후 남한에서 철수할 생각이었기 때문에 남한 점령을 서두를 필요도 없었고 38선을 봉쇄할 필요도 없었으며, 특별히 남한주민들의 환심을 살 필요도 느끼지 못했고, 일제의 식민통치 행정기구를 허물고 새로운 민간행정기구를 구성할 필요를 느끼지 못했던 것이다.

2. 한반도 분단의 초기상황

1) 미·소군의 초기 점령통치 양상

소련군은 북한을 점령하는 것과 동시에 각 도와 시·군 단위 및 대규모 공장이나 산업시설에 군경무사령부(위수사령부)를 설치하여, 소련군에 동조하는 한국인들의 자생 무장조직과 협조하여 북한 전역을 무력으로 통제하고, 소련정책에 반대하는 사람들을 '치안사범'으로 규정하여 탄압하였다. 소련군은 민간인 대상 행정업무 인력을 강화하여 평양과 기타 지방에서 정치공작과 각급 한국인 인민위원회에 대한 행정지휘업무를 수행하도록 했다. 소련군은 민간인 대상 행정업무를 강화하기 위해 북한을 점령한 소련 제25군 사령부 내에 민정담당 부사령관 직을 신설했고 소련으로 귀화한 한국인 공산주의자들을 북한으로 끌어들여 민정업무에 종사하도록 했다.

소련군은 북한 사회주의화 추진의 최우선 핵심적 사업으로 북한지역의 독자적 공산당을 조직하는 일을 추진했다. 북한지역 공산당 조직은 김일성을 비롯한 25군 휘하의 한국인 항일 빨치산부대원들을 동원하여 수행했다. 소련군은 김일성 등 빨치산대원들을 45년 9월 중순 비밀리에 입국시킨 후 그들을 각 지역 경무사령부의 부사령관 및 고문으로 배속시켜 각자의 파견지역에서 공산당 조직을 위한 활동을 전개하도록 했다.

김일성과 그의 동료들은 10월 13일 평양에서 조선공산당 북부조선분국을 설립했다. 소련군은 다음 날 평양에서 김일성 환영 군중대회를 개최하여 김일성을 탁월한 독립운동 지도자로 북한주민들에게 부각시켰다.

소련군은 1945년 11월 19일 5도 인민위원회연합회를 개최하고 북조선 5도 행정 10국을 설립했다. 소련군은 5도 행정국 10국의 국장직을 여러 당파에 안배하고, 위원장에는 민족주의-자본주의 노선의 정치 지도자인 조만식을 내세우려 했다. 조만식을 위원장으로 선임하는 것은 조만식의 거부로 실패했다.

소련군은 뒤이어 공산당과 인민위원회에 들어가서 북한의 사회주의화를 위해 일할 '민족간부'들을 양성했다. 그것을 위해 평양노농정치학교를 만들었으며, 그 학교는 45년 12월부터 졸업생을 배출하기 시작했다. 이로써 소련군은 북한을 사회주의화하기 위한 조직적 토대와 인적 자원을 확보했다.

북한점령 소련군이 이처럼 북한의 사회주의화를 위한 조치들을 신속하게 취하고 있는 동안 남한 점령 미군의 남한 통치는 곤란을 겪고 있었다. 미군이 남한 통치에 곤란을 겪게 된 것은 3가지 원인 때문이었다. 첫째 원인은 미국정부가 남한 통치에 관한 사전준비를 제대로 하지 않아서 남한 주둔 미군에게 남한 통치에 대한 분명하고도 구체적인 지침을 제공하지 못했다는 점이다. 둘째 원인은 일본의 항복선언에서 미군의 점령까지 약 3주간(농촌지역의 경우는 약 2개월

간)의 공백기간에 남한사회에서 좌익세력이 크게 확대되었다는 점이다. 셋째 원인은 미군이 자유민주국가의 군대인 탓으로 남한주민에게 각종 자유를 허용했으며 소련군과는 달리 반대세력을 강력하게 탄압하지 않았다는 점이다.

점령통치에 관한 확고한 지침 결여로 인해 미군은 점령 통치기구를 설립하는 것부터 갈팡질팡했다. 처음에는 일본의 식민지통치기구인 조선총독부를 그대로 유지하려 했다가 국장급 이상 간부만 미군 장교로 바꾼 다음 기구의 명칭을 주한미육군군정청으로 바꿨고, 그래도 남한주민들이 반발하자 군정청의 일본인 관리들을 한국인으로 교체했다.

미군이 이처럼 갈팡질팡하며 만든 미군의 점령통치기구는 남한사회를 제대로 장악하지 못했다. 미군의 남한사회 장악을 방해하는 최대의 장애물은 좌익세력이 만든 조선인민공화국이었다. 남한의 좌익세력은 해방직후 일부 중도파인사들과 협력하여 조선건국준비위원회라는 단체를 만들었다. 좌익세력은 미군이 인천에 상륙하기 이틀 전인 9월 6일에 조선건국준비위원회를 기반으로 조선인민공화국이 수립되었다고 선언했다. 좌익세력이 일방적으로 작성하여 발표한 조선인민공화국의 행정부 명단에는 이승만 김구 김성수 등 국내외의 우익진영 인사들의 성명이 도용되어 적혀 있었다. 이름을 도용당한 우익진영 인사들이 인민공화국에 참여하지 않았기 때문에 인민공화국은 좌익만의 단체가 되었다. 인민공화국은 건국준비위원회의 중앙 및 지방조직을 접수하여 모두 인민위원회로 개편했고, 중앙행정권력이 미치지 않은 지방에서는 인민위원회가 지방자치기관 행세를 했다.

미군은 자기들이 통치해야 할 남한에 미군정청 외에 정부나 지방행정기관이 존재하는 것을 용납할 수 없어서 좌익세력에게 인민공화국의 해체를 요구했으나, 좌익세력은 그 요구를 거부했다. 소련군이라면 곧장 무력을 동원하여 그러한 도전을 분쇄했겠지만 미군은 자유민주국가의 군대인 탓으로 무력을 동원한 탄압을 주저했다.

미군은 좌익의 도전에 맞서기 위해 미군정을 지원해줄 우호세력을 확보하려 했다. 우선 10월초 국내거주 우익진영 인사들을 미군정장관 고문단으로 위촉했다. 그리고 10월 중순부터 해외에서 독립운동을 해온 우익진영의 지도자 이승만과 김구를 귀국시켰다. 이승만의 귀국 후 우익세력이 강화되자 미군은 우익진영의 협조를 얻어서 인민공화국 및 지방 인민위원회들을 해체하는 작업을 전개했다.

2) 신탁통치를 둘러싼 좌우익간 투쟁

미국과 소련 및 영국은 2차 세계대전 종전처리와 관련된 국제문제들 가운데 미해결의 문제들을 해결하기 위해 1945년 12월 16일 모스크바에서 3국외상회의를 개최했다. 미국과 소련이 분할 점령한 한반도의 독립문제도 이 회의에서 처리할 국제문제들 중의 하나였다. 미국과 소련은 이미 제2차 세계대전 기간 중 한반도에 대한 공동신탁통치 실시에 합의했었기 때문에 이 회의에서 어렵지 않게 합의를 도출할 수 있었다. 12월 28일에 발표된 모스크바협정의 핵심내용은 ① 한반도를 5년간 미·소·영·중 4개국의 공동신탁통치를 거쳐서 완전 독립시킬 것이며, ② 그에 관련된 문제들을 협의하기 위해 남북한에 주둔하는 미·소 양군 사령부 대표들이 참여하는 미·소공동위원회를 개최한다는 것이다.

모스크바협정 속에 내포된 신탁통치계획은 한반도의 정치세력들을 격렬한 투쟁의 소용돌이 속으로 몰아넣었다.

좌우익을 망라한 남한의 모든 정치지도자들은 모스크바협정이 발표되기 오래전부터 한반도에 대한 신탁통치 구상에 대해 이구동성으로 반대하는 입장을 표명해왔다. 그러나 모스크바협정이 발표된 후에는 신탁통치에 대한 좌우익의 입장이 정반대로 갈라졌다.

우익진영은 모스크바협정이 발표되자 종전보다 더욱 강경한 신탁통치 반대 입장을 천명하고 신탁통치 결정을 무효화하기 위해 격렬한 투쟁을 전개했다. 이승만과 김구가 이끄는 우익진영은 모스크바협정이 발표된 다음날부터 전국적으로 신탁통치에 반대하는 집회·시위·파업·철시 등 다양한 형태의 투쟁을 전개했으며, 김구는 그러한 대중투쟁을 기반으로 미군정으로부터 행정권을 접수하려 했다. 미군정은 행정권을 넘겨주지 않았으며, 미군정과 반탁운동세력 간에는 대립적 분위기가 조성되었다. 미군정으로부터 행정권을 접수하는데 실패한 반탁운동 주도세력은 반탁입장을 취하고 있는 모든 정치세력을 끌어 모아서 비상국민회의를 구성했으며, 비상국민회의는 정식 국회가 구성될 때까지 국회의 권한을 행사하기로 했다. 비상국민회의는 신탁통치를 거부하고 즉각적인 독립을 실현하기 위해 과도정부를 수립할 것과, 과도정부 수립에 필요한 업무를 처리하기 위해 국무위원회에 해당하는 최고정무위원회를 설치하기로 결정했다. 그 결정에 따라 46년 2월 13일 이승만과 김구를 중심으로 하는 최고정무위원이 선정되었다.

반탁세력의 이러한 정부수립 노력은 미군정과 반탁세력 간의 타협에 의해 최고정무위원 전원을 미군정의 최고자문기관인 '남조선 대한민국 대표 민주의원'의 위원으로 임명하는 것으로 절충되었다.

남한의 좌익진영은 모스크바협정이 발표된 직후까지도 신탁통치에 반대하는 입장을 취했다. 그러나 모스크바협정을 지지하라는 소련의 지령이 도착한 이후 좌익진영은 종전의 반탁 입장을 돌연 찬탁으로 바꿨다.

좌익은 우익진영의 반탁투쟁에 대항하여, 우익진영의 반탁투쟁을 비난하는 성명을 발표하기도 하고, 모스크바협정 지지 군중시위를 전개하기도 했다. 그리고 우익진영이 반탁세력의 통일전선단체인 비상국민회의를 조직한 것에 맞서기 위해 좌익진영의 찬탁세력의 통일전선단체인 남조선민주주의민족전선을 결성했다.

북한의 정치세력들도 모스크바협정이 발표되기 전에는 좌우익을 막론하고 신탁통치에 대해 반대하는 입장을 취했다. 남한에서와 마찬가지로 모스크바협정 발표 후 우익진영은 모스크바협정이 제시한 신탁통치를 반대했고, 좌익진영은 소련의 지령을 받아 종전의 반탁 입장을 변경하여 모스크바협정 지지를 선언했다.

북한의 우익진영의 대표세력인 조선민주당의 지도자 조만식은 모스크바협정을 지지해달라는 소련군의 요구를 거부한 탓으로 소련군에 의해 연금되었다. 이후 신탁통치에 반대하는 조민당 우파는 소련군의 탄압을 피해 대부분 남한으로 피신했다.

북한 좌익진영의 핵심인 북조선공산당(북조선분국은 1945년 12월 17일부터 북조선공산당으로 명칭을 격상시켰다)은 소련군으로부터 모스크바협정을 지지하라는 지시를 받은 후부터 모스크바협정 관철운동을 적극적으로 전개했다. 북조선공산당은 자기들의 지시에 따르는 북한의 여타 정당·사회단체들과 찬탁세력의 통일전선체인 북조선민주주의민족전선을 결성했다. 소련군과 북조선공산당은 신탁통치에 반대하는 사람들을 '친일파·민족반역자'로 규정하여 철저히 숙청했으며, 그 결과 북한에는 신탁통치에 찬성하는 정치세력만 남게 되었다.

3) 제1차 미·소공동위원회

남북한의 정치세력들이 신탁통치를 둘러싸고 찬성파와 반대파로 분열되어 격렬하게 투쟁하고 있는 가운데 미국과 소련은 모스크바 협정(신탁통치)을 실천하기 위한 미·소공동위원회의 소집을 준비했다. 미국과 소련은 제1차 미·소공동위원회를 1946년 3월 20일부터 서울에서 개최했다.

미·소공위의 미국대표(남한주둔 미군사령관) 하지는 미·소공위에서 미국이 관철하고자 하는 사항으로

① 한반도의 통일 임시정부는 진정한 대의민주주의 정부여야 할 것

② 남북한 전 지역에서 사상의 차이를 막론하고 모든 정치세력에게 정치적 자유를 보장할 것,

③ 38선의 국경선적 작용을 철폐하여 남북한 양 지역의 민생관련 행정과 경제생활의 통일을 기할 것,

④ 남북한 양 지역의 정치세력들이 상대방 지역에서 정치활동을 자유롭게 할 수 있도록 보장할 것 등을 제시했다.

미·소공위의 소련대표(북한주둔 소련군사령관) 스티코프는 미·소공위에서 소련이 관철하고자 하는 사항으로

① 미·소공위에 의해 수립될 한반도의 임시정부의 구성에는 모스크바협정을 지지하는 정당과 사회단체들만 참여할 것

② 통일된 한반도에 반소적인 정부가 수립되는 것은 용납하지 않을 것

③ 한국민을 위해 후견제(신탁통치)를 실시할 것 등을 제시했다.

미·소공위에 임하는 미국과 소련의 입장은 큰 차이를 나타내고 있었다. 그 중에서도 가장 심각한 차이는 한반도 통일 임시정부 구성

에 참여할 정당과 사회단체의 범위에 관한 입장의 차이이다. 미국은 임시정부 구성에 참여하는 정당과 사회단체에 대해 아무런 제한을 가하지 않은데 반해, 소련은 모스크바협정(신탁통치)을 지지하는 정치세력만 임시정부 구성에 참여해야 한다는 제한을 가했다.

미국과 소련의 이러한 입장 차이는 공위가 한반도 통일 임시정부 구성에 관한 토의를 본격화하면서부터 뚜렷하게 부각되었다. 임시정부 구성문제를 놓고 공위가 협의(의견을 청취)할 남북한의 정당과 단체들을 선정하는 문제를 토의하게 되자, 소련은 모스크바협정(신탁통치)에 반대하는 정당과 사회단체는 협의대상에서 제외되어야 한다고 주장했다. 이에 대해 미국은 모든 정당과 사회단체는 언론의 자유가 있기 때문에 신탁통치에 대해 찬성이나 반대의 의견을 자유롭게 표현할 수 있으며, 신탁통치에 반대하는 정당과 사회단체를 협의대상에서 배제하는 것은 언론자유를 부정하는 것이라고 주장하며 소련의 주장에 반대했다.

소련은 타협안으로 남한의 정당과 단체들이 비록 과거에는 신탁통치에 반대했다 하더라도 향후로는 모스크바협정을 지지하고 또 공의가 장차 결정할 사항들의 실천에 협력할 것을 서약한다면 협의대상에서 배제하지 않기로 하자고 제안했으며, 미국도 이에 동의했다.

남한의 우익-반탁진영는 그러한 서약은 결과적으로는 신탁통치의 수용을 서약하는 것이 될 것이므로 서약을 하지 않겠다는 입장을 취했다. 하지는 반탁진영의 서약을 유도하기 위해, 공위의 협의 대상이 되고자 그런 서약을 하더라도 그 서약은 향후 정당과 단체들이 신탁통치에 대한 찬·반 의견을 발표할 수 있는 자유를 구속하지 않는다는 내용의 특별성명을 발표했다. 하지의 성명이 발표된 후 남한의 반탁세력은 일제히 서약서에 서명했다.

그러자 소련은 미·소공위가 주문하는 서약에 관한 하지의 해석은 모스크바협정의 본질을 파괴하는 것이며, 향후로도 신탁통치에 반대하겠다는 입장을 취하면서 미·소공위가 주문하는 서약서에 서명한 남한의 반탁세력들은 기만적 반동분자들이라고 비난하고, 서약서에 서명한 정당과 단체라도 신탁통치에 반대하는 입장을 취하는 한 공위의 협의대상에 포함시킬 수 없다고 주장했다. 미국과 소련의 입장대립에는 더 이상 타협할 여지가 없었으며, 그에 따라 제1차 미·소공위는 결렬되었다.

3. 남북한 사회의 이질화

1) 북한의 단독정권 수립과 사회주의화

제1차 미·소공위가 전개되고 있던 시기에 남한과 북한에서는 매우 상이한 정치상황이 전개되었다.

북한에서는 제1차 미·소공위가 개최되기 전인 1946년 2월 8일 갑자기 김일성을 위원장으로 하는 북조선임시인민위원회라는 명칭의 단독임시정부가 설립되었다.

북한지역에 적용될 각종 법률과 정책을 의결하고 집행할 북조선임시인민위원회는 공식적으로는 스스로를 '정부'나 '정권'이라고 말하지 않고, '중앙행정주권기관'이라고 말했다. 그러나 객관적으로 볼 때 법령을 결정하고 집행하는 중앙행정주권기관의 학술적 명칭은 '정부'밖에 없다. 그래서 당시 북한의 각종 좌익단체들도 임시인민위원회를 '우리의 정부', '인민의 정권'이라고 선전했다.

북조선임시인민위원회는 출범하자마자 북한을 사회주의화(공산주의자들은 사회주의화를 '민주화'라고 부르며, 그러한 공산주의자들의 용어 사용법에 따라 당시 북한의 사회주의화도 '민주화'라고 호칭했으며, 사회주의화를 위한 변혁도 '민주화개혁'이라고 호칭했다)하기 위한 변혁에 착수했다. 임시인민위는 서울에서 한반도 통일 임시정부 구성을 준비하기 위한 제1차 미·공위가 개막되고 있던 3월 하순 사회주의화의 종합계획인 '20개조 정강'을 발표하고 그에 따라 북한의 정치 경제 사회 교육 문화 등 모든 분야에서 사회주의화에 필요한 변혁조치들을 실행했다.

그 중 중요한 것은 사회주의적 토지개혁, 반동분자와 반민주주의자 제거, 학생과 성인을 상대로 한 사회주의사상 주입교육 등이었고, 그 중에서도 가장 먼저 진행한 핵심적인 사업은 토지개혁이었다.

사회주의적 토지개혁은 '20개 정강'이 발표되기도 전인 3월 10일경부터 시작되었다. 북한의 토지개혁은 공산당의 지도 아래, 각 농촌에 거주하는 빈농과 고농들이 농촌위원회를 조직하고 그 농촌위원회가 그 지역의 지주들로부터 토지를 직접 강탈하여 나누어가진 후 지주들을 그 지역에서 추방하는 방법으로 진행되었으며, 토지개혁은 북한 전역에서 약 20일 만에 완료되었다.

북한공산당은 북한에서 단독정권을 만들고 사회주의화작업을 진행하는 것을 '북조선민주기지론'으로 정당화했다. '북조선민주기지론'이란 한반도 전체를 사회주의화하기 위해서는 먼저 북한을 사회주의화의 기지로 건설해야 한다는 이론이다.

북한의 좌익세력은 제1차 미·소공위가 결렬된 후 북한의 사회주의화를 더욱 효과적으로 추진하고 보다 안정된 정권담당주체를 확보하기 위해 1946년 8월 북조선공산당과 신민당(중국에서 활동하던 공산주의자들의 정당)을 하나로 통합하여 북조선노동당을 창당했다.

그들은 또 사회주의화 개혁이 진척되자 1946년 11월부터 임시정부(북조선임시인민위원회)가 아닌 정식정부(북조선인민위원회)를 설립하기 위한 작업을 진행했다. 그러한 작업을 위해 11월에 북한 지역의 도·시·군 인민위원회 위원선거를 실시했다. 각급 인민위원회 위원선거는 북조선민주주의민족전선이 내세운 단일 후보자에 대한 찬반을 묻는 공개투표(흑백상자 투표)를 통해 진행되었다.

1947년 2월에는 평양에서 도·시·군 인민위원회대회가 개최되었고, 이 대회에서 북한지역의 국회에 해당하는 북조선인민회의를 구성했다. 북조선인민회의는 곧이어 제1차 회의를 소집하고 2월 22일 김일성을 위원장으로 하는 북한지역의 정식정부인 북조선인민위원회를 구성했다. 북조선인민위원회는 출범과 함께 각급 지방행정기관인 도·시·군·면·동·리의 지방 인민위원회를 강화하고, 인민경제계획을 수립·집행하여 계획경제체제를 도입했다.

이로써 북한은 남한과는 상이한 통치 질서와 사회 상황을 가진 이질적인 사회가 되었다. 그에 따라 한반도는 남북한 어느 쪽에서든지 유혈혁명이 일어나거나 한 쪽이 다른 쪽을 군사력으로 정복하지 않는 한 동질적인 사회로 환원될 수 없는 분단 상태로 들어갔다.

2) 남한의 정치·사회적 혼란

북한에서 소련군과 좌익세력이 한 덩어리가 되어 사회주의화 작업을 되돌릴 수 없게 진전시키고 있는 시기에 남한에서는 미군정이 우익세력을 멀리하고 새로운 협조세력을 양성하기 위한 공작을 전개하는가 하면 좌익세력은 대규모 노동자 파업과 농민폭동을 선동·주도하여 매우 혼란한 정치상황이 조성되었다.

제1차 미·소공위가 결렬되자 우익진영은 우리 민족의 자주적 역량으로 조속히 정부를 수립해야 하겠다는 생각을 가지게 되었다. 게다가 북한에서 북조선임시인민위원회라는 단독정부가 만들어지고, 북한을 사회주의 사회로 전환하는 작업들이 전개되고 있다는 사실이 남한에 알려지자, 남한 우익진영의 정치인들 사이에서는 남한에서도 북한에서와 같이 우리 민족에 의한 정부가 수립되어야 한다는 의견이 제기되었다.

우익진영의 지도자 이승만은 그러한 의견을 대변하여 1946년 6월 3일 전라북도 정읍에서 행한 연설을 통해 남한에서 '임시정부 혹은 위원회 같은 것'을 조직하자고 제안했다. 이승만의 정읍발언에 대해 좌익진영은 민족분단을 획책하는 것이라도 비난했다. 미군정도 이승만의 정읍발언은 미군정의 정책과 어긋나는 것이라고 비난했다. 우익진영의 한 축인 김구세력도 이승만의 정읍발언을 비난했다. 이처럼 사방에서 비난이 쏟아지자 이승만은 남한에서의 정부수립을 더 이상 주장하지 않고 통일을 위한 민족 전체의 투쟁만을 역설했다.

남한의 좌익세력은 제1차 미·소공위가 개최되고 있는 동안 미·소공위에서 소련이 주장한 것을 전폭적으로 지지하고, 북한에서 진행되고 있는 토지개혁을 비롯한 사회주의화 작업이 남한에서도 조속히 진행되어야 한다고 선동했다. 그들은 1차 미·소공위 결렬 후에는 북한에서 진행된 북조선공산당과 신민당의 통합에 발맞추어 남한에서도 좌익 3당(조선공산당, 인민당, 남조선신민당)을 통합하여 남조선노동당을 만들었다.

그와 병행하여 남한 좌익세력은 미군정의 남한에 대한 통제력을 약화시키고 좌익세력의 위력을 과시하기 위해 노동자 총파업(1946년 9월 하순부터 10월 상순까지 남한 도시지역에서 전개된 노동자들의 총파업)과 농민폭동(1946년 10월 1일에 발생한 대구폭동에 뒤이어 10월 하순까지 전국의 농촌지역에서 연쇄적으로 일어난 농민들의 폭동)을 일으켰다. 9월 총파업과 10월 농민폭동으로 인해 남한에서는 사회혼란과 경제적 어려움이 심각해졌다.

한편, 미국정부는 제1차 미·소공위 결렬 후에도 한반도문제를 모스크바협정의 틀 속에서 소련과 합의하여 해결한다는 기존 정책을 고수하면서, 그러한 미국의 정책이 이행되려면 남한 정계에서 신탁통치에 반대하는 이승만과 김구를 퇴출시키고 미국의 정책집행에 협조할 새로운 세력을 양성해야 한다고 미군정에 지시했다. 미군정은 그러한 지시에 따라 1946년 5월 하순부터 김규식과 여운형을 지원하여 좌우합작운동을 전개하도록 했다. 미군정은 좌우합작운동을 통해 좌·우 두 진영의 비주류 인사들을 끌어 모아 제3의 세력, 즉 중도세력을 양성하고자 했다.

좌우합작운동은 1946년 10월 좌우 진영의 중심부로부터 외면당하여 실패했지만, 미군정은 좌우합작운동의 주체인 좌우합작위원회를 계속 지원하여 미국의 한반도정책에 협조할 중도세력을 양성함과 동시에, 중도세력의 정치적 위상을 강화하고 미군정과 중도세력간의 협조관계를 강화하기 위해 미군정청의 한국인 관리에 중도파인사들을 많이 임용하고, 남조선 과도입법의원(1946년 11월)을 구성했다. 미군정은 과도입법의원 구성에서 이승만과 김구를 배제했고 김규식을 의장에 앉혔다.

미군정이 이처럼 중도세력을 양성 지원하고 우익진영을 심하게 견제하자, 이승만과 김구는 미군정에 대립적 입장을 취했다. 이승만은 미국정부를 상대로 대한정책을 변경하고 주한미군사령관 하지를 친우익적 인물로 교체해줄 것을 호소하기 위해 1946년 12월 초부터 1947년 4월까지 미국을 방문했다. 이승만은 미국체류기간에 미국의 한반도정책과 주한미군정을 비난하고 남한에서 조속히 선거에 의한 정부를 구성해야 한다는 점을 부각시키는 선전활동을 전개했다. 미국정부는 이승만의 이러한 활동을 못마땅하게 생각하여 이승만을 냉대했으며, 대통령이나 장관 등 고위관리들은 아무도 이승만을 만나주지 않았다.

이승만이 미국에 가서 선전활동을 전개하는 동안 국내에 있던 김구는 그의 추종자들과 더불어 대규모 반탁시위를 전개하면서 미군정으로부터 행정권을 접수하려는 쿠데타 계획을 또다시 추진했다. 1947년 3월 1일을 기해 실행하려던 이 계획은 사전에 미군정에 발각되어 실패했다. 쿠데타에 실패한 김구와 그의 추종세력은 우익진영의 모든 정당과 사회단체의 대표들을 모아서 국회에 해당하는 국민의회를 구성했고, 국민의회는 임시정부를 확대 개편하여 이승만을 주석, 김구를 부주석으로 하는 새로운 임시정부를 구성하여 이승만이 귀국하는 대로 미군정과는 별도로 과도정부의 역할을 수행하려 했다.

미국체류기간 중 트루먼 독트린(소련에 대한 정책을 종전의 협력기조에서 대결기조로 전환하는 정책노선)의 발표를 들은 이승만은 미국의 대한정책이 변경될 것이라는 확신을 가지고 1947년 4월 서울로 돌아왔다. 서울에 돌아온 이승만은 미국의 대한정책이 곧 변경될 것이라는 확신에 입각하여 한편으로는 임시정부 주석 취임을 거부하여 미군정과의 정면대결을 피하고, 다른 한편으로는 미국의 대한정책이 변했다고 선전하면서 선거에 의한 남한 정부 수립운동을 적극적으로 전개했다.

4. 유엔의 한국문제 결의와 그에 대한 남북한 정치세력들의 대응

1) 제2차 미·소공동위원회 결렬과 한국문제의 유엔 상정

북한에서는 사회주의화가 확고하게 진척되고 있는데 반해 남한에서는 정치세력간의 투쟁과 미군정의 잘못된 정책으로 인해 정치·사회적 혼란이 가중되고 있는 상황에서 1947년 5월 제2차 미·소공동위원회가 서울에서 개막되었다. 미국은 제2차 미·소공위를 성사시키기 위해 소련에 중대한 양보를 했다. 미·소공위의 재개를 위한 협상과정에서 미국은 제1차 미·소공위에서 취했던 반탁세력의 언론자유보장 입장을 철회하기로 한 것이다. 미국은 한반도 문제를 조속히 해결하고 싶은 욕망으로 인해 남한의 강경 반탁세력을 희생시키고 미·소 합의에 의한 한반도 문제해결을 서둘렀던 것이다.

미국과 소련은 제2차 미·소공위 재개 직후 〈미·소공위에서 남북 각 정당 및 사회단체와의 협의에 관한 규정〉을 채택했다. 이 규정은 임시정부 구성과 관련하여 공위와의 협의에 참여하려는 남북한의 정당과 단체들은 모스크바협정과 공위의 노력을 지지한다는 서약서와 협의 참가 청원서 및 공위가 제시한 임시정부 구성 원칙·헌장·정강 등에 관한 질문에 대한 각자의 의견을 기재한 답변서를 제출할 것을 요구했다.

이승만과 김구의 직계 정당과 사회단체들을 제외한 남북한의 좌우익을 망라한 모든 정당과 사회단체들이 그 '규정'에 따라 공위에 협의 참여 신청 서류를 제출했다. 이승만과 김구의 직계 정당과 사회단체들은 미·소공위에 그러한 서류를 제출하지 않고 모스크바협정의 폐기와 한국문제의 유엔 상정을 주장했다.

남북한의 정당과 사회단체들로부터 협의 참여 신청 서류를 접수한 미·소공위는 7월 중순부터 향후 공위와 협의하게 될 정당과 사회단체의 명단을 작성하는 작업에 들어갔으며, 이때부터 소련은 제1차 미·소공위 때와 본질적으로 동일한 문제를 제기했다. 소련은 미·소공위가 요구한 서류를 제출한 정당과 사회단체라 할지라도 반탁투쟁위원회 및 그와 유사한 반탁운동단체에 가입해 있는 정당이나 단체는 모스크바협정 지지태도가 불확실하기 때문에 협의대상에서 제외해야 한다고 주장했다.

공위 참여를 신청한 남한의 우익진영 정당과 단체들은 공위에 참여하여 신탁통치계획을 무산시키는 두쟁을 전개하겠다는 명분하에 참여를 신청했기 때문에 반탁투쟁위원회 등과 같은 우익진영의 반탁 통일전선 단체들로부터 탈퇴할 수 없었다. 소련의 주장에 따를 경우에는 반탁투쟁 단체에 참여한 남한의 모든 우익진영의 정당과 단체는 물론이고 심지어는 일부 중도파 정당과 단체들까지도 미·소공위와의 협의대상에서 배제될 것이므로 미국은 그런 소련의 주장을 받아들일 수 없었다. 결국 2차 미·소공위도 1차 미·소공위를 결렬시킨 문제와 본질적으로 동일한 문제로 인해 교착상태에 빠졌다.

2차 미·소공위가 교착상태에 빠지자 한반도문제를 조속히 결말짓고자 하는 미국은 모스크바협정–미·소공위의 틀을 벗어나 새로운 방법으로 한국문제를 해결하려고 모색했다. 미국은 미국·소련의 2자 회담에서는 한반도문제의 해결이 어려우므로 한반도에 대한 공동신탁국으로 정해진 미·소·영·중 4자 회담에서 한반도 문제를 협의할 것을 제의했다. 소련은 한반도 문제를 4자 회담에 넘기는 것은 모스크바협정에 위배된다는 이유를 들어 반대했다.

그러자 미국은 1947년 9월 한반도 문제를 미·소공위에서도 해결할 수 없고 4자 회담에 이관할 수도 없다면, 한반도 문제를 유엔에 이관할 수밖에 없다고 소련에 통고한 후 유엔총회에 한국문제의 의제채택을 요청했다. 소련은 한국문제의 유엔이관에 반대하면서, 그 대안으로 1948년 초까지 한반도에서 남북한의 미군과 소련군을 철수하고 한국인들끼리 협의해서 통일정부를 구성하도록 하자고 제안했다. 미국은 남북한의 미·소군 철수문제도 유엔총회에서 함께 토의하자고 수정 제의했다. 유엔총회는 미국의 요청에 따라 한국문제를 의제로 채택했으며, 그에 따라 제2차 미·소공위는 막을 내렸다.

2) 유엔총회의 한국문제 결의와 유엔 한국임시위원단의 활동

한국문제가 유엔총회의 의제로 채택되자, 소련은 한편으로는 유엔총회의 한국문제 심의를 저지하기 위해서, 다른 한편으로는 한국문제에 대한 유엔총회의 결정을 소련이 희망하는 방향으로 이루어지도록 유도하기 위해 노력했다. 소련의 그러한 노력은 모두 실패하고 유엔총회는 1947년 11월 14일 한국문제에 관한 결의를 채택했다.

한국문제에 관한 유엔총회 결의의 주요 내용은

① 남북한 전 지역에서 유엔감시 하에 인구비례에 의한 보통·비밀선거를 실시하여 국회를 구성하고, 그 국회에서 한반도의 통일정부를 수립할 것,

② 남북한 총선거를 준비하고 감시하기 위해 유엔한국임시위원단을 구성할 것,

③ 통일정부가 구성되면 90일 이내에 남북한으로부터 미·소군을 완전 철수할 것 등이다.

소련은 유엔총회가 한국문제에 관한 결의를 채택하자마자 유엔총회의 결의를 실행하는 데 일체 협조하지 않을 것임을 선언했다.

유엔총회의 결의에 따라 유엔한국임시위원단이 유엔 결의에 적시된 위원단의 임무를 수행하기 위하여 1948년 1월 서울에 도착했다. 유엔위원단의 활동은 남한지역에서는 미군의 협조를 받아 매우 순조롭게 전개되었다. 유엔위원단은 유엔 감시하의 남북한총선실시에 관한 남한 정치지도자들의 의견을 청취하고, 남한주민들이 선거를 희망하고 있는지 여부 등을 조사했다. 그러나 소련군이 유엔위원단의 북한방문을 거부함으로써 유엔위원단은 북한지역에서 아무런 활동도 하지 못했다.

3) 1947년 9월~1948년 2월의 남북한 정세

한국문제의 유엔 상정과 유엔총회의 한국문제 결의는 한반도의 정치 상황에 또 한 차례의 소용돌이를 몰고 왔다. 미국이 한국문제를 유엔총회 의제로 상정시키고 유엔총회가 남북한총선을 결의하자 남한 우익진영은 이를 적극 환영했다. 우익진영은 한목소리로 소련이 제안한 미·소군 조기철수론에 반대했다. 한반도문제를 미해결 상태로 둔 채 미·소군이 철수하면 한반도가 혼란 상태에 빠질 것이고, 북한에서는 공산화를 추구하는 정권이 수립되어 있는데 반해 남한에서는 정권이 수립되어 있지 않은 조건에서는 그런 혼란 상태는 남한마저 공산화할 가능성이 있다는 우려 때문이었다. 김구의 한독당도 한국문제의 유엔이관과 유엔총회의 결의를 환영하고 미·소군을 조기에 철수하자는 소련의 제의에 반대했다. 김구는 소련의 방해로 북한에서 선거를 실시할 수 없게 될 경우에는 남한에서만이라도 선거를 실시하여 정부를 수립해야 한다고 주장했다.

1948년 1월 유엔한국임시위원단이 유엔총회의 결의에 정해진 위원단의 임무를 수행하기 위해 서울을 방문하자 남한의 우익진영은 그들을 적극 환영하면서, 유엔위원단에게 남북한총선의 조속한 실시를 요청했다. 김구는 이때 갑자기 입장을 바꿔 유엔위원단에게 소련이 반대하는 남북한총선을 추진하지 말고 남북협상을 주선해달라고 요청했다.

남북한의 좌익세력은 소련의 미·소군 조기철수론을 전폭적으로 지지하면서 한국문제의 유엔 상정이나 유엔총회의 한국문제 결의를 격렬하게 반대했다. 북한의 정권인 북조선인민위원회는 1947년 가을부터 연말까지 소련의 미·소군 조기철수론을 지지하고 한국문제의 유엔 상정 및 유엔총회의 한국문제결의를 반대하는 군중대회를 북한 전 지역에서 개최했다. 그와 병행하여 북조선인민위원회 위원장 김일성은 1947년 10월 초 남북한의 정당·사회단체 대표들이 한 자리에 모여 협상을 가질 것, 즉 남북협상을 개최할 것을 제안했다. 북로당과 북조선민주주의민족전선은 유엔의 한국문제 결의가 발표된 것과 같은 시기인 11월 15일 남북한 전체에 적용될 임시통일헌법을 제정할 것을 결의했으며, 뒤이어 북조선인민회의는 조선임시통일헌법 초안 작성을 위한 헌법작성제정위원회를 구성했다.

남한의 좌익진영도 한국문제의 유엔 상정 및 유엔총회의 한국문제 결의를 격렬히 비난하면서 소련의 주장을 적극 지지했다. 남로당은 유엔결의를 '미군의 영구적인 남한주둔을 합리화하는 것', '유엔에 의한 신탁통치를 실시하기 위한 것', '남한을 미국의 식민지화 군사기지화 하려는 음모' 등으로 비난했다.

유엔위원단이 서울을 방문하면서부터 남북한의 좌익은 유엔위원단반대 투쟁을 격렬하게 전개했다. 북한정권은 유엔위원단의 한국방문을 반대하는 군중집회를 북한 전역에서 개최했다. 남한 좌익은 유엔위원단을 '미국의 손에 움직이는 인형', '남조선 반동적 단정의 조산부' 등으로 비난하면서, 유엔위원단의 활동을 저지하고 서울에서 추방하기 위해 '2·7구국투쟁'이라는 이름의 격렬한 파업과 시위 및 폭동을 전개했다.

남한의 중도파는 1947년 9월부터 11월까지는 한국문제의 유엔 상정과 유엔총회의 한국문제 결의 및 소련의 미·소군 조기철수론에 대해 분열된 반응을 보였다. 김규식을 비롯한 중도우파는 한국문제의 유엔 상정과 유엔총회의 결의를 지지하고 소련의 미소군 조기철수론을 반대했다. 그에 반해 중도좌파에 속하는 군소 정당과 한독당 내의 일부세력은 소련의 미·소군조기철수론을 긍정적으로 평가하는 성명을 발표하면서, 남북요인회담(남북협상)의 개최를 제의했다. 북한정권과 남한좌익세력의 남한 중도우파 포섭공작의 영향으로 1947년 12월 하순부터 중도우파가 입장을 바꿔 중도좌파의 입장에 동조하기 시작했다. 1948년 1월 유엔위원단의 서울방문 후부터 중도우파는 중도좌파와 동일하게 미·소군조기철수와 남북협상을 주장했다.

5. 대한민국의 건국

1) 유엔 소총회의 결의와 남한선거 준비

유엔한국위원단은 북한지역에서의 활동이 불가능한 상황에서 향후 자기들이 어떻게 행동해야 할 것인지에 관해 지시해줄 것을 유엔소총회에 요청했다. 유엔소총회는 유엔위원단의 요청을 심의한 끝에 1948년 2월 26일 유엔위원단은 접근 가능한 지역(곧, 남한지역)에서 유엔총회 결의를 이행하라고 결의했다. 이러한 유엔소총회의 결의가 있은 후 유엔위원단과 미군정이 협력하여 1948년 5월 10일 이전에 남한에서 정부수립을 위한 총선을 실시하기로 결정하고, 선거실시에 필요한 준비작업에 착수했다.

미군정은 3월 초 향후 총선 실시에 관한 제반 실무적인 문제들을 처리할 국회의원선거위원회를 설치했다. 국회의원선거위원회는 미군정 및 유엔위원단과 협의하여 국회의원선거법을 제정하고 선거일정을 정하는 일에 착수했다. 국회의원선거위원회는 3월 17일 국회의원선거법을 확정 발표했다.

이 선거법은 자유민주주의국가에서 보편화된 보통 자유 직접 비밀의 원칙에 입각한 것이었다. 선거법의 기본 내용은 현재 우리나라에서 시행되고 있는 국회의원선거법과 비슷한 것이었으나, 친일파들의 선거권과 피선거권을 박탈한다는 규정을 내포하고 있는 점이 현재의 선거법과 다른 점이었다.

5·10 선거의 선거법에 친일파들의 선거권과 피선거권을 박탈한 규정을 둔 것은 일본의 식민지 지배로부터 해방된 영토에서 새로운 국가를 건설하는 작업에 일본의 식민지 지배에 협력했던 친일파들이 참여하게 되면 새로운 국가의 독립정신이 훼손되기 때문이었다.

국회의원선거위원회는 선거법발표에 뒤이어 선거인등록(3월 29일~4월 9일), 입후보자등록(3월 30일~4월 16일), 투표일(5월 10일) 등 선거일정을 공고했다.

이처럼 선거를 위한 실무준비작업이 진행되는 동안 미군정은 선거가 자유분위기 속에서 진행되도록 보장하기 위해 노력했다. 만일, 선거가 자유로운 분위기 속에 진행되지 않게 되면 선거를 감시한 유엔위원단이 선거무효를 선언할 것이고, 선거무효가 선언되면 남한에서 유엔이 정당하다고 인정하는 정부수립이 불가능해지기 때문이다. 미군정 사령관 하지는 유엔위원단과 합의하여 남한총선실시계획을 발표한 후 자유로운 선거분위기 보장을 강조하는 특별성명을 반복해서 발표했다.

미군정과 유엔위원단이 남한총선실시를 위한 각종 준비작업을 전개하고 있는 동안, 남한 사회는 내란에 가까운 혼란 상태에 처했다. 그러한 혼란 상태는 좌익세력 및 그와 연대한 중도파세력과 김구세력이 남한총선을 저지하기 위해 무장폭동을 포함한 다양한 방법의 투쟁을 전개한 데서 비롯되었다. 남한의 우익진영은 좌익세력 중심의 선거저지 투쟁을 제압하고, 미군정과 유엔위원단의 선거진행을 지원하기 위해 노력했다.

우익진영의 지도자 이승만은 남한총선 실시가 확정된 후 거듭 담화를 발표하여 한국역사상 최초로 실시되는 민주선거가 모범적인 선거가 되도록 하자고 호소했다. 이승만은 또 좌익과 중도파 및 김구세력 등의 선거에 대한 각종 거짓 선전을 반박하고 김구·김규식이 전개하는 남북협상이 국민을 오도하는 기만적인 것임을 유권자들에게 알렸다. 이승만의 이러한 국민계몽적 선전활동과 더불어 독립촉성국민회, 한민당, 대동청년단 등 우익진영의 정당과 사회단체들도 국민들을 직접 상대하여 선거인등록 및 투표참여를 유도하기 위한 계몽활동을 전개하고, 선거인등록을 방해하고 투표포기를 유도하는 좌익분자들을 제압했다.

2) 남한 선거저지를 위한 좌익과 중도파의 투쟁

유엔소총회가 남한에서 총선을 실시하도록 결의하고 유엔위원단과 미군정이 협력하여 남한총선 준비업무를 진행하자 남한 좌익세력은 유엔소총회의 결의와 남한총선실시계획을 격렬하게 비난했다. 좌익세력은 유엔소총회의 결의를 "조국의 국토양단 민족분열 시키며 남조선을 식민지화 군사기지화 하려는 미제의 노골적인 단정계획"으로 규정하고 그러한 계획을 분쇄하기 위한 '성스러운 전 인민적 항쟁에 전국의 동포와 일체의 애국자가 총동원 궐기할 것'을 촉구했고, '단선단정 분쇄하고 양군철퇴로 민주주의인민공화국을 전취하자'고 선동했다.

선거인등록이 개시되자 좌익은 유권자들이 선거인으로 등록하는 것을 저지하기 위해 유권자들을 회유 협박하고 선거인 등록업무를 보는 공무원과 선거인 등록업무와 연관된 시설을 파괴하는 무장투쟁을 전개했다. 남로당은 무장폭동 및 무장유격대 활동을 위한 선전선행대(宣傳先行隊)를 조직하고, 그와 병행하여 각 지구 각 분야별로 소규모의 보조적 무장투쟁조직으로 백골대, 유격대 등을 조직하여 선행대와 함께 무장투쟁을 전개하도록 했다.

좌익세력은 이처럼 남한의 선거를 저지하기 위한 투쟁을 전개하면서 그와 병행하여 북한정권이 마련한 인민민주주의 헌법 초안을 지지하는 캠페인을 전개했다. 북한정권은 유엔결의 및 남한총선을 남한을 미국의 식민지화하고 민족분단을 초래할 반민족적 악행이라고 비난하면서 남북한 전역에 적용될 인민민주주의적 통일 헌법초안을 북한주민에게 알리고 주민들의 지지를 확보하기 위한 선전활동을 1948년 2월 중순부터 4월 초까지 대대적으로 전개했다.

남로당과 남조선민전은 북한에서 만든 통일헌법 초안에 대한 지지를 선동하면서 그 헌법초안에 대한 남한 좌익세력의 지지 연판장을 만들어 북조선인민회의에 보냈다. 북조선인민회의는 4월 29일 조선임시헌법제정위원회가 만든 통일정부 수립을 위한 헌법초안을 원안대로 통과시키면서 이 헌법에 따라 한반도의 중앙정부를 수립하기로 결정했다(북한정권은 1948년 9월 이 헌법을 조선민주주의인민공화국의 헌법으로 채택했다).

남한좌익은 투표일을 5일 앞두고 "남조선의 진상은 미국인들이 자유 환경 아래서 선거를 준비하는 것이 아니라 강압과 위협의 환경에서 이를 준비하고 있으며, 단선을 반대하여 일어난 제주도 인민투쟁을 피바다에 잠그고 있다…어떤 강압과 위협에도 굴종하지 말고 단선 보이콧에 대한 남북조선 제정당 사회단체 연석회의의 결정을 실천하며 남조선 단선을 결정적으로 파탄시키자"고 선동하면서 총선반대 진영의 모든 조직에게 총선파탄 총동원령을 내렸다. 남로당은 투표일 직전인 8일과 9일 전 조직을 동원하여 교통·통신시설 파괴 및 파업을 전개하여 국가마비상태를 초래하려고 노력했고, 투표일에는 투표소를 습격하고 투표에 참여하려는 주민들의 마을을 공격했다.

좌익의 극렬한 5·10 선거 저지투쟁은 남북협상에 동조한 중도파와 김구의 세력에 의해 정치적으로 지원되었다. 김구·김규식과 중도파세력은 "미군이 주둔하고 있는 한 자유로운 선거분위기 조성이 불가능하다", "단독선거 단독정부수립하면 동족상잔 전쟁이 일어난다", "선거후 미국은 고등판무관을 두어 남한을 통치할 계획이다", "선거는 미군주둔을 연장하기 위한 하나의 술책이다"는 등 훗날 모두 거짓으로 드러난 주장들을 하면서 대중으로 하여금 선거를 보이콧하도록 유도했다.

3) 남북협상

남북한의 좌익세력과 남한의 중도파 및 김구세력은 남한총선 저지를 위해 남북협상이라는 카드도 이용했다. 김일성은 소련이 한국문제의 유엔 상정에 반대하면서 미·소군의 조기철수론을 주장한 직후인 1947년 10월 3일 남북협상을 제안했다. 소련의 주장대로 미·소군을 조기에 철수하여 한국문제를 한국인들이 알아서 처리하도록 하면, 일단 남북한의 정당·사회단체들의 협상이라는 절차가 필요할 것이기 때문에, 김일성은 소련의 제의를 뒷받침하기 위해 남북협상을 제안한 것이다.

김일성의 제안이 있은 뒤인 1947년 10월 하순 남한의 중도좌파 군소정당들이 남북요인회담(남북협상)의 개최를 제안했다. 남로당은 자기들이 그런 주장을 하게 되면 남북한의 공산세력이 그런 계획을 하고 있다는 점이 분명하게 드러나기 때문에 중도좌파의 군소정당들을 시켜서 남북협상을 제안하도록 만든 것이다. 당시 남한의 중도좌파 정당들은 모두 남로당의 프락치들이 깊이 침투해 있어서 남로당의 의도대로 조종되었다.

남북의 노동당 지도부는 1947년 12월 중순과 48년 2월 초순에 개최된 두 차례의 정치국 연석회의에서 남한선거 반대투쟁을 보다 광범한 거족적 투쟁으로 조직·전개하고, 인공 수립에 대비하기 위해 1948년 4월 중순 남북 제정당 및 사회단체 연석회의를 소집하기로 결정했다. 북한정권은 서울에 파견된 북한정권의 공작원 성시백을 통하여 김구 김규식 조소앙 홍명희 등을 상대로 포섭공작을 전개, 남북협상에 대한 그들의 동조를 유도했다.

김일성은 1948년 1월 초순 전 민족적 회의의 소집을 제안하는 편지를 남한의 김구·김규식과 정당·사회단체들에게 보냈다. 남북협상은 48년 1월 하순부터 김구와 김규식이 그에 동조함으로써 활력을 갖게 되었다. 남한의 김구와 김규식, 북한의 김일성과 김두봉은 비밀리에 서한을 교환하면서 남북협상을 추진했다.

북한정권은 1948년 3월 25일 북조선민주주의민족전선의 성명을 통해 총선반대 입장을 취하고 있는 남한의 정당과 단체들에게 4월 14

일(회의 개최일자는 뒤에 가서 4월 19일로 변경되었다) 평양에서 전조선정당사회단체대표자연석회의를 개최할 것을 제의했다. 북조선민전의 제의는 평양방송을 통해 일방적으로 전달되었다. 뒤이어 김일성은 김구·김규식과 남한총선 반대를 천명해온 여타 정당과 사회단체들에게 평양방송과 동일한 내용이 담긴 초청장을 보냈다.

전조선제정당사회단체대표자연석회의(남북협상회의)는 4월 19일 평양에서 개막되었다. 남북협상회의라고 부르는 이 회의는 남쪽의 핵심인물인 김구와 김규식이 평양에 도착하기도 전에 개막되었다. 김구는 회의 3일째인 22일에야 회의에 참석했고, 김규식은 '피곤하다'는 구실로 회의에 불참했다. 회의는 북한 공산주의자들이 일방적으로 짜놓은 각본대로 진행되었다. 26일 공식 폐회된 평양회의에서는 〈조선 정치정세에 관한 결정서〉, 〈남조선 단선단정 반대투쟁 대책에 관한 결정서〉, 〈소련과 미국에 보내는 요청서〉 등 3개의 문서가 채택되었다.

〈조선 정치정세에 관한 결정서〉는 북한지역에서 실시된 소련의 정책과 북한에서 진행된 공산단독정권의 수립과 사회주의화가 옳다고 인정해주는 것인 동시에 남한지역에서도 북한지역에서 전개된 것과 같은 일들, 즉 사회주의화가 전개되어야 한다는 것을 간접적으로 수긍하는 문서이다. 〈남조선 단선단정 반대투쟁 대책에 관한 결정서〉는 평양회의에 참석한 남한지역 정당 단체들이 장차 구성될 남조선단선반대투쟁전국위원회에 자동적으로 가입된다는 점과 그 위위원회의 투쟁활동에 무조건 동조할 것을 약속한 문서이다. 〈소련과 미국에 보내는 요청서〉는 한국문제에 대한 소련의 제안을 소련과 미국이 받아달라고 요청하는 내용을 담은 문서이다.

공식회의가 끝난 후 4월 30일 김구 김규식 김일성 김두봉의 4자회담이 개최되었다. 4자회담이 있었던 날 오후 평양회의에 참석했던 남북한의 지도자급 인사 15명의 회담이 개최되었다. 이 회담이 끝난 후 공동성명이 발표되었으며, 그 성명의 내용은 앞서 연석회의에서 채택된 문서들의 내용과 기본정신이 동일한 것이었다.

평양회의에 참석했던 남한인사들 가운데 평양회의 종료 후 김구와 김규식 및 그들의 추종자들은 서울로 돌아왔지만, 그 외의 상당히 많은 인사(약 70명)들은 북한에 잔류하여 북한의 인민공화국 수립에 참여했다.

4) 5·10 선거와 대한민국정부 수립

5·10 선거는 모든 수단을 동원하여 선거를 저지하려는 좌익세력(그리고 좌익과 연대한 중도파와 김구세력의 연합)과 선거를 기필코 실시하려는 우익세력간의 격렬한 투쟁 속에서 진행되었지만, 남한 국민들의 정부수립 욕구가 점차 고조되고, 경찰과 우익진영의 선거보호 노력이 효과를 거두어 성공적으로 진행되었다.

4월 9일에 마감된 선거인등록에서 매우 많은 유권자들이 등록했다. 유권자들의 선거인등록률에 관하여 중앙선거관리위원회는 96.4%라고 말했고, 선거감시활동을 전개한 유엔위원단은 79.7%라고 말했다. 설사 유엔위원단의 통계를 받아들인다 하더라도 당시 전개되었던 좌익세력·중도파·김구세력의 치열한 선거인등록방해 노력에 비추어볼 때 79.7%라는 등록률은 매우 높은 것이다.

5·10 선거에는 통상 알려진 것과는 달리 다양한 정치성향의 많은 후보자들이 입후보했다. 입후보자 총수는 948명이었으며, 5·10 선거의 평균경쟁률 4.7 대 1은 그 이후의 한국 국회의원선거에 있어서의 지역구 평균경쟁률 4.6대 1보다 높다.

5·10 선거 입후보자들의 소속 정당과 단체는 48개나 되었고, 무소속 출마자도 417명이었다. 입후보자의 소속 정당에는 한독당 청우당 등 남북협상에 참여한 정당도 있었고, 민중당과 민족사회당 등 중도파 정당도 있었다. 무소속 출마자 중에는 조봉암(인천) 김약수(부산) 등 중도파 정치인들이 매우 많았다. 5·10 선거에 입후보한 무소속 가운데 중도파인사들이 많았다는 사실은 5·10 선거에 당선된 무소속의원들 가운데 중도좌파 성향의 인사들이 50여명이나 되었다는 사실에 의해 입증된다.

투표일을 며칠 앞두고 김구와 김규식이 평양의 남북협상에 참여하고 돌아와 마치 남북협상이 성공한 것처럼 선전하면서 선거거부를 선동하고, 좌익은 총선을 파탄내기 위해 무장폭동, 통신·교통시설 파괴, 경찰관과 우익인사 공격, 선거사무소 공격을 전개하면서 노동자 총파업을 선동했지만 다수의 유권자들은 그에 구애되지 않고 투표에 참여했다.

좌익의 선거저지 무장폭력투쟁에 대한 미군정·경찰·우익진영의 선거보호활동과 계몽활동으로 인해 5월 10일의 투표는 우려했던 것보다는 덜 소란한 가운데 진행되었다. 제주도의 2개 선거구에서는 좌익세력의 폭동으로 인해 끝내 투표가 실시되지 못했다. 중앙선거관리위원회가 발표한 투표율은 95.5%였다. 유엔위원단의 통계에 따르면, 선거인등록자 대비 투표율은 89.8%이고 총유권자 대비 투표율은 71.6%이다. 유엔위원단의 투표율을 받아들이더라도 5·10 선거의 투표율은 당시 상황을 고려할 때 결코 낮은 투표율이 아니다.

이 날의 투표에 의해 당선된 198명(당시 국회의원 정원은 인구 10만명 당 1인 씩 계산하여 총 200명이었으나, 제주도의 2개 선거구에서 투표를 진행하지 못했기 때문에 당선자는 198명이 된다)의 당선자들을 정당· 단

국회개원 1948. 5. 31
5·10 선거에 당선된 제헌의회 의원들은 국회를 개원하고 이승만을 국회의장으로 선출했다.

체별로 분류하면, 무소속 85명, 독촉국민회 54명, 한민당 29명, 대동청년단 12명, 기타 군소 정당·단체 소속 18명 등이다.

5·10 선거의 분위기는 정치상황이 안정된 민주국가에서의 선거분위기만큼 완벽하게 자유롭고 평온하지는 못했다. 그러나 당시 선거저지를 위한 좌익세력의 무장폭력투쟁이 격렬하여 전체 사회분위기가 내전상태와 유사했었다는 점을 고려하면 5·10 선거의 분위기를 공명하지 않았다거나 자유롭지 못한 분위기였다고 말할 정도는 아니었다. 이는 5·10 선거를 감시했던 유엔한국임시위원단의 5·10 선거에 관한 보고서가 선거준비기간 및 투표일에 상당히 자유로운 분위기가 보장되었고, 선거인등록률과 투표율은 높았으며, 투표결과는 선거인들의 자유의사의 표현이었다고 긍정적으로 평가한 사실에 의해 확인된다.

5·10 선거저지투쟁을 했던 세력은 투표일 후에도 5·10 선거 무효와 단독정부수립반대를 주장하며 연일 시위·전단살포·경찰관서 습격·교통 통신시설 파괴 등을 자행했다. 그러한 어수선한 분위기 속에 5·10 선거에서 당선된 제헌의회 의원들은 5월 31일 국회를 개원했으며, 이승만을 국회의장으로 선출했다. 제헌의원들은 6월 3일부터 헌법 제정작업을 개시하여 7월 17일 헌법을 제정했다. 제헌의원들은 새로 건립될 국가의 이름을 대한민국으로 정했다. 대한민국이라는 국호 채택은 이승만의 주도로 이루어졌다. 7월 1일 국회 본회의는 국호를 무엇으로 할 것이냐를 놓고 표결한 결과, 재석 188명중 대한민국이 163명의 압도적 지지를 받아 채택되었다. 제헌의회가 제정한 건국헌법의 내용은 정치적 민주주의와 경제적·사회적 민주주의간의 조화를 도모하는 정신에 따라 작성된 것이었다. 건국헌법은 또 미국식 민주주의를 실현하고자 하는 이승만의 주장에 따라 대통령중심제 정부형태를 채택했다.

헌법에 따라 7월 20일 국회에서 대통령선거가 실시되었다. 이승만은 재석 196명 중 180명의 압도적 지지를 얻어 대통령에 선출되었다. 이승만은 7월 24일 대통령에 취임했고, 8월 4일까지 행정부 구성을 완료했다. 이승만 행정부는 8월 15일 대한민국정부 수립 선포식을 거행했으며, 이날 밤 12시를 기해 대한민국정부는 미군정청으로부터 통치권을 인수, 주권을 확보했다. 이로써 대한민국의 건국과정이 완료되었다.

대한민국의 국방과 안보

–미·중국의 패권경쟁과 한국의 전략

이춘근 박사(한국해양전략연구소 선임연구위원)

660년 소정방이 당나라 13만 대군을 이끌고 상륙한 소야도(蘇耶島) 해변 덕적도 13개 부락에 13만 대군이 주둔했다. 소야리 거주 김태홍 선생 고증.

소정방 사령부가 있던 '담안' 중요한 사적지에 민가가 들어서고 농지로 경작되고 있다.

대한민국의 국방과 안보

머리글

2016년 8월 15일 광복절에 고려대학교 3·3 동지회 김현석 회장으로부터 71주년 광복절 기념행사로 '대한민국과 고려대학교'라는 주제의 강연회를 개최하는데 필자는 '대한민국의 안보와 국방'이라는 주제의 강연을 부탁받았었다.

고대에서 연세대 출신의 필자를 초청하는 이유가 전문성도 있겠지만, 우리나라 양대 사학의 우의와 위상과 사명도 있다고 생각하고 흔쾌히 승낙하였다.

고려대학교와 연세대학교는 한말 대한제국의 운명이 풍전등화와 같은 시기에 세워졌다. 설립자의 건학이념은 달랐지만, 목적은 오직 구국의 일념이었고 경술국치 이후에도 기미년 3·1 독립만세운동 때부터 항일투쟁과 대한민국 건국, 민주화운동 등 사회의 중요한 사건이 있을 때마다 두 학교는 항상 투쟁의 선봉에 서며 양교의 우의를 다져왔다.

양교의 대표적인 행사로 고연전이 있다. 응원의 열기와 젊음의 함성은 항상 젊은 고대인과 연세인의 가슴을 설레게 하였으며, 그 열정과 힘으로 사회에 진출한 졸업생은 각계 각층에서 눈부신 활약을 하고 있다.

작년 8월 15일 강연 이후 세상에는 많은 변화가 있었다. 미국에서는 트럼프가 대통령에 당선되었고, 우리나라도 문재인 대통령으로 정권 교체가 이루어져 여러 분야에서 상당한 변화가 예견된다.

트럼프 대통령의 취임 제일성은 '미국을 다시 위대하게!'이며, 미국 우선주의(America First)의 트럼프는 세계정세의 격변을 예고하고 있다.

중국의 시진핑도 한반도의 사드 배치를 두고 간접적으로 미국에 맞서고 있다. 중국의 패권야욕은 고대 수나라, 당나라 아니 그 이전부터 중국인들의 세계관이며 정치관이기도 하였다. 6·25동란 때 국군과 유엔군의 한반도 통일을 막겠다며 중공은 100만 대군을 투입하는 인해전술로 경기도 오산까지 밀고 내려와 통일의 꿈은커녕 비참한 전화(戰禍)의 고통이 지금도 이산가족의 가슴에 생생하게 남아 있다. 당시 중공군의 절반은 정식으로 무장도 하지 못한 채 방망이 수류탄이나 꽹과리, 북을 들고 육박전으로 연합군에게 쳐들어왔다

이 얼마나 무모한 군사작전인가? 등골이 오싹해진다.

미국은 트럼프의 당선으로 기존과는 다른 '전쟁하는 나라 미국'이라는 방식으로 나오고 있으며, '미국이 많은 재정 적자를 감수하면서까지 세계경찰관 노릇을 계속할 수는 없다.'며 실리를 내세우고 있다.

중국을 향해서는 '중국이 미국을 돼지저금통처럼 활용한다'라고 노골적으로 불만을 토로하면서, 세계 경제대국으로서의 자존심을 포기하면서도 경제적 실리를 챙기겠다고 하고 있지만, 실은 트럼프는 두 마리 토끼를 다 잡을 생각을 하고 있을 것이다.

트럼프는 우리나라가 북핵 위기로 정치적, 군사적으로 심히 어려운 처지임에도 한미 FTA가 불공정하다고 재협상하겠다고 하고, 사드 배치비용과 주한미군방위비 분담 증액 등 난제를 꺼내들었다.

'고래 싸움에 새우등 터진다'는 속담이 우리에게 시사하는 바가 크다 하겠다.

기술향상으로 인한 국가 간의 격차가 크게 벌어지고, 모든 나라들

의 국내 사정도 소득격차가 더 벌어지고 있다. 지금 우리는 평준화 시대에 살고 있다고 생각하지만, 실정은 그렇지 못하다.

세계 도처에서 선동가들이 나타나 대중영합주의(포퓰리즘)로 대중을 호도하여 경제를 망치고 나라를 파멸로 이끄는 현장을 우리는 목도하고 있다.

어느 정치인이 '대통령이 되는 것은 호랑이 등에 올라탄 것과 같다'고 하였다. 호랑이 등에 올라타면 계속 달려야 한다. 떨어지면 잡아먹힐 것이다.

우리나라가 경제력으로 세계 10위권이라 하지만, 세계열강 4개국에 둘러싸인 우리나라의 방위력은 독자적으로는 유지할 수가 없는 상황이다.

북한은 핵무기라는 비대칭 전략자산을 가지고 있어, 함부로 하기 어려운 상황이다. 그간 한미상호방위조약에 기대어 경제성장을 이룬 대한민국이다. '자주국방'이라는 정치구호는 국민의 귀에는 솔깃할지 모르지만, 유럽의 강대국들도 모두 군사동맹으로 각자의 안보를 지키고 있는 실정이다.

문재인 대통령은 2017년 8월 17일 취임 100일 기자회견에서 북한 핵과 미사일 '레드라인(금지선)'에 대해 "ICBM(대륙간탄도미사일)을 완성하고 거기에 핵탄두를 탑재해 무기화하는 것"이라고 말했다. 그러나 이 말은 틀린 말이다. 이 말은 미 대통령 트럼프가 할 말이다.

우리에게 날아올 핵폭탄은 ICBM을 타고 오지 않는다. 노동 미사일과 무수단 미사일, 비행기로 날아온다. 북한군인이 배낭에 메고 넘어와 폭파시킬 수 있다. 북한이 아무리 조잡한 핵무기일지라도 우리에게는 당장의 큰 위협이다. 우리의 '레드라인'은 넘은 지가 10년도 넘었다.

안보는 잘 살고 못 살고의 문제가 아닌 죽느냐 사느냐 하는 절박한 문제이다. 우리나라는 한 때 세계지도에서 사라졌던 나라이고 지금도 양분되어 있는 세계 최고의 안보 위기인 나라다.

우리 대통령뿐 아니라 세계의 모든 대통령들이 현명한 정치를 해서 세계평화가 유지되기를 누구나 희망한다.

이런 상황 판단을 하면서 필자가 작년에 발간한《미중 패권경쟁과 한국의 전략》중에서 요약하여 게재한다.

프롤로그

미·중국 패권전쟁과 한국의 전략

중국의 부상은 결국 미국과 중국의 갈등 양상을 노정하는 단계에 이르렀다. 그동안 미중 관계가 어떻게 전개될 것인가에 관한 많은 논쟁이 있었지만 2016년 초반의 시점에서 보았을 때, 두 나라의 관계는 상당히 진전된 수준의 갈등 및 경쟁 관계라고 말하지 않을 수 없다. 물론 현재의 미중 경쟁 관계가 무력이 사용되는 수준까지 악화될 것인지, 혹은 경제적인 경쟁 혹은 외교적인 수사를 가지고 상대방을 비난하는 수준에 머무를 것인지는 정확하게 예측하기 힘들다.

미중관계가 어떤 상황으로 전개될 것인가는 미국과 중국의 국력 변화에 따라 달라질 것이나. 중국의 경제력과 군사력이 지속적으로 증강하게 될 경우 미국과 중국의 경쟁은 더욱 치열하게 될 것이고, 중국의 발전이 둔화되는 경우 미중 패권 경쟁의 가능성은 낮아질 것이다. 즉 중국의 힘이 미국의 힘에 얼마나 가까이 근접하느냐에 따라 두 나라 사이에 야기될 경쟁과 갈등의 정도가 결정될 것이다. 미국과 중국의 갈등 양상이 신경 쓰이는 것은 두 나라의 관계가 한국의 처신에 대단히 심각한 문제를 제기하기 때문이다.

지난 20여 년 동안 미국과 중국의 관계는 대단히 양호했고 한국 역시 중국과는 경제, 미국과는 안보라는 두 마리 토끼를 다 잡을 수 있던 좋은 시절이었다. 그러나 미중 관계가 심각한 갈등 상황으로 빠져들게 될 경우 한국은 심각한 전략적 선택에 당면할 수밖에 없게 될 것이다. 두 나라 모두와 잘 지낼 수 없는 상황이 되기 때문이다.

우리의 전략적 선택은 우리나라에 유리한 방향으로 결정되어야 하는데, 이는 쉽지 않은 문제이다. 이 글은 우리에게 이같은 어려운 선택의 상황이 도래할 것인지, 그 경우 우리는 어떤 결정을 내려야 할 것인지의 문제에 답하기 위한 국제정치 연구다. 국제정치 연구는 결국 힘에 대한 분석이다. 국제간 힘의 관계를 정확하게 분석할 경우 정확한 국제정치적 결정을 내리는 것이 가능해진다. 미국이 21세기에도 막강한 패권국으로 남아 있을 것이 확실하다면 우리는 당연히 미국의 편에 서야 한다. '중국이 21세기에 미국을 대체할 세계 패권국으로 등극할 것'이 확실하다면, 우리는 당연히 중국의 편에 서야 할 것이다. 이것은 비겁한 눈치작전이 아니다. 국가의 삶과 죽음에 관한 문제다.

만약 중국이 미국보다 막강한 나라로 등장하게 되었음에도 불구하고, 우리가 미국과의 동맹을 유지한다는 것은 어리석은 일이다. 그 반대의 경우도 마찬가지다. 미국의 승리가 확실한 데도 불구하고 중국과 친밀하게 지낸다면, 그렇게 함으로써 미국의 중국 견제정책에 도움이 되기는커녕 방해가 된다고 인식될 경우, 미국은 한국을 신뢰할 수 없는 동맹국으로 간주하고 자신의 지원 대상국가 목록에서 빼버릴 수도 있을 것이다.

이 글은 바로 미국과 중국 사이에 야기되고 있는 국력 변동의 현황과 결과를 살펴보고, 이를 근거로 미국과 중국이 과연 패권 경쟁을 벌일 것인가를 분석하고자 한다. 우리나라처럼 국제정치에 의해 운명이 결정되는 나라는 주변 국제정치 구조 변화에 탁월한 적응 능력을 갖추어야 한다. 국제정치학의 이론 중 하나인 위계이론(status theory)은 개인은 물론 국가의 위계가 그 국가의 기초 행위를 설정한다고 설명한다.

어떤 국가가 하는 행위는 그 국가가 차지하는 국제정치 계층구조

트럼프와 시진핑

내에서의 위치에 따라 다르며, 행위자와 행위 대상과의 위계차가 그 행위를 일으키거나 한정시키는 힘이 된다는 것이다.

물론 중국의 경제가 급속히 성장하고 있다는 사실 그 자체가 자동적으로 미국과 중국이 패권 경쟁을 벌일 것임을 말해주는 증표는 아니다. 중국의 급속한 경제발전이 야기할 미중관계의 미래에 대한 학자들의 예측이 천차만별인 것처럼 중국의 경제성장이 초래할 미래를 100% 확실하게 설명할 수 있는 방법은 없다. 또한 중국과 미국 단 두 나라의 국력만 분석해도 안 된다. 국제정치는 국가들이 혼자만의 힘으로 상대방을 대하는 것이 아니기 때문이다. 국가들은 항상 자기 편을 만들어 두고 함께 어려운 국제문제에 대처한다.

미중 갈등을 제대로 분석하기 위해 반드시 고려되어야 할 나라는 일본이다. 일본 외에도 중국 주변인 베트남, 인도, 필리핀, 대만. 인도네시아, 호주 등의 대외 행동 역시 미중 패권 경쟁에 영향을 미칠 수 있다. 이 글에서 이 모든 것들을 상세하게 다룰 수는 없는 일이지만 미국과 중국을 자기 편으로 끌어드리려는 중요한 나라들의 국력과 외교정책에 대한 기본적인 설명은 제시될 것이다. 미중 두 나라가 과거 미소 냉전 수준의 갈등과 경쟁관계에 빠져들 경우 한국은 미국 편이든 중국 편이든, 어느 한 편에 설 수 밖에 없게 될 것이다.

우리나라가 어느 편도 아닐 경우, 두 나라 모두가 유사시 선제적으로 공격하여 점령해야 할 전략적 요충지로 삼을 것이기 때문에 그렇다. 한국이 차지하는 지성학적 중요성을 고려할 때 미국과 중국 두 나라가 한국을 중립지역으로 놓아둔 채 경합하는 경우를 상상할 수 없다.

우리나라의 과거 역사에서 대륙세력과 해양세력이 충돌했을 때 한반도는 중립지역이니까 피해가야 한다고 생각한 강대국이 한 나라라도 있었는가?

이제까지 한국은 '미국과의 동맹' '중국과는 전략적 동반자'라는 편리한 수사를 가지고 미중 양국의 국제 관계 속에 안주할 수 있었다.

이것이 가능했던 이유는 그동안 미중관계가 협력적이었고 양국의 경쟁관계가 노골적으로 나타나지 않았기 때문이다. 그러나 미국과 중국의 충돌이 구체적으로 나타나고, 양국이 보다 적극적으로 패권 경쟁을 벌일 경우, 한국은 더 이상 한가하게 미국은 동맹, 중국은 전략적 동반자라고 말할 수 있는 입장이 아니게 될 것이다. 필자는 앞으로 중국의 국력 성장이 지속된다고 가정할 때. 미국과 중국이 갈등관계에 빠져 들어가게 되는 것은 거의 운명적이라고 본다. 미국과 중국 두 나라의 체제나 사상이 다르기 때문이 아니다.

미국과 소련은 체제나 사상이 달랐던 경쟁 상대였지만, 과거 프랑스와 영국, 영국과 독일의 경우 사상과 체제가 본질적으로 비슷했음에도 불구하고 경쟁과 전쟁으로 빠져들었다. 미국과 소련의 관계를 깊이 연구한 브레진스키 박사는 냉전이 한창 진행될 당시 소련이 자본주의 국가가 된다고 해도 혹은 미국이 공산국가가 된다고 해도 미국과 소련은 경쟁을 멈추지 않을 것이라고 했다.

그 이유는 두 나라가 본질적으로 충돌할 수밖에 없는 대제국(colliding empire)이라는 데 있다. 미소 패권 경쟁이 종식된 것은 소련이 더 이상 대제국으로 행동할 수 있는 국력을 보유할 수 없었기 때문이다. 마찬가지로 중국의 국력이 지속적으로 증가하는 경우 중국은 미국의 패권 영역을 침범하지 않을 수 없게 될 것이다. 중국이 성장을 계속해서 미국에 버금가는 경제대국이 된다면, 미국과 중국은 결국 충돌할 운명을 가진 제국들이 될 수밖에 없다. 물론 중국의 급속한 경제성장이 앞으로 지난 30년처럼 지속될 것이라는 보장은 없다.

특히 2015년 이래 대다수 전문가들이 중국 경제의 연착륙을 이야기하고 있고, 이미 중국의 경제성장률은 하향 곡선을 보이고 있는 중이다.

이 글은 '중국이 과연 미국을 능가하는 패권국으로 성장할 수 있을까'의 문제도 논의 대상으로 삼고 있다.

중국의 성장 속도가 더디어질 경우 동북아시아 국제정치구도는 어떻게 변화할 것이며, 중국은 어떤 대외정책을 전개할 것인지도 궁금한 주제 중 하나다. 일본의 평론가인 하세가와 게이타로(長谷川慶太郎)는 중국의 공격적인 대외정책은 중국의 경제성장이 부진해진 탓에 발생한 것이라고 분석하고 있다.

독재자들이 국내정치가 혼란한 경우 대외정책을 통해서 탈출구를 찾는 경우는 역사상 대단히 흔한 일이었다. '관심전환전쟁이론(The Diversionary Theory of War)'이라는 국제정치 이론은 '국내정치에서 난관에 봉착한 독재자들이 대외전을 야기한다'는 가설을 부정하기는 했지만 국내정치에서 난관에 봉착한 독재자들이 국제문제로 국민들의 관심을 전환시킨 예는 적지 않다.

1. 미국과 중국의 세계관과 국가전략

미국과 중국의 국제관계를 설명하는 대부분의 저술들이 의도적으로 혹은 실수로 생각하는 부분이 '미국과 중국이 보는 세계가 같지는 않다'라는 사실에 대한 언급이다. 대부분의 저술들은 미국과 중국이 똑같은 관점에서 세상을 바라보고 있다고 가정한다. 국제정치학 이론들이 개별 국가들의 철학적 관념적 차이보다는 무정부 상태라는 국제정치의 구조적 측면을 강조하다 보니, 국가들의 개별적 철학적 관념적 차이를 상대적으로 소홀히 다루고 있는 것이 현대 국제정치 연구의 일반적인 경향이기도 하다.

그러나 미중 관계를 보다 정확하게 분석하기 위해서 미국인들과 중국인들이 바라보는 세계는 현저하게 다르다는 사실을 이해하는 것이 중요하다.

미국과 중국이 가까운 미래에 본격적으로 패권 경쟁을 벌일 것이라고 상정할 경우 다가올 패권 경쟁은 역사상 나타났던 패권 경쟁과는 다른 한 가지 측면을 갖게 된다. 과거의 패권 경쟁이 국제정치적 관점이 유사한 서양국가들 간의 경쟁이었다면 다가올 미중 패권 경쟁은 세계관이 판이한, 동서양을 대표하는 강대국들 간의 충돌이 되는 것이다.

우리가 중국인의 세계관 혹은 전쟁과 평화에 대한 관점을 이해하기 위해서는 먼저 중국의 전통적 국제사상 혹은 관점에 대해 분석할 필요가 있다. 필자는 2011년 12월 하와이에서 열렸던 학술회의에서 미국학자가 "중국은 왜 가까이에 있는 이웃나라를 괴롭혀서 그들이 미국편이 되도록 떠미는지 이해할 수 없다"고 말하는 것을 들었다. 중국이 베트남, 필리핀, 인도네시아, 한국 등과 해양 영토 분쟁을 벌이는 모습과 중국이 이웃의 약소국을 대하는 태도를 그렇게 표현한 것이다. 필자는 이처럼 질문하는 미국학자에게 중국인의 세계관이 미국과 판이하게 다르기 때문에 그렇게 행동한다는 사실을 설명해 주었다.

미국과 중국은 모두 강대국으로 약소국을 능멸하는 공통적인 태도를 보이는 것이 사실이다. 그런데 미국은 약소국을 비록 형식적으로나마 자신과 대등한 나라처럼 대해줌으로써 양자 사이에 평화가 유지될 수 있다고 본다.

반면 중국은 이웃의 약소국이 형식적으로나마 중국의 우월한 지위를 인정할 때, 즉 약소국과 강대국의 위계질서가 형식적으로나마 유지될 때, 국제질서와 평화가 유지된다고 믿는다. 이는 중국과 동아시아 국가들 사이의 오랜 국제관계의 전통에서 추론된 중국적 국제정치 사상에 의거한 관점이다.

21세기인 현대에도 중국이 전통적 국제정치 관점을 유지하고 있는가라고 반문할 수 있지만 국제질서에서 위계질서의 제도화, 형식화는 중국 국제정치사 2000년의 전통이었다. 중국인들은 아직도 대국과 소국 사이에는 지켜야 할 규칙이 있다고 생각한다. 서구적 평등개념은 동양에서는 무례함이 될 수 있다.

많은 한국인들이 "미국이나 중국이나 우리를 괴롭히기는 마찬가지"라고 말하며, 두 나라를 '똑같은 강대국일 뿐'이라고 생각하는 경향이 있다. 그렇지 않다.

전략적으로 다르고, 지정학적으로 다르고, 관념적 전통적으로 다르다. 본장은 미국과 중국이 관념적, 전통적으로 다른 세계관을 가지고 있다는 사실을 설명하려는 장이다. 중국은 5000년의 장구한 역사적 문화적 전통을 가진 나라며 자신의 전통적 관념을 소중하게 지키는 나라다. 중국인은 자기 나름대로 독특한 관점에서 세상을 바라보고 있으며, 자신이 바람직하다고 생각하는 세상에 대한 구상을 갖고 있다. 반면 미국은 서구에서 형성된 국세정치의 관점이 지배하는 세계체제(global system)가 형성된 후 건국된 신생국가로서 서양적 국제정치질서를 대표하는 국제정치관을 갖고 있다.

또한 미국은 현재 패권적 지위를 차지하고 있는 나라라는 점에서 역시 특이한 국제정치적 관점과 전략을 가지고 있는 나라다.

중국인의 세계관

국제정치학의 주류이론들은 주로 국가가 처한 주변 환경의 특징으로부터 국가의 행동을 설명하려는 경향이 있다. 그러나 중국의 대외관계를 설명하려는 경우, 특히 중국과 미국의 관계를 설명하려는 경우, 중국이라는 국가 및 국민들의 마음속에 내재한 국제관계에 대한 고유한 사상과 관점을 이해하는 것은 대단히 중요하다. 중국인들의 국제정치 사상 및 세계관을 이해해야 하는 이유는 중국이라는 나라가 수 천년 동안 서양 국가들과는 독립된 상태에서 독특한 국제정치 체제를 형성해 왔고, 그 독특한 국제정치 체제의 종주국 노릇을 해왔다는 사실에서 비롯되는 것이다. 중국의 인간관 사회관은 서양과는 다르다.

아버지와 아들, 남편과 아내, 왕과 신하, 나이 많은 사람과 나이 어린 사람, 남자와 여자 사이에는 엄연한 구분이 있었다. 상하 위계질서(hierarchical order)가 있었고 각 개인들은 사회 속에서 자신에게 주어진 임무, 자신에게 요구되는 역할을 충실히 담당할 때 인간 사회에는 평화와 질서가 가능하다고 생각했다.

서양이 인간관계의 수평적 측면을 강조했다면 중국은 인간관계의 수직적 측면을 강조했다. 물론 중국의 전통사상이 왕이 신하를 마음대로 다루고, 남편이 아내를 마음대로 학대하고, 형이 동생을 제멋대로 다루는 그런 위계질서를 찬양한 것은 아니다. 문자 그대로 아버지와 아들은 친근함이 있어야 했고(父子有親) 왕과 신하 사이에는 의가 있어야 했으며(君臣有義), 친구들 간에는 신뢰가 있어야 했다(朋友有信). 그럼에도 불구하고 중국 전통 사회의 인간관계에는 위계질서라는 것이 분명하게 확립되어 있었다. 우선 어른과 아이 사이에는 순서라는 것이 존재했고 남편과 아내는 달랐던(夫婦有別) 것이다.

우리는 이같은 중국사회의 전통적인 인간관, 사회관이 유교사상으로부터 나온 것임을 알고 있다. 이처럼 중국의 사회철학으로 확고하게 자리잡은 유교사상은 한나라(漢, BC202–AD220)시대 중국이 동아시아에서 패권적 지위를 확립할 무렵, 국제정치 영역으로 확대 적용되기 시작했다.

유교사상이 국내정치 및 국내사회의 인간관계에 대한 규율을 넘어 국가들 간의 관계에도 적용되기 시작한 것이다. 힘의 중심에 위치한 주변 국가를 마치 아버지가 아들을 대하듯, 또는 형님이 아우를 대하듯 대하게 된 것이다.

그렇게 하는 것이 평화와 질서에 좋을 것이라 생각했기 때문이다.

결국 중국인들의 인간관계에 대한 믿음은 중국을 벗어나 온 세상 사람들의 삶을 규정하는 사상으로 확대되었다. 국제관계가 큰 가족 관계처럼 인식되었다.

중국이 아버지 나라이고 주변 약소국들은 아들 혹은 동생 나라라는 인식은 사해동포(四海同胞) 관점을 발전시켰다. 서양은 다른 나라를 외국으로 인식했지만 중국은 다른 나라를 중국의 아들 혹은 동생이 될 수 있는 대상으로 인식했고, 또 그렇게 인식하고 그렇게 만드는 것이 중국과 세상을 위해 좋은 것이라고 생각했다.

중국인의 전쟁과 평화 그리고 국제질서에 대한 관점은 서양과는 다르다. 미국이 서양철학의 전통적 맥을 잇는 나라는 아니지만 미국인의 국제정치적 관점들이 서양의 전통사상으로부터 도출된 것들이다. 반면 중국은 동양철학사의 축을 이루는 나라이며 중국이 규정하는 국제질서는 아시아 국제정치를 2000년 이상 지배했다.

2. 미국과 중국의 미래에 관한 논쟁

미중관계의 미래를 분석하기 위한 이론적 고찰

한 나라의 미래를 예측하기도 어려운데 두 나라의 미래를 예측하고, 두 나라의 관계가 어떻게 변할 것인가를 예측한다는 것은 보통 어려운 일이 아닐 것이다. 이 일이 더욱 어려운 것은, 정치현상을 관찰하는 경우 같은 현상을 보면서도 정반대로 해석할 수 있기 때문이다.

예로서 오바마 대통령이 집권한 후 미중 관계를 분석한 책이 여러 권 출간되었는데 어떤 전문가는 오바마 대통령이 중국의 부상에 대해 아주 적절히 대응하고 있다며 긍정적으로 서술하는가 하면, 또 다른 분석가는 오바마 때문에 미국이 몰락하게 될 것이라며 오바마의 대 중국 정책을 강하게 비판한다. 같은 현상을 놓고 저자의 관점에 따라 전혀 다른 분석이 가능한 것이다.

사회과학자들 특히 국제 정치학자들이 연구하는 현상은 그럴 수밖에 없는 측면을 갖고 있다.

현실주의적 관점에서 보는 미중관계

우선 본 연구는 국제정치의 사상적 계열, 이상주의와 현실주의 두 가지 중에서 후자 즉 현실주의적 관점을 택한다. 이상주의자들은 국제정치에서 국가들의 협력관계는 가능하며 훌륭한 국제법, 국제기구, 상호이해, 훌륭한 외교 등을 통해 국가들은 전쟁과 갈등을 피할 수 있고, 평화와 번영을 공유할 수 있다고 본다.

미국의 윌슨 대통령을 필두로 1차 대전 후 국제정치학이 독립된 학문 분야로 태동, 발전하고 있을 무렵 대다수의 학자와 정치가들이 취했던 태도가 바로 이상주의적 관점이다. 현실주의 혹은 현실주의자들이란 국제정치를 '현실적'으로 보는 사람들이라는 의미는 아니다. 국제정치학에서 현실주의자란 '모든 국가들은 자국의 국가이익(national interest)을 위해서 노력한다.' 는 관점을 취하는 사람들을 의미한다. 현실주의자들은 국가들이 형성하고 있는 국제사회를 '국가보다 상위에 있는 어떤 조직도 존재하지 않는다'는 점에서 '무정부상태(anarchy)'라고 상정한다.

국제사회에서는 모든 국가는 독립적인 권리 즉 주권(sovereignty)을 갖는다.

국가를 통제할 수 있는, 국가보다 더 높은 곳에 위치한 '현실적' 상위조직은 국제정치에는 존재하지 않는다. 국가보다 상위에 있으면서 권위를 가진 조직이 없기 때문에 국가들 사이의 갈등을 해결하는 궁극적 방법은 각 국가들이 보유하고 있는 힘이다. 도덕이나 국제법이 없는 것은 아니지만 국가들의 궁극적인 행동을 규정하는 것은 힘이지 도덕 또는 국제법이 아니기 때문이다. 국가들 간의 갈등을 해소하는 궁극적 방법이 힘이라는 사실은 언제라도 국가들 간에 전쟁이 발발할 수 있음을 의미한다.

현실주의 국제정치학은 이처럼 세계가 전쟁 상태인 무정부 상태에 있기 때문에 지구상의 모든 국가들은 궁극적으로 자국의 생존을 위해 노력할 수밖에 없다고 가정한다. 또한 어떤 나라는 좋은 나라 어떤 나라는 나쁜 나라라는 감정적 태도를 지양한다. 현실주의자들은 어느 나라도 밉거나 예쁘다고 평가하지 않는다.

현실주의적 관점에 의하면 국가들이란 무정부 상태의 험난한 국제정치 상황에서 자국의 생존과 번영을 위해 노심초사하는 정치적 단위들일 뿐이다. 이같은 상황에서 국가이익을 확보하는 가장 확실하고 궁극적인 수단은 스스로 보유한 힘뿐이다. 결국 국제정치란 국가들의 힘이 충돌하는 힘의 정치 혹은 권력정치(power politics)의 영역이 될 수밖에 없다고 보는 것이다.

미국과 중국이 향후 패권 경쟁을 벌인다면 그것은 두 나라가 국가의 사활과 존망을 놓고 벌이는 경쟁일 수밖에 없으며 당연히 현실주의 시각에서 보아야 정확하게 분석할 수 있다.

그러나 과연 적대적인 국가들의 힘이 균형상태에 도달할 경우 그 상태에 만족하고 힘을 추구하는 행동을 그만두는 것일까? 그렇지 않을 것이라고 생각하는 사람들은 구조적 현실주의의 설명을 잘 받아들일 수 없을 것이다.

국가들이 균형을 이룩한 후엔 더 이상 국력 추구를 위한 노력을 하지 않을 것이라는 구조적 현실주의의 주장을 거부하는 사람들이 제시한 이론이 바로 제 3세대 현실주의 이론인 '공격적 현실주의'이다.

미어셰이머 교수는 《강대국 국제정치의 비극》이란 책에서 자신의 이론을 '공격적 현실주의'라고 명명했다. 그는 특히 역사상 나타났던 모든 강대국들은 상대방과 균형을 이루는 수준에서 국력증강 노력을 멈추기는커녕 거의 '무한한' 증가를 목표로 했다고 말한다.

국가들은 모두 힘을 증강시키려고 노력하며, 어느 정도 힘이 증강된 후 그 힘의 증강을 멈추려고 한 나라들은 없다는 것이다. 미어셰이머 교수는 결국 이 세상 어떤 강대국들도 그들의 궁극적 목표는 상대방보다 월등히 강한 힘을 갖춘 '패권국(Hegemon)'이 되는 것이라고 주장하고, 자신의 주장을 논증하기 위해 방대한 역사적 사실을 증거로서 제시했다.

우선 미어셰이머 교수는 자신의 현실주의 이론이 모겐소와 월츠의 제1세대, 제2세대 현실주의와 다르다는 사실을 명확하게 밝힌다. 미어셰이머 교수가 현실주의를 세대별로 분류하는 방법은 간단명료하다.

그의 기준은 두 가지다. 첫째는 국가들은 무슨 이유 때문에 권력을 추구하려고 하느냐의 문제이고, 둘째는 국가들은 얼마만큼의 힘을 가지려고 하느냐의 문제다.

모든 현실주의 국제정치 이론의 기본 가정은 국가들이 모두 힘을 추구하려고 한다는 것이다. 그러나 국가들은 왜, 그리고 얼마만큼의 힘을 추구할 것인가에 대해 약간씩 상이한 대답을 제시하고 있다.

이 문제에 대해 어떻게 대답하느냐에 따라 현실주의 이론의 세대가 구분되는 것이다. 모겐소 교수 등 고전적 현실주의 학자들은 국가 권력의 추구를 본능적 동기로 설명한다.

권력추구를 국가의 기본으로 설명하는 고전적 현실주의자들은 국가들의 권력추구 욕망은 무한정하다고 생각한다. 결국 국가들 사이에 힘의 균형이 이루어질 때 평화가 오는데, 국가들이 무한히 권력을 추구하려고 한다면 균형은 언제나 위태롭고 잘 유지되기도 어렵다.

균형을 통한 평화를 유지하기 위해서는 국가들은 스스로 자제하여 노력하여야 한다. 도덕과 외교 등이 이런 노력을 가능하게 하는 요인이다. 마치 인간이 이성으로 본능을 억제할 수 있는 것처럼 말이다. 그런데 국가들은 정말 상대방과 균형이 유지되는 한 더 이상의 국력 증진을 위해 노력하지 않는 것일까?

그렇지 않다는 것이 공격적 현실주의자들의 주상이다. 사실 국가들이 상대방과 균형을 이루었다고 생각할 수 있는 객관적인 기준은 존재하지 않는다. 국가들은 대개 자신이 조금은 약하다고 생각한다. 그리고 상대방보다 조금이라도 더 강해야 안전이 유지될 수 있다고 생각하기 마련이다.

그러나 공격적 현실주의는 국가들의 권력추구에 멈출 수 있는 상한선이 없다는 사실을 강조한다. 상대방과 균형을 이루는 것이 목적이 아니라 상대방을 완전히 압도하는 것이 국가들이 힘을 추구하는 궁극적 목표다. 권력추구에는 멈춤이 없다는 말은, 모든 나라는, 적어도 강대국들은 누구라도 지구의 패권국이 되는 것을 꿈꾼다는 것이 '공격적 현실주의'학자들의 관점이다.

공격적 현실주의 시각에서 본 미중관계의 미래

필자가 미중 패권 경쟁의 미래를 분석하기 위한 기본이론으로 채택한 공격적 현실주의에서는 미국은 패권유지, 중국은 패권추구를 목적으로 한다고 본다. 역사상 나타났던 강대국들 중에서 세계 최강의 패권국을 꿈꾸지 않는 나라는 없었다. 세계가 하나의 분석 단위로 인식되기 이전, 동양과 서양에는 각각 자신의 세계를 주도한 강대국들이 존재했다.

로마제국은 서양의 패권을 장악했던 강대국이며, 그 이후 오토만 제국, 합스부르크 왕가, 포르투갈, 스페인, 대영제국, 루이14세 이후의 프랑스, 대혁명 이후 나폴레옹 통치 하의 프랑스, 빌헬름 1세의 독일 제국, 히틀러의 제3제국, 소련, 미국 등은 모두 패권을 지향한 강대국들이었다.

이들이 패권을 지향했던 것은 강대국들의 정상적이고 보편적인 행동이었다. 동양의 경우도 마찬가지였다. 중국 역시 끊임없는 도전에 직면해야 했다.

3. 미국과 중국의 견제 전략

중국의 부상에 대한 미국 사람들의 관점은 앞장에서 이미 지적했던 바처럼 단일적인 것은 아니다. 중국 경제는 이미 미국과 융합되어 있다는 견해, 중국은 미국이 정한 게임의 규칙(rule)을 벗어나지 않을 것이라는 견해, 혹 중국이 부상하더라도 중국은 점잖은 판다곰(Panda Bear)으로 남아 있을 것이라는 견해 등, 중국의 부상을 두려워할 필요가 없을 것이라는 견해가 미국인들의 마음 한구석을 차지하고 있다.

그러나 다른 한편에는 중국의 부상은 필연적으로 미국과의 패권 갈등을 야기할 것이고, 궁극적으로 중국은 미국과 군사적 경쟁을 벌여야 할지도 모른다는 견해가 존재한다. 실제로 우리는 지난 수년간 미국의 대 중국 전략이 급속한 속도로 군사화되고 있는 상황을 보고 있다.

물론 미국이 먼저 중국을 견제하기 위해 선제적인 조치를 취할 것인지, 중국의 행동에 대한 반응으로 미국이 선제적인 조치를 취하고 있는 것인지에 대해서는 논란이 분분하다. 다만 분명한 것은 미국이 서서히, 그러나 보다 구체적이고 분명한 모습으로 중국을 군사적으로 견제하는 행동을 취하기 시작했다는 점이다.

미국 외교 및 군사 전략의 변천

미국은 현재 세계 최강의 군사력을 보유한 막강한 국가이며 국민들의 80% 정도가 '정의의 실현을 위해 전쟁이란 수단을 택할 수 있다.' 는 데 동의하는 대단히 군사적인 국가이다. 국가가 정의하는 정의 실현을 위해 군사력을 선제적으로 사용할 수 있다고 생각하는 국민이 80%나 되는 미국은 지금 당장, 지구 어느 곳에라도 군사력을 사용하겠다는 의지와 능력을 갖추고 있다고 보아야 한다.

그러나 미국의 건국 역사를 보면 미국은 애초에 극도로 비군사적이었으며, 군사력의 사용은 물론, 보유조차 원하지 않았던 나라였다.

미국의 초대 대통령 조지 워싱턴은 대통령 고별 연설에서 "미국이 미래 어느 날, 그 어떤 강대국들의 영향력도 두려워하지 않을 수 있을 거인이 될 수 있는 날을 기대한다"라고 말했다. 초기 유럽 강대국들의 전횡에 휘둘려야 했던 초라하고 허약했던 신생 약소국이었던 미국의 대통령다운 말이다. 미국의 힘이 보잘 것 없다고 느낀 워싱턴 대통령은 자신의 후배 미국 정치가들에게 "미국은 유럽의 강대국 국제정치에 가급적 개입하지 말아야 하며 불필요한 동맹을 맺으면 안 된다"고 강조했다.

국제정치에 가급적 개입하지 말라는 워싱턴의 고별 연설은 미국외교 안보 정책상 나타나는 고립주의 전통의 근원이 되었다.

이처럼 별볼일 없었던 미국 해군은 당시 미국 해군대학 교수였던 알프레드 사이어 머핸(Alfred Thayer Mahan)의 이론이 인기를 끌기 시작한 이후부터 급속도로 증강되기 시작했다. 1898년 발발했던 스페인과의 전쟁은 미국의 정치가 및 국민들에게 머핸의 주장이 옳았음을 확신시키는 계기가 되었다.

즉 "국가의 위대성은 막강한 해군에 의해 뒷받침되는, 국가의 전세계적인 경제력"으로 정의될 수 있다는 것이다. 머핸을 열렬히 지지했던 시어도어 루즈벨트 대통령(1901~1909)은 해군력 건설에 박차를 가했고 1907년과 1908년 '위대한 백색함대(Great White Fleet)'의 전 세계 일주 항해를 단행함으로써 신흥 강대국 미국의 해군력을 전 세계에 과시한 바 있었다.

배의 측면을 흰색으로 칠했기 때문에 백색함대라고 불린 미국의 군함들은 인도양과 태평양을 순항하는 동안, 가는 곳마다 헤드라인을 장식하는 뉴스거리가 되었다. 머핸의 이론에 따라 건설된 미국의 함대는 세계의 주요 해로를 장악하기 위해 적국의 해군을 바다위에서 격파하는 것을 목표로 삼았다.

즉 미국 해군의 전략은 바다 위에서 적국의 해군들을 격멸하고 무력화시킴으로써 세계의 모든 중요 해로를 안전하게 장악하는 것이었다. 이같은 해군 전략은 1890년 이래 1990년 소련이 몰락하는 순간까지 100년 동안 미국 해군 전략의 기본이 되었다. 2001년 9월 11일 테러공격을 당한 이후 미국이 채택한 군사 전략은 '선제공격' 전략이었고 부시대통령은 미국은 스스로 정한 장소와 시간에 전쟁을 수행할 것임을 천명했다.

미국은 오래전부터 잠재적인 적국의 도전을 피하기보다는 먼저 찾아가 그 위험을 제거해버리는 적극적, 선제적인 전략을 택했던 전통이 있다. 부시대통령이 테러리스트들에게만 전쟁목적을 제한하지 않고 이라크, 아프가니스탄 등 국민국가를 공격한 것은 잠재적인 적국의 도전을 피하기보다는 먼저 찾아가 그 위험을 사전에 제거해버린다는 선제적인 전략의 전통을 그대로 이어받은 행동일 뿐이었다.

미국 동아시아 정책의 방향

미국의 동아시아 정책의 본질은 애초 상업적인 것이었지만 냉전 당시 소련과의 경쟁이 전 세계적 차원으로 확대됨에 따라 군사적, 전략적 성격을 띠게 되었다. 그럼에도 불구하고 냉전기간 동안 아시아는 미국에서 유럽보다 더 중요한 지역은 아니었다.

냉전이 종결될 무렵인 1980년대까지만 해도 미국의 더 중요한 관심사는 유럽문제였다. 다만 냉전 후반기인 1980년대 이래 일본, 한국을 비롯한 아시아의 4마리 용들의 눈부신 경제발전, 그리고 1980년대 이후 중국의 급속한 발전은 미국 대외 정책의 핵심축이 유럽으로부터 서서히 아시아로 옮겨지는 계기를 제공했다.

특히 중국의 부상은 아시아에 대한 미국의 정책이 더욱 더 전략적, 군사적인 모습을 띠게 만들었다. 아시아 각국의 경제발전과 중국의 부상은 미국으로 하여금 자국의 경제적인 이익 확보와 패권 유지를 위해서 아시아에 대한 정책을 강화하지 않을 수 없는 상황으로 몰아갔다.

아시아에 속한 나라인 일본과 중국이 미국 패권체제에 대한 도전을 통해서 부상했다는 점이 미국의 아시아 정책 변화의 핵심 요인이 되었던 것이다. 그러나 지금은 상황이 달라졌다. 아시아는 미국이 패권을 유지하려는 대전략의 핵심지역이 되었다.

미국의 패권 유지 전략의 표적 지역은 바로 패권 도전국으로 인식되는 중국이 자리잡고 있는 아시아다. 미국은 아시아에서 압도적인 지위를 유지함으로써, 혹은 아시아지역에서 어떤 한 나라가 지배하는 상황을 방지함으로써, 자신의 패권을 유지하는 것을 대전략으로 삼고 있다.

2010년대인 지금, 미국은 중국을 자신의 패권에 대한 가장 중요한 도전자로 인식하고 중국의 부상을 견제하고 있으며, 최소한 중국이 아시아의 패권국(Hegemon)이 되는 것을 저지하기 위해 노력하고 있다. 이를 위한 구체적인 전략이 2011년 이후 더욱 뚜렷이 나타나기 시작했다.

미국의 태평양 세기

미국 국무장관 힐러리 클린턴은 2011년 11월 10일 호놀룰루 소재 하와이대학 동서센터(East West Center)에서 '21세기는 미국의 태평양 세기(America's Pacific Century)가 될 것이다'라는 주제의 정책연설을 했는데, 이는 9.11이후 미국이 중동에서 벌여왔던 전쟁은 이제 접을 때가 되었으며, 아프가니스탄과 이라크는 미국의 미래 운명을 결정할 나라가 아니라고 분명히 언급한 것이다. 필자는 당시 이 문장을 읽으면서 미국의 반테러 전쟁이 곧 끝날 것이라고 해석했다.

몇 년이 지난 시점에서 더욱 많은 자료를 알게 된 상황에서 다시 생각해보면 클린턴 장관의 언급은 중동이 미국의 국가이익 선상에서 별로 중요하지 않은 지역으로 추락할 것임을 예고한 것이었다.

미국의 중동 정책의 근원은 '석유'라고 해도 과언이 아니었다. 그런데 미국은 '셰일혁명' 덕분에 석유 자급은 물론 수출도 가능한 나라로 변신하고 있다. 현재 그 변신은 완벽할 정도로 진행되었고 클린턴 장관은 2011년 이미 그 사실을 알고 있었던 것이다.

에너지 문제를 해결하게 된 미국은 대외 정책의 초점을 중동에서의 반테러 전쟁으로부터 아시아에서 유래하는 패권도전에 대한 견제로 전환할 수 있게 되었고 또 그렇게 하고 있다. 2011년 4월 미국은 9·11 공격의 수괴인 오사마 빈라덴을 제거하는 데 성공했고, 알카에다 조직은 사실상 와해되었다.

중동에서의 반테러 전쟁이 혼미한 상태에 있었다면 미국은 이라크 및 아프가니스탄에서 쉽게 철군하지 못했을 것이다. 2012년을 기점으로, 미국은 아프가니스탄과 이라크가 미국을 공격하려는 테러리스트의 기지로서 더 이상 작동할 수 없는 곳으로 만든다는 목표를 상당 수준 달성했다고 보고, 관심의 초점을 동아시아로 옮기기 시작했다.

힐러리 클린턴 국무장관이 "21세기 세계정치는 아시아에서 결정될 것"이라고 말한 후 미국은 본격적으로 중국의 도전을 견제하기 시작했다.

패권유지를 위한 미국의 신국방전략 보고서

2012년 1월 5일 미국 국방부는 '신국방전략보고서'라는 짧은 문건을 간행했다. 미국은 정기적으로 국방전략에 관한 보고서를 만들어서 상황을 진단하고 대책을 마련하는 전통을 가지고 있다.

냉전 당시 매년 소련의 군사력을 평가하는 보고서를 간행했던 미국은 1990년 소련이 몰락하자 가상 주적의 군사력을 평가하는 작업을 중지했다. 1990년 〈The Soviet Military Power〉라는 보고서를 마지막으로, 미국은 탈냉전 시대 약 10년 동안 어느 잠재적국의 군사보고서도 간행하지 않았다.

그러던 미국 국방부는 2002년부터 중국의 군사력 평가 보고서를 매년 발간, 의회에 제출하기 시작했다. 미국 의회는 2002년부터 국방부로 하여금 매년 중국의 군사력 평가 보고서까지 간행하도록 했다. 미국 국방부가 중국의 군사력 평가 보고서를 매년 의회에 제출해야 하는 의무를 지고 있다는 사실만으로도 미국이 중국을 자국의 패권에 도전하는 국가로 간주하고 있다는 사실을 분명히 하고 있는 것이며, 미국의 중국 견제 정책에 군사적인 요소가 반드시 포함된 것임을 의미한다.

2012년 1월 5일 간행된 국방보고서는 그 이름이 '미국의 세계 리더십 유지(Sustaining US Global Leadership)'로 되어 있으며 부제는 '21세기 국방의 우선순위(Priorities For 21st Century Defense)'로 되어 있다. 한국에서는 이 보고서를 '신국방전략 보고서' 또는 '신국방지침'으로 부르고 있는데, 지침이란 표현은 본 의미를 오도할 가능성이 있다.

2012년 국방보고서는 단순히 새로운 지침이라기보다는 미국의 패권적 지위를 유지하기 위한 군사 전략에 관한 보고서이다. 미국은 국가 안보가 위태롭다고 생각될 때 미국은 언제라도 국가의 총력을 기울여 전쟁을 치를 준비가 되어 있다. 미국 국방부가 신국방전략 보고서를 간행하게 되는 보다 더 중요한 이유는 미국이 당면하게 될 전략적 상황, 안보 상황이 과거와는 크게 다를 것이라는 인식 때문이었다.

오바마 대통령은 "우리는 지금 오늘의 전쟁을 끝내고 있는 중이며, 앞으로는 아시아 태평양 지역의 안보와 번영을 포함하는 더욱 광범한 도전과 기회들에 초점을 맞출 것이다"라고 언급하고 있다. 이처럼 미국 국방정책의 초점은 중동에서 아시아태평양 지역으로 옮겨지고 있다.

중국을 대상으로 하는 미국의 신군사전략

신국방전략 보고서는 미국의 군사력이 날렵하고, 탄력적이며 온갖 종류의 상황에 대처할 수 있는 것이어야 한다고 주장한다. 또한 미국 군사력의 대상이 중국이라는 사실을 분명하게 언급한다.

오바마는 미국 군사력은 접근이 거부된 상황(anti-access environments)에서도 훌륭하게 작전을 수행할 수 있어야 한다고 말하고 있는데, 오바마가 말하는 '접근이 거부된 상황'이란 바로 중국 국방전략의 내용을 의미하는 것이다. 미국은 신국방전략 보고서의 서문에서 중국이 고심 끝에 내놓은 국방전략을 노골적으로 되받아치고 있는 것이다. 미국은 또한 사이버(cyber) 영역을 포함하는 국방의 모든 영역에서 다른 나라를 압도하겠다고 천명하고 있다.

"미국은 세계 여러 지역에 중요한 이익을 가지고 있는 나라, 미국의 군사력은 한 지역에서 대규모 전쟁을 치르고 있는 중일지라도, 어떤 기회주의적인 침략국이 다른 지역에서 침략을 도모하는 것을 억지하고 '격파'할 수 있는 능력을 보유하고 있어야 한다"라고 언급하고 있다.

신국방전략 보고서는 미국이 하나의 대규모 전쟁을 치르는 동안 다른 곳에서 기회주의적인 적이 도발해올 경우 이를 억지하고 격파할 것임을 분명히 말하고 있다. 격파는 전쟁을 통해서만 가능한 일이다.

중국의 부상과 한국의 딜레마

1978년 덩샤오핑에 의해 개혁개방 정책이 채택된 이후 중국은 급격히 부상하여 세계 제2의 경제대국이 되었다. 중국의 경제성장률은 지난 30년 동안 매년 9% 이상을 기록하고 있으며, 1990년대 초반 이후 2015년까지 중국의 국방비 증가율은 매년 10%를 넘고 있다.

중국의 급속한 경제성장은 군사력을 현대화할 수 있는 기반을 제공했고, 그 결과 최근 중국 군사력은 해군과 공군력을 중심으로 급속히 증가되고 있는 중이다. 세계 인구의 1/5을 차지하는 대국이 연평균 10% 가까운 급속한 경제 및 군사력 성장을 기록하고 있다는 사실은 국제체제 구조에 중요한 변화를 야기하는 요인이 될 수밖에 없다.

중국처럼 규모가 큰 나라의 힘이 급격히 성장한다는 것은 국제정치의 구조변화(structural change)가 급속하게 진행되고 있음을 의미하는 것이다. 국제체제의 급격한 구조변화는 결국 국제체제의 안정을 해치는 요인이 된다는 것은 반복되는 역사의 교훈이었다.

국제체제가 불안정해졌다는 사실은 강대국들 간에 전쟁과 국제분쟁의 가능성이 고조되고 있음을 의미한다. 이미 많은 국내외 전문가들이 중국의 급격한 성장이 어떤 결과를 미칠 것인지를 놓고 다양한 분석과 설명을 제시하였다. 최근의 견해를 종합해 보면, 중국의 급격한 성장이 세계 평화에 유리할 것이라는 견해보다는 세계 정치의 불안 요인이 될 것이라는 견해가 더 우세하다.

미국의 정치평론가 조지 윌(George Will)은 중국의 국력 성장을 1차 대전, 2차 대전 이전 독일의 경제성장에 비유하고 있다.

그러나 중국이 성장에 실패해 아시아 전체를 지배할 수준에 이르지 못한다면 미국은 이 지역에서 손을 뗄 수도 있고, 한국에 대한 안보 지원을 중단할 수도 있다고 전망했다.

중국의 부상은 필연적으로 미국과의 대결을 불러올 수밖에 없다고 확신하는 미어세이머 교수는 중국이 부상하는 것도, 중국이 부상을 멈추는 것도 모두 한국 안보에 쉽지 않은 환경이 될 것이라고 말한다. 중국의 부상이 보다 가시화된 2000년대 이래 동북아시아 전략구도는 중국의 노골적인 강대국적 행동, 일본의 급속한 대미 밀착 등 해양세력(미국, 일본)과 중국 간의 갈등이 보다 뚜렷하게 나타나기 시작했다.

아직도 분단을 해소하지 못한 채 해양세력과 대륙세력의 가운데에 위치한 한국은 2000년대 초반 10여 년 이상 전략적 입장을 분명히 설정하지 못하고 미국과 중국 사이에서 번민하는 형국이다. 지난 10여 년 동안 한국이 미중관계에서 정확한 입장을 취하지 못하고 있던 결과 한국은 미국의 신뢰를 일정부분 잃어 버렸다고 볼 수 있다.

미국은 미중 사이에서 고뇌하는 한국을 과연 신뢰할 수 있는 동맹국인지 의심하기 시작했을 것이다. 우리의 친중 정책이 성공했느냐의 여부는 친중 정책을 통해 얻은 이익이 미국을 서운하게 함으로써 얻은 손실을 상쇄하고도 남는가의 여부에 의해 판단되어야 할 것이다.

필자는 그동안 대한민국의 어정쩡한 정책은 득보다 실이 훨씬 큰 것이라고 생각하고 있다. 미국은 중국을 견제하기 위한 중국 주변 아시아 국가들과의 연합 전선에서 신뢰가 가지 않는 한국을 포함시켜야 하느냐를 생각하고 있을 정도가 되었다. 중국은 한국의 전략적 동반자가 되기 어렵다.

2000년대 이후 중국의 동북공정, 한국에 대한 고압적 태도로 인해 한국 국민들의 중국에 대한 기대감은 점차로 줄어들고 있으며 중국에 대한 반감과 의구심이 고조되기 시작했다.

한국인들의 중국에 대한 인식이 결정적으로 악화된 것은 2010년 3월 및 10월 북한의 천안함 공격, 연평도 포격 등의 무력도발에 대한 중국의 양비론적 입장이었다. 북한을 두둔하는 중국의 태도는 한국으로 하여금 한미 동맹의 중요성을 더욱 절실하게 인식하게 하는 계기가 되었다.

2012년 여름 중국 당국이 북한 인권운동가 김영환을 체포 구금하고 고문까지 한 사건은 한중 관계를 한층 더 나쁘게 만들었다.

그러나 2013년 출범한 박근혜 정부는 북한 문제를 해결하기 위한 방편으로 중국 의존적인 정책을 펴기 시작했다. 이미 이전 한국 정부들도 사용했던 용어이지만 박근혜 정부는 중국과의 관계를 '전략적 동반자 관계'라고 격상시켜 표현했다.

그러나 현실주의 국제정치학적 관념에서 중국은 한국의 전략적 동반자가 될 수 없다. 중국의 한반도 전략목표는 한국의 대전략과 상충되기 때문이다. 중국의 한반도 전략이 우리의 대전략과 상충된다고 해서 중국을 나쁜 나라라고 말할 수도 없다.

중국이 자신의 국가 이익에 입각해 행동하는 것은 당연한 일이다. 우리나라의 대전략은 우리의 사상과 체제로 한반도를 통일하는 것이다. 그러나 중국은 자유민주주의로 통일한 한반도를 원하지 않는다. 한국이 통일하든, 북한이 통일하든, 힘이 부쩍 강해진 이웃나라가 생기는 것은 어떤 경우라도 중국에게 바람직한 일은 아니기 때문이다.

그래서 중국은 분단된 한반도가 안정을 유지하고 있는 편을 선호하지 통일되는 것을 선호하지 않는다. 국가와 민족의 통일을 대전략으로 삼는 한국과 한반도의 통일을 전략적으로 원하지 않는 중국을 '전략적 동반자'라고 보는 것은 국제정치학 용어상 모순이다. 기껏 해야 의미 없는 희망 사항일 뿐이다.

중국이 우리가 원하는 바를 해줄 수 없다는 현실은 2016년 1월 6일 북한이 4차 핵실험을 단행한 후, 그리고 2016년 1월 7일 장거리 미사일을 발사한 후 보다 노골적으로 드러났다. 결정적인 순간, 중국은 한국의 안전보다는 북한의 생존이 더 중요하다는 사실을 그대로 내보이고 말았다.

2016년 1월의 북한 핵실험을 사전에 방지하지 못한 것보다 더 큰 문제가 되는 것은 북한이 핵실험을 한 이후 중국이 보인 행동이다.

중국은 4차 핵실험을 '말로나마' 강력히 규탄하는 국제사회의 움직임에 동참하지 않았다. 강력한 제재를 요구하는 국제사회의 주문에 대화를 통해 풀어야 한다는 말만 계속했다. 2월 7일 북한의 장거리 미사일을 막는 데도 실패한 중국은, 오히려 한국이 방어책으로 미국과 사드 미사일 배치를 논의하려 하자 외교적으로는 도저히 할 수 없는 막말을 하며 한국을 협박하고 있다.

박근혜 정부의 '중국 의존적' 북한 핵 폐기 전략은 '실패'로 판명되었다. 중국 정부는 북한이 핵실험을 단행한 직후, 한국 대통령과 국방장관이 건 핫라인 전화도 받지 않았다. 한국의 외무장관과 전화가 연결되었던 중국의 외무장관은 강력한 제재를 요구하는 한국의 장관에게 '평화적인 수단과 대화'로 북한 핵문제를 해결해야 한다고 말했다. 중국과의 관계를 더욱 돈독히 함으로써 북한 핵문제 해결의 실마리를 찾아보겠다는 박근혜 정부의 노력은 성공적이지 못했다. 중국이야말로 북한의 핵무장 노력을 막을 수 있는 '힘'을 가진 나라임은 틀림없다.

그래서 대한민국은 동맹관계인 미국과의 불협화음을 감수하면서까지 중국을 미국과 등거리로 대우하겠다면서 중국에게 접근했던 것이 사실이다.

한국 대통령은, 자유진영의 국가원수로서는 유일하게, 더욱이 미국과의 동맹국인 국가원수로서는 처음으로 중국의 전승(戰勝)절 행사에도 참여했다. 이 모든 조치들은 한미동맹의 일정부분을 훼손하더라도 우리의 사활적인 이익인 북한 핵 폐기를 중국에 호소하려는 의도 아래 이루어진 일이라고 이해할 수 있다.

필자는 오래 전부터 북한 핵문제 해결을 중국에 의지한다는 것은 '현실적으로 거의 가망이 없는 일이라 생각해왔기에' 중국 의존 정책을 비판적으로 보고 있었다. 필자는 중국이 북한의 핵을 폐기하기 위해 자신의 막강한 '힘'을 사용할 의지는 없다고 생각한다. 북한 핵을 폐기시키기 위해서는 북한이 붕괴될 수 있는 수준으로 압박을 가해야만 한다. 문제는 중국이 자신을 직접 위협하는 것같이 보이지 않는 북한의 핵폭탄을 제거하기 위해 자신의 지정학적 안전판인 북한의 붕괴라는 위험을 감수할 것 같아 보이지 않는다는 것이다.

아무리 망나니 같은 북한일지라도 살아 있어 주는 것 그 자체가 중국에게 고마운 일이기 때문이다.

4. 중국의 부상과 한국의 지정학적 고뇌

중국의 힘이 앞으로 더 강해질 경우, 한국이 당면하게 될 전략적, 지정학적 문제는 생각보다 훨씬 힘든 도전이 될 것이다. 2012년 출간된 《전략적 비전 Strategic Vision》이라는 책에서, 카터 대통령의 국가안보 보좌관이었으며 저명한 국제 정치학자인 브레진스키 교수는 미국이 쇠퇴하면서 야기될 세계 패권 질서의 변화로 인해 '지정학적 위험' 에 빠질 가장 대표적인 나라 중 하나가 한국일 것이라고 주장했다. 이는 한국의 미래에 대한 대단히 우울한 전략적 전망이 아닐 수 없다.

중국의 국력이 미국과 맞먹거나 그 이상이 된다고 가정할 경우 브레진스키 교수가 제시하는 한국의 미래 전략 선택지는 결국 그가 제시한 세 가지 중 하나가 될 수밖에 없을 것이다. 《전략적 비전》이 출간되고 약 6개월이 지난 시점에 〈동아일보〉는 브레진스키 교수와의 인터뷰에서 이렇게 물었다.

"《전략적 비전》에서 미국의 쇠퇴로 한국에게 힘겨운 선택이 기다리고 있다고 지적했는데, 당신이 한국 정부의 안보자문관을 맡고 있다면 어떤 조언을 하겠나?"

브레진스키 교수는 다음과 같은 조언을 제시했다.

"미국의 핵우산이 사라지면 한국은 세 가지 선택지 가운데 고민스런 선택을 해야 한다. 중국의 영향권 내에 들어가든지, 독자적 핵무장을 하든지, 일본과의 안보 협력을 강화하는 것인데, 마지막 선택지가 가장 낫다고 본다.

한일 협력이 미국에 가장 덜 위협적이기 때문에 미국이 이를 지지할 것이며 동북아 안정에도 도움이 될 것이다. 이를 위해 한일 양국은 역사적 감정을 극복해야 한다."

브레진스키가 말하는 한국이 중국에 안보를 보장해 달라고 의존하는 상태란 사실 과거 명청(明淸) 시절 중국과 조선의 관계를 말하는 것이다. 이렇게 말하는 데 대해 의문과 불만을 표시하는 한국인들이 많을 것이다.

이들은 미국과 동맹 관계에 있는 한국은 미국의 영향권 혹은 미국에 종속된 것이 아니냐며 반문한다. 이렇게 말하는 사람들은 지정학적 의미를 잘 모르는 사람들이다.

물론 미국도 중국과 같은 속성을 가진 강대국이라는 사실을 부인할 수 없다. 그러나 미국이 한국에 대해 중국과 결정적으로 다른 점은 거리상으로 멀리 떨어져 있다는 점이다. 거리상 멀리 있는 미국은 자신의 '전략적 이익(strategic interest)'에 따라 한국을 지원하거나 또는 지원하지 않을 수 있다.

그러나 지리적으로 너무나 가까운 곳에 있는 중국은 한국에 대해 '영토적 이익(territorial interest)'을 가지고 있을 수밖에 없다. 중국이 보다 공격적이거나 강압적인 국가이기 때문에 자연히 중국은 한국의 영토에 관심을 가진다는 말이다.

한반도에 대해 영토적 이익을 가지고 있는 중국과 힘이 약한 우리가 상호 거래할 때 우리는 중국에 종속될 가능성이 대단히 높고, 중국의 영향을 받을 가능성이 대단히 높다는 사실을 부인할 수 없다는 것이다.

지금 중국의 부상에 대처하는 현실적인 방법 역시 미어샤이머 교수가 제시한 대로 중국의 위협을 느끼는 국가들이 연합전선을 형성하는 것이다. 한국의 경우 중국 부상의 위협을 민감하게 느끼고 있는 일본과 안보 협력을 강화하는 그 자체로써 중국과 맞먹는 균형을 형성할 수 있을 정도로 막강하다.

그러나 국제정치를 극도로 정서적(情緒的) 관점에서 이해하고 있는 한국이 현실주의 국제정치학이 제시하는 모범 답안을 과연 받아들일 수 있을지는 의문이다. 그래서 브레진스키 교수는 '역사적 반감에도 불구하고'라는 수식어를 '한일 안보협력'이라는 말 앞에 붙이고 있는 것이다.

현재 미국은 아시아국가로서 존재하고 있으며, 경제적이고 군사적인 면에서 중국보다 압도적으로 강하다. 미국의 존재 덕분에 한일 양국은 중국의 도전 앞에서 분란을 보일 수 있는 여유가 있었던 것인지도 모른다.

그런데 만약 미국의 존재가 아시아에서 사라진다면, 그리고 그 경우에도 한국과 일본이 분쟁관계에 놓여 있다면 중국은 한국과 일본을 쉽게 각개 격파할 수 있을 것이다. 중국에 종속되기도 싫고, 일본과의 안보 협력은 불가능하다면 그때 마지막 남은 선택지는 한국 스스로 살 길, 즉 핵무장의 길로 나아가는 것이다.

한반도에 대한 중국의 전통적 지배

중국과 한국의 역사는 한국의 고대인 약 2000년 전으로 거슬러 올라간다.

물론 이 무렵의 역사에 대한 자세한 기록이 남아 있지 않지만 중국 역사서들은 이미 기원전 2세기 무렵부터 중국이 한반도에 식민지를 운영했다고 기록하고 있다. 특히 한국인들이 이상적인 선조국가로 존경하고 있는 고구려의 역사에 관한 중국과의 논쟁은 한국인의 중국에 대한 관점을 악화시키는 데 결정적으로 기여했다. 중국이 자국 역사의 일부라고 주장하는 고구려는 BC 37년에 건국된 후 AD 668년까지 한반도의 북부와 만주지역에 존재했던 동아시아의 강대국이었다.

5. 미중 패권경쟁과 한국의 대전략

또 다시 최악의 안보 환경에 처한 한국

대한민국은 세계 어떤 나라보다 국제정치의 냉혹함을 경험해 온 나라다.

대한민국과 비슷한 처지에 있는 나라로서 역사적으로 폴란드, 그리고 현대에 와서는 이스라엘을 이야기하지만 대한민국의 역사는 두 나라보다 훨씬 더 폭력적이고 고단한 역사였다. 우리나라를 향한 침략 전쟁의 횟수는 대소 281회에 이른다. 평화를 사랑한다는 민족이 전 세계 그 어떤 민족보다 더 많고 처절한 전화(戰禍)를 겪으며 살아온 것이다.

1948년 건국한 직후 우리는 대한민국을 제거해 버리려는 국제공산주의 세력의 무력 공격 때문에 인구의 1/10이 죽고 다치는 처참한 6·25전쟁의 참화를 겪은 바 있었다. 1953년 휴전 이후 지금까지 70년의 세월 동안 우리는 6·25전쟁 당시와 똑같은 목표, 즉 대한민국을 제거하고 자신이 원하는 방식으로 통일을 하겠다는 북한과 함께 지내고 있다.

너무나 오랜 시간 동안 최악의 국가안보 상황에서 살아오다보니 한국인의 안보 감각은 무디어질 대로 무디어지고 말았다. 한국인은 자신이 처한 상황이 얼마나 험악한지를 잘 모르게 되었을 정도다.

그런데 우리나라 주변국들은 어떠한가? 세계 2위의 국력을 갖추고 점점 더 공격적인 외교 행태를 보이는 중국, 미국보다 오히려 더 많은 핵폭탄을 보유했던 군사대국 러시아 등 두 나라는 한반도와 국경을 접하고 있는 나라들이다. 불과 수십km의 좁은 바다를 사이에 두고 있는 일본 역시 중국이나 러시아에 전혀 뒤지지 않는 강대국이다.

그리고 우리나라와 멀리 떨어져 있지만 사실상 동북아시아 국가라고 말해도 되는 미국까지 포함한다면 주변국들이 명실공히 세계 4대 강국이니 우리나라처럼 어려운 국제환경에 처한 나라는 없다고 말해도 과언이 아니다.

국제정치와 전략에 대해 올바로 보기

'역설의 논리'에 의해 지배되는 국가안보

국가라는 조직은 개인과 마찬가지로 번영하고 융성할 수도 있고 타락하고, 피폐하고, 멸망할 수도 있다. 모든 인긴이 지금보다 더 건강하고 부유하게 살기를 바라는 것처럼 모든 국가들의 꿈과 희망은 지금보다 더 부유하고 안전하게 사는 것이다. 그런데 국제사회는 인간들이 모여 만든 어떤 조직과도 판이하게 다른 점이 하나 있다. 바로 국가들이 모여 사는 국제사회에서는 국가보다 상위에 있는 기관이 없고 법과 질서도 존재하지 않는다는 것이다.

국제연합, 국제법 등이 있기는 하지만 이들 조직과 법은 국가들을 강제할 만한 능력을 가지고 있지 못하다. 국가들은 주권(sovereignty)을 가진 조직이며 주권이란 문자 그대로 대외적으로 독립적인 권력을 의미한다.

법이나 도덕보다 힘이 기준이 되는 사회에서 살아가는 국가들에게 국가안보는 가장 중요한 과제가 아닐 수 없다. 힘을 갖추지 못한 국가의 운명은 처절하다. 우리나라도 과거 힘이 없던 시절 중국의 속국으로 살았고 일본의 식민지가 되었던 것이다.

'아무리 나쁜 평화라도 전쟁보다는 낫다'라는 사고는 위험하다. 평화가 중요하다는 사실을 모르는 사람은 없다. 그런데 전쟁 없는 상태를 평화라고 생각해도 안 되고, 모든 평화가 다 좋을 것이라 착각해도 안 된다. 만약 북한이 공격해올 때 우리가 맞서 싸우지 않고 항복한다면 남한과 북한은 전쟁을 벌이지 않을 것이며, 한국은 평화적으로 북한에 의해 통일될 것이다. 싸우지 않고 북한에 굴복하여 공산국가가 되는 것을 평화라고 말할 수는 없다.

그런데 우리나라를 지배하는 관점은 '아무리 나쁜 평화라도 전쟁보다는 낫다'라는 것이다. 이는 원칙적으로 틀린 문장이다. 이처럼 말도 안 되는 말이 마치 대단한 진리처럼 호도된 데는 이유가 있다.

전쟁과 평화를 같은 차원에 놓고 말해서 그런 일이 벌어지는 것이다. 평화는 '목적'이고 전쟁은 '수단'이다. 수단과 목적을 같은 차원에 놓고 전쟁이냐 평화냐를 선택하라면 안 된다. 우리나라 지도자들이 안보가 중요하다고 말하는 사람들을 윽박지를 때마다 항상 하는 말이 있다. "그럼 전쟁을 하자는 말입니까?"

우리는 북한에 굴종하는 평화, 평화적으로 적화통일되는 그런 상황을 거부한다. 그렇게 굴종적으로 살게 될 바에야 우리는 자유를 지키기 위해서 목숨을 걸고 싸울 것이다. 우리는 또한 중국이나 일본에 굽실거리며 유지될 수 있는 평화를 거부해야 한다. 아무리 나쁜 평화라도 전쟁보다 낫다는 사람들에게 물어보자. 일본에게 나라를 전쟁을 하지 않은 채 넘긴 이완용은 평화주의자였었냐고? 중국에게 굽실거려 중국의 비위를 상하지 않게 함으로써 얻게 된 평화는 우리들의 즐거운 삶을 보장하느냐고?

앞으로 이웃나라가 우리를 협박할 경우 전쟁보다 평화적으로 항복하는 게 낫다고 생각할 것이냐고?

상대방에게 굴종함으로써 유지되는 평화를 결코 평화라고 말할 수는 없다.

무력 사용을 극도로 두려워하는 한국

미국사람들에게 국가의 이익과 전쟁을 할 수 있느냐? 라는 질문을 하면 무려 80%의 사람들이 그럴 수 있다고 대답한다. 같은 질문에 대해 유럽 사람들은 약 20% 정도가 그렇다고 대답한다고 한다.

우리나라에서도 대학생을 포함, 여러 계층의 사람들에게 같은 질문을 해보았다. 과학적인 조사는 아니겠지만, 결과는 0%였다. 아무리 국가 이익이 심각하게 걸려 있다 해도, 선제공격은 절대 안 된다는 것이 한국인들의 무력사용에 대한 표준적인 견해다.

우리는 '다른 나라를 한 번도 공격한 적이 없다'는 사실을 자랑으로 삼고 또한 그렇게 배워 왔다. 우리는 어떤 일이 있어도 '선제공격은 안 된다'라는 전쟁관을 가지고 있음이 틀림없다. 그러나 우리민족의 선조들인 고구려, 신라, 백제는 모두 자국의 이익을 위해 선제공격을 감행했던 나라들이며 특히 고구려의 경우는 '전쟁의 나라'라고 말할 수 있을 만큼 상무정신이 강했다.

고구려가 침략전쟁을 감행하지 않았더라면 그렇게 넓은 영토를 차지할 수 없었을 것이다. 우리 민족은 한 번도 남을 침략한 적이 없었음을 자부하는 한 중국이 고구려를 중국사의 일부라고 말해도 할 말이 없게 된다.

제주해군기지 건설을 놓고 중국이 화내는데 왜 해야 하느냐며 목청을 높이는 정치가들도 있다. 이런 사람들이 있는 한 한국이 누리는 평화는 '굴종'이 될 뿐이다.

전략은 비관론에 근거해서 만드는 것

한국 국민들은 국제정치의 냉혹함을 그토록 오래 경험했음에도 불구하고 국제정치 감각이 예민한 편이 아니다. 너무 오래 힘든 세월을 살았기 때문에 감각이 무뎌졌는지도 모른다.

또한 언제나 강대국에 편승해서 살다보니 독자적인 전략을 세울 줄 모르게 되었을 수도 있다. 훌륭한 전략의 수립을 위한 여러 원칙들 가운데 가장 중요한 원칙은, 국가안보 전략은 '비관적 판단'에 근거해야 한다는 것이다.

우리 개인들은 확률이 비록 낮을지라도 중병에 걸릴 수 있다는 전제 아래 건강을 지키기 위한 전략을 세우고 행동한다. 국가도 마찬가지다.

국가의 삶과 죽음이 걸린 사안을 놓고 돈이 부족해서 안 된다느니 또는 전쟁이 날 가능성이 그렇게 높겠는가 등의 핑계를 대면 안 된다. 국가안보를 위해 바친 물적 정신적 희생은 전쟁이 발발하고 있지 않는 한, 효과를 보고 있는 것이라 보아야 한다.

비록 100년에 단 한번 쓸 일이 있을지라도 그때에 대비해서 국가안보 전략을 세워둬야 하며 군사력을 갖추어야 하는 것이다. 인간에게 삶과 건강보다 중요한 가치가 있을 수 없듯이 국가에게도 생존(국가안보)보다 더 중요한 가치는 없는 것이다.

이웃나라들을 보는 올바른 관점

국제정치는 빨리 변하고 또한 복잡한 영역이다. 국가들이 힘이 빠르게 변하고 이에 따라 국가들의 생각과 외교정책 그리고 행동이 변하기 때문이다.

지난 3년 동안 우리나라는 중국과 아주 잘 지냈다. 2014년 1월 중국은 박근혜 대통령이 중국에 부탁했던 안중근 의사의 의거 현장에 표지석을 설치해 달라는 부탁에 과분한 응답을 했다. 표지석이 아니라 아예 하얼빈 역사(驛舍)에 200㎡에 이르는 안중근 의사 기념관을 지어주었다.

대한민국은 온 국민이 감동했고 사사건건 싸움하는 정치권도 일제히 환영했다. 좋은 일이다. 그러나 우리 국민들은 우선 이런 일이 일어난 배경에 대해 잘 모르고 있었다.

중국이 그렇게 우호적으로 나온 이유는 중국이 한국을 각별하게 생각해서가 아니다. 중국은 지금 일본을 견제하기 위해 한국을 필요로 하고 대일 공동전선에 한국을 묶어 두기 위해 그렇게 통 큰 행보를 한 것이다.

더 크게 보아 중국은 한국을 미국으로부터 떼어내려고 노력하는 것이다.

그렇다면 이웃나라들을 어떻게 생각하는 것이 국제정치적으로 올바른 일일까? 우리 국민들이 대단히 잘못 알고 있고, 또한 잘못 행동하는 것이 바로 이 문제와 관련된 것이다. 어떤 경우라도 다른 나라를 '좋은 나라' '나쁜 나라'로 구분하면 안 된다. 우리가 말하는 혈맹은 문자 그대로 '피로 맺어진 동맹국'이라는 의미인데 국제 정치학에서 그런 개념은 원칙적으로 존재하지 않는다.

미국과 소련은 2차대전 당시 독일의 나치정권을 향해 피나는 투쟁을 함께 벌인 동맹국이었지만 두 나라가 상대방을 혈맹으로 인식한 적은 없다. 반대로 우리나라 사람들은 한번 적이면 영원한 적, 또는 미운나라로 여기는 습성이 있다. 한국 사람들이 언제 일본을 객관적으로, 이웃나라라는 관점으로 대할 수 있게 될 지 알 수 없다. 한국인들에게 일본은 '영원한 적'일지도 모른다.

미국과 일본은 2차 대전 당시 서로 철천지원수였다. 일본군은 미군포로를 생체 실험했고, 미군 병사 가운데에는 자신이 죽인 일본군 병사의 두개골을 고향의 여자 친구에게 기념품으로 보낸 경우도

안중근 의사 기념관 중국 흑룡강성 하얼빈

있다. 2차 대전 당시 독일군은 약 2000만 명에 이르는 소련시민들과 군인들을 죽였다. 반면 독일을 점령한 소련은 독일 수도 베를린에서 200만 건의 강간 사건을 일으켰다. 그러나 오늘 미국, 소련(러시아), 독일, 일본 가운데 누구도 상대방을 용서할 수 없는 철천지원수로 생각하고 있지 않다.

'좋은 나라 나쁜 나라'는 없다. '무서운 나라 덜 무서운 나라'가 있을 뿐이다

한국 사람들은 이웃 국가들로부터 오랫동안 능멸을 당해 왔기 때문에 국제정치를 감정적으로 보는 관점이 짙다. 우리나라 사람들에게 반일(反日)은 하나의 고정관념이 되어버렸다. 감히 일본하고 잘 지내야 한다고 말하기 어렵다.

대한민국에서 최악의 위험한 일은 일본과 잘 지내야 한다고 말하는 일이다.

그런데도 한 가지 도무지 이해하기 어려운 일은 우리나라 사람들은 중국으로부터 일본에게 당한 것과 별다를 바 없는 시달림을 더 오랫동안 받아 왔는데, 중국에 대한 한국인의 감정은 대일감정과 너무나도 다르다는 것이다.

물론 한때는 중국을 '중공오랑캐'라며 적대한 적도 있었지만 반일감정이 지속되는 것과는 달리 반중 감정은 어느 날 갑자기 놀라울 만큼 희석되었다. 외교정책은 국민감정이 아니라 국가이익에 따라 결정되어야 한다.

여기서 국제정치의 원리가 나온다. 국가들은 '무서운 나라'가 존재할 때 그 나라에 맞서기 위해 이웃나라들과 힘을 합치는데 그 기준은 과거가 아니라 현재라는 것이다. 미국은 독일과 처절한 전쟁을 치렀지만 소련이 부상하자 소련이 무서워서 독일과 힘을 합쳐야 했다.

미국이 소련과 냉전을 벌이는 동안 서독은 중요한 나토 회원국으로서 미국편에 서서 싸웠고, 결국 미국의 막강한 지지를 얻어 통일을 이룩할 수 있었다. '무서운 나라'가 야기하는 위협을 감소시키는 일, 그것이 바로 국가안보 전략의 기초인 것이다. 미운 나라랑 대결하는 것이 국가안보전략이 아니다.

무서운 나라를 찾아내는 기준

그렇다면 무서운 나라는 어떤 나라를 말하는 것일까? 외국들을 '좋은 나라' '나쁜 나라'라는 관점에서 평가하는 경우 무서운 나라를 찾아내는 일이 어려워 질 수 있다. 무서운 나라를 잘못 찾으면 국가안보 정책을 망치게 된다.

국제체제의 모든 나라들을 우선 무서운 나라, 즉 언제고 생각이 바뀌면 자국을 해칠 수 있는 나라라고 생각하는 것이 안전하다. 국제정치 체제가 아직 그 수준에 머물러 있기 때문이다. 그래서 국가들은 외국을 대할 때 신뢰하기보다는 의심하고, 타협하기보다는 경쟁하는 것이다.

모든 이웃나라들을 무서운 나라라고 생각하고, 그 나라들을 모두 상대할 수 있는 국가안보 정책을 수립한다는 것은 아무리 막강한 나라라 할지라도 불가능한 일이다. 그래서 안보정책의 대상을 '한정' 해야 하는데 이것이 바로 '잠재적국' 또는 '주적'이라는 개념으로 나타나는 것이다. 미국의 경우 독립 직후에는 영국을 무서워했다. 미국의 독립과 국력이 확고부동한 단계에 다다른 뒤 미국은 고립주의 정책을 채택, 아무도 적으로 삼지 않을 정책을 취했다.

제1차 세계대전 당시, 미국은 독일을 자국의 안보를 가장 위협하는 나라로 삼아 전쟁을 했고 2차대전 당시에는 독일과 일본을 두려운 나라로 상정했었다. 2차대전 뒤 세계 정치에 본격 개입하기 시작한 미국은 소련이 붕괴되는 1990년까지 소련을 미국의 안보정책 핵심 대상국으로 삼았고, 소련이 무너진 뒤 얼마 동안은 테러리스트들을, 그리고 2010년 뒤부터는 중국을 안보정책의 핵심 대상국으로 삼기 시작했다.

영국, 독일, 일본, 소련 테러리스트 등은 특정시기 미국이 가장 두려워했던 안보 정책의 핵심 대상이었고 현재는 중국이 그런 대상이다.

미국의 경우 지구 전체를 상대할 수 있을 만큼 막강한 국력을 보유한 패권국가임에도 불구하고 안보 정책의 대상을 한정한다.

'악의 축' 3국 등이 바로 미국이 적을 한정한 사례다. 힘이 상대적으로 약한 나라들은 당연히 가상 적국을 상정하지 않으면 안 된다.

자신을 가장 두렵게 만드는 나라를 정확히 파악하고, 그에 대비해야 한다. 가상 적국은 미운 나라가 아니라 무서운 나라다. 무서운 나라가 누구인지를 파악하는 데 유용한 국제 정치학적 기준이 있다.

'가까이 있는 이웃나라에서 힘이 가장 막강한 나라를 가장 무서운 나라'로 상정하면 된다. 무서운 나라가 지금 당장 우호적일지라도 '영원히' 우호적일 수는 없기 때문에 만약의 경우에 대비, 그 나라를 안보정책의 대상국이라고 가정해야 한다는 것이다.

미운 나라가 동시에 힘이 제일 막강한 이웃 국가일 경우 안보정책은 쉬워진다. 그러나 그렇지 않을 경우가 있다. 미운 나라가 힘이 상대적으로 약한 나라고, 현재 관계가 양호한 나라가 힘이 막강한 나라일 경우도 있을 수 있다.

이 경우는 정말 난감한 상황이다. 원칙적으로 상대적으로 약한 나라와 연합함으로써 막강한 나라에 대응해야 하지만 사이가 나쁜 나라와 협력한다는 것은 쉬운 일이 아니기 때문이다.

이 같은 상황은 지난 수년 동안 한국이 처했던 상황과 매우 닮았다. 중국과 일본 가운데 현재 힘이 더 강한 나라는 중국일 것이다. 그러나 한국은, 중국과는 양호한 관계를 유지하는 반면 일본과는 관계가 악화되고 있다. 전략적 원칙은 우리에게 약한 편(일본)과 협력하여, 강자(중국)와 균형을 이루라고 가르쳐 준다.

우리는 솔직히 지난 수년 간 그런 대외 정책을 펼치지 않았다. 오히려 원칙에 역행했다. 무서운 나라를 상정하는 또 다른 대단히 유용한 기준이 있다. 주변에 있는 막강한 나라가 민주주의 국가라면 일단 국가안보 대상으로 경계할 필요는 없다.

미국이 민주주의 국가이기 때문에 국경을 접하고 있는 캐나다와

멕시코가 안보의 위협으로 느끼지 않는 것이다. 그러나 이웃의 막강한 나라가 민주주의 국가가 아니라면 반드시 안보 정책의 대상으로 삼고 경계하지 않으면 안 된다.

1990년대 국제정치학자들이 발굴한 최대의 국제정치 이론인 민주주의적 평화론(Democratic Peace Theory)에 의하면, 민주주의 국가들끼리는 어떤 경우에도 전쟁하지 않는다고 한다.

이 이론에 따르면 한국과 일본은 아무리 서로 미워하는 사이일지라도, 민주주의 체제를 유지하는 한, 전쟁은 결코 없을 것이라고 예측할 수 있다. 대한민국과 일본이 앞으로 독재국가가 될 가능성은 없을 것이다. 전쟁은 최소한 '한쪽이 민주주의 국가가 아닐 경우에만 발생한다'는 것이 민주주의적 평화론이 가르쳐주는 거의 확정적 진리다. 이 가능성이 더 높아 보인다. 미국이 북한의 급변사태에 군사적으로 개입할 것임을 사실상 공식적으로 밝혔지만, 중국이 북한의 급변사태에 공개적으로 개입할 것임을 밝힌 적은 없는 것으로 안다.

한반도 통일의 방정식

많은 식자들은 중국이 한반도 통일에 반대할 것이고 그래서 한반도 통일은 어렵다고 말한다. 이 같은 언급은 국제정치학적 진리를 말해준다. 이 진리는 역사적 사건에 의해서도 증명되었다. 즉 중국은 한국의 통일을 반대하기 때문에 6·25전쟁 당시 북한이 붕괴 위기에 처했을 때 미국과의 전쟁을 불사하고 한국전쟁에 참전, 북한을 구했던 것이다. 그럼으로써 중국은 한반도의 분단을 지속시켰다. 중국은 국제정치학의 원칙대로 행동한 것이다.

앞으로도 이같은 원칙은 꾸준히 적용될 것이다. 대한민국의 국가대전략인 통일에 대화와 협력을 통해 주변국의 박수를 받으며 이루어질 것이라고 생각했다면 그것은 환상이다.

프러시아 통일이라는 대전략을 추구하던 비스마르크는 '독일에서 프러시아의 지위는 프러시아 자유주의에 의해서가 아니라 프러시아의 힘에 의해 결정될 것이다'라고 말했다. 한국의 자유민주 통일은 통일을 원하는 한국의 힘과, 지정학적·전략적으로 한국의 통일을 지지하는 미국의 힘이 지정학적, 국제정치 구조적으로 한반도의 통일을 불편해 하는 중국과 일본의 힘, 그리고 한국이 주도하는 통일을 결사적으로 반대하는 북한의 힘의 합보다 훨씬 클 때 이루어지는 것이다.

그런데 최근 국제정치 무대에서 힘의 균형이 전과 많이 달라졌다. 소련 붕괴 뒤 미국만이 초대강국일 때 한반도 통일의 호기를 놓쳤다. 핵과 중국·소련을 등에 업은 북한을 어떻게 다루어야 자유민주주의 통일을 이룰 수 있을지 걱정이 앞선다. 군사적 위협 앞에 무슨 방책이 있을지 걱정이 앞선다.

대한민국의 전통사상과 오늘의 정치현실

한승조(고려대 명예교수, 고대 3·3 동지회 고문, 정치학과 '48)

단군 영정

대한민국의 전통사상과 오늘의 정치현실

1. 한국민족의 전통사상

대한민국의 정치사상을 논하자면 아무래도 과거와 현재를 미래와 연관지어서 고찰해 보아야 할 것이다. 현재는 과거로부터 물려받은 것이라고 하지만 미래를 만들어가는 과정이기도 하다. 과거에도 먼 과거가 있지만 오늘과 직결된 과거도 있다. 역사에서 고대 중세 근대 그리고 현대를 어떻게 구분할 것인지가 역사학자들의 큰 논쟁거리가 되어 왔다.

동양이나 한국의 역사적인 시대구분도 보통 서양사와 연관지어서 생각하는 것이 통례이다. 한국사로 말한다면 상고시대라고 할 단군 조선시대 이후 한사군시대를 거친 3국 시대를 거쳐 통일신라까지를 고대로 잡는 것이 보통이다. 고려시대를 중세로 잡고 조선왕조부터 근대로 잡으려는 학자들도 있었지만 필자는 16세기말 임진왜란 후, 일본의 침략이 끝나고 청나라가 들어설 때까지를 중세로 잡는 것이 옳지 않는가 생각해 왔다.

그 이유는 17세기에 조선조가 청나라의 침공을 받은 후 청나라 후기에 들어와서 서양세력과의 접촉이 많아지게 되었다. 서양사회의 문물이 청나라를 통하여 한반도 안으로 들어와서 한국사회에 영향을 미치게 되는 시기부터 한국의 근대사가 시작되었다고 생각하는 것이 옳지 않을까?

한국정치도 그것이 민족사상이나 문화전통과 얼마나 부합되는가 여부에 의해서 판정되어야 한다. 그러자면 우선 한국정치가 전통적인 민족사상이나 문화전통과 일치되는 것인지, 배치되는 것인지 여부를 분간할 수 있어야만 한다.

민족사상에는 뿌리가 있다. 뿌리와 연결된 큰 줄기와 작은 줄기 그리고 지엽부분이 있는 것이다. 민족사상의 뿌리를 찾자면 상고(上古)시대와 고대(古代)시대 한국문화에서 찾아낼 수밖에 없다. 대한민국의 올바른 정치사상은 어떠한 사상을 말하는 것인가? 한국역사의 뿌리와 줄기의 연결성을 갖지 않는 정치사상이나 행태는 그 정통성을 내세울 수 없는 것이다.

2. 민족전통사상의 뿌리

우리는 정치사상의 뿌리를 어디서 찾아낼 수 있는가? 한국민족사상의 뿌리를 찾는데 올바른 길잡이가 될 수 있는 것으로써 신라 말기 사상가인 최치원(崔致遠)이 고문서에 남긴 다음과 같은 말이 있다. "國有玄妙之道하니 曰風月風流包含 儒佛仙三教…" 이 말을 뜻풀이한다면 이 나라에는 현묘한 사상이 있었는데 그것을 풍월 또는 풍류라고 불렀다. 그 사상은 내용적으로는 유불선(儒佛仙) 3교를 포함한 것이었다. 이 말은 그 후에 다른 학자들에 의하여 '밝' 또는 '밝도'라는 개념으로 풀이되기도 하였는데 한마디로 밝음·광명을 추구한다는 뜻이 포함되어 있었기 때문이다.

한국의 '밝사상' 뿌리는 단군조선 시대로 거슬러 올라간다. 최치원이 제시한 민족사상의 뿌리는 대종교의 삼일신고(三一神誥)에 보다 상세하게 부연 설명되어 있음을 본다. 삼일신고란 글을 본다면 '태고에 환인(桓因)이 있었다. 그 아들이 환웅(桓雄)이다. 환인은 창조의 신이며 환웅은 교화의 신이다'라고 하였다.

최치원(857~?)

호랑이와 곰이 환웅에게 와서 자신들도 인간이 되겠다고 결혼해주기를 간청하였다. 환웅은 그 둘을 시험하기 위하여 쑥과 마늘을 주면서 21일 동안 그것만 먹고 견뎌보라고 지시하셨다. 호랑이는 그 시련을 이기지 못하여 탈락하였지만 곰은 견뎌내어 합격하였으므로 환웅과 결혼하여 낳은 아들이 환검(桓儉), 곧 단군이었다는 것이다. 여기서 웅녀(熊女)란 무엇을 뜻하는가?

사람이 어떻게 동물과 결혼할 수 있는가 하는 의문이 나오지만 그것은 곰이라는 동물이 아니라 곰을 토템으로 하는 부족이라는 뜻으로 풀이되어야 한다. 호랑이도 곰도 영물이라고 하지만 곰은 호랑이가 갖지 않는 지혜와 참을성을 갖는다. 사람이든 동물이든 이 세상에서는 용맹만 가지고는 큰일을 해내지 못하기 때문이다. 이때 웅녀는 당시 동이족 중에서 맥족(貊族)을 가리킨 것이 아닌가 생각해본다.

환검은 장성하여 맥족을 이끌어서 나라를 아사달(阿斯達)에다 세웠다. 그것이 바로 단군조선이다. 이때 그 아사달이란 지명은 어느 지역을 지칭하는 것일까? 아사달은 아씨땅, 곧 동해에서 해가 올라와서 제일 먼저 비추는 땅을 말함이다. 그런데 그 지역이 어찌 한반도에만 국한될 수 있었겠느냐 하는 것이 필자의 소견이다.

동해의 아침 햇살이 바다위로 올라와서 먼저 비친 땅은 일본과 만주나 중국의 동부지역도 포함되는 것이 아니었겠는가? 그렇다면 단군이 지배하였다는 아사달은 아마도 한중일 3국을 포함한 지역이었을 것이라는 것이 필자의 소견이다.

그 지역 백성을 다스린 사람이 단군왕검(檀君王儉)인데 그가 세웠다는 단군조선은 그 후에 기자조선(箕子朝鮮) 위만조선(衛滿朝鮮)으로 이어졌다. 그 영토도 한반도에 국한되어 있었던 것이 아니었을 것이라는 것이 필자의 소견이다. 그 조선들은 고대 삼국시대를 거쳐서 통일신라·백제·고구려의 역사로 이어져왔다.

그러한 시대를 통하여 한민족은 유불선 삼교에 의하여 교육받고 양육되었다. 한민족은 그런 과정을 통하여 단군의 홍익인간 정신과 유불선 삼교의 문화전통을 받들며 살아온 민족이었다. 말하자면 홍익인간의 정신에 의하여 실천된 유불선 삼교가 한민족의 민족정신과 문화전통을 지켜왔다는 뜻이다.

이런 전통사상의 기초 위에서 19세기 일본이나 중국을 통하여 도입된 서양의 근대사상과 과학기술문명이 받아들여진 것이다. 서양사상은 고대 그리스와 로마 그리고 유럽의 문화가 오늘날 한민족사상과 문화의 근간을 이루어왔던 것이다.

일본의 항복 1945년 8월 15일 12시 일본 천황이 항복선언을 하고, 9월 2일 미주리 함상에서 일본 외무대신이 항복문서에 서명하고 있다.

3. 해방 후 대한민국의 탄생과 격화되어온 남북한의 사상대립

1945년 8월 15일. 일본이 국제연합군에 무조건 항복을 함으로써 한국은 일제로부터 해방되었다. 그러나 그로 인하여 남북간의 분열과 대립이 생겨났으며 남북한 국토와 더불어 민족세력도 좌우익으로 양분되어왔던 것이다. 그 결과로 대한민국을 주도하는 보수우익세력과 조선인민공화국을 받드는 좌파세력간에 분열과 대립이 오늘까지도 지속되어 왔던 것이다. 그러한 치열한 정치대립 끝에 미국의 보호와 지원을 받는 보수우익세력이 남한을 차지하게 되었으며 대한민국정부를 수립하여 오늘까지도 유지되어 왔던 것이다.

문제는 한민족의 전통문화를 유지하려는 보수우익세력과 한민족의 전통문화를 반대하고 배제하려는 좌익세력간의 대립이 오늘에까지도 계속되며 이것이 우리시대의 문제로 넘겨져 있는 상태이다.

공산당과 좌익세력은 반제국주의투쟁과 반봉건투쟁을 강화할 것을 지시해 왔으며 반미반일(反美反日) 투쟁을 강화하라는 공산당의 테제로 확정되어왔다. 공산당이 말하는 봉건주의란 유불선 삼교의 사상과 문화뿐만 아니라 서양의 기독교문화까지를 포함한다. 그래서 모든 아시아의 구시대 사상과 문화 그리고 서양의 기독교문화까지 청산·투쟁을 선언한 것인데 이것이 공산주의와 좌경세력의 혁명·혁신사상의 주조(主潮)를 이루어왔던 것이다.

공산주의가 진보사상을 내세우는 것은 혁명성 혁신성을 강조하자는 취지였다. 그 취지도 모두 나쁘기만 했던 것은 아니었다. 그러나 기존사회와 문화를 모두 폐기하라는 주장은 국민의 자유에 대한 지나친 간섭이며 국민의 자유에 대한 박탈 내지 억압이라고 볼 수밖에 없다. 이런 이유로 한국사회에서는 우파와 좌파의 대립과 갈등은 뼛속 깊이 박혀서 오늘에 와서도 계속 큰 사회문제가 되어왔던 것이다.

아사달에서 단군이 먼저 세운 나라가 한민족 최초의 국가인 단군조선이다. 그 건국시기는 여고동시(與高同時)라 했는데 그것이 요순시대와 같은 시기였음을 말하는 것이다. 단군교에서는 그 시기를 기원전으로 잡기 때문에 현재 우리나라는 단기는 4350년으로 매년 10월 3일을 개천절이라 하여 계속 경축하여 왔던 것이다.

1948년 8월 15일 국회에서 대한민국정부가 건국되었다. 대한민국의 정치는 이 날을 기해서 출발한 것이다. 우리 사회의 일각에서는 자유민주주의가 아시아 대륙을 지배하여 왔던 전통적인 사상과 문화가 아니라 해양국가인 서양사상과 문화를 따르고 있다하여 부정적인 시각을 가지고 무조건 배척하려는 무지무식한 사람들이 많았던 것이 큰 문제였을 뿐이다.

그러나 우리는 여기서 공산주의사상이 전제하는 칼 마르크스의

대한민국 정부수립을 선포하는 이승만 대통령 1948. 8. 15

유물사관, 특히 공산주의의 세계사 인식은 선진국가의 역사학자들에 의하여 그 정당성을 전혀 인정받지 못하는 잘못된 무식한 역사관이라는 사실이다. 대한민국의 보수우파가 받아들인 정치적인 자유민주주의나 시장경제체제도 외래사상이며 구시대의 전통문화와는 동일한 것이 아니었다. 그러나 이질적인 유럽문화의 뿌리에서 나온 것이라 하여 무조건 배척하거나 배제하지 말아야 한다. 현대는 세계문화가 융합된 시대이기 때문이다.

인류역사는 계속 개방하며 전진해야 하는 것이다. 새로운 상황에 겁을 내거나 뒷걸음만 해서는 안 될 일이다. 한국의 정치사상도 근대

사회의 동도서기론(東道西技論)을 통하여 서유럽의 서양과학문명을 수용하였다. 그러므로 친북좌파들의 반봉건주의와는 질적으로 다른 것이며 우리는 그 사상의 보편성을 받아들임이 올바른 입장으로 보는 것이다.

대한민국정부는 서구의 정치경제 이론뿐만 아니라 종교사상까지 수용하고 계승하면서 6·25전쟁의 치열한 시련을 이겨낼 수 있었다. 그 뿐만 아니라 그로부터 70여년 지난 오늘까지 계속 성장 발전을 거듭해 왔는데 이러한 정치투쟁을 주도해 온 세력이 이승만과 50년대의 자유당정권이었던 것이다.

1950년부터 1953년까지 지속된 6·25전쟁을 통하여 대한민국의 국토를 지켜내며 남한에 자유민주주의정치체제를 뿌리 내리는데 진력하였던 것은 자유당의 이승만정권이었다. 그러나 통치업무를 주관하여 왔던 이승만정권은 당시의 행정업무를 제대로 관장할 수 있는 인적자원을 갖지 못하였다. 그런 이유로 정부의 무능과 무책임이 언론의 비판과 공격에 노출되어 있었던 것이다.

4. 경제선진화에는 성공했으나 정치적인 저항에 고생했던 박정희정권

그 후 우여곡절 끝에 5·16군사혁명으로 박정희정권이 탄생했다. 박정희정권은 군사혁명의 권력으로 나라를 통치하였다. 그래서 자유당정권과는 달리 능률성은 과시할 수 있었으나 군부권위주의의 작풍에 대한 다수국민의 비판과 저항에 봉착하였던 것이다.

그러나 결과적으로 대한민국이 근대화·산업화과정에서 세계의 10대 경제대국으로 올라서는 자랑스러운 성과를 과시할 수 있었다. 이러한 성과는 박정희정권 후 전두환정권의 8년 동안 통치가 계속될 수 있었기 때문에 가능하였던 일이었다. 그 반면에 공산주의자들이 세우고 유지하여 왔던 조선인민공화국은 기아 빈곤 독재와 인권탄압으로 오욕의 나라로 세계적으로 그 악명을 벗어날 수 없었던 것이 사실이다.

박정희(1917~1979)

민주주의는 본래 다수결의 원리를 따르자는 정치원리이다. 사람들이 사는 사회는 모든 사람이 항상 합의하며 평화롭게만 살 수 있는 생활환경이 아니다. 그러므로 다수결의 원리가 최선의 사회가 아니라 차선의 원리로써 통용되어온 것이다. 모든 사람이 모든 문제에서 전원이 합의할 수 없기 때문에 다수파의 의견을 그 단체의 전체 의사로 간주하는 의사결정방식을 채택해 왔던 것이다.

그러므로 민주사회에서는 소수파가 다수의 의견을 따르게 되어 있는데 그것이 다수의 독재가 아니냐는 항의는 나올 수 있는 것이나 다수의 지배는 바로 민주주의의 대명사처럼 인식되어 왔다. 그런데 박근혜정부는 국회선진화법 때문에 민주화를 내세우고 투쟁하는 야당의 압력에 밀려서 처리해야 할 법안들을 신속하게 처리하지 못하였다.

이명박정부 말기인 2012년 5월 국회 본회의에서 여야합의로 통과된 국회선진화법은 쟁점 법안의 경우 과반수가 아닌, 재적 의원 5분의 3 이상이 동의해야 신속처리법안으로 상정할 수 있도록 한 법안이다. 이런 경우에 야당이 입법을 방해하려고 마음먹으면 새누리당이 지배하는 국회일지라도 아무 일도 해내지 못하는 식물국회로 변해버린다. 결과적으로 박근혜의 행정부는 집권여당임에도 아무 일도 해내지 못하는 무능정부로 주저앉아 버리는 수밖에 없게 되어버린 것이다.

대한민국은 이미 북한과 같은 사이비 국가와는 비교도 할 수 없을 만큼 국제사회에서 확고한 명성과 국가적 위신을 확립해 놓은 상태였다. 그럼에도 불구하고 요즈음에 와서는 박근혜정부는 여러 가지 믿음직하지 못한 부정적인 정치사회현상들이 눈에 띄게 많아진 것이다.

이명박 대통령은 한나라당의 보수성향이 아닌 중도실용주의 노선으로 피신을 하였다. 이것은 과거의 보수정당에서 벗어나서 소폭이나마 야당의 좌경노선으로 이동하였음을 의미한다. 이명박정부의 임기가 끝나면서 그 후임으로 박근혜가 대통령으로 올라섰지만 과거의 한나라당 노선으로부터 차등화나 차별성을 부각시키기 위하여 당명도 새누리당으로 바꾸었던 것이다.

한국 최초의 여성대통령임을 의식하였던 대통령후보 박근혜는 2012년 대선에서 노무현의 열린우리당과 그 추종세력을 따돌릴 목적으로 열린우리당보다도 더 앞서가는 복지정책을 제시하였다. 그런 방법으로 대통령선거에서 노무현 후계자인 문재인을 따돌리며 자신의 정치권력을 창출하는데 성공할 수 있었던 것이다.

5. 박근혜정부가 잘 지켜냈던 보수주의 정책기조

박근혜 대통령은 당시 야당세력인 열린우리당에 대한 경쟁을 의식하여 보수성향의 정책기조를 계속 명백하게 드러냈다. 예를 들어 본다면 그가 대통령직을 수행하면서 ①통진당 해산 ②이석기의 RO(혁명조직) 해체 ③한미연합사 존속 ④한미연합사 작전지휘권 연장 ⑤개성공단 폐쇄 ⑥국사교과서 국정화 ⑦한중 FTA 실시 ⑧전교조 법외노조화 ⑨위안부 문제 해결노력 ⑩공무원 연금제도개혁 ⑪사드배치 등을 과감하게 추진하였던 것이다. 이것을 보면 박근혜 대통령이 반공보수주의 노선을 지키기 위하여 노력을 한 것이라고 말할 수 있다.

그런데 야권에서는 박근혜 대통령과 새누리당에 대하여 정치적인 면이나 이념투쟁이 아니라 일상적인 행태나 생활자세 등 비정석적인 비방과 공격을 계속하였음을 볼 수 있다. 왜 세월호사건이 일어났을 때 현장에 가지 않고 어디서 무엇을 하고 있었던가? 또 왜 하찮은 민간인 여성에게 권력의 보호와 지원을 계속해 왔는가? 등 일반국민들의 적개심을 고취하는 일들만 골라서 박근혜정부를 공격하였던 것이다.

박근혜 대통령은 역사상 가장 포악한 군사독재자의 딸이라는 이유로 배제하는 것이 가장 쉬운 방법일 수 있었다. 그런데 박근혜는 누구보다도 부드럽고 사려 깊은 민주인사처럼 움직여서 군부독재 권력을 때려잡듯이 공격해야 효과가 없다. 그래서 박근혜정권을 효과적으로 공략할 방법을 찾지 못하자 매우 고심하면서 연구해왔던 것이 이른바 '세월호사건'과 '최순실 게이트'였던 것 같다.

박근혜정부의 위신을 크게 떨어뜨린 것은 최순실 국정농단이라는 '최순실 게이트'다. 정부요인도 행정공무원도 아닌 일개 평범한 여인이 청와대 권력을 행사함으로써 수백억 원의 자금을 기업들로부터 뜯어내어 자신의 승마선수 딸의 지원금으로 썼다는 사실은 딸을 가진 일반 여인네들의 속을 뒤집어 놓을 수 있는 사건들이었다. 그리고 그것이 좌파들이 촛불시위를 일으켜서 광화문광장에 촛불세력으로 등장하게 되는 빌미가 되었던 것이다.

문제는 대통령이 이로 인하여 국회로부터 탄핵을 당하여 직권행위가 정지되었다는 사실이다. 2016년의 동아시아 정세는 크게 변하고 있는데 나라의 국방과 외교를 책임진 대통령이 직권정지를 당한 채 손발이 완전히 묶여져 버렸다.

6. 나라의 극좌경화는 민주화가 민중화로 변질됨으로써 생겨난 망조현상

오늘의 한국정치는 무엇이 가장 큰 문제인가? 그리고 한국사회에서 드러나고 있는 전반적인 좌경화 추세로 나라의 성장동력이 소모되고 말았던 것이다. 1990년대 말 김대중정권의 출현으로부터 시작하여 한국정치가 전반적으로 좌경화되어 한국이 북한과 차츰 닮아가는 모습을 보여온 것이 새로운 문제점으로 드러났다.

어떤 사람들은 이것을 남북한의 동질화로 보아서 좋아할는지도 모른다. 그러나 사실은 남한이 북한사회와 똑같이 저질화되어 간다는 뜻이며 이것은 남한의 북한화를 의미하는 것밖에 되지 않는다. 예를 든다면 남북한 간의 대화에서 쌍방이 일을 성사시키기 위해서는 서로 한 발씩 양보하면 합의할 수 있는 문제임에도 공연히 남한에 보다 많은 양보를 강요하려고 억지를 쓰는 북한 당국의 행위 등을 자주 보아왔다. 이것은 북한방식의 협상전략이며 저질인간들의 소행이며 좌파정치노선의 전매특허가 되고 말았다.

언제 어디서나 남측의 양보를 더 받아내려고 합의를 무한정 뒤로 미루는 태도, 또 꼴사나운 분쟁상태를 무한정 연장함으로써 우리 쪽을 지치게 하는 협상태도는 공산주의자들이 일상적으로 해온 수법들이었다. 이런 식의 정치행태는 남북한 정부간의 협상이든 여야당간의 대화나 협상에서 늘 보아왔던 사실이다. 이러한 작태는 박근혜정부하의 여야관계에서도 계속 볼 수 있게 된 광경이었다.

이러한 투쟁적인 협상태도는 정직한 사람들의 협상태도가 아님이 분명하다. 그럼에도 이러한 협상방식을 여야간의 협상뿐만 아니라 여당내의 정치갈등에서도 볼 수 있게 된 것이다. 이것은 정부여당도 좌경화의 영향을 계속 받고 있다는 증거이다. 한국정치가 여당안에서도 공산주의식을 닮아가서 그런 현상이 보편화되어 버린 것이다.

한국정치에서도 보수우익이 지배하는 시대는 오래 전에 끝나버린 상태이다. 그런 결과로 우리 사회가 더 민주화되어 왔다면 그것도 바람직한 일로 받아들여질 수도 있다. 그러나 오늘날 한국의 정치현실은 민주화가 아니라 민중화의 길로 오도되어 온 감을 지울 수 없다. 이것은 나라 전체가 극좌경화 되어 멸망의 방향으로 계속 접근해 왔음을 보여주는 것이다.

나라의 극좌경화는 나라를 흥하게 하는 것이 아니라 망조(亡兆)로 접근케 하는 현상일 뿐이다. 한국의 정치사상은 밝음을 존중하고 광명이세(光明理世)를 표방해 왔지 않았던가? 나라를 밝음으로 이끌어야 국민이 평화롭게 잘 살 수 있는 것이다. 세상을 갈등으로 인한 분노와 증오로 조장함은 나라를 어둠과 파괴로 이끌어가는 길이다. 한국의 전통사상을 반동화로 간주하는 좌파노선이나 그런 정치적 사고는 나라의 망국(亡國)사상인 것이다.

또 대한민국은 국회의 다수파를 장악한 정당인들의 전유물이 아니다. 대한민국은 과반수를 차지하는 정치세력의 소유물이 되어서는 안되는 것이다. 대한민국은 과거 현재 미래를 사는 모든 국민들이 공유하는 역사적인 실체이기 때문에 일시적으로 국회 과반수를 차지하는 한국정치인들의 전유물이 되어서는 안되는 것이다. 이러한 개탄스러운 풍조를 방지하려면 한민족의 전통사상을 되살리는 방법밖에 없다.

7. 한국정치의 전통사상의 내용분석

여기서 한국의 전통사상의 내용과 뿌리가 밝혀져야 할 것 같다. 한국정치의 전통사상하면 고대사회와 현대사회의 전통사상으로 구분되어야 할 것이다. 고대한국의 전통사상은 당시 아시아를 지배하였던 유불선 3교의 핵심사상을 말하는 것이고, 현대세계의 핵심사상이라고 하면 그것은 고대 그리스와 로마 그리고 근대 유럽의 종교사회정치의 핵심사상을 포함하는 것이다.

한국의 전통사상은 단군사상을 기점으로 하여 동아시아의 여러 지역에서 성장 발전해 왔던 유불선 3교사상으로 구성되어 있다. 유교사상은 우리 민족에게 어떠한 사상을 심어주었는가? 유교사상의 핵심은 3강 5륜 사상이다. 삼강(三綱)이라 군위신강(君爲臣綱), 부위자강(父爲子綱), 부위부강(夫爲婦綱)을 말하며, 오륜(五倫)이란 군신유의(君臣有義), 부자유친(父子有親), 부부유별(夫婦有別), 장유유서(長幼有序), 붕우유신(朋友有信)을 말함이다. 3강은 충효예(忠孝禮)의 도의사상인데 그 도덕을 철학화하면 성경신(誠敬信)의 가치관으로 직통한다.

이것은 모든 사람들이 신명의 정신세계로 진입하는 길이며 성인(聖人)은 그 상위에 도달한 사람을 말함이다. 그러나 일반사람들 대부분은 범인, 곧 미완성의 수준에 머물 뿐 그 보다 높이 올라서기가 매우 어렵다. 불교도 인간이 본래 부처인데 실제로 부처의 수준에 도달하는 사람은 극히 드물다. 요컨대 전통사상은 대체로 유신론적(有

神論的)인 입장에 서며 인간의 완성된 형태를 가정한다.

요컨대 전통사상은 대체로 유신론 또는 정령주의적인 입장에 서 있다고 보아진다. 인간은 평소의 정신수양과 행공을 통해서만 인격완성의 경지로 접근할 수 있다는 것이다. 많은 사람들은 그 원리를 알면서도 실천을 하지 못하는 것뿐이다. 그러나 실천은 못했더라도 아는 사람은 멸망을 면할 수 있다. 진리를 안다면 언젠가 조금이라도 실천하려고 들기 때문이다.

그러나 전통사상을 부인하는 공산주의(혁신사상)은 대체로 무신론(無神論)의 입장을 선호하는 경향을 유지해 왔다. 그들은 아직도 종교를 비과학적이며 대체로 유산계급의 허위의식으로 간주하려고 든다. 그들은 현대과학사상과 종교신앙을 다 같이 존중하는 일반적인 현대인들과 사상을 달리하려고 든다.

한국의 정치세력도 크게 보아서 한국의 전통사상을 받아들이느냐 거부하느냐에 따라서 보수주의자와 반보수주의자 또는 중간파로 갈라진다. 한국의 친정부 보수세력은 대체로 전통사상을 계승하는 도덕주의자들이다. 그런데 반정부 혁신세력은 모두가 용공(容共)세력이며 전통사상에 거부의사를 표명하는 것을 주저하지 않는다. 공산주의를 따라서 전통사상이나 종교를 불신하고 배척하는 사람들이 많아지면 대한민국은 현실적으로 존속할 수 없는 것이다.

그러나 현대한국의 정치사상은 동양사상보다도 서양의 정치사상을 더 많이 도입하고 있다. 서양의 정치사상은 그리스의 민주주의사상을 계승하고 있는데 아리스토텔레스는 민주주의, 곧 데모크라시를 빈민·무식한 대중의 지배체제로 보았으며 정치체제 중에서 가장 위험한 정치테제로 강조하였다. 오늘날 좌경세력이 강조하는 민중민주주의는 바로 아리스토텔레스가 말하는 democracy(데모크라시)에 해당하는 정치용어이다.

아리스토텔레스는 재산과 교양을 가진 시민들의 지배체제를 polity(폴리티)라고 이름 붙였는데 이것을 사람들은 공화정이라고 번역해 왔지만 오늘 날 서구사회에서 말하는 입헌민주주의가 바로 오늘의 자유민주주의체제에 해당한다고 보아야 할 것이다.

한국에서는 중간파 내지 부동층이 많으며 이들은 대체로 현실적인 이해관계를 따라서 혁신용공세력에 동조하기를 마다하지 않는다. 이처럼 용공적(容共的)이며 친야당(親野黨) 노선을 추종하는 정치세력이 이 나라를 10년 동안 다스려왔는데, 경제사정이 악화되어서 이명박에게 정권을 넘겨주지 않을 수 없었던 것이다.

대한민국은 보수정당인 새누리당의 박근혜가 이명박 뒤를 이어서 집권하여 왔다. 그래서 정치권력을 보수세력으로부터 다시 탈취하려고 획책하는 용공야당세력의 정략에 의하여 박근혜 대통령이 현재 탄핵을 당하고 있는 것이다. 앞으로 나라가 안정되고 대한민국이 다시 부흥할 수 있으려면 보수세력의 위치가 다시금 부활해야 할 것 같다.

한국에서 보수주의를 살려내는 길은 한국의 전통사상을 다시 살려내어서 활성화하는 방법밖에 없는 것이다. 그러지 않으면 예수가 직접 재림하거나 석가모니가 다시 왕생하는 것을 기대해야 하는데 그것이 가능한 일이겠는가?

보수세력의 위치가 더 강화되기 위해서는 과거의 전통사상과의 결합이 더 강화되어야 한다. 그동안 동서양에서 경험하였던 5000년의 인류역사와 그 역사적 경험에서 축적된 동서양의 전통사상은 단순히 지나갔던 과거지사이거나 단순한 역사물이라고 생각하면 안된다. 전 세계의 반만년 역사에서 남겨진 문화적 보물섬이라고 보아야 한다.

8. 한국의 전통사상과 미래사회의 비교

전통사상은 단순히 과거의 사상과 문화의 유물이라고 생각해서는 안된다. 한국의 전통문화는 인류의 과거 현재 미래를 밝혀주는 영원한 진리의 보물섬이며 지혜의 등불이기 때문이다. 그러므로 인류가 계속 찾아가서 다시 발굴하며 연구해야만 하는 과제, 문화의 보고라고 생각하여 소중하게 여기며 연구해야 하는 과제물임을 알아야 한다.

마지막으로 한국문화사나 세계문화사 연구에서 드러나는 가치관의 차이에 대하여 언급하고 글을 마감하고자 한다. 여기서 전통사회와 현대사회의 가치관을 비교해 보아야겠다. 우선 전통과 현대의 가치관이 어떻게 차별화되는가?

우선 크게 차이가 나는 특징을 말해본다면 전통적 가치관은 소수파 지향적인데 반하여 현대사회의 가치관은 다수파 지향적이다. 전통문화가 소수 측을 더 존중하며 추구하는 이유는 가치 있는 것이나 좋은 것은 그 수준이 높아질수록 더 희귀해지기 때문이다. 무엇이나 많을수록 가치가 낮아지며 수적으로 적을수록 가치가 높아지는 것이 우리가 경험해왔던 현실세계의 현상이다.

문제는 무엇이나 클수록, 많을수록 가치가 더해진다는 것이 현대적 물질주의적인 가치관이다. 득표도 많을수록 우세해지며 적을수록 값이 떨어진다. 그러므로 多·大·貴는 좋은 것이고, 小·少·賤함은 가치도 줄어든다. 반대로 무엇이나 많을수록 가치가 적어지며, 적을수록 가치가 커지고 높아지는 것이 전통사회의 가치관이다.

반면에 정신세계에서는 大와 多가 小와 少보다 가치가 낮다고 보나 물질세계에서는 그 반대가 된다. 정신세계에서는 小와 少가 값이 나가지만 전통사회에서는 정신주의가 통한다. 그러나 현대사회에서는 물질주의가 더 중요시된다. 고로 전통사회는 소수지향적이며 정신지향적이지만 현대사회는 물질지향적이며 다수지향적임을 외면할 수 없다.

전통사회와 현대사회는 그 가치관이 정반대가 되는 이유가 여기에 있다. 다만 우리가 또 알아야 하는 것은 시대와 사회는 계속 변한다는 사실이다. 그러므로 과거에는 전통사회가 현대사회로 바뀌었지만 앞으로는 현대사회는 다시 전통사회로 되돌아가야 하며 또 그것이 중요하다는 진실을 알아야 하겠기에 거듭 같은 말을 되풀이하는 것이다.

그러다보면 동양사회는 서양화하고 또 서양사회는 동양화하게 되면 그러다가 계속 세계는 큰 하나의 세계로 융합되어가고 있다면 희망적이다. 이것이 우리가 아직 희망을 가지고 이 세상을 살고 있는 근거가 아니겠는가?

3·1독립만세운동의 영웅 강기덕 선구여!

김현석(고대 3·3 동지회 회장, 경제학과 '55)

강기덕 선배 3·1독립만세운동 장면 1919년 3월 5일 2차 만세운동 서울역 앞 시위. 보전 대표 강기덕, 연전 대표 김원벽의 인력거 시위를 선두로 학생 5000여 명이 만세운동에 참여했다.

3·1독립만세운동의 영웅 강기덕 선구여!

서론

1919년 3월 1일, 3·1독립만세운동의 영웅 강기덕(康基德) 선배님은 우리의 기억에서 사라졌으나, 대한민국을 사랑하고 고려대학교를 자랑하는 마음으로 강선배님의 업적을 살펴보기 위해 항일운동과 건국운동 과정을 돌아보았더니 강선배님은 3·1독립만세운동 준비과정과 투쟁과정에서 눈부신 활동을 한 영웅이었습니다.

〈고려대학교 100년사〉와 〈고려대학교 교우회 100년사〉에 상세히 기록되어 있지만, 이를 읽어본 교우는 극소수일 것입니다.

늦은 감이 있으나, 3·1독립만세운동 100주년을 앞두고 지금이라도 강기덕 선배님의 생애와 업적을 재조명하고자 합니다.

강기덕(康基德)은 1886년(고종 23년) 함경남도 덕원(원산)에서 출생하였다. 자는 춘곡(春谷) 호는 덕재(德齋).

3·1독립만세운동 당시 학생대표로 민족대표 33인을 대신해 대규모 독립시위운동을 총지휘한 인물이다.

고려대학교 전신인 보성전문학교 법과 3학년에 재학 중이던 강기덕은 1919년 3월 1일 민족대표 49인 가운데 한 사람으로 학생동원과 서북친목회 회원들을 규합하는 책임을 맡았다.

3월 5일 2차 시위에서 영웅적인 인력거 시위로 명실상부한 3·1독립만세운동의 불사신 영웅으로 우뚝 섰다.

이날 열렬한 투쟁시위로 부상을 당하고 현장에서 체포되어 1년 6개월을 복역하고 나온 뒤에는 고향 원산으로 내려가 신문지국과 인쇄소를 경영하면서 신간회 활동과 노동운동으로 항일운동을 계속하며 수차례 옥고를 치렀다.

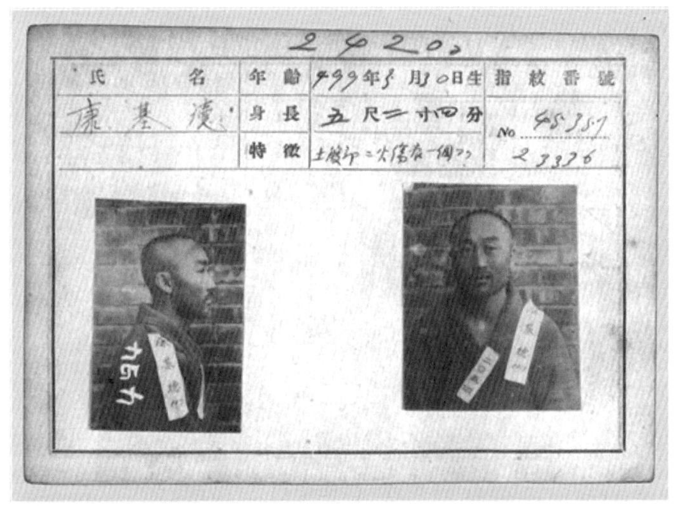

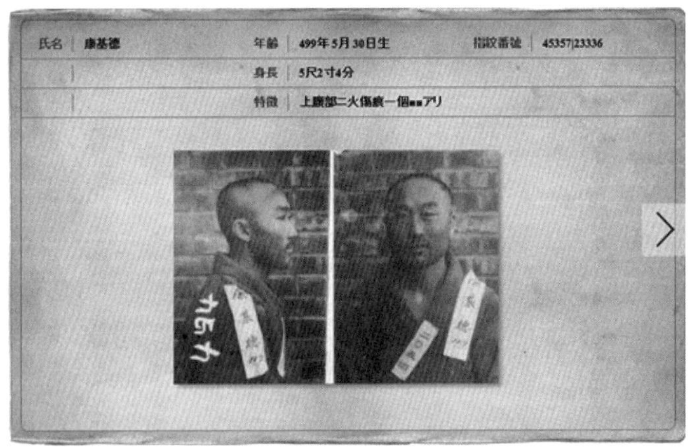

氏名	康基德	年齡	499年 5月 30日生	指紋番號	45357|23336
		身長	5尺2寸4分		
		特徵	上腹部二火傷痕一個[illegible]アリ		

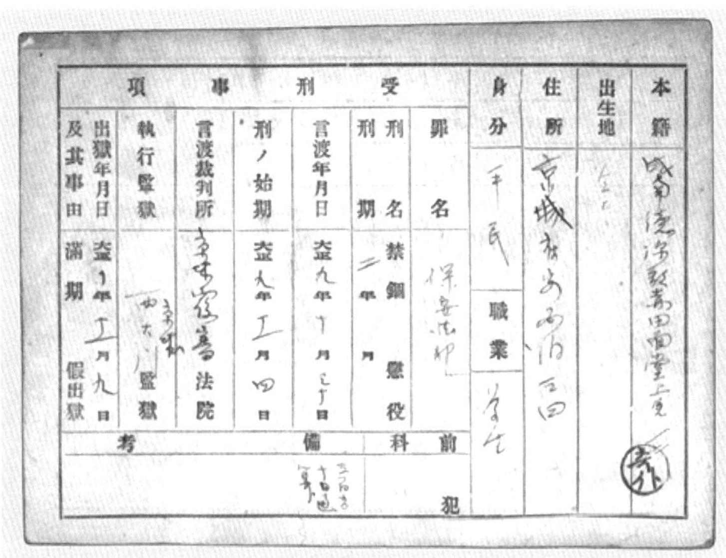

本籍	出生地	住所	身分	職業
咸南 德源郡 赤田面 堂上	仝上	京城府 安國洞	平民	學生

受刑事項	
罪名	保安法犯
刑名 刑期	禁錮 懲役 二年
言渡年月日	大正九年十月三十日
刑ノ始期	大正九年十一月四日
言渡裁判所	京城覆審法院
執行監獄	西大門監獄
出獄年月日及其事由	大正十年十一月九日 滿期 假出獄

備考	前科
三百六十日通算	犯

＊ 대정(大正) 9년은 1920년.

本籍	咸鏡南道 德源郡 赤田 堂上 12
出生地	咸鏡南道 德源郡 赤田 堂上 12
住所	京畿道 京城府 安國 34
身分	平民
職業	學生
受刑事項 罪名	保安法犯
受刑事項 刑名刑期	懲役2年
受刑事項 言渡年月日	大正9年 10月 30日
受刑事項 刑ノ始期	大正9年 11月 4日
受刑事項 言渡裁判所	京城覆審法院
受刑事項 執行監獄	京城西大門監獄
受刑事項 出獄年月日及其事由	大正10年 11月 9日

備考	前科
360日通算	

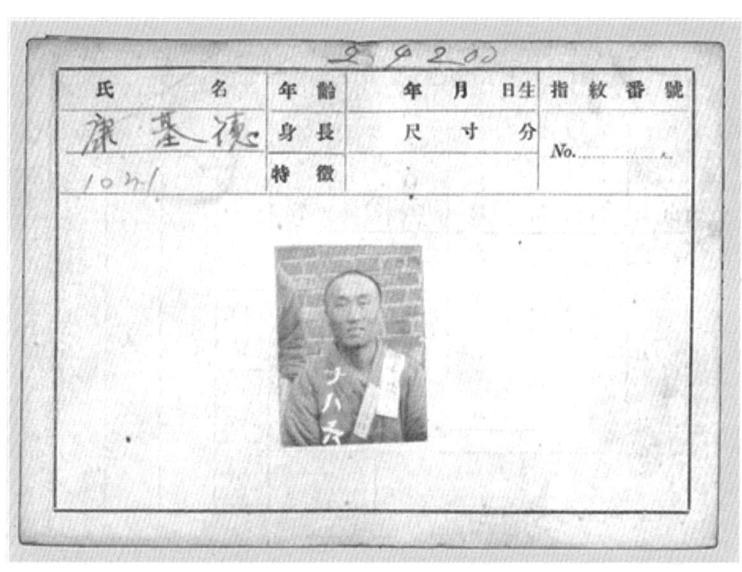

氏名	年齡	年 月 日生	指紋番號
康基德	身長	尺 寸 分	No.
1021	特徵		

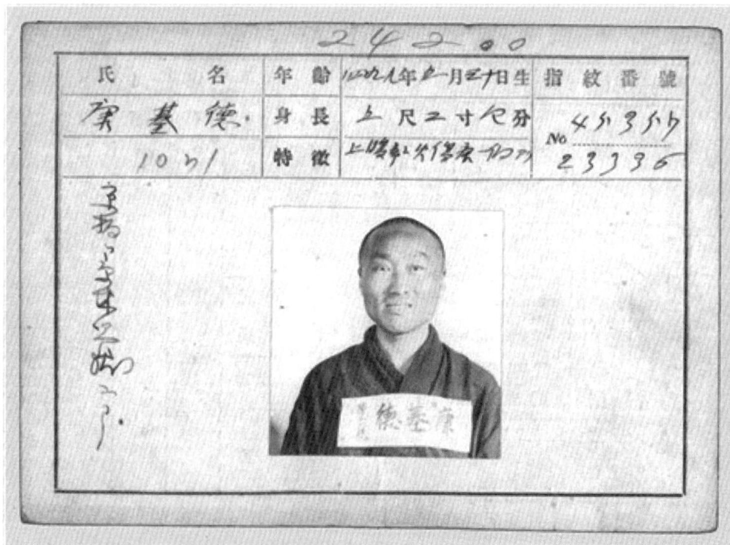

氏名	年齡	年 月 日生	指紋番號
康基德	身長	五 尺 二 寸 分	No. 45357
1021	特徵	[illegible]	23396

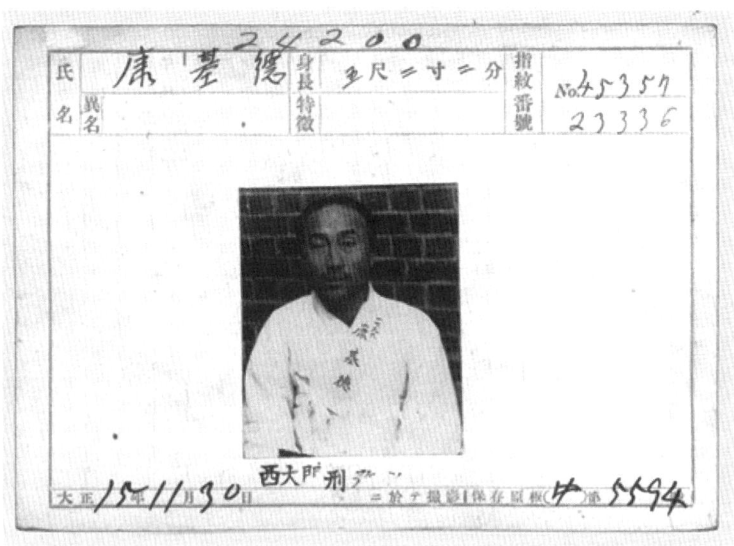

24200

氏名	康基德	身長	五尺二寸二分	指紋番號	No.45357 23336
異名		特徵			

西大門刑務所

大正15年11月30日 ニ於テ撮影 保存原板(ヰ)第5594號

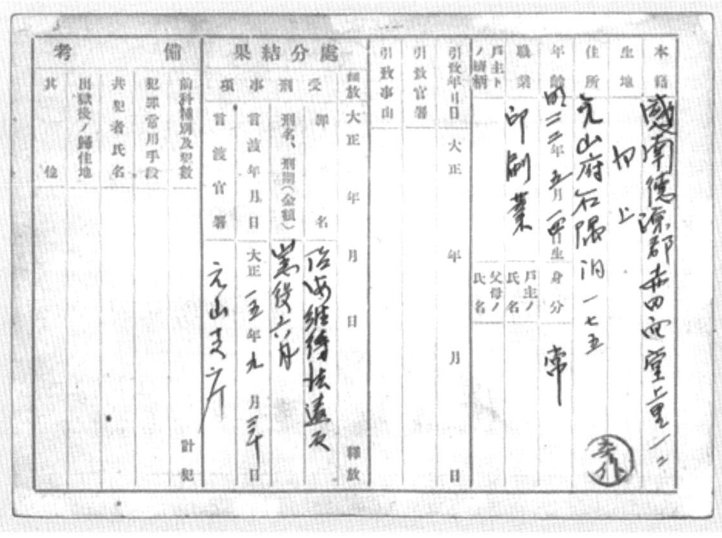

本籍	咸南德源郡赤田面堂上里一二
生地	仝上
住所	元山府石隅洞一七五
年齡	明二二年五月一日生
職業	印刷業
身分	常
戶主ノ續柄	
戶主ノ氏名	
父母ノ氏名	
引致年月日	大正　年　月　日
引致官署	
引致事由	
釋放	大正　年　月　日 釋放

處分結果	
受刑事項 罪名	治安維持法違反
刑名、刑期(金額)	懲役六月
言渡年月日	大正一五年九月三〇日
言渡官署	元山支廳

備考	
前科種別及犯數	計　犯
犯罪常用手段	
共犯者氏名	
出獄後ノ歸住地	
其他	

		本籍	咸鏡南道 德源郡 赤田 堂上 12		
		生地	咸鏡南道 德源郡 赤田 堂上 12		
		住所	江原道 元山府 石隅 175		
		年齡	明治22年 5月 14日生		
		職業	印刷業		
		戸主トノ續柄			
		引致年月日			
		引致官署			
		引致事由		身分	常
處分結果		釋放		戸主ノ氏名	
	受刑事項	罪名	治安維持法違反	父母ノ氏名	
		刑名, 刑期(金額)	懲役6月		
		言渡年月日	大正15年 9月 30日		
		言渡官署	元山支廳		
備考		前科種別及犯數			
		共犯者氏名			
		出獄後ノ歸住地			
		其他			

일제강점기에는 사회주의적이었다. 그중 특기할 것은 1919년 3월 5일 시위로 체포되어 1년 6개월 옥고를 치루고 출소한 뒤 다시 1924년 3월 1일 원산에서 3·1독립만세운동 5주년 기념집회를 지도하다가 투옥되었다.

1945년 해방 후 초대 원산시장을 지내면서 반탁 민족진영 편에 섰고, 북한에 진주한 소련 병사들이 우리 여성들을 폭행하고 민중의 재산을 약탈하며 행패를 부리는 것에 분노하여, 삶의 터전인 원산을 떠나 38선을 넘어 서울로 올라왔다.

월남 후 여운형의 조선건국준비위원회에 참여하였으나, 정치성향은 중도적인 길을 걸었다.

명예직이지만 초대 함경남도 도지사를 지냈고 건국대학교 전신인 조선정치대학의 초대 이사장을 지냈다.

강기덕 선배의 손자 뻘 친척인 소설가 이호철(당시 일곱살)이 회고한 인간 강기덕에 관한 글을 인용하면,

이호철은 강기덕 선배 할아버지의 외가 쪽 6촌으로 이호철 할아버지의 집에서 하룻밤 묵고 가기도 하는 숙친한 사이여서, 어린 이호철은 두 분의 대화를 듣고 행동을 지켜보면서 3·1독립만세운동의 영웅을 이렇게 기억하고 있었다.

"사랑방에는 마을 어른 두어 명이 더 계셨는데, 더운 여름날이라 옷을 벗은 모습은 놀라웠다. 등이며 허벅지의 고문자국 흉터를 드러내 보이며 껄껄 웃기도 하는 그의 모습은 과연 세상이 다 아는 '불사신의 독립투사'답게 탁 트여 있었다. 그는 지나치다 할 만큼 방약무인 혼자서만 종횡무진 떠들어댔는데, 어린 이호철의 마음에도 조금 밉살스러웠지만, 생긴 허우대며 목소리며 자리를 압도하는 그 분위기며 어느 모로나 '불사신의 투사'에 꼭 알맞았다. 호탕하고 뜨거운 열덩어리를 품고 있으면서도 시원하게 탁 트인 인품으로 기억하고 있었다."

강기덕 선배의 고향마을 원산 '당모루'에는 강씨와 박씨의 집성촌으로 민족주의 진영이던 강씨네와 공산주의 진영이던 박씨네가 정면으로 정치논쟁을 벌였고, 당시 초대 원산시장이었던 강기덕 선배와 강씨네 젊은 사람 여럿이 월남을 감행하였다. 그는 온건한 사회주의자였으나, 신탁통치에 찬성하는 공산주의자와는 결연하게 대결하였다.

대한민국 정부 수립 후 초대 함경남도 도지사와 함경남도 도민회장을 지냈으며, 정치대학(건국대학) 초대 이사장을 지냈다. 6·25 동란

때 납북되었다. 1956년 6월까지 교화소에 구금되어 있다가 1956년 7월 재북평화통일촉진협의회가 결성될 때 안재홍, 조소앙과 함께 동원되었다가 그 후 함경북도 방면으로 강제 이주되었다는 설 외에는 행적이 알려지지 않고 있다.

1990년 건국훈장 독립장이 추서되었다.

3·1독립만세운동 준비

강기덕은 1919년 당시 33세의 나이로 보성전문학교 법과 3학년에 재학하고 있었다. 민족사학 보성전문학교에 입학한 학생들은 모두가 애국청년들이었다. 각 지방에서 명문가의 후예들과 비록 가난하지만 신지식을 갈망하는 수재들이 모여들었다.

민족의 불행에 고민하고 민족의 수모와 치욕에 분노하는 젊은 학생들은 가치와 희망의 최우선이 오로지 국권회복이었다.

1차 세계대전의 종식과 더불어 제기된 민족자결주의는 피압박 민족들의 가슴에 독립의 희망을 품게 되었다.

일제 식민통치의 억압 속에서 신음하던 우리 민족의 가슴속에 독립의지를 용솟음치게 하였고 세계사의 정의의 물결은 젊은 학생들의 가슴을 설레게 하여, 행동으로 실천하고자 하는 투쟁을 계획 실천하게 하였다.

기미년의 새해가 밝으면서 크게 세 갈래의 항일독립운동이 준비되고 있었다. 첫째는 도쿄 유학생이 먼저 행동에 옮겼다. '2.8 독립선언'을 비롯해서 미주지역, 러시아 연해주와 간도지방 그리고 상해 독립운동가들이 움직였다. 둘째는 국내에서 당시 보성전문학교의 교주(校主)이며 천도교 교주(敎主)인 손병희가 경술국치(1910년)를 계기로 반드시 주권을 되찾겠다는 의지로 1910년부터 10년을 기약하여 항일

독립운동을 이끌 지도자를 양성할 목적으로 우이동에 봉황각을 건립하고 간부 483명을 각 지방에서 독립운동 거사를 주동하도록 지도하는 한편, 독립운동을 위한 자금을 준비하기 위하여 중앙대교당 신축기금 명목으로 모금을 하고, 보성사를 통한 독립선언서 인쇄 및 배포 등을 준비하였다. 셋째로 중앙학원의 현상윤, 송진우, 김성수 등은 독립운동의 시기가 무르익었다고 판단하여, 종교 교단 등의 총궐기를 위해 천도교단과 기독교단과의 연합 등 횡적 연락을 도모하였다.

이때, 청년학생단체들은 보전 졸업생 주익(朱翼)이 앞장서서 보전 학생들을 중심으로 연전 세브란스의전, 경성의전과 중고등학교 등 학생조직을 완료하였다.

보전 대표 강기덕과 연전 대표 김원벽은 33인 중의 한 사람인 이갑성과 긴밀히 연락하면서 3월 1일 탑골공원에서의 독립만세운동에 학생들의 동원과 독립선언서 배포 등 거사 실행 계획을 준비하였다.

또 강기덕은 서북친목회원들을 규합하였다.

3월 1일

희망의 3월 1일 하늘은 맑았으나 봄기운을 느끼기에는 쌀쌀한 날씨였다. 당초 계획은 민족대표 33인과 모든 시민 학생이 탑골공원에서 봉기할 계획이었으나, 돌연 그 계획이 변경되었다. 민족대표 33인이 탑골공원에서 만세운동을 거행하면 민족대표들이 일경에게 체포되는 광경을 젊은 학생들이 보게 되고, 학생들이 이에 반항하는 유혈사태가 벌어질 것을 우려한 손병희의 주장대로 33인은 태화관에서 독립선언서를 낭독하고 독립만세를 부른 뒤 일경에 연락해서 체포를 자진하기로 하였다.

이런 사실을 알게 된 강기덕, 김원벽 등 학생대표들은 급히 태화관으로 달려갔다. 강기덕은 민족대표들에게 '지금 탑골공원에 수천명의 시민과 학생들이 모였습니다'라고 말하고 당초 계획대로 탑골공원으로 가지 않으면 권총으로 모조리 죽이겠다고 위협하는 등 강권하였으나, 33인은 이들을 설득하여 돌려보내고 독립선언서를 낭독하고 대한독립만세를 부르고 일경에 연락하여 체포 당하였다.

강기덕과 김원벽 등 학생대표들은 학생들이 주동이 되어 3·1독립만세운동의 시위를 해야겠다고 결심하고, 속히 탑골공원으로 돌아왔다. 4000여 명의 군중들은 2시가 지나도 민족대표들의 모습이 보이지 않자 긴장과 불안이 극도에 달해 팔각정을 쳐다보았다. 강기덕은 누군가 팔각정에 올라가 독립선언서를 낭독해야겠다고 생각하며 주위를 둘러보았다. 서북친목회 모임 회원인 경신학교 졸업생 정재용을 발견하고 "정동지! 동지가 독립선언서를 낭독해야겠소. 어서 팔각정에 올라가 낭독해주시오." 평소 웅변으로 단련된 우렁찬 목소리의 정재용은 흰 두루마기를 입고 중절모를 쓴 차림으로 팔각정에 올라갔다. 독립선언서와 태극기 배포를 담당한 학생들이 군중 사이를 누비고 다니며 나누어 주었다.

정재용이 두루마기 주머니에서 독립선언서를 꺼내어 낭랑한 목소리로 읽기 시작했다. '독립선언서' 앞에 '조선' 두 자(字)를 더해 '조선독립선언서'로 시작해서 우렁차게 읽기 시작했다.

"오등은 자에 아 조선의 독립국임과 조선인의 자주민임을 선포하노라…" 약 10분만에 본문과 공약 3장과 민족대표 33인의 호명이 끝나고 조선독립만세를 선창했다. 군중도 따라서 "조선독립만세!"를 부르며 조선의 독립을 쟁취한 듯 서로 부둥켜 안으며 환호했다.

"조선독립만세!" 서울 장안이 떠나갈 듯 만세 소리가 울려 퍼져 나갔다.

그 청년은 감리교 전도사인 정재용이었다.

경신학교를 나온 33세인 정재용의 용기로 탑골공원에서의 3·1독립만세운동의 봉화가 켜졌다.

정재용(1886~1976)

민족대표 33인이 시위에 직접 참가하지 않아 당초 계획대로 진행이 되지는 않았으나, 각 학교 지도자들은 당초 계획에 따라 2대로 나누어서 시가 행진을 감행했다.

조선독립만세! 조선독립만세!

일제통치 10년 동안 지하에 숨고 가슴 깊숙이 묻어 두었던 울분이 폭발하였다.

정의와 자유, 참 인간의 마음이 샘물처럼 용솟음쳐 올라왔다. 도로와 상가 그리고 지나가던 행인들도 놀라 감격의 조선독립만세를 외쳤다.

어떻게 된 영문인지 몰라 어리둥절하던 시민들도 태극기의 물결을 보고 만세 소리를 듣고 귀를 의심하였다.

아! 우리나라가 독립이 되나 보다 하고 너도나도 같이 독립만세를 외쳤다.

강기덕과 김원벽이 앞선 만세시위 행렬은 탑골공원에 모인 4000여명과 시민이 합류하여 수만 명이 대한문을 향하여 달려갔다.

대한문 앞에서 고종의 빈전을 향하여 삼례를 올리고, 대열을 나누어 한 대열은 정동의 미국 영사관 쪽으로, 한 대열은 남대문(숭례문)을 지나 왜성대의 총독부로 향하였다. 시위군중은 공약 3장에 따라 평화적으로 시위하였으나 일본 군대와 기마경찰의 무력진압으로 강제 해산되고 130여명이 체포 구금되었다.

보전의 강기덕과 연전의 김원벽 등 여러 학교의 대표들은 3월 1일 연합전선에 합류하면서도 독자적으로 2차 시위를 계획하고 있었다. 1차 시위가 공약 3장에 명기된 대로 평화적 시위로 진행이 되어, 피끓는 젊은 학생들의 격렬한 투쟁의지를 타오르게 하지 못하여 학생들은 못내 아쉬워하였다.

3월 5일 2차 시위

강기덕은 은사인 신익희를 기다렸다. 손병희의 지시로 상해에 간 신익희가 3월 1일까지 돌아오지 않았다. 신익희는 1월에 상해에 가서 상해에서 활동하고 있는 독립운동가와 비밀 협의를 하고 3월 1일 전에 돌아올 계획이었으나 열차 사정으로 3월 2일에야 돌아왔다. 그는 일본 와세다 대학 정경학부를 졸업하고 1917년 귀국한 후 보전 강사로 헌법 국제공법 재정학을 강의하면서 학생들의 신망을 받고 있었다.

3월 2일 귀국한 신익희는 강기덕 등 학생 대표들에게 2차 시위는 서울역에서 남대문 방향으로 결사적으로 할 것을 지시하였다.

3월 4일 배재고보 기숙사에서 모인 학생 대표들은 3월 5일 2차 시위를 결정하고 강기덕을 최고 지도자로 추대하였다.

3월 5일 서울역 앞으로 시간과 장소를 결정한 것은 3월 3일 고종의 국장을 마치고 돌아가는 지방 사람들이 서울역으로 많이 모이기 때문이었다.

해공 신익희(1894~1956)

경의선과 경원선 철도 연변의 도시 평양 진남포 안주 의주 선천 원산 등 지방 도시에서도 3월 1일에 비슷한 형태의 독립선언과 만세운동이 전개되었다.

3월 2일 이후에는 전국 각 지방으로 만세운동의 불길이 뻗어 나갔다. '대한독립만세'의 우렁찬 함성은 삼천리 방방곡곡에 울려 퍼졌으며, 이에 당황한 일경의 총소리도 삼천리 방방곡곡에 울려 퍼졌다.

박은식은《한국독립운동지혈사》에서 참가자 수와 피해 상황을 아래와 같이 기록하고 있다.

집회회수	1,542회
집회인수	2,023,098명
사망자수	7,509명
부상자수	15,961명
피검자수	46,948명

삼천리 강산을 일제에 병탄 당한 울분과 일제에 반항하는 마음이 샘물처럼 용솟음쳤다.

드디어 3월 5일 9시, 서울역 광장에 모인 학생들과 일반 시민, 지방 귀향민 5000여 명이 모였다.

손에 손에 태극기를 든 학생들이 '조선독립만세'를 외치며 남대문 방향으로 내달리기 시작했다. 어디서 나타났는지 강기덕과 김원벽이 각각 인력거를 타고 와 시위대의 맨 앞에 섰다.

강기덕은 흰 두루마기를 입고 '조선독립'이라고 쓴 큰 깃발을 들고 휘두르며 달렸다. '조선독립만세!', '조선독립만세!' 3월 1일의 만세운동을 경험한 시민들도 모두 길가에 나와서 환호했다.

인력거 위에 흰 두루마기 차림으로 큰 깃발을 휘두르며 지휘하는 강기덕의 모습은 백마를 탄 장수와 같았다. 인력거꾼도 애국심이 폭발하여 만세를 외치며 신이 나서 뛰었다. 인력거꾼의 빠른 걸음은 삽시간에 그가 시위 군중을 선도하게 되어 시위 군중은 성난 파도와 같이 남대문에 도착하였다.

놀라고 당황한 일경들의 총칼이 시위 군중의 앞을 가로 막았다.

인력거꾼이 쓰러지고 일경과 학생들간의 육박전이 전개되었다. 강기덕이 휘두르는 큰 깃발은 무기가 되어 앞을 찌르고 휘두르며 전진하였다.

'일경의 방어선을 뚫어라!' 소리를 지르며 앞으로 나아갔으나, 일경의 총칼을 당할 수 없었다. '탕 탕 탕' 총소리, 일경의 허리에 찬 환도는 섬광을 발하며 시위 군중을 향해 춤을 추었다.

38식 소총에 착검한 총검은 창이 되어 학생들의 가슴을 찔렀으며, 강기덕이 탄 인력거꾼은 일경의 환도에 오른팔을 맞아 쓰러지며 인력거가 넘어졌다. 강기덕은 큰 깃발을 휘두르며 찔러 보았지만, 일경의 총칼을 당할 수 없었다. 총검에 찔리고 환도에 맞아 중상을 입은 강기덕은 피를 흘리며 땅바닥에 뒹굴었다. 김원벽과 여러 시위 학생 대표들은 부상을 당하여 체포되었다.

그러나 그들은 여한이 없었다. 3월 1일에 평화적 시위를 하느라 투쟁을 하지 못하여 불만이 폭발하였으나, 3월 5일의 투쟁은 그야말로 젊은 용기를 백배하여 표출한 백병전이었다. 비록 많은 희생을 치렀지만 조선청년의 기개를 만천하에 떨친 진정한 독립투쟁이었으며 자랑스러운 항쟁이었다.

3월 5일의 시위와 삼천리 방방곡곡에 퍼진 만세운동으로 일제의 조선 통치방침에 큰 변화가 일어났다.

'독립선언서'에 명기된 평화적인 시위가 아닌 투쟁적인 시위를 목격한 총독부는 기왕의 강압적 통치방법에 변화가 있어야겠다고 판단하였다.

일본은 합병 후 10년간 강력한 무단정치를 통하여 우리 민족에게 국권회복의 희망을 단념하도록 하였다.

그러나 3·1독립만세운동으로 인하여 그 실패가 증명되자 소위 '문화정치'를 표방하고 나섰다.

신교육령을 발표하면서 민족 차별을 없애고 내지인이나 조선인이나 모두를 똑같이 평등하게 한다는 획기적인 조치라고 자화자찬 하였으나, 신교육령은 그들이 식민지 통치체제를 더 지능적으로 위장한 것이었다.

보전(普專)의 영광과 아픔

보전 학생과 보전 관련 인사들이 중심이 된 3·1독립만세운동은 국내적으로 대성공을 거두었고, 국외에도 대단한 반향을 일으켰으며,

무엇보다 2천만 동포를 단결하게 하였다. 종교와 계급의 구별 없이 궐기하여 우리 민족이 살아 있고 깨어 있음을 세계만방에 보여 주었고, 해외로는 중국의 5·4혁명의 기폭제가 되었으며, 인도의 시성(詩聖) 타고르가 조선을 동방의 등불이라고 칭송을 아끼지 않았다.

이러한 성공적인 업적에도 불구하고 보전은 큰 타격을 받았다. 3·1운동에 연루된 많은 학생들이 검거되고 시국이 혼미해지자 학생 수가 많이 감소하였다.

보전의 2대 교주(校主) 손병희를 비롯하여 권동진, 오세창, 최린, 박인호 등 당시 천도교 지도자들이 전부 감옥에 갇히는 몸이 되었다.

거기에 일제는 보통학교규칙, 사립학교규칙, 조선교육령을 개정하여 1922년 2월 이른바 '조선신교육령'을 발표하면서 그 탄압의 방법을 더욱 지능화하였다.

〈조선독립신문〉의 발행인이었던 보전 교장 윤익선은 투옥되어 1920년 9월 출옥했다가 훗날 북간도로 망명하여 독립운동에 투신하였다.

보전 교수 신익희, 졸업생 주익, 윤기섭, 재학생 강기덕 외 한창환, 방정환 등도 각각 중요한 역할을 했던 만큼 구속 수배 등 혹독한 탄압을 받았다.

1946년 3월 1일 좌우 민족분열

1945년 8월 15일 연합국의 승리로 해방을 맞았으나, 1945년 5월 12일 모스크바 3국 외상(미·영·소) 회의에서 한반도의 신탁통치가 결정됨과 동시에 한반도 38선 분할점령으로 해방과 동시에 자주독립을 소망한 우리 민족의 염원은 무산되었다.

처음에는 우리나라 모든 정당 사회단체들이 신탁통치를 반대하였으나, 소련의 지시를 받은 공산당은 1946년 1월 2일 돌연 찬탁을 외치고 나왔다.

우익은 반탁, 좌익은 찬탁, 좌우익이 완전히 갈라서는 계기가 되었다.

그 해 3월에 들어서자, 3·1운동 기념행사가 우익은 보신각에서, 좌익은 남산에서 각각 따로 열렸고 좌우익의 충돌은 날로 격화되었다.

1919년 3월 1일의 독립만세운동은 종교, 정치사상, 지역, 계급 등 모든 것을 초월하여 2천만 동포가 일치 단결하는 계기가 되었으나, 8.15 광복 후 미국의 자유민주주의와 소련의 국제공산주의의 대결 구도에 기인한 신탁통치의 찬반으로 인한 민족의 좌우 분열은 우리 민족이 처음 경험하는 감당하기 어려운 힘든 상황이었다.

일경에 당당했던 우리 선배님들

우리나라 유사 이래 가장 자랑할 만한 3·1독립만세운동 당시 검거된 33인 민족 대표들과 학생대표 강기덕과 김원벽의 일경 취조서(取調書)를 살펴보면 당시 지도자들의 애국심에 경의를 표하게 된다.

※ 손병희 교주(校主) 취조서

문 : 당신들은 어떠한 목적으로 이 선언서를 인쇄하여 일반에게 배포하였는가?

답 : 그 목적은 선언서에 있는 바와 같이 국권을 회복하여 조선독립을 계획한 것이다.

문 : 그러면 금후 어떠한 방법과 수단으로 국권을 회복하려 하는가?

답 : 우리들은 조선민족대표와 일본 정부와 협의하여 평화롭게 목

적을 수행하려고 한다. 만일 불행하게 일본 정부가 이것을 용납하지 않을 때에는 어디까지든지 계속하여 그 운동 목적을 수행할 작정이다.

※ 강기덕 선배 취조서

문 : 그대는 어째서 조선독립운동을 하려고 하는가?

답 : 그것은 내가 조선사람이니까 독립을 하려고 한 것이다.

문 : 이번 독립운동(3월 5일을 말함)에 참가한 과정은?

답 : 경성 남대문 밖에서 경성 전부의 학생이 조선독립만세를 부르게 될 때, 그 중에 들어가서 같이 만세를 불렀으며, 또 인력거를 타고서 깃발을 가지고 군중을 지휘하다가 체포되었다.

문 : 체포된 것은 몇 시 가량인가?

답 : 3월 5일 오전 9시 10분 경이다.

문 : 피고가 지휘할 때 가지고 있던 깃발(旗竹)이 이것인가?

답 : 그렇다.

문 : 피고는 무슨 연고로 이러한 깃발을 들었는가?

답 : 3월 1일 손병희 이하 33인이 체포됨으로 독립운동이 침체될까 하여 사기를 앙양하려 한 것이고, 그 후 발간한 독립신문에 독립운동을 계속하라는 취지가 기재되었으므로 독립운동을 계속한 것이다.

※ '독립신문' 발행인은 보전 교장 윤익선이다.

연전대표 김원벽의 취조서도 대략 동일한 질문과 동일한 답변을 하였으니, 그 늠름한 모습이 가히 조선 남아의 기개를 만방에 높이 세웠다고 평가할 만하다.

일경은 강기덕과 김원벽이 인력서를 타고 군중을 이끌고 앞서서 노도와 같이 달리는 모습에 놀라워했고, 강기덕이 흰 두루마기를 입고 '조선독립'이라 쓴 깃발을 높이 들고 지휘하는 장수 같은 모습에 놀랐을 것이다.

강기덕 선배는 이 때 입은 부상과 고문으로 인한 상처가 평생 독립훈장 같이 빛났다.

후기

필자가 최근 3·1독립만세운동의 발상지인 탑골공원과 숭례문(남대문)을 살펴보고 유적관리가 너무 허술하고 역사적 사실에 관한 설명이 없이 겉치레만 되어 있는 것이 매우 안타까웠다.

독립선언서를 읽는 분의 동상이 수염을 기른 60세 이상의 노인상이다. 당시 독립선언서를 읽은 정재용은 33세의 청년이었다.

그 옆에 젊은 분의 동상에 관한 설명이 없다. 그날 탑골공원 행사의 총책임자는 보전의 강기덕이다.

3월 1일 당초 계획대로 민족대표와 학생, 시민이 독립선언식을 거행하고 만세운동을 벌이기로 하였는데, 민족대표 33인이 시위에 불참하여, 학생대표 강기덕 김원벽 등이 시위를 주도하고, 독립선언서 낭독도 경신학교 출신 정재용이 갑작스럽게 낭독한 사실에 관한 설명이 없다.

3·1독립만세운동의 최고 격전지 숭례문(남대문) 앞에 기념 표지석이 없는 것도 아쉽다.

우리 대한민국헌법 전문에 "유구한 역사와 전통에 빛나는 우리 대한민국은 3·1운동으로 건립된 대한민국 임시정부의 법통과 불의에 항거한 4·19 민주이념을 계승하고"로 기록되어 있다.

앞에서 기술한 바와 같이 1919년 3월 1일 독립만세운동의 출발점은 탑골공원이었으며, 그리고 3월 5일 서울역 앞 남대문 격렬 시위는 그 후 방방곡곡에서 벌어지는 시위에 불을 붙여 활활 타오르게 하는 도화선 역할을 하였다.

그 도화선의 핵심 역할을 우리 보전인(고대인)이 주도한 자랑스러운 의거라 하지 않을 수 없다.

내후년(2019년) 3월 1일은 3·1독립만세운동 100주년이다.

우리 고대인은 자랑스러운 선배님들의 업적을 기리는 사업을 준비해야 할 것이다.

우리 고대인은 자랑스러운 역사를 잊지 않고 국가와 민족의 발전과 번영을 위해 무언가 할 일이 있을 것이다.

뜻깊은 3·1독립만세운동 100주년을 형식적인 기념행사가 아닌 기록유산으로 남겨 후세에 귀감이 되도록 해야 할 것이다.

안호상 박사의 보성전문 교수 시절

–여러 수기 내용을 중심으로

안경홍(고대 3·3 동지회 명예회원, 안호상 박사의 장남)

김영삼 대통령으로부터 무궁화대훈장을 받고 있는 안호상 박사(1994)

안호상 박사의 보성전문 교수 시절
–여러 수기 내용을 중심으로

서문

2016年 8월 15일, 광복 71주년과 대한민국정부 수립 69주년을 맞이하여 고려대학교 3·3 동지회가 주최하는 강연회에 초청받아 필자는 참석하였다. 주제가 '대한민국과 고려대학교'이었다. 강연 후, 김현석 회장에게 "고려대학교 3·3 동지회의 이념이 무엇입니까?" 물었더니, 김현석 회장이 말하기를 "우리 모임의 이념은 '국가지상(國家至上) 민족지상(民族至上) 민주지상(民主至上)'의 정신으로, 고려대학교의 정신 자유 정의 진리를 사랑하는 모임입니다."

'국가지상 민족지상' 정신이면, 1946년 10월 9일 현상윤(고려대 초대 총장), 안호상(安浩相) 박사, 그리고 이범석 장군 등이 조선민족청년단을 창단하여 주창하던 사상이어서 공감이 갔다. 김(金)회장은 이어서 오늘 강연의 요지가 시의에 적합하고, 우리 회원과 내빈들이 좋다고 하시니, 오늘 강연의 원고를 정리하여 책으로 발간해야겠다며 "안호상 박사의 보전 교수 시절"이란 제목의 글을 써주었으면 하는 청탁이었다.

아울러 필자의 어머님께서 수기(手記)로 남기고 누님(安乙賢, 1925년생)이 책으로 출판한 《운명에 살았노라》라는 책을 읽어보신 김현석 회장은 아래와 같이 의뢰하였다. "특히, 이 책 내용에 포함된 안박사의 유학비, 그리고 생사와 관련된 상해(上海) 임정(臨政), 독립운동자금 조달에 어려움을 겪었던 내용도 포함시켜달라."

즉 어머님, 친정 부친의 도움으로 독립운동자금 조달을 성사시킨 내용 등이지만, 사실 필자는 문필가가 아닐뿐더러 이는 너무나 복잡하여 포기하였다. 이는 동경(東京), 상해, 독일, 밀양, 의령, 백산상회를 넘나드는 소설과 같은 이야기로서 추가적 자료수집을 요구하지만 관련인들은 모두가 고인(故人)이 되어 버렸다. 당시 일제의 빈번한 사찰과 감시가 무서워서, 해외유학 10년 동안을 포함하여 본가(本家)와 교환하였던 편지 등과 관련 자료들을 모두 불태워 없앴다.

사실은 몇 년전부터 아버님 안박사(安博士)의 항일운동에 관한 자료를 수집 중이었고, 관련인도 한 사람 정도 만나보았는데, 특기사항은 너무나도 고맙고도 고마운 인촌(仁村)을 발견한 것이다. 또한 2016년 김현석 회장으로부터 보배같은 정보를 받았는데, 즉 1933년 안박사는 인촌에게 보답하는 마음으로 대대로 간직하여 오던 가보, 《성호집》《주자서절요》 등 50여 종, 257책과 그림 4폭을 보성전문 도서관에 기증하였다는 기록이었다. 경황이 없어서 아직도 이를 내 육안으로 확인하지 못하였다.

1. 출생시부터 보전 교수직 임용신청 때까지

1905년, 4세때부터 고산재(高山齋) 서당에서 한학(漢學)을 배우던 안호상(安浩相)은 4개국 해외유학을 마치면서, 독일 예나(Jena) 대학교에서 철학과 교육학 그리고 바이마르헌법을 전공, 1929년 27세의 나이로 철학박사 학위를 취득하였습니다.

이 예나 대학은 카를 마르크스가 박사학위를 취득하고, 쇼펜하우어의 모교이기도 한 명문대학이었습니다. 주은래(周恩來)가 이 학교에서 청강할 때, 중국 동제대학(同濟大學)에서 유학 온 안호상이라는 조선학생이 있다는 소식을 듣고, 안호상을 초청하였다고 합니다.

백산 안희제(1885~1943) 백산상회(白山商會) 대표.

이 예나 대학은 베를린 남쪽 체코 서쪽 약 100킬로 거리에 위치해 있습니다. 이 지역은 우리에게 잘 알려진 작가 괴테와 바이마르헌법, 그리고 세계 제1위를 자랑하던 칼 자이스, 레이카 카메라가 있었던 문화권 지역이었습니다.

1930년, 학업을 마친 안호상은 독일에서부터 시작하여 1개월 이상에 걸친 긴 소련, 시베리아와 만주 경유 여행을 통하여, 피폐한 공산주의 사회를 체험하면서 귀국하였습니다. 그리고 1920년대 상해(上海) 유학시절에서도 이러한 모순성을 목격하였던 것입니다.

아래는 그의 수기 내용입니다.

"종착역인 봉천(현재 심양)에 도착, 한 일본 여관에 머물면서 여행

목적지를 상해로 썼다. 한국이라 쓰면 일본 형사가 따르기 때문이었다. 다음날 새벽 일찍 신의주와 평양을 거쳐 서울에 도착, 백산(白山) 안희제(安熙濟)를 찾았다. 그는 당시 중앙일보를 운영하고 있었다. 일제의 탄압은 계속되고 있어 분위기는 극히 암울하였다.

'내려가거라. 조용히 시일을 보내는 것이 좋겠다.' 백산은 이렇게 타일렀다. 서울에서는 형사가 꼭 따랐다. 요시찰인이기 때문이었다. 5일 동안 서울에서 머물다가 고향 의령으로 내려갔다. 형사들의 출두지시 등, 등살에 도저히 견딜 수가 없었다. 그래서 이럴 바에야 일본으로 다시 가기로 했다. 조용히 공부를 더 하면서 병도 고치기로 한 것이다.

학교는 경도제대(京都帝大)를 택했다. 이곳 철학과에는 일본 철학계의 거두인 니시다(西田), 다나베(田辺), 아마노(天野) 교수 등이 재직하고 있었다. 이들과 사귀면서 일본인을 이해하는 데 크게 도움이 되었다. 그리고 틈틈이 승마와 격검을 배워 건강도 회복되었다…… '내가 철학과 교육학을 지금껏 공부한 목적이 무엇인가. 식민 치하에 괴로움을 받고 있는 내 민족에게 정신적 도움을 주기 위해서가 아닌가…… 이제는 어떻게 하든지 고국에서 생활하기로 다짐했다.'

서울에 도착하면서 내 주위엔 언제나 형사의 눈길이 따라다녔다. 그래서 경성제대 대학원에 등록했다. 학생 신분이면 그들의 눈을 어느 정도 피할 수 있고 또한 도서관을 마음 놓고 이용할 수가 있었기 때문이었다. 철학과에는 아베(安倍) 교수와 軍本 교수가 있었는데, 내가 독일 박사였기에 깍듯이 대하여 줬다.

그러면서 호신술을 배웠다. 수송동에 조선연무관이 있었는데, 합천인 이경석 씨가 만든 것이었다. 안면으로 인해 이곳에서 대접받으면서 잘 배울 수가 있었다. 호신술을 배운 목적은 일본인들에게 호락

호락하게 보이고 싶지 않아서였다."

1) '요특별사찰 대상인물'이라는 이유로 임용불허 통고받음

"1932年, 인촌께서 보성전문학교를 인수했다. 1919년 서울에 처음 올라왔을 때 찾아가 뵌 적이 있고, 또한 세계일주차 독일에 왔을 때 만난 적도 있었다. 또한 인촌은 백산 안희제와 같이 학교설립 등 육영사업과 언론사업, 그리고 기업활동을 하면서 횡적으로 연결된 사이였다.

학교는 안국동 위의 송현동에 위치하여 있었다. 인촌에게 교수직을 제의하자 흔쾌히 좋다고 허락했다. 가을학기부터 출강키로 하고 수속을 밟기 시작했다. 그러나 문제가 생겼다. 즉 보성전문학교(普成專門學校) 교수직을 신청하였으나, 조선총독부에서 이를 불허하였다. '요특별사찰 대상인물'이라는 이유로 안 된다는 것이었다. 백방으로 뛰어 봤지만 허사였다. 다시 번민이 시작되었다. '상해로 다시 가야 하나….' 그러나 거기에도 문제는 많았다. 할 수 없이 책을 쓰면서 기회를 엿볼 수밖에 없었다……"

1923년, 상해 유학시절 안호상이 가담한 치명적인 일본인 첩자 납치살해 혐의내용과 상해임정 경호대원, 그리고 가문 자체가 불령선인(不逞鮮人)이는 사실이 일본 외무성에 기록되어 있을 뿐만 아니라 그의 가문은 백산 안희제의 일가로 요시찰 대상이었던 까닭이었습니다. 그 후 안호상의 족숙(族叔) 3인, 즉 안효제 안창제 안희제 3인 모두가 만주에서 독립운동하다가 순국하여, 3인 모두가 독립유공자로 서훈 받은 바 있습니다.

인촌 김성수 이야기입니다. 1915년 봄, 인촌은 최초의 교육사업으로 대리인을 세워 조선총독부에 '백산학교(白山學校) 설립허가'를 신청하였으나, 이를 불허하였습니다. 이 거절이유로는 백산은 조선민족의 영산(靈山) 백두산을 뜻하는 것이니, 교명이 불온하다는 것이었습니다. 관련기사를 인용합니다.

"총독부 세키야 학무국장은 한마디로 거절하였다. '백산은 백두산이 아닌가? 이런 사람이 설령 후지산(富士山)이란 이름으로 신청한다 하여도 안된다'였다. 이것은 교명이 불손하다는 의미도 있지만, 처음부터 허가해줄 생각이 없었던 것이다."

1914년 백산 안희제 등이 세운 백산상회가 독립운동자금을 공급하는 단체임이 총독부에 정보가 입수되면서 백산상회와의 관련성을 취조당하였다는 기록입니다. 그리하여 인촌은 차선으로 중앙학교를 인수하면서 처음으로 교육사업을 시작하였습니다.(제10장의 도표 참조)

2. 1933년 가을학기부터 보성전문 강의 시작과 좌우파 갈등

1) 유도부·학생단과 검도부·호걸단의 대결

1933년 5월쯤 마침 와타나베라는 자가 독일에서 1년 연수를 마치고 총독부 학무국장으로 부임했다는 소식이었습니다. 그를 만나기 위하여 '독일 철학박사'라는 문구가 있는 명함을 만들어 들여보냈더니 쉽게 만나주었습니다. 독일에 관하여 이야기를 하다가 "저는 지금 경성제대 대학원에 재학중인데, 저도 직장을 갖고 싶고 독일어를 담당하고 싶습니다" 하였습니다.

즉 월급받을 수 있는 자리를 부탁하였습니다. 자기보다 유창한 독

1930년대 보성전문(현 고려대) 강의 장면

일어를 구사하는 안호상에게 말하기를,

"안(安)상, 난 아직 서울 사정은 어두운데 강의를 할 만한 자리가 있소?"라고 물었습니다. 나는 됐다 싶어, "보성전문학교가 좋다"라고 하니까, 아랫사람들과 의논하여 보겠다고 하였습니다.

그렇게 시간을 주면 또 실패할까 싶어, '바로 추천서를 받고 싶다'고 했더니 그 자리에서 순순히 추천서를 써 주었습니다…… 그길로 즉각, 인촌에게 직행하여 '좋은 사람을 추천하여 주셔서 감사합니다'라는 답장을 그에게 띄움으로써, 5일만에 허가가 발부되었고 9월부터 강의를 시작하게 되었습니다. 따라서 31세의 젊은 청년이 평생 처음으로 거금 월급도 받게 된 것입니다. 보답하는 마음으로 대대로 간직해오던 가보인 《성호집》《주자서절요》 등 50여 종, 257책과 그림 4폭을 보성전문 도서관에 기증하였습니다.

당시 보성전문에는 법과와 상과가 있었고, 학생수는 약 600명, 그리고 안호상 박사는 철학개론, 윤리학, 독일어를 맡았습니다. 당시 일본에는 좌익이 유행병처럼 번지고 있었고, 또한 일본 우익에서는 그

때 나치 열기가 대단했던 시절입니다. 한국에서는 학교마다 극력 좌익이 세력을 넓혀가고 있었습니다.

문제는 이들이 '독일에서 나치를 배워온 안호상이 이 학교에 들어왔다'며 문제를 제기하면서 공개강좌를 요구하였습니다. 즉 그들은 공개강좌 도중 약점·허를 노렸던 것입니다. 이에 강하게 대응하면서, 학생들의 박수를 받으면서 검증되어 무사히 통과되었습니다. 그리고 당시 인기가 좋은 윤리학 강의에는 240명이 모여 난방도 없는 대강당에서 진행되었습니다. 전교 학생들의 절반이 모여 인기도 좋았던 것입니다.

당시 법과 과장은 옥선진 선생이었고, 상과(商科) 과장은 김영주 선생이었습니다. 상과 중심으로 하여 유도부(학생단·좌익세력?)는 본관 옥상 동쪽에 아지트를 두고 모여 있었습니다. 당시 서쪽에 아지트를 둔 민족진영/우익학생들은 어떤 구심점이 없어 단결력이 약했습니다.

우익세력의 정규헌, 류구환, 김기해 등은 폭행으로 부상을 입었는 바, 학원은 공포의 도가니로 좌우분열의 전위적 투쟁의 각축장이 되었습니다. 따라서 옥선진 선생(호걸단·우익세력?)은 유도부에 버금가는 검도부를 만들자고 안박사에게 제안하였고, 옥선생과 안박사는 검도를 지도하면서, 충돌사고도 있었지만, 힘의 균형이 잡혀 갔습니다. 그들은 본관 옥상 서쪽에 아지트를 두고 서로 용호상박지세를 과시하였습니다.

사상과 헤게모니 문제로 자웅을 겨루던 어느 날, 안박사가 아끼던 류승준(검도부장·호걸단·우익세력)이란 학생이 유도부장 김성곤(훗날 쌍용그룹 창업)을 칼로 찔러 중상을 입혔고, 따라서 류승준과 최석화는 끝내 퇴학당하고 말았습니다.

이 극한적 대립은 보성전문 외 다른 학교에서도 좌익세력들에게 과감하게 대응하여 적화(赤化)를 분쇄할 수 있었고, 이들 중에는 장예준, 현영원, 김재순, 이동원, 안경득, 최서면, 김진홍, 최찬영 등도 포함되어 있었습니다.

2) 동대문 전차 역사는 한국·일본 학생간 싸움터

이렇게 교내에서 좌우익으로 갈려 싸움을 했지만 대외적으로는 항일의식이 투철했고, 동대문 전차역사에서는 한국학생과 일본학생들 사이에는 언제나 싸움이 있었습니다. 저녁에는 일본학생들을 근처 개울로 데려가 짓밟은 후 밀어 넣고 도망치는 일도 많았습니다. 다음날 그들은 항의차 학교로 찾아오지만 교수들은 전혀 모르는 일이라고 발뺌을 하였고, 경성제대 일본학생들 사이에서는 '모주꾼 보전 학생들은 무조건 피하라!'라는 경고까지 나돌았습니다.

3. 일본이 국력 30배가 넘는 미국 진주만을 공격하다

1937년에 발발한 중일전쟁으로 인하여 일본에서는 극심한 물자부족에 당면하였고, 이에 더하여 일본의 동남아 침략은 일본에 대한 석유금수 조치까지 당하게 됩니다.

1939년 9월 1일, 제2차 세계대전이 발발하였습니다. 뒤따라 1941년 12월 8일, 일본은 국력 30배가 넘는 미국의 진주만을 공격하면서 태평양전쟁을 일으켰습니다. 이 전쟁은 불가피한 것이었고, 이는 서양이 동양에 대한 침략을 저지한다는 명분으로, 일본은 대동아전쟁이라는 이름으로 '대동아공영권'의 이념을 내세웠던 것입니다.

러일전쟁과 청일전쟁에서 맛본 승리감에 도취된 일본입니다. 속전속결, 초전박살 작전으로 거세게 밀어붙였지만, 전세는 여의치 못하였습니다.

만주에서 버마로 그리고 뉴기니로 이어지는, 너무나도 광범위한 감당하지 못할 정도의 전장터였습니다. 즉 필리핀, 베트남, 인도네시아, 보르네오, 뉴기니, 수마트라 등으로 전장터를 확장하면서, 병력도 크게 소모되었습니다.

따라서 그들은 대만과 한국을 황국신민화시키고 조선인구 2000만에 200만을, 그리고 대만인구 800만에 100만을 전쟁에 동원한다는 목표 아래 각종 제도를 실시하게 됩니다. 일제는 총동원에 심혈을 기울여 모든 수단과 방법을 통하여 계도·권장·강제했음에도 불구하고 이를 기피, 거부하는 저항이 일어났습니다.

1943년 11월 3일, 전쟁이 종반으로 들어서자, 조선총독부는 학병 모집을 위하여 조선학도병 지원제를 발표하였습니다. 당초 총독부의 발표는 어디까지나 본인의 자유의사에 따른 지원제라고 주장하였습니다.

뒤따라 1944년 4월 1일부터 8월 20일 사이에는 제1회 징병검사가 실시되어 모두 20만 6000여 명이 검사를 받았고, 합격자들은 1944년 9월부터 1945년의 일제패망 때까지 순차적으로 징집되었습니다. 입대인원은 최소한 18만 4000명 이상인 것으로 추계되고 있습니다.

그러나 친일파의 자식들까지 각종 핑계로 지원을 거부하자, 결국 각 학교의 배속장교를 통하여 책임동원을 명령하였습니다. 또한 일제 관헌들은 부산부두에서 대기하다가 귀향하는 학생들을 집단으로 강제입영시켰다는 기록도 있습니다.

우선 학도지원병의 경우, 적지 않은 인원이 지원을 거부 기피하면서 응하지 않았습니다. 그 중에는 산악지대에 은신처를 마련, 동지를 규합해 집단생활을 하면서 무장투쟁을 준비하는 사람들도 적지 않

일본의 진주만 기습 당시 맹폭을 당한 미국 전함 웨스트 버지니아호(1941)

았습니다.

경상남도 함양군 출신 하준식은 학병지원을 거부, 덕유산 은신골로 피신하여, 징용·징병기피자 73명을 규합, 광명당을 조직해 후방교란 게릴라전을 기도한 바도 있었습니다. 이러한 저항적인 거부운동은 전국 주요 산악지대에서 일어나고 있었습니다. 지리산, 운문산, 포천군 산악지대, 금강산 등도 주요 피신처였습니다.

일제 당국의 필사적인 노력에도 불구하고, 특히 보성전문으로부터 반동적 걸림돌이 불거졌습니다. 그러나 그들도 집요하게 견제, 물고 늘어졌던 것입니다. 즉 아래 학도병 지원율·통계표를 보면 보성전문 학생은 16.0%로, 34.8%인 연희전문의 절반 이하입니다.

1) 조선인 학병 관련자료

도표1: 학병 대상자 및 지원자 비율표*

	학교명	대상자(명)	지원자(명)	비율(%)
1	경성법학전문	40	40	100.0
2	경성고등상업	32	32	100.0
3	부산고등수산	22	22	100.0
4	경성제국대학	92	51	55.4
5	경성제대의학과	15	8	53.3
6	연희전문	293	102	34.8
7	혜화전문	150	51	34.0
8	명륜전문	73	23	31.5
9	보성전문	268	43	16.0
계		985	372	평균 37.8%

*〈매일신보〉 1943.11.12

〈도표〉에서 보시다시피, 상위 3개 학교는 100% 지원율로서, 보성전문도 일제에 순응하였더라면 100% 되었을 수도 있었을 것이고, 혹은 연희전문 수준에 가까웠을 것으로 짐작되는 것입니다. 즉 행동파 이철승과 안호상 등의 선동과 의식화 작업은 학병 지원율을 최소화하였던 것이고, 결과적으로 많은 생명을 구할 수 있었다고 짐작합니다. 결과적으로 이는 사지(死地)로 향하는 보전학생들의 생명도 연희전문학생의 절반 이상을 건졌다고 할 수 있는 대사건으로 말할 수 있는 것입니다.

도표2 : 조선학도의 지원 최종현황*

		적격자 수	입대자 수(%)
1	재조선학도	1,000	959 (96%)
2	일본에서 귀성중학도	1,529	1,431 (51%)
3	일본 잔류학도	1,400	719
4	9월 단축 졸업학도	1,574	941
5	취업중 학도	700	335
6	계	6,203	4,385

*1944.1.20. 시작, 남방섬과 중국 광야에서 300여명 사망

2) '출정학병 중에는 독립군에 가담, 일본군을 역습하여 큰 전과를 올렸다!'

이러한 다양한 의식화 작업의 결과는 다양하게 나타났던 것입니다. ①은 처음부터 기피해 버리는 것이고, ②는 일제당국에 항거한 것이고, ③은 학병으로 출전하여 탈출하는 것인데, 그 탈출에는 단순한 탈영과 탈출하여 독립군을 조직하는 경우와 ④는 독립군에 투신, 일본군을 역습하여 큰 전과를 올렸을 것이라는 기록 등 관련 기록들을 인용하는 바입니다.

"그 후, 일제 당국에 항거한 결과는 다양하게 나타나고 있었던 것이다. 즉 그들 학생들은 고향에 돌아가서, 선무공작을 펼쳤고, 또한 파출소 습격 등 파괴공작을 벌였다. 함경남도 북청 지방의 학병 해당자 50여명은 울분을 참지 못하여 술을 마시고 경찰서를 때려 부수고… 또 서울에서는 재동파출소를 때려 부수고 항거한 일이 있었다.

……평양사단의 학병 탈출계획이나, 대구 제24부대의 학병탈출로

나타났고, 나아가서 탈출한 학병에 의한 독립항쟁이나 멀리 광복군에 편입하는 애국정열로 나타났던 것이다……"

그들 중에는 일본군과 싸우다가 전사한 무명의 용사들도 있었을 것입니다.

당시 일제 말기 최고의 지식인이라 할 수 있는 학병 세대들이었고, 그들의 운명은 다양하게 전개되었는 바, 그들 중에는 김준엽, 이철승, 이병주, 황용주, 장준하 등도 있었습니다.

당시 학병지원을 하지 않으면 징용으로 차출되는 것이고, 그들은 또한 카이로선언을 몰랐던 것입니다. 한편 이범석의 부관이었던 김준엽(고대총장 1920-2011)과 장준하는 사선(死線)을 넘어 중경(重慶) 임시정부를 찾아갔습니다.

4. 강제성 조선학도지원병제에 대한 보성전문인의 수기

1) 이철승(李哲承) 1943년 법과 입학: '창문을 닫아라, 그리고 노트도 덮어라!'

"법과 1학년 주임은 안호상 박사. 안박사는 인촌이 보전(普專)을 인수한 후 기용한 독일 철학박사 학위를 가진 신진정예로 선망이 대단했다. 그는 철학과 논리학을 담당하였지만 전공 아닌 민족학(?)을 자주 강의했다. 어느 날인가, 나는 그의 첫 강의를 지금도 잊을 수 없다.

안박사는 일본말이 서툴렀다. 그래서 그의 강의노트는 부인인 모윤숙 여사가 정리한다는 소문이 나 있던 그 시절. 그런 그에게 우리들은 알아듣기 쉬운 우리말로 강의를 하자고 조른 것이다. 이 말을 들은 안박사는 한참 동안 우리를 응시하더니, '창문을 닫아라, 그리고 노트도 덮어라! 약소민족에게는 필기가 필요없다. 모든 것은 머리와 가슴에 새겨두라.'

안호상(1902~1999)

이렇게 서두를 꺼낸 안박사는 말에 힘을 넣었다. 우리 민족은 동방에 찬란한 등불과 같다. 한때는 만주대륙까지 영토를 삼았고, 빛나는 그 문화를 사해(四海)에 떨쳤다. 그러나 이러한 민족의 문화와 예술은 가장 천대받는 층에 의하여 전승되어왔다. 중놈이라 천대받는 사람들에 의하여 불교문화는 유지되었고, 광대라고 멸시받는 층에 의하여 국악과 민족예술이 보존되어 왔다.

이조 500년에 걸친 반상과 당파싸움으로 나라가 멍들었으나 우리 민족은 대륙세력과 해양세력의 틈바구니에서 반만년이라는 긴 세월 민족의 문화와 전통을 지켜오고 있다. 지금 일본이 아무리 철저한 동화정책으로 고유문화를 말살한다 해도 이 민족의 저력과 혼은 결코 죽일 수 없다.

그러면서 안박사는 독일학생들이 어떻게 그들의 독립을 쟁취하고 통일에 앞장섰는가를 설파하였다. 1939년 이래 일제는 우리 국어를 폐지하고 거리에는 물론 학교 강의실까지 '국어상용(國語常用)'이라는 표어를 써 붙이고 공사(公私)간에 일어사용을 강요하던 시대였다.

우리는 쇠망치로 뒤통수를 얻어맞은 듯 휴식시간이 되어도 그대로 자리에 멍하니 앉아 있었다. 그때 내 나이 갓스물……"

2) 이철승: '통곡, 울음바다로 변한 학도병 출정 장행회 연설장'

"안호상 박사의 연설은 더욱 감동적이었다. '하늘에는 태양이 있고, 땅에는 정의가 있다. 그리고 사람의 가슴속에는 양심이 있다. 가슴속의 양심은 어떤 총칼도 꺾을 수 없다.'

이렇게 카랑카랑한 목소리로 말을 시작한 안박사는 '사람이 자기의 양심대로 행동하면 땅에는 정의가 가득할 것이요, 하늘의 태양은 더욱 빛날 것이다'라고 말했다.

장내는 완전히 울음바다가 되었다. 조금 전까지만 해도 여기저기서 흐느낌은 통곡으로 변하여 강당은 금방이라도 터질 듯 뜨거운 연기가 물결쳤다."

그리고 이날 저녁, 4명의 헌병들에게 연행되어, 밤늦게까지 곤장고문당하였고, 매일 저녁에 찾아와서 연행하여 3일 동안 밤늦게까지 고문당했다는 기록입니다. 몸이 쇠약하던 그는 굽히지 않고 맞섰다고 합니다.

3) 김진웅(金振雄) 1945년 법과 입학: '보성전문은 폐교야! 학병에 나가!!'

"전차를 타고 남대문을 지난다. 전차 차장이 '지금 전차가 조선신

궁 앞을 통과합니다!' 하면, 승객들은 모두 벌떡 일어나 남산을 향하여 절을 한다. 학교에서 조선말로 인사라도 하다가는 잡혀간다. 너도 나도 창씨개명을 한 시기다……

안호상 같은 분을 얼마만큼 숭앙하였는지 지금 사람들은 상상도 못할 것이다……

일제 말기 학병제도가 시행된 직후인 어느 날, 보성전문학교 조회시간에 생긴 일이다. 대학에는 원래 조회라는 게 없었지만 학병모집을 위해 조회를 열던 시절이다.

배속장교인 조선인 군인이 교단에 올라, '너희들, 왜 학병에 지원하지 않느냐. 지원제라고 하지만, 형식만 지원이지 실은 강제야'라며 으름장을 놓기 시작하였다. '만일 너희가 지원하지 않으면 보성전문은 폐교야!. 학교가 없어진다 말이다. 알았어? 학병에 나가!!'

요시찰 대상자인 안호상 선생은 예비검속 때가 되면 꾀병을 내어 병원에 입원했다가, 검속이 풀리면 학교로 돌아왔다. 안호상 선생은 조선말로 민족혼을 깨우치는 강의를 하였고, 학생들은 그 강의에 피가 끓어올랐다.

그러면서도 강의를 듣는 학생들은 선생과 함께 붙잡혀 가는 게 아닌가 해서 부들부들 떨었다. 학생들은 몸이 아파도 오늘은 또 무슨 피 끓는 소리를 듣나 해서 결석할 생각을 하지 않았다……"

4) 박찬(朴燦) 1944년 법과 입학: '안호상 박사의 강의만을 찾아다녔다'

"우리는 숨어서 반일운동을 하던 보성전문 2학년 때 광복을 맞았다. 보성전문에 입학한 뒤에도 친일파를 몰아내는데 앞장섰다. 일제가 모든 교수들에게 국민복 입기를 강요해 보성전문 교수들도 어쩔 수 없이 군복과 흡사한 국민복을 입었다. 교수들 가운데 유일하게 국민복을 입지 않은 분은 안호상 박사였다.

나는 안호상 박사의 강의만을 찾아다녔다. '젊은이들이 해야 할 유일한 일은 독립운동!'이라는 안박사의 말을 지금도 생생이 기억한다. 안박사는 광복이 될 때까지 도피생활을 했으며, 학생 박찬도 이것이 가장 가슴 아팠다. 팔순을 넘긴 지금도 그는 2명의 스승을 가슴에 안고 있다. 안호상 박사와 몽양 여운형 선생.

두 분 만큼 독립의 열의가 뜨거운 선각자가 없었다. 안박사에게 가르침 받았던 것을 가장 큰 행운으로 여긴다. 좌익계열의 여운형 선생도 젊은이에게 살을 에는 한겨울에도 피를 돌게 했다. 정부가 올해 여운형 선생을 독립유공자로 추서하면서 2등급 훈장을 수여한 것에 대해 아쉬움이 많다. 당연히 1등급 훈장을 추서해야 했다."

5) 헌병대원 4인에게 연행되어 3일간의 야간 곤장고문 받다

아래는 안박사의 수기(手記) 내용이며, 이는 앞서 말한 이철승 수기의 연장입니다.

"집에 돌아오니 딸 경선이가 혼자서 대문을 잡고 훌쩍훌쩍 울고 있었다.

그때 경선이는 6, 7세 되었을 것이다. 날은 이미 저물어 깜깜한 밤이다. '왜 우느냐'고 물으니, '아버지 잡으려고 사람들이 왔다'는 것이다.

그즈음 하도 집에 형사들이 들락거려서 소학교 학생이지만 눈치가 뻔해 집을 찾아온 사람의 성분을 저 혼자서도 잘 판단하고 있었을 것이다. 낯선 사람을 자연히 경계하는 버릇도 생겼다. 언동을 지극히 조심하는 편이었지만 오늘의 송별사가 문제였을 것이란 짐작은 할 수 있었다.

'무언가 알아챘구나… 또 탈이 나는구나' 생각하면서 저녁을 먹고 있으려니 헌병 3명이 찾아왔다. 운전기사까지 4명이 집으로 들어와 나에게 어디를 좀 함께 가자는 것이었다. 군용차에 태우고 남산 아래 있던 헌병대로 나를 데려갔다. 어느 한방에 들어가니 곤장채도 하나가 보였다.

앉으라 해서 앉았더니 금세 사나운 얼굴을 하고 질문공세를 폈다. 나는 오래 전부터 그들이 함직한 질문에 대한 답변을 마련해 놓고 있었다. 첫째 질문은 생각했던 대로 '왜 창씨개명은 하지 않았느냐'는 것이었다. '나는 5대 독자로 집안을 계승해야 할 의무가 있다. 우리 조상들은 성씨를 가장 중요시하는데 만약 성(姓)을 바꾼다면 환조역부하는 일이 된다. 우리는 그것을 제일 나쁜 것으로 알고 있다'라고 대답했더니, 즉각 치도곤·곤장으로 몇 차례 후려쳤다.

평생 매 맞는 일이 없는 나로서는 분하기도 하고 아팠지만 참을 수밖에 없었다. '고라, 바카, 나니 유카…(이 자식 바보 같은 놈 뭐라고…)' 곤장으로 후려치면서 그들이 한 말이다. 다음 질문은 '왜 국어를 사용하지 않느냐'는 것이었다.

나는 일본말이 서투르다고 대답했다. '소학교를 다니지 않았고 외국에 오래 있었으며 그래서 일본말을 배우러 일본까지 가긴했지만 나이가 들어서인지 잘 되지 않는다'고 했다. 그러나 교과서는 모두가 일본말로 된 것을 쓰지 않느냐고 대답했다. 이번에도 벼락같이 곤장을 날리면서 '우소 유나(거짓말 하지마!)'라고 고함을 버럭 질렀다. 또 묻기를 '머리(이발)는 왜 깎지 않느냐?'고 했다. 나는 몸이 약해 머리를 깎으면 감기가 든다고 했다.

또다시 곤장세례를 받았다. '국민복은 왜 안 입느냐'는 질문에 '독일에서 세비로(양복)을 많이 가져 왔기 때문에 그것을 입어야 한다'고 우겼다. 이 대답 역시 약을 올려준 것인지 또 두들겨 맞았다. 자정이 지나니 그 추운 겨울에 요도 없는 침대에 가서 자라고 했다.

잠이 올 리 없어 뒤척거리다 보니 4시가 됐고 헌병 한명이 들어와 집에 데려다 주겠다고 했다. 그리고는 평상시대로 학교에 나갈 것과 가족에게도 여기 와서 당했다는 소리를 말라고 했다. 그때 아내도 창씨개명을 하지 않아 당하고 있던 때이다…… 그들은 다음날에도 데리러 오고, 그 다음날에도 반복되었고, 마지막에는 '학생들을 데이고쿠신민(제국신민)으로 잘 만들어 달라'는 당부를 했다. 나도 그러마 하고 나왔다."

이발도 하지 않은 귀신 대가리에 바싹 마른 체구, 혐오감을 주는 그이지만, 학생들의 신임을 전적으로 받는 그를 어찌할 도리가 없었을 것입니다.

5. 제2의 삼일독립선언계획, 고이소 총독과 학생대표간의 대담판

1) 제자의 귀를 잡아당기면서 학병기피를 선동하는 안호상 박사

제2의 삼일독립선언 계획과도 같이, 전국적으로 학병거부운동을 전개하기로 결심진행하였던 이철승의 회고록 내용을 인용하는 바입니다.

"사태는 참으로 심각하였다. 끌려가면 죽는 것이다. 살아 돌아올 가망은 손톱만큼도 없다. 그러면 도망칠 것인가. 그렇다면 지금까지 내가 사귄 친구나 후배들은 어찌할 것인가. 이렇게 나는 하루에도 두세 번씩 생각을 바꾸어가며 이른 새벽이나 늦은 저녁에 선후배댁을 찾아다녔다.

그러던 어느 날, 입원중인 안호상 선생(당시 보전 철학과 교수)을 윤원구군과 문병차 찾아갔다. 학병이야기 끝에 선생은 내 귀를 끌어당기며, '패전이 확실하다. 기피해!' 하는 것이었다.

드디어 나는 거사를 결심하고, 삼선교 내 하숙집 방에 윤원구, 우댁환을 비롯한 5, 6명의 동급생들을 불러 모았다. '우리가 바라는 것은 조선의 독립이다. 그런데 우리가 학병에 끌려가서 살아 돌아오면, 일본이 이겨야 되는데, 그러면 조선의 독립이 안되고, 조선이 독립되면 일본이 망해야 되는데, 그러면 우리 목숨은 죽는 것이다.' '그러니 학병거부운동을 전개하자'고 제의했다. 모두가 찬성했다.

그 날부터 우리는 교내 학병 해당자들을 개별접촉해 지원서에 도장을 찍지 말도록 권유했다.

다른 학교와도 연락, 공동보조를 맞추기 위해 서로 연고있는 학교를 나누어 맡았다. 개별접촉 결과는 만족할 만했다. 각 학교와의 연락망이 짜였다 싶은 어느 날 오후 우리는 혜화동에 있는 연희전문 대표 나군(羅君)의 하숙방에서 각 학교 대표 16명이 처음으로 비밀모임을 가졌다.

그 자리에서 우선 11월 20일로 예정된 마감일까지는 각자가 자기 학교를 책임지고 맡아 거부운동을 펴고, 그 후 겨울방학을 이용하여 전국적인 조직으로 확대, 학생들이 연락책임을 맡아 제2의 삼일운동을 도모하자고 결의했다. 경성제대 대표로 나온 이혁기 군과 내가 연락책임자로 뽑혔다. 이군(李君)이 그 당시부터 보성전문 교수 출신, 여운형의 지도를 받고 있었다는 것은 훗날에야 알았다. 우리는 암호를 쓰기로 하고 공작대상자 명단은 각급 대표가 갖되 모자 속에 감추어 넣어가지고 다니기로 했다.

암호는 동지와 적을 구분해 안심해도 좋은 사람이면, 모자 차양을 왼쪽으로 돌려 신호를 하든가, 경계인물이면 손을 모자 정면에 슬쩍 올리는 등의 방법, 만나는 장소는 모일 때마다 바꾸어 비밀을 유지하고, 단원의 가입이나 의사결정은 전원 만장일치로 했다.

또한 죽을 때까지 서로 비밀을 지키자는 서약까지 했다. 실로 오랜만에 각 학교가 횡적인 조직을 갖게 되었다. 그날 이후 우리는 수차례 비밀회합을 가졌다. 그때마다 자기 학교의 진척상황을 서로 보고하고, 그 대책을 짜는 등 제법 독립투사들 같은 면모를 보였다.

그때 우리는 6할이나 7할 이상만 학병거부에 동조하게 하면 일단 성공하는 것으로 보았다. 마감날이 가까워지면서 당국은 수단 방법을 가리지 않고 지원강요를 한 까닭에 3할 내지 4할 정도는 불가피하게 지원할 것으로 보았기 때문이다.

당국의 강요가 극심해진데 따라, 학생들의 거부하는 요령도 그 만큼 결사적이었다. 당시 나의 급우이던 윤석헌(주불대사 역임) 정기엽(실업인) 군(君)처럼 몸이 약한 친구들은 끌려가 죽으나 굶어 죽으나 마찬가지라면서 죽자고 단식을 해서 신체검사에 실격하는 요령을 부리는 경우도 있었다. 이렇듯 학병거부운동이 잘 되는 듯싶은 어느 날, 그만 탈이 났다.

발각된 거부운동:

학병거부운동을 전개키로 한 우리의 비밀활동은 한 사람의 실수로 그만 발각되고 말았다. 당시 학병거부운동에는 성대(法專), 고상,

보전, 연전, 세의전, 경의전 약전, 수원고농(서울농과대), 명륜전문(성균관대), 혜화전문(동국대) 등의 대표가 가담했고 응집력도 철통같았다. 그러나 뜻하지 않게도 혜화전문의 김모군(金某君)이 그만 일을 그르치고 말았다.

김모군은 처음부터 사람됨이 좀 모자란 듯했다. 그는 모처럼 의로운 일을 한다는 생각이 들었던지, 자랑삼아 집안식구에게 활동상황을 말한 것이 그만 새어나가고 말았다.

김모군의 친척 중 문모라는 친일 거두가 있었다. 이 자는 당시 정무총감과도 가까운 사이로서 자기 조카가 이러한 불순세력과 작당한 것에 망연자실했던 것 같다. 그래서 자초지종을 캐물었고 김군은 숨기지 않고 모든 것을 자백했다. 이렇게 하여 우리의 비밀결사는 어이없게도 그 정체가 드러나고 말았다.

김군은 이와 같이 전후사정을 털어 놓으면서 자기 외삼촌을 만나보자고 했다. 이유인즉 자기 외삼촌이 고이소(小磯) 총독과 면담을 주선하고 신분을 보장할 터이니 우선 자기부터 만날 것을 부탁하더라는 것이다.

우리는 아닌 밤중에 홍두깨를 맞는 격으로 놀랐다. 그렇지만 김군의 진지한 태도로 미루어 보아 거짓은 아닌 성 싶었다. 우리는 심각하게 선후책을 논의한 끝에 우선 그 문씨(文氏)를 만나보기로 의견을 모았다. 시간은 다음날 낮 12시. 장소는 미쓰꼬시(三越, 지금 신세계백화점) 화식부. 김군이 정해준 대로였다.

다음날 12시에 약속된 장소에 갔더니 문씨와 학생대표 15,6명이 이미 나와 있었다. 모두 굳은 표정이었다. 문씨는 이러한 분위기를 깨려는 듯 부드러운 태도로 점심을 권했다. 배급세상에서 전혀 먹어보지 못한 고급식단이었다. 도미구이에 생선회는 물론 쌀밥에 정종

(마사무네)이 나왔다. 우리는 혹시 그 자리에서 잡혀가지나 않을까 해서 문씨의 거동 하나하나를 놓치지 않고 주시했다. 그는 집안 형편을 묻는가 하면 우리들의 의기를 칭찬하는 등 살살 구슬러 댔다. 술도 권했다.

그리고는 '총독이 여러분의 의견을 듣고 싶어하니 한번 만나보라'고 종용했다. 우리들은 '총독을 만나 무슨 소득이 있겠는가. 우리를 잡아 가두려는 것은 아닌가'고 따졌다. 권하는 술은 마시지 않았다. 그는 '총독 체면이 있지 자기가 만나자고 해놓고 잡아 가둘 리가 있겠느냐'면서 신분보장을 거듭 다짐했다. 그러면서 '나를 믿고 지금 총독 각하의 관저로 동행하세' '학생 신분에 총독 각하와 면담하는 것은 일대의 영광이 아닌가.' 이렇게 추켜세우기도 했다.

문씨는 친일파 거두의 한 사람으로서 항일학생 세력인 우리 문제로 요즘 말로 한 건 하려는 심사인 것 같았다. 그러나 서둘러대는 움직임이 가짜인 것 같지는 않았다. 또 여기까지 나온 우리는 진퇴유곡의 입장이었다.

고이소 총독은 1942년 6월 부임 이래 전 총독 미나미 지로(南次郎)와는 다른 통치를 해 왔다. 전 총독 미나미는 일본 안에서도 과격파로 소문난 인물이다. 1913년 일본의 만주 침공에 선봉을 섰고 뒷날 관동군사령관으로 악명을 떨친 위인이다. 그가 조선총독 재임 중에 저지른 일만 봐도 소위 창씨개명, 일어상용(日語常用)을 비롯하여 신사참배 강요, '가미다나/신단'의 설치 등 이루 헤아릴 수 없는 악정이 들어있다.

동아일보 조선일보 두 신문이 폐간된 것도 그의 손에 의해 이루어졌다. 말하자면 '미나미'는 폭정의 화신인 데 비하여 '고이소'는 요새 말로 대화정치형이었다고 할 수 있다. 그러나 그 역시 '늑대 아니면 호랑이'일 것은 분명했다.

'그럼 우리끼리 상의라도 해봐야 되지 않겠느냐'고 우리는 넌지시 물어보았다. 그랬더니 그는 선뜻 '좋아 그럼 내일 오후 4시 효자동 전차종점에서 만나지' 이렇게 쾌락했다. 그는 바로 일어섰다. 우리는 우선 하루나마 시간을 번 것을 다행으로 생각하며 함께 일어났다.

문씨는 그 시절에 보기 드문 까만 세단형 자가용차에 몸을 싣더니 '내일 꼭 전부 나와야 돼' 하고 다시 당부하고 갔다. 우리는 우선 한 고비 넘겼다는 안도감을 갖게 되었다. 그러나 당장 일을 논의하기 위해 사직동 뒷골목 으슥한 내 친구 하숙방으로 갔다. 도대체 내일 나갈 것이냐, 안 나갈 것이냐가 문제였다. 나는 문씨를 믿을 수 없고 또 믿는다고 하더라도 고양이 목에 방울 달기라고 주장했다.

총독이 우리말을 듣고 학병지원제를 철회할 리도 만무하니 차라리 지하에 잠복해서 삼일운동 같은 거사계획을 실천하는 것이 낫다고 했다. 그러나 이혁기를 비롯한 다수 의견은 총독이 일구이언할 리가 없으니 우선 시험 삼아 만나보고 거사를 해도 늦지 않다고 면담을 찬성했다.

이와 같이 여러 사람의 의견이 백출해 결론이 쉽게 나지 않았다. 나는 '에이 끌려가 죽으나 여기서 죽으나 마찬가지다. 기왕 죽을 바에 할 말이나 하고 죽자'는 생각도 들어 나가는 쪽으로 의견을 모았다. 그 대신 중구난방으로 떠들 것이 아니라 조리있게 의사를 밝히기 위하여 문제별로 발언자를 선정하였다.

이혁기 군(君)이 정치, 고상 대표가 경제, 법전 대표가 차별대우문제, 연전 대표가 교육문제 등 각기 전공분야별로 맡았다. 독립선언서를 만들어 총독 앞에서 낭독하자는 의견도 있었다. 그러나 그 문제는 내가 처리하기로 결정했다. 나는 밤을 새워가며 질문사항을 준비했다.

총독과의 대담판:

계절은 늦가을. 효자동 거리는 스산했다. 길바닥엔 플라타너스 잎이 뒹굴고 북악 너머 불어오는 바람은 그날따라 유난히 을씨년스러웠다. 오후 4시. 효자동 전차종점, 약속한 시간에 대부분 쑥색 교복에 교모를 쓴 우리 일행은 다 모였다. 문씨가 뒤이어 나타났다. 그는 차에서 내리자 우리를 총독관저(현 청와대)로 안내했다.

'고오방쇼/교번소'(지금의 파출소) 앞만 지나가도 마음이 꺼림직하던 시대였다. 그러나 우리는 그 최고 사령탑인 총독관저로 들어가고 있다. 불안했다. '혹시 호랑이 굴에 제발로 들어가는 것은 아닌가.' 그러나 정문에 도착하니 경찰과 헌병이 섞여서 경비는 삼엄했지만, 미리 연락이 되어 있다는 듯 아무런 제지를 하지 않았다. 말없이 통과시켜 주었다.

본관에 와서도 비서 한 사람만이 현관까지 나와 정중히 맞이할 뿐 주위는 너무도 조용했다. 순간 우리는 허공에 발을 디딘 듯한 야릇한 기분을 느꼈다. '이럴 줄 알았더라면 무슨 짓이라도 할 수 있었겠구나' 싶은 생각이 퍼뜩 지나갔다.

당시 총독관저는 현관을 들어서면 대기실이 있고, 그 다음이 접견실이며 왼쪽에 식당이 있었다. 우리는 비서의 안내를 받아 접견실에 들어갔다. 한쪽에는 일장기와 그리 크지 않은 일왕 히로히도(裕仁)의 사진이 걸려 있고 고급탁자가 놓여 있었다. 그리고 격에 맞지 않게 커다란 검정 칠판 하나가 세워져 있었다. 우리용으로 특별준비를 해놓은 것이 분명했다. 우리는 두리번거리며 탁자를 사이에 두고 몰려 앉았다.

그러자 '어이 와들 주었구먼' 하며, 총독(고이소)가 들어왔다. 순간 우리는 모두 일어서 묵례를 했다. 그는 앉으라는 듯 손을 내저었다. 그리고 엇비스듬이 앉더니 우리를 찬찬히 뜯어보았다. 우리도 그를 마주 쳐다보았다. 호랑이 상(相)이었다. 머리는 반대머리에 빡빡 깎아 빛이 나고, 이빨이 엉성한데다 길게 뻗쳐있어 호랑이를 방불케 했다.

그는 우리들 시선을 의식했음인지 호방하게 한바탕 웃고 나더니, '자네들 온다는 말을 들었어.' '오늘은 기탄없이 말해 보자구…' 하며 또 한 차례 웃어 제쳤다. 우리를 얕잡아 본 게 분명했다. 순간 나는 이렇게 오그라들 수만은 없다고 판단했다.

입을 열어 찾아온 경위를 말했다. 지금까지 조선민족이 바쳐온 희생이 컸다는 것을 말하고, '이제 학생까지 전쟁에 나서야 하니 총독 각하께 직접 말씀 드리려 왔다'고 들이댔다. 순간 고이소는 잠시 표정을 굳혔나. '하나세바 와까루!(말하면 통한다!).'

다소 무박스럽게 받아 넘기고는 '여러분이 먼저 기탄없이 말을 하고 그다음 내가 종합해서 말하자'고 했다. 우리는 서로 얼굴을 쳐다보다가 어제 상의한 대로 먼저 고상(高商, 지금 서울상대) 대표가 일어나 말문을 열었다.

'조선 백성은 힘껏 농사를 지어도 공출로 다 뺏기고 콩깻묵을 먹고 있다. 그 위에 동척(東拓)이 악랄한 수법을 써서 농민은 농토를 빼앗겨 모두 소작인으로 전락했다. 각하는 이 사실을 아는가?'

말을 끝내자 그는 자리에 앉았다. 다음에는 법전(法專, 서울법대) 대표가 일어나 일본관헌의 횡포를 따지고, 특히 말로는 학병지원제라 하면서 실제로는 부모형제에게 온갖 탄압을 자행해 강제동원하는 사례를 지적했다.

이어서 연전(延專) 대표는 교육의 차별대우를 말했다. 예컨대 경성제대의 경우 일본인은 원서만 내면 바보, 불구자라도 입학을 허가하고 있으나 조선인은 1/50이 넘는 경쟁을 거쳐야 될 뿐만 아니라 졸업 후 취직을 해도 일본인에게는 가봉을 붙여주고 조선인에게는 붙여주지 않는 불공평을 항의했다.

뒤따라 성대(城大, 서울대)의 이혁기가 일어났다. 그는 일본은 내선일체를 주장하면서도 친일하는 몇몇 인사에게만 귀족의원, 칙임관, 대의, 경방단장 등 공직과 감투를 주고 조선인에게 참정권을 준 것처럼 위장하는 사실을 밝혔다.

그러면서 내선일체를 기하려면 먼저 조선의 자치제를 허용해야 할 것이라고 주장했다. 내 차례가 됐다. 아랫배에 힘을 주고 일어났다.

'미·영(美英) 귀축(鬼畜)으로부터 동양 10억 인구를 해방시키기 위해 대동아전쟁을 수행한다고 말하고 있다. 그렇다면 먼저 조선민족부터 해방시켜야 되지 않겠는가.

우리보다 역사가 짧고 민도가 낮은 인도, 버마, 태국, 싱가포르, 말레이지아 등도 자치제를 갖고 있다. 그런데도 5000년의 역사를 갖고 있으며 문화민족인 우리에게는 식민지 동화정책을 강요하고 있다. 대동아공영권 형성은 허울 좋은 구호가 아닌가. 이제 학생들까지 끌어가는 것은 조선의 인텔리 세력을 전장의 소모품으로 처리하여 조선의 힘을 완전히 거세하려는 술책이 아닌가.

우리가 전장에 나가는 대신 조선의 자치를 허용해 달라. 그렇지 않으면 우리는 목숨을 걸고 학병거부운동을 전개하겠다.'

나는 온몸에 힘을 주며 밤새워 정리한 주장을 폈다.

땀이 나는 듯했다. 1시간 넘도록 '음음' 하며 눈을 감았다 떴다 하며 듣고만 있던 고이소는 우리측 얘기가 끝나자, '이제는 내 차례가 됐군' 하며 자세를 고쳐 앉았다. 그리고는 얼굴 가득히 야릇한 미소를 흘렸다.

'내 평생에 오늘처럼 즐거운 날이 없군. 역시 제군들은 솔직하고 담대하구먼, 나도 소싯적엔 그랬어. 그러나 나이를 먹어봐! 세상이 달라지는 거야!'

이렇게 자문자답하더니 갑자기 주먹으로 탁자를 탕 쳤다.

'제군의 말에 일리가 있어. 그렇기 때문에 내가 부른 게 아닌가. 조선인의 불만을 해소하는 게 바로 내 직책이야!'

고이소는 소리 높여 또 한바탕 웃었다.

노련한 총독은 혈기왕성한 학생들에게 직접적 폭압보다, 회유방식을 적용하였던 것입니다.

식사가 끝난 후, 총독은 내게 '어느 학교 누구인가' 라고 물었다.

'보성전문 이철승입니다'라고 대답했다. 총독은 '어쩐지…' 하는 듯한 눈길로 나를 이모저모 뜯어보더니 '김성수 군(君)은 물샐틈 없는 인물이지…'라고 중얼거렸다.

나는 '인촌 선생은 총독도 다루기 힘들어 하는 거북한 존재구나'라고 생각했다."

6. 고대하던 해방을 맞이하여

1) 숨어살던 보성전문 제자집 뒷방에서 해방공간으로

몇 개 사건에 연루되어 생명의 위협을 느낀 안박사는, 1945년 초 서울에 있는 부인에게는 행방도 알리지 않고, 인촌에게만 알리고, 금강산 마하연 소속의 한 작은 암자에 피신하였습니다. 이곳에서 한동안 '잡부/불목하니'로 일하면서 식생활을 해결하였습니다.

그러다가 보성전문 제자 배준호(裵俊鎬)가 자신의 부친이 운영하는 한 여관 뒷방으로 안내, 도피생활을 하면서 〈우리의 부르짖음〉과 〈우리의 취할 길〉 2권을 집필하였습니다. 이 배준호의 부친인 배득화(裵得華)도 보성전문 출신이었습니다. 그리고 이곳에서 해방을 맞이하였습니다.

소련군이 내려온다고 하며, 적기가 휘날리고, '대통령 여운형'이라는 전단이 붙기 시작하였습니다.

해방을 맞이하여 경찰서도 없어지고, 인근 광산을 약탈하는 무리, 일본인 살해·방화 협박이 무서워서 일본인들은 개울가에 움막을 치고 공포 속에 연명하였습니다. 치안이 엉망이라, 보전 제자 배준호가 안박사를 치안대장으로 추대하였습니다. 일장기 붉은 부분의 아래쪽에는 검정색을 입혀 태극을 그리고, 트럭을 빌려 인근 마을들을 순회 계몽강연 등으로 지새우다가, 1개월이 지나서야 집으로 돌아갔습니다.

집에 가니 반가워할 이가 없었습니다. 그리고 도착 다음날 학교에 가보니 텅 비어 있었고, 10월 5일쯤 개학하였는 바, 그 이후의 한 수기를 인용합니다.

"그때 학생들은 이미 좌익으로 많이 기울고 있었는데, 그들은 모두 내가 골수우익, 반공인사인줄 알고 있었다. 그것 때문에 나는 많은 고초를 겪어야 했다. 어느 날 강의를 시작하려 하니 한 학생이 교단을 향해 육탄돌진 하는 것이 아닌가. 분명 나를 해치기 위해 달려든다는 것을 직감한 나는 그의 발을 걸어 바닥에 쓰러뜨렸다.

나도 호신술과 운동도 배웠다. 기선을 제압하는 데는 이 방법밖에 없었다. 쓰러진 학생을 내려다보며, 말하기를 '학생은 칼 마르크스의 공산당 선언서를 읽어 보았느냐?'고 물으니, '못 봤습니다'고 대답했다. 안박사의 회고록에도 그는 '공산당 선언서'를 지니고 다녔다는 기록입니다.

그러던 가운데 좌익 제자의 덕을 보기도 했다. 10월 말경 어느 날, 한 학생이 찾아와 내일 다른 곳에 가 주무시라고 했다. 개운사에 가서 하룻밤 자고 왔더니, 어제 저녁 세 사람이 찾아왔다가 그냥 갔다는 것이다. 그들은 분명 나에게 테러를 가하러 온 학생들이었을 것이다."

7. 해방 맞아 보성전문, 경성제대 그리고 문교부장관 취임

1) 더욱 심해지는 좌우갈등과 이어지는 동족상잔

1945년 11월 안박사는 인촌에게 전근의사를 알리고 양해를 얻어서 군정하 문교부 승인을 얻어 경성제대로 이직하였습니다. 그러나 외부세상은 걷잡을 수 없을 정도로 폭력이 난무하면서 동족상잔으로 심하여지는 좌우갈등이고, 연속되는 살인사건이었습니다. 학교 내부도 조용하지 않았습니다.

1945년 8월 16-25일 사이 보복성 피살자는 조선인과 일본인 합하여 28명이었고, 상해자 등 피해자는 수없이 많았습니다. 그리고 1945년 9월 6일에는 보전 교수 출신, 여운형이 조선인민공화국 수립을 선언하면서 내각명단에서 인촌 김성수가 문교부장관으로 추대되었습니다. 좌익진영들마저 인촌을 내세웠던 것입니다.

1945년 12월 30일에는 인촌의 친우, 송진우가 피살되었고, 1946년 10월 1일에는 대구 10·1폭동사건, 여수순천사건, 제주4.3사건 등이 얽히고 설키면서 연속되는 초대형 사건이 일어났고 수만명 이상이 사망하였습니다.

즉 여운형, 송진우, 장덕수, 김구 등이 피살되었고, 드디어 6·25전쟁이 터졌습니다. 한 기록에 따르면, "6·25전쟁 전후 거창사건을 비롯하여 남한 내에서도 많은 민간인이 군경과 우익단체에 의해 학살되었다." 외부 세상을 반영하듯 교내에도 시끄러웠습니다. 공교롭게도 김구를 제외한 모두가 보전과 인촌 사람들입니다.

아래는 안박사가 처음 경성제대에 임용되었던 시기의 수기를 인용한 것입니다.

"그러나 일본인이 물러나자 이제는 공산당 소굴이 되다시피한 것이다……

그날 저녁, 사각모자를 쓴 경성제대 학생 3명이 밤늦게 집으로 찾아와서 다짜고짜 말하기를, '저희 학교에 오지 마십시오. 선생님은 저희 학교에 맞지 않습니다.' 그래서 '제군들 내 강의를 들어본 적이 있는가? 아니라고 답하기에, 아니 학생들이 어찌 내 강의도 들어보지 않고 내가 학교에 맞느니 안 맞느니 할 수 있는가?.'

'그러면 왜 보전 학생들을 시켜 저희를 두들겨 때리게 했습니까.'

나는 무슨 내용인지 모른다고 말하고 돌려보냈다. 다음날 보전 제자 한 명이 찾아왔기에 그런 일이 있었느냐고 물어보았다. '그렇습니다. 그렇지 않아도 교수님이 떠나 섭섭한 판에 그들이 교수님을 모시러온 줄 알고 두들겨 보냈죠.' 사실은 저지하러온 학생들을 오히려 때려 보낸 것이었다……

방학 때가 되자 총장 관저에서 매일 저녁마다 교수회의가 열렸다. 저녁 8시경에 시작하여 12시까지 계속되기도 했다. 내용은 사회주의 국가 건설에 관한 것에서부터 반탁운동, 학생 데모 등에 이르기까지 주로 사회 전반에 관한 얘기들이었다……"

그러나 좌충우돌로 치닫는 그의 사상은 반공·반소·반미·반일로 표현되었고, 한동안 미군 수사기관에서 정기적으로 안박사 연구실에 시찰 나오고 있었습니다. 마침 미군정청에서 해리 안스테드(Harry Ansted) 소장이 대학장으로 왔습니다. 그는 독일계 미국인이었고, 그는 독일어를 할 줄 알아서 의사소통도 좋았습니다. 교수 임용건에 있어서도 우익으로 알려진 안박사의 주장은 매번 벽에 부딪힌 터라 매우 다행이었고, 안박사의 회고록을 인용하는 바입니다.

"과격 좌익운동 잠재움:

일제강점기의 교복을 그대로 입을 수 없었던 학생들은 그때 모두 아무렇게나 남루한 옷을 입고 있었다. 난 학생들에게 단정한 교복을 입혀 동질감을 갖도록 해야 한다고 교수회의에서 말했다. 의복에서 빈부귀천이 누드러지면 갈등이 생기기 마련이라는 이유였다. 그럴듯하다고 하면서도 교수들은 그것이 나의 의견이었음으로 반대를 했다.

나는 학장실로 찾아 독일에서는 교복이 없지만 영국에서는 교복의 덕을 상당히 보고 있더라고 말하며 그를 설득했다. 최초의 서울대학교 교복은 그렇게 해서 정해졌다. 초라했던 의복이 그나마 교복으로 대체되었다. 교복을 입음으로써 학생들의 과격성도 좀 수그러들었을 것이다.

교복은 1946년 겨울부터 착용했다. 일제시대 뱃지는 일본의 제국대학이 모두 그렇듯이 세로로 대학이라 쓴 것이었으므로 뱃지도 국립서울대학교의 '기역·시옷·디귿'을 따서 새로 만들었다. 한글을 써야 한다는 내 주장이 또 한번 채택되어 한글을 주장하던 나는 보람을 느꼈다.

그리고 대한민국 최초 서울대학교 최초 박사학위 심사위원장을 역임하면서, 김두헌·박종홍·김계숙·고형곤 등의 논문을 심사하고 학위를 수여하였는데, 당시에는 박사학위 소지자 중에 당위원장 자격요건을 갖춘 이가 없었습니다. 그 후 문교부장관으로 임명되면서 단기연호 사용과 교육이념으로 홍익인간 개념도 제안·적용하였습니다."

2) UN 소련대표 말리크의 성토, '한국의 학도호국단은 히틀러유겐트, 안호상은 파쇼!'

그리고 교복착용 책정, 학도호국단 창설과 여군도 창설하였습니다. 안호상 장관은 학도호국단원 중에 여군간부 지원자를 모집하였는데, 처음 모집한 이수생 33명에게는 직섭 소위계급장을 달아주었습니다. 이들 33명 중에는 김정례 장관도 포함되어 있었습니다.

이에 분개한 소련대표 야코프 말리크(Yakov Malik)는 1949년 UN총회에서 '한국의 학도호국단은 히틀러유겐트(Hitlerjugend)요, 안호상은 파쇼(Fascio)!'라고 성토하는가 하면, 국회와 미군정의 반대도 있었고, 주한미국대사 무초(Muccio) 역시 안박사에게 히틀러유겐트라고 불렀다고 합니다.

안호상은 답하기를 "히틀러유겐트라도 좋으니, 우리 민족이 살아남기만 하면 된다. 히틀러유겐트를 본뜬 것이 아니라 화랑을 본뜬 것이요, 나치 사상이 아니라 국조 단군의 일민주의를 따른 것!"

그리고 이듬해 6·25전쟁이 일어났고, 이에 전국학련 출신을 모태로 한 학도호국단 출신, 110만명에 달하던 민족청년단원의 활약이 대단하였고 큰 전과를 올렸다고 그는 자부하였습니다.

미국 교육고문관들과 무자격 교육자 해임함:

1948년 초대 문교부장관으로 임명된 그는 기독교장로, 유사 이래 동서고금을 통하여 최고 학벌 대통령, 자아가 강한 이승만 대통령에게 강력히 주장하여 단군기원 사용, 개천절 국경일 제정, 강화도 마니산 참성단의 성화채취, 그리고 '홍익인간'을 교육근본이념으로 채택, 관철시켰습니다. 이승만 대통령은 자격있는 미국 출신 문교부장관 후보들도 있었는데, 묘하게도 시끄러운 독일 출신, 비기독교인을 임명하였습니다.

내친김에 이 연속선상에서 홍익대학, 단국대학, 건국대학, 국학대학, 신흥대학 등 민족정신을 고취시킬 대학들의 설립을 주도·인가하면서 미국인 교육고문관 7명과 서울대학교 교수 10여명도 해고하였습니다. 그리고 동아일보 1949년 3월 17일 보도에 의하면 국민학교 교사만도 1641명이 숙청되었습니다.

학도들의 군사교련이 너무 심하다고 일반의 비난이 있었는가 하면, 당시를 회고하는 한 기록에, '우리가 한 발자국만 물러섰더라면, 한반도는 이미 적화되었을 것!' 하기야 다음해 1950년 6月에는 북한이 남침하였습니다.

일본 국내에서도 사정은 심각하였습니다. 당시 재일동포사회에는 우세한 '조총련 : 총련·조선총련' 세력과 열세인 '민단 : 대한민국거류민단'이 있었습니다. 이 양대 세력이 격돌하여 천기사건(川崎事件), 동경지천사건(東京枝川事件), 조선장학회사건(朝鮮奬學會事件), 하관사건(下關事件) 등이 터지고, 보고되지 않은 사건 등을 포함하면 많은 사상자가 발생하였습니다.

이곳에서 사업으로 성공한 입산인(立山人) 안모 사장도 좌익세력에게 칼맞아 사망하였습니다.

이 와중에 안박사는 일본으로 건너가게 되었고, 주위 측근들은 위험한 일본행을 만류하였습니다. 그러나 안박사는 1950년 6월 14일

미 군용기를 타고 일본으로 건너갔습니다. 일본에 간 목적은 막강한 조총련 세력에 맞설 '대한청년단 일본지부를 결성하라'는 이승만 대통령의 지시 때문이었습니다.

동경공항에 도착하였으나 마중 나온 사람이 없었습니다. 연락체계 등 모든 것이 어려운 시대였습니다. 도착 다음날, 동경 소재 주일대표부 특명전권공사 김용주를 만나서 결성계획과 일정도 만들고 첫번째 행사는 명치대학교 강당이었습니다. 그 후 한국에서 건너간 한 고등학교 학생에게 부탁하여 권총도 장만하였습니다.

행사준비를 마치고 나니, 6.25전쟁이 터졌다는 소식이고, 3일만에 서울이 함락되었습니다. 따라서 가족들을 걱정하는 사람, 그리고 우는 사람들도 있었습니다. 그러나 주일대표부 가까이 있는 한 조총련계에서는 성명서를 발표하기를

"이것은 전쟁이 아니라 평화통일에의 강렬한 호소일 뿐이다. 우리들은 북남통일을 촉진하지 않으면 안 된다. 조선의 문제는 조선인 자신이 해결하도록 맡겨 주었으면 좋겠다……"

그러던 중 이승만 대통령으로부터 전화가 왔는데, 즉 "대한청년단을 중심으로 하여 국민방위군을 만들려하는데, 귀국하여 사령관을 맡으라"는 것이었습니다. 그래서 답하기를 "이곳에 벌려 놓은 일도 많아서 그것을 정리하는데, 시간도 걸릴 것 같고, 그러니 내일 전화 올리겠다"며 전화를 끊었습니다. 우선 대한청년단은 자신을 배척하는 곳이었고, 끊임없이 모략해 대는 곳으로 마음에 솔깃하지 않았던 것입니다.

김용주 주일공사도 "안박사는 일본에서 우리를 도와주었으면 좋겠다"고 하였고, 그러면 김공사(金公使)가 이승만 대통령에게 대신 전화해 달라고 청했습니다. 이튿날 김공사가 대통령에게 전화하여, "가

능하면 안박사가 이곳에서 도와주었으면 좋겠다"고 진언했고, 이대통령도 선선히 "그러라"고 했습니다.

전세는 계속 남쪽으로 밀리고 있고, 맥아더 사령부와 이승만 대통령 그리고 관계당국, 상호간에도 연락두절이 빈번하면서 경황이 없던 이대통령을 대신하여, 주일특명전권공사 김용주는 맥아더와 중요한 현안 등 임무를 성공적으로 완수하였다는 기록입니다. 아울러 덕수궁, 남대문, 비원 등 서울 중요문화재 건물의 폭격으로부터 보호할 것을 강력하게 주장, 관철시키는 등 크게 공헌하였습니다.

안박사는 당초 목표였던 대한청년단을 중심으로 한 국민방위군 결성계획과 또한 이승만 대통령의 부름도 미루고, 주일대표부와 같이, 재일학병 모집과 훈련 등에 협조하였습니다. 1950년 9월을 전후하여 특히 인천지역을 중심으로 하여 전략지구의 지리, 언어, 습관 등을 잘 아는 교포청년들이 필요하였고, 따라서 미군측은 대표부에 약 1000명의 재일교포 청년을 차출하여 출정해 줄 것을 요청하였습니다. 즉 이미 인천상륙작전이 은밀히 계획되었던 것입니다.

또 한편 재일교포 청년들도 맥아더 사령부에 찾아가서 참전토록 해달라고 청원하였습니다. 그러나 이 학병들의 재입국문제 등이 있었습니다. 마침 당시 일본 문부성대신 아마노 박사(Amano Deiyoo)는 안박사와 경도제대시절 친하게 지냈던 터라 쉽게 각종 문제들이 해결되었고 따라서 일차적으로 641명이 입대하였고, 280명이 유엔군을 따라 인천상륙작전에 참가하였습니다.

특히 해당 인천지역 출신 학병들은 현지 길 안내 등으로 큰 전과를 올렸다는 기록입니다. 안박사는 전국학련·학도호국단·조선학도병·민족청년단·재일교포청년들과의 직·간접적인 관련성에 대하여 자부심을 느낀다고 회고하였습니다.

8. 보전인의 무용담I: 상해 장덕수가 밀입국하여 부산 안희제를 찾아가다

1) 파리강화회의와 독립청원서 그리고 동경2.8독립선언, 3·1독립선언, 파리장서선언

요지는 이 '독립청원서'가 파리강화회의에 성공적으로 전달됨으로 인하여 '동경 2.8독립선언'이 가능하였고, 이 사실이 '3.1 독립선언'의 도화선이 되었다는 것입니다. 제1차 세계대전이 막을 내리면서 세계의 지도가 새로 그려지면서 일본이 비상하던 때이었습니다.

이 '동경 2.8독립선언'의 모태는 '부오독립선인'이었고, 이는 1918년 미국 대통령 윌슨이 제창한 '민족자결주의'의 후속으로 일어났고, 뒤따라 북경 5.4운동 등으로 확산된 세계사적 의미를 가진 대사건이었습니다.

이 사건의 배경을 추적하여 보면, 이는 보전(普專) 출신들의 무용담으로, 즉 백산 안희제(1885~1943)는 보전 제1회 입학생이었고, 여운형(1886~1947)은 보전 교수 출신이었고, 장덕수는 그 후 보전 생도감이 되었습니다. 아래 내용은 《설산 장덕수(雪山 張德秀)》(동아일보사, 1981)을 인용한 것입니다.

"제1차 세계대전이 끝나고 2개월 뒤인 1919년 1월부터 파리강화회의가 열렸다. 우리의 중대목표는 이 회의에 독립청원서를 제출하는 것이었다. 이 청원서는 장덕수·신석우·조동호·신국권 등이 명문장으로 작성하였고, 이를 지참할 김규식을 대표로 파리에 보내기로 결정하였다. 그러나 여비조달 문제가 발생하였다.

이렇게 작성된 독립청원서는 김규식이 직접 가지고 갈 것 외에 따로 2부를 작성하여, 상해에 온 찰스 크레인(Charles Crane) 특사에게 부탁하여 미국 윌슨 대통령에게도 이를 전달하기로 하였다.

또 다른 1부는 당시 상해에서 발간되던 월간지 〈Millard Review〉 사장에게도 주어 우리 대표가 강화회의에 못 가게 될 경우 대신 제출해 달라고 부탁하였다. 그런데 중국 대표단의 고문이기도 한 밀러드(Millard)는 중국정부 수석대표 육징상(陸徵祥)과 함께 일본을 거쳐 파리로 가면서 일본 요코하마항(橫浜港)에 기착했다가 그 청원서가 들어 있는 서류 가방을 잃어버렸다.

일본 스파이의 소행이었다. 이로써 일본관헌은 신한청년당의 조직 사실과 서명자 이름을 파악하게 되어 장덕수·김규식·여운형 등에 대한 감시의 눈을 밝히기 시작했다.

한편 김규식 대표의 파리행 여비 조달을 위하여 장덕수는 팔을 걷고 나섰다. 여운형이 상해 일대 몇몇 동지들로부터 십시일반으로 은밀히 모금하고 있을 때, 장덕수는 배를 타고 조선에 잠입했다. 그는 부산의 백산상회 안희제를 찾아가 상해의 동정을 알리고, 3000원(?)을 받아 상해로 돌아왔다. 당시로서는 거금을 모금해 오니 여운형은 장덕수의 언행일치하는 투지와 책임감에 크게 감복했다.

김규식은 유럽행 선편을 어렵게 얻어 장도에 올랐다. 신한청년당은 김규식을 파리로 떠나보내는 것과 병행하여 국내와 일본, 만주와 연해주 등지에 있는 독립지사들에게 신호를 보내어 천재일우 같은 이 기회에 결정적인 결행을 도모키로 하였다.

바로 이 무렵 미국에 있던 이승만은 민찬호/정한경 등과 함께 한국의 독립을 윌슨에게 호소하는 한편 한국민족대표로 파리강화회의에 가서 한민족 자결의 청원서를 제출키로 하였으며, 샌프란시스코에 있던 교포들은 자금으로 30만원을 모금키로 하여 상당한 호응을 얻었다.

이와 같은 사실은 일본유학생들에게도 전해졌다. 이 해 12월 일본에서 발행되는 〈Japan Advertiser〉와 〈조일신문(朝日新聞)〉이 비록 짤막한 토막기사로나마 이것을 보도하자 그것은 대폭발을 일으킬 뇌관의 감전반응처럼 우리 유학생들을 흥분시켰다...... 우리 유학생들을 3.1 독립운동의 전주곡이 된 2.8 학생독립선언으로 줄달음쳤다......"

당시 기록들을 살펴보면, 미국에 거주하던 이승만도 이 파리강화회의에 참가할 계획이었으나, 여권을 받지 못하여 불발한 반면, 일본 공식대표단은 68명에 달하였습니다. 돈도 없고 힘도 없는 조선이, 김규식 1인이라도 보낼 수 있었던 배경에는 보성전문 출신 백산 안희제가 있었던 것입니다.

기록들에 의하면 안희제는 한동안 상해임정 예산의 60%까지 제공하였다고 합니다.

1919년은 우리 보전 출신에게 잊을 수 없는 중대한 해인 바, 특히 아래에 있는 관련 '도표3'과 '도표4'를 보시기 바랍니다.

또한 김창숙·곽종석 등 137명의 유림단이 서명한 독립청원서를 김규식을 통하여 파리강화회의에 제출하였습니다. 이는 2674자(字)에 달하는 한문 원고와 더불어, 영어·불어 2개 언어로도 번역하여 총 6000부에 달하였는데, 이를 두고 '파리장서사건(巴里長書事件)'이라고 부릅니다.

9. 보전인의 무용담Ⅱ: 일제밀정 살해혐의와 중국인 학생 목을 졸라 기절시킨 이야기

1) 일본 외무성 공문에 기록된 '상해임정 경호대원과 일본밀정 색출·살해혐의'

아래 공문 내용은 1924년 2월 29일, 상해 주재 일본총영사가 본국 외무대신에게 보고한 〈일본외무성 육해군성 문서〉(제2집, p40) 내용을 번역해 '한국민족운동사료(중국편)'에 게재된 것입니다.

"……그들의 독립사상은 다시 재발하여 그 수단이야말로 실로 극히 악랄한 것이 있어, 그들은 독립당 후원으로 경호대를 조직하고, 상해 불조계(佛租界)에 거주하는 조선인은 물론 공동조계에 거주하는 조선인으로 일본인 집에 출입하는 자 등을 사찰하여 만일 해당자를 발견할 경우에는 불조계로 연행하여 감금, 신문한 후 만일 밀정의 혐의가 있을 때에는 살해를 감행하고, 또 독립운동자금을 보충하기 위하여 향리로부터 학자금 송금의 일부를 조선독립운동자에게 제공할 것을 약속하였다고 한다.

그리고 이 경호대원의 주요인물은 안호상 등 9인 등이라는 정보가 있음으로……조선총독부 경찰국장(귀관)은 별지 학생인명의 본적, 연령, 학자금 송금의 유무를 내보(內報)하여 주기 바란다……"

당시 안박사는 상해 임시정부 경호대원과 상해 거주 조선학생회 부회장이었습니다. 안박사가 상해에 가기 전인 1921년, 동경(東京)과 고향 의령에서 있었던 학자금 송금과 상해 임시정부 후원금에 관련된 내용이 있습니다. 이 내용이 담긴 안호상 박사의 부인, 이화경

(1900–1986)의 회고록 내용을 인용합니다.

"주인(안박사를 말함)이 동경정칙영어학교(東京正則英語學校) 유학시절, 상해 임시정부 요인을 알게 되었는데, 그 사람은 주인을 상해 임시정부와 관계를 맺도록 끌어들였으며, 가입금은 1000환이라고 했다. 그리고 가입금만 내면 그 이자로 학비를 대어주고, 졸업 후에는 원금을 돌려주는데, 만일 가입을 거절하면 비밀누설을 막기 위하여 주인은 처단을 면치 못한다는 것이었다……

가입금 1000환을 마련하지 못하면, 아들의 목숨이 위태로운 일이라, 시어머님의 걱정은 이만저만이 아니었다……마산 식산은행을 찾아갔으나, 허탕을 치고, 다시 대구에 있는 동양척식회사에 가서 사정하여 논을 담보로 잡히고 겨우 500환을 빌렸다. 그러자 주인은 모자라는 500환은 처가에 가서 통사정하여 빌려 보겠다고 했다.…… '당신도 내년 봄에 꼭 갚겠다고 아뢰어 장인께서 주선해주시도록 단단히 부탁해 주시오. 내가 일본으로 간다고만 말하되 상해에 간다는 말은 절대 하지 마시오……'"

살인사건이 유행하는 험악한 상해행을 알리면, 장인으로부터 융자받기도 어려워지기 때문이었다. 19세 소년 안호상이 일본 다음으로 상해를 택한 이유는 독일행이었다. 즉 당시 비행기를 몰고 세계일주차 동경에 들른 이탈리아 조종사는 영웅 같았고, 이 비행기를 구경하러 인산인해같이 모였다. 안창남(安昌男 1901–1930)도 당시 금강호를 몰고 우리를 격려하던 때였다.

그때 안호상은 1차대전 때 참가한 전투기 이야기를 듣고, '나도 조종술을 배워서 일본 천황궁을 폭격하여 천황이 죽으면, 조선은 독립이 된다……' 이 기발한 착상은 극비로 하고 이 조종술을 배우는 곳을 찾다 보니, 독일이 최고라는 이야기를 들었다…… 그러나 독일행 여권은 일본이나 조선에서는 취득이 불가능하고, 단지 상해에서는 가능하다는 정보까지 입수하였다. 결국 그는 상해에 가서 뜻대로 '중국인 강경문'이라는 가명으로 독일행 여권을 얻게 되었다.

2) 남경과 상해에서 있었던 두 건의 '망국인사건'

아래 내용은 1923년도에 있었던 이야기로, 여운형의 모교인 남경(南京) 금릉대학(金陵大學)과 안호상의 모교인 상해(上海) 중덕동제대학(中德同濟大學) 시절에 대한, 안호상의 수기 중에서 인용한 것입니다. 공교롭게도 이 두 분 모두 보성전문 교수 출신입니다.

"중국 남경 금릉대학에서 일어난 사건이다. 중국학생이 한국학생에게 '망국인'이란 욕을 하자 분노한 한국학생이 그를 권총으로 쏘아 죽여 버린 것이다. 나라를 잃고 가뜩이나 울적한 사람들에게 망국인이라는 욕설은 심히 자존심을 건드리는 말이었다……

이를 해결하기 위하여 화동(華東) 8개 대학 한국학생 대표들이 1923년 7월 남경에 모였다. 2박3일 일정으로 모였으나 모두 감정만 격앙돼 '독립!, 독립!!'만 외치다가 그냥 헤어졌다…… 그런데 남경 금릉대학 사건과 비슷한 일이 나에게도 일어났다.

안호상의 동제대학 시절, 기숙사에서 한방을 쓰던 사람 가운데 산서성(山西省)에서 온 염씨(閻氏) 성을 가진 학생이 있었다. 산서성 성장(省長) 염석산(閻錫山)의 조카로 대단한 세도집안이었다. 당시 중국은 23개성밖에 안되었는데, 성장이라면 서양 중세의 성주보다 세력이 컸다. 자기 군대까지 가지고 있는 군벌이었고, 왕족같은 행세를 했다.

1924년 정월, 학교에서 실러의 작품 〈빌헬름 텔(Wilhelm Tell)〉을 공연하게 되었는데, 내가 독일어를 제일 잘했으므로 주역을 맡게 된 것은 당연한 일이었다. 작품 자체가 억압받는 민족의 이야기였으므로 나는 텔(Tell) 역을 꼭 맡고 싶어 했다. 자기가 주역을 맡을 줄 알았던 염씨가 나를 미워하기 시작한 것은 이때부터였다.

기숙사에선 밤 10시면 불을 껐다. 연극대본을 외워야 했던 나는 한국에서 가져온 양철 물감통(지금의 필통보다 조금 큰 것으로 여러 가지 담아 간수하기 좋아 늘 지니고 다니던 것)을 세워 그것으로 촛불을 가리고 밤마다 대본을 외웠다……

며칠 후 대본을 외우고 있는 나에게 '망국인은 어쩔 수 없다'며 빈정거렸다. 남경사건도 있었던 터라 울컥 화가 치밀었다. 동경에서 유도를 좀 배웠던 나는 달려들어 그의 목을 졸랐다…… 염씨는 쓰러지면서 기절해 버렸다…… 한바탕 뒹구는 동안 차 탁자가 쓰러지면서 나도 이마에 상처가 났다. 그러나 급한 것은 기절한 사람을 살려야 하는 것이다.

이 중·덕동제의공대학(中德同濟醫工大學)에는 의과도 있어, 학교에 의사 선생님들이 있었기에 망정이지 그렇지 않았더라면 나도 꼼짝없이 살인자가 될 뻔했다. 다행이 염(閻)은 깨어났지만 이튿날 아침까지 근심걱정으로 한숨도 못 잤다. 퇴학은 분명한데 그러면 나는 어떻게 해야 하느냐는 게 걱정이었다. 독립군에 들어가야 할지 한국으로 돌아가야 할지 궁리도 많았다(中·德이란 중국·덕국의 뜻. 德國이란 독일을 말하며 독일정부에서 건립운영)

기숙사의 아침식사는 8시였다. 걱정 때문에 밥도 먹는 둥 마는 둥 하고 있었는데 교장 선생님이 우리 두 사람을 불렀다. 교장은 원씨(元氏) 성을 가진 중국사람이었다. 우리 이야기를 다 듣고 난 교장은 염(閻)에게 물었다.

'네가 안호상한테 망국인이라 했다는데, 우리 중국은 망국이 아닌 줄 아느냐. 한국은 일본 한 나라에게만 지배받는 망국이지만 중국은 지금 세계 각국의 지배를 받는 국제적 망국이다. 어느 것이 더 창피한 일이라 생각하느냐.'

또 나에겐 '독일 가서 공부해 나라를 위해 일하겠다는 뜻을 세운 사람이 그 정도에서 이런 일을 저지르면 어쩌겠다는 것이냐. 겨우 친구의 목이나 조른다면 창피한 일이 아니냐'는 것이었다. 그리고는 사이좋게 지내라는 충고로 그 사건은 무사히 넘어갔다."

10. 경성방직과 백산무역, 3대에 걸친 보전 집단 애국

1919년 경방 설립, 1920년 동아일보 창간, 백산 안희제는 1920년 창간한 동아일보의 발기인으로 경남 총국장이었고, 또한 백산상회 임원들도 대거 발기인으로 참여하였습니다. 아울러 경주 최준(崔浚)은 경북 총국장이면서 ㈜백산무역의 대표였던 것입니다. 김성수께서도 최준 포섭을 시도하였다는 기록입니다.

1) 3대 걸쳐 40년간 상호 동지적 인연을 맺어온 보성전문 집단과의 관계

보성전문은 1905년 이용익에 의하여 설립되었고, 아래 '도표4'에서 보시다시피, 같은 해 백산 안희제가 입학한 것으로 기록되어 있습니다. 즉 최초의 보성전문학교 학생이었던 것입니다. 그 후 1910년부터 천도교 교단이 운영합니다. 이는 지금의 견지동 자리에 함께 있었던 것으로 보이며, 그 후 1918년 9월 낙원동으로 이전합니다.

도표3 : 설립허가를 취득한 20개 주식회사 명단*

	상호	자본금	본점 소재지	신청자
*1	조선제철	2만원	전라북도	田中光政
*2	충청흥업	2만원	충청북도	조중응
*3	조선인삼	2만원	경성	조중만
4	함북사	2만원	함경북도	최원섭
5	제주물산	2만원	목포	현기봉
6	동양홍산	2만원	경성	이희재
7	목포창고	3만원	목포	현기봉
8	남선무역	3만원	전라남도	이석래
*9	강경수산	5만원	충청남도	吉田梅太郎
10	진천산업	5만원	충청북도	이준홍
*11	충북식산	10만원	충청북도	정운필
*12	군산흥업	10만원	군산	杉本市五郎
*13	富士제과	25만원	경성	一瀨實
14	조선상사	50만원	경성	고윤묵
15	대동무역	50만원	대구	정재학
16	신의주무역	50만원	신의주	多田榮吉
*17	조선소주	50만원	평양	齋藤久太郎
18	경성방직	100만원	경성	박영효(김성수)
19	백산무역	100만원	부산	최준(안희제)
20	조선주조	50만원	부산	안희제

a) 위 내용은 1919년 8월 1일자 〈매일신보〉 기사에서 인용한 것임

b) *표시는 일본인과 한국인 합자회사임

c) 1919년 1월–1919년 7월 신청, 조선 내 설립허가를 얻은 20개 주식회사 명단임

d) 아래 18번과 19번 내 명단은 상호관련이 있는 인사들임

이후 1922년 송현동으로 이전, 그리고 1932년 3월 김성수 주도로 인수하여 최종적으로 1934년 현재의 안암동으로 이전합니다

인촌 김성수와 백산 안희제는 농토자본을 산업자본으로 발전시켜 성공한 조선의 산업혁명가와 같은 존재였습니다. 그리고 안희제는 여러 명의 유학생들을 유럽 등지에 파견하였고, 그중 일본으로 유학 보낸 전진한 장관은 귀국하여 안희제를 모시고, 협동조합운동을 전개하여 수백 개에 달하던 조합 중 군계일학으로 성공시켰는 바, 이 사실은 학술논문에서도 거론된 바 있습니다. 즉 생활필수품이었던 비누, 광목, 등유 그리고 학용품 거래에 있어서 선점한 일본인들과 당당히 경쟁하는 구도로 만들었던 것입니다. 그중에는 LG그룹의 구인회도 진주에서 일본업자를 밀어내고 크게 성공하였습니다. 안희제가 고문사 당하기 바로 전해에 모처럼 찾아간 그에게 구인회는 거금 1만원을 군자금으로 제공하였다는 기록입니다.

이렇듯 안호상 박사의 보전 교수 시절 14년은 그분의 일생에 있어 가장 소중하고 보람된 시기였습니다. 대학강단에서 학문에 열중하여 많은 제자들에게 열심히 학문을 가르쳤습니다. 일제의 강압과 위험 속에서 애국심 강한 보전 학생과의 항일투쟁은 서로 보살펴주는 사제간의 사랑을 교감하는 시기였고, 1945년 광복 후 1948년 대한민국 건국과정에서는 뜻을 같이하는 동지였습니다.

도표4 : 3대 걸친 동지적 인연 일람표*

	안호상 박사(1902~1999)	보성전문 김성수 교장(1891~1955)		백산 안희제(1885~1943)
1	*경남 의령 고산재서당 수학(4세부터) *서울 중동중학교 수학 *1921 동경 정칙영어학교 수학 *상해 동제의공대학 예과 필(독일정부 건립) *27세, 1929 독일 예나대학 철학박사 학위 취득 *영국 옥스퍼드, 경도제대, 경성제대 수학	*1906 전북 창평 창흥영학숙 수학 *동경 정칙영어학교, 와세다대학 졸업 *이곳 창평, 외가·처가에서는 의인·교육가 고정주와 의병 고광순이 있었고, 임진왜란 의병 삼부자, 고경명·고종후·고인후 모두 전사(戰死)	교육, 뿌리	*경남 의령, 고산재서당 수학(17세까ㅈ *1905 보전 입학, 양정의숙으로 전학·졸 *서울에서 공동으로 교남학우회 결성 *보전/양정/교남학우회 출신동지를 糾 하여, 항일운동/장학사업/교육/계몽운 시작함 *이 지역에서 임진왜란 영웅 정인홍, 재우, 남명 조식이 배출됨
2	*(1933–1945) 보전 재직시절 *각종 혐의로 생명위협을 느껴, 내금강 마가연 작은 암자에 도피 *그 후, 보전 출신 배준호와 보전출신 배득화가 은신처 제공 *일본첩자 살해혐의자, 도망자, 사찰잡부 불목하니, 치안대장, 대학교수, 장관으로 진화 *안박사의 멘토 백산 안희제 가르침을 실현코자 노력	*1915 백산학교 설립불허, 좌절 *1915 차선으로 중앙학교 인수 *1919 경성방직 설립, 자본금 100만원. 국내 제1·위 *1920.4.1 동아일보 창간 *1920.9.25 동아일보 1차 무기정간 *1923 민립대학 설립 추진 *1932 보성전문 인수 *세계일주여행차 중국·독일·영국 등지 순회하면서 안호상 등 유학생·독립투사들과 교우·격려하고, 견문을 넓힘	계몽 언론, 육영, 물산 사업 태동	*1914 백산상회 설립 *1919 백산무역㈜ 설립, 자본금 100만원. 국내 제1·위 *동아일보 창간발기인 / 동아일보 부 지국장 *중앙일보 운영하다가 여운형에게 인도 *국내외에서 4개 연속간행물 창간·발행 *1922 민립대학 설립 추진 *소련 수도 등지에 3년간 망명, 예비탐사 *소련 연해주에서 안창호·신채호·이갑 과 항일투쟁 모의하면서 최병찬과 〈독 순보〉 간행 *창남학교·의신학교·구명학교 설립
3	*부친 안석제는 족숙(族叔)들과 함께 신식 창남학교 설립, 이시영과 교류, 39세에 요절 *그가 주도해 만든 6대조 안덕문의 〈의암문집 책판〉이 2015년 유네스코 문화재로 등재. *1933, 대대로 내려오던 가보 고서 〈성호집〉 〈주자서절요〉 등 50여종, 257책과 그림 4폭을 보성전문 도서관에 기증 *의령 입산마을에는 고택 등 7동의 문화재건물과 유형문화재 입산 탐진 안씨 분재기 등 총 9건의 문화재가 있음 *문광부에서는 '입산역사문화마을'로 지정 *농림부에서도 거금을 지원, 활성화 노력	*경남 의령과 전북 창평은 모두 의병의 고향(義兵之鄕), 추로의 고향(鄒魯之鄕)였음 *임진왜란시 전국 2만 3000명의 의병 중 1만 2000명이 곽재우의 고향 의령을 중심으로 일어남. *족숙(族叔) 안희제·안효제·안창제는 만주에 망명, 활동하다가 모두 순국, 독립유공자 서훈 받음. TV다큐에도 방영 *이곳 낙동강·남강 가야문화권에서는 근현대사의 인물, 노무현·전두환·박정희·이병철·구인회·조홍제·김효석·김용주·김인득·김신석 등 배출함	의병의 고향 추로의 고향 (孔孟의 고향)	*백산의 조선인 독립운동기지 조성 *만주·영안, 동경성진에 거금을 투입, 을 건설, 발해농장 조성. 무장경호 아 운영 *발해보통학교 설립 교장취임,대종교 본사 밀산으로부터 유치, 출판시설 도 하고, 교적간행회 회장 취임 *이 발해농장기지는 이상설과 재미(在 美)국민회의·신민회 간부등이 지원하 소련만주 국경·밀산·한흥동·독립운동 지를 확대, 활성화한 것임 *한동안 상해임정 예산의 60% 제공 기 *1943 흑룡강성 목단강시 경무청에서 문치사. 국내외에서 대통령감으로 평가

*백산 안희제·안호상 가문은 1905년 보성전문 개교시부터 3대에 걸친 40년간의 동지적 인연

6·25학도병 한신석 교우 포로 회상기

한신석(고대 3·3동지회 상임고문, 농학과 55)

평안도 영변 약산 진달래꽃으로 유명하다.

한신석, 포로수용소 동료 해후 가운데가 필자인 한신석. 2016. 6. 27

6·25학도병 한신석 교우 포로 회상기

-2017년(단기 4350년) 6·25에 부치는 글

1951년 1월 1일 기온은 영하 10도쯤 되는 강추위가 몰아치는 추운 날씨였으나 하늘은 맑고 푸르렀다. 1950년 9·28 수복으로 피란 갔던 서울시민은 대부분 돌아와서 제자리를 잡고 있었다. 국군과 UN군의 북진으로 평양을 수복하고 평양시민과 북한 동포들의 열렬한 환호 속에서 민족의 염원인 남북통일이 이루어지리라던 기대도 잠시 100만 중공군의 개입으로 UN군과 국군은 후퇴하기 시작했다.

12월 4일 평양에서 철수하고 12월 24일에는 UN군 10만 5000명, 피난민 10만 명을 실은 132척의 수송선을 동원한 흥남철수작전이 완료됨으로 국군과 UN군의 후퇴가 본격화되었다. 작전상 후퇴라지만 계속 도망치고 있었다.

1월 1일에는 중공군이 38선을 넘어 총공격을 개시하여 파죽지세로 남하하고 있었다. 나는 전황도 궁금하고 친구들의 소식도 들을까 하여 학교에 갔었다. 방학 중이라 교직원 학생들 몇 명만이 학교에 와서 서성거리고 있었다. 교내에 모병 벽보가 붙어있었다. 정신이 번쩍 들었다. 아! 나도 총을 들어야지, 이러고 있을 때가 아니지, 국가의 운명이 백척간두에 처해 있는데 나아가 나라를 지켜야지, 이렇게 생각이 미치자 즉시 종로 모병사무소에 갔다. 모병 사무실 안은 어수선하였다. 분위기로 보아 전황이 아주 나빠져 가는 모양이었다.

입대지원 절차는 간단하였다. 주소, 성명, 재학 중인 학교명을 기록하고 대기실로 들어갔다. 저녁 무렵 각급 학교에서 모인 학생수가 100여 명에 달하자 그날 저녁으로 인천으로 내려가 수송선(LST)에 올라탔다. 부산으로 가서 신병훈련을 받게 된다는 모병관의 설명이 있었다. 다들 앞날이 궁금하고 불안했지만 질문하는 사람은 없었다. 무거운 침묵은 대한민국의 앞날에 관한 불안감과 가족과 헤어진 젊은 학생들의 작은 가슴으로 감당할 수 없는 심정이었다. 갑판위에 올라가 하늘을 쳐다보았다. 별빛이 빛났다. 바다에서 바라 본 별들은 정말 찬란하였다. 큰 별, 작은 별, 별똥 별이 갑자기 빛나다가 사라져 떨어져 가는 모습들, 삭풍이 불어온다. 삭풍이 중공군을 몰고 온다. 춥다. 선실로 내려왔다. 100명의 학생 중, 양정 학생은 나 하나뿐이었다. 말동무도 없는 무의미한 항해 끝에 부산에 도착하였다. 1951년 1월 10일 정식으로 입대하고 구포훈련소에 입소하였다. 제주도에 제1훈련소가 있어 신병 훈련을 담당하고 있었으나 전투가 치열해지고 신병 수급이 원활하지 못해 그런지 구포훈련소에서는 약식으로 신병훈련을 시키고 있었다. M1 소총, 칼빈 소총 다루는 법과 수류탄 던지는 훈련 등 기본적인 훈련만 시켰다. 우리 학도병들은 학교 학도호국단에서 배속장교의 지도로 훈련을 받은 학생들이라 쉽게 습득하였다. 15일간의 단기 훈련을 마친 우리 신병들은 트럭에 실려 화급히 전선으로 향하였다. 1951년 2월 5일 횡성에 주둔한 국군 제8사단 10연대에 배치되었다. 이 때에 군번 0239238을 받았다. 사단장은 최영희 준장이고 10연대장은 권태순 대령이었다.

8사단에 특별한 임무가 주어졌는지 10연대에 홍천 방면으로 진격하라는 작전명령이 떨어진 듯하였다. 앞서 간 16연대가 태봉산에서 인민군의 강력한 저항을 받아 10연대의 지원을 요청하였다. 나는 어

군장비를 지급받고 있는 학도병 학생들

기초 군사훈련 장면

디가 어딘지 알지 못하고 M1 소총이 나의 수호신이라 생각하고 M1 소총을 꼭 끌어안고 선임병들의 뒤를 따라갔다. 10연대는 21연대와 같이 삼마고지를 넘기 위하여 고지를 하나하나 점령해 나아갔다. 전투가 벌어지면 소대장, 분대장의 지시에 따라 사격도 하고 돌격도 하였다. 당초 우리 연대 출발점에서 20km 홍천 방면으로 진격해 와서 보니 옆의 5사단이 따라오지 못하여 8사단이 너무 앞섰는지 지휘부에서 진격을 머뭇거리는 듯했다. 당시 8사단에는 미군이 지원한 탱크와 각종 포로 무장되어 있어 화력에서는 중공군과 인민군을 압도할 수 있었다. 2월 11일 밤 중공군의 총공세가 시작되었다. 그때 나는 이질 설사로 눈이 안 보이는 야맹증에 걸려 있었다.

격전 중에 능선에서 굴러 떨어져 눈 위에서 잠들었다. 날이 밝아 와서 주위를 살펴보니 중공군만 보였다. 도망쳐야겠다고 생각하고 방향도 없이 무작정 뛰었다. 탕 탕 탕 총소리가 귓가를 스쳐갔다. 아! 도망칠 길이 없다. 산하는 온통 눈으로 덮혀 은백색으로 아름답기는 한데, 드문드문 국군의 시체가 널려있고 붉은 선혈로 물들은 눈과 묘한 조화를 보였다. 공포감과 엄숙함으로 발이 떨어지지 않았다. 중공군이 나의 머리를 겨냥하고 있었다. 번쩍 손을 들었다.

아! 나는 포로다. 번뜩 생각이 났다. '호랑이에게 물려가도 정신만 차리면 산다.'

그렇다. 정신 차리자. 살려달라고 말해야 하는데 언어가 통하지 않는 중국 사람이다. '웃음' 미소라는 세계 공통의 인사법이 있다. 두 손을 든 채 멋적게 웃었다. 어린 나의 얼굴이 순진해 보여 전의가 없는 것을 확인한 중공군도 빙그레 웃으며 지휘부로 안내하였다. 얼마 후 통역이 왔다. '동무들 수고 많소!' '며칠 전 서울이 해방되었으니 걱정 마시오.' 국군과 미군 포로 2000여 명이 모이자 후방으로 압송하기 위해 행군을 서둘렀다. 여기까지 회상하면서 당시 왜 우리 8사단이 무모하게 적의 호구(虎口)로 쳐들어가 사단 전체가 궤멸되고 포로라는 비참한 처지가 되었는지 궁금하여 6·25 전쟁연구가 이선교 목사의 《6·25 한국전쟁 막을 수 있었다》라는 책을 펼쳐보았다. 당시 우리나라의 정치적 군사적 사정은 이렇다. 1950년 12월 23일 미 8군 사령관 워커 중장이 전선시찰 도중 의정부 남쪽에서 지프차 사고로 전사하고 후임으로 1950년 12월 24일 리지웨이 장군이 동경에 도착하였고 곧바로 12월 26일 한국에 도착하였다. 신임 미8군사령관이 용기있는 장군이면 즉시 반격하여 자유 대한민국을 지켜줄 것인지, 중공군에 패하여 세계 제일의 미군이 한반도에서 쫓겨나고 대한민국이 지도상에서 사라질 것인지 세계 이목은 한반도에 집중되어 있었으며 미국의 자존심이 걸려있는 전황이었다.

미8군사령관 리지웨이 장군 오산에서 반격

12월 24일 맥아더 장군은 리지웨이 미8군사령관에게 "미8군은 당신의 것이요! 당신이 가장 좋다고 하는 것이면 무엇이든지 마음대로 하시오!"라고 작전지시를 내려 한국에서 미군철수도 리지웨이 사령관 의견대로 하라는 내용이었다. "리지웨이 장군이 미군을 한국에서 철수 시키려고 왔다"라는 소문이 퍼졌다. 그래서 이승만이 무슨 행동을 할지 몰라 제일 먼저 1950년 12월 27일 대통령 이승만을 만나 "미군은 한국에서 떠나지 않습니다" 하고 안심을 시켰다.

그러나 51년 1월 4일 서울을 버리고 미군이 평택까지 도망치자 이승만 대통령과 국군이나 국민들도 공포분위기가 조성되었고 맥아더 장군도 리지웨이 사령관도 믿을 수 없다고 판단, 공포 분위기가 조성되었고 유언비어가 퍼졌다.

1. 51년 1월 31일 미군 오산에서 반격

중공군 112사단은 이천, 장호원, 148사단은 오산, 114사단은 광주, 50군은 수원, 149사단은 관악산, 인민군 17사단은 안양을 점령하고 있었다. 미 1군단은 평택, 안성, 9군단은 장호원, 10군단은 제천, 국군 3군단은 영월, 1군단은 삼척에서 중공군의 남진을 막고 있었다.

미 25사단은 평택, 3사단은 안성까지 내려와 10일 동안 쉬고 있었는데 중공군은 꼼짝하지 않고 있었다.

"사령관님! 영월과 소백산 및 남대리에서 인민군과 유엔군 7개 사단과 전투를 할 때 중공군이 남대리까지 밀고 내려오면 유엔군은 큰 위기를 맞이할 것인데, 중공군은 인민군이 남대리에서 저렇게 혈전을 벌려도 전혀 돕지 않고 남진도 않고 있는 것으로 보아, 아무래도 보급이 충분치 못하여 더 이상 남진을 못하는 것 같습니다" 하고 참모들이 전황을 분석하여 보고하였다. 리지웨이 장군도 보고서를 정밀 검토한 결과 반격하면 승산이 있다고 판단하였다.

확실한 것은 영월 남쪽 남대리에서 인민군 2군단과 유엔군 7개 사단이 집중하여 혈전을 하고 있어 군사력 균형이 깨지고 있을 때, 인민군 2군단이 대패해도 중공군은 전혀 돕지 않고 있다는 점이었다. 중공군이 서부전선에서도 더 이상 남진하지 않고 있는 것으로 보아 팽덕회가 확실히 남진하지 않을 것으로 리지웨이 장군은 판단하였다. 중공군은 만주에서 현지까지 470km나 떨어져 있었다. 수송수단은 기차와 트럭과 우마차가 있는데, 철로와 트럭은 연일 미 공군의 공격으로 80% 손실을 보고 있었다. 그래서 우마차로 산길을 따라 40만의 먹을 것과 탄약을 운반한다는 것은 보통 어려운 일이 아니었다.

전선으로 출발하고 있는 학도병 경북 안강지구 전투. 1950. 8

리지웨이 장군은 1월 15일 적정을 수색하면서 중공군의 공격도 사전에 저지하고, 중공군에게 소모전을 하여 전력을 약화시키기 위해 전차를 앞세워 수색 공격을 해보았다. 하루 종일 공격해본 결과 중공군은 남진할 의사가 전혀 없다는 것과, 추위와 배고픔에 시달리고 있음이 확실하였다.

51년 1월 16일 한국전 시찰차 온 미 참모총장 콜린스 대장에게 리지웨이 장군은 이상과 같이 보고하였다. 이때 콜린스 대장은 "우리는 중공군을 과대평가하였다. 미 8군은 장래가 순조로울 것이며, 중공군은 유엔군을 한국 땅에서 내쫓을 만한 보급을 지원 받을 수 없을 것이다"라고 성명을 발표하여 미국이나 한국 국민들이 이때부터 안심하였다.

1월 25일 아침 7시 30분, 미 1군단과 9군단이 수원, 이천, 여주에서 일제히 수색 정찰을 하였다. 수색대장의 보고는 "적은 남진할 만한 능력이 없다. 반격하면 승산이 있다"고 하였다. 팽덕회는 혼자서 전 전선을 지휘할 수 없어 서부전선을 등화에게, 동부전선은 한선초에게 지휘하도록 임명하였다. 미군이 재편성하려면 시간이 걸릴 것으로 팽덕회는 판단하였으나 수색활동을 하는 것으로 보아 반격이 곧 있을 것으로 판단, 즉시 4차 작전을 준비하고 있었다.

2. 팽덕회 리지웨이 장군의 반격저지 실패

팽덕회는 리지웨이 장군이 곧 반격할 것으로 판단, 국군 3군단을 격파하고 미 10군단을 섬멸할 계획을 세웠다. 그리하여 중공군 13병단 40군을 양덕원리에, 19병단 60군을 홍천에, 13병단 39군을 지평리에, 그리고 38군은 서부전선의 미 1군단을, 동부전선에는 인민군 4군단이 공격하여, 2월 공세 승리로 미군의 반격을 저지하는 작전을 세우고 있었다. 리지웨이 장군도 반격을 하려고 하는데 그 많은 중공군이 도깨비같이 어디로 숨어 버렸는지 보이지 않아 쉽게 반격할 수 없어 고민하고 있었다. 참으로 중공군은 알 수 없는 군대였다.

그래서 그는 미 10군단에 소속된 국군 8사단으로 하여금 미끼 노릇을 하게 하여 중공군이 어떻게 나오는지, 그리고 중공군이 어디에 숨었는지 파악해 보려고 하였다.

국군 8사단장 최영희 준장은 50포병대와 미군이 처음으로 제공한 전차 1개 소대 4대와 42인치 박격포 6문, 91밀리 32문, 60밀리 82문, 3.5인치 로켓포 165문, 2.36 바주카포 34문, 75밀리 9문, 57밀리 무반동 총 27문, 1만 1300여 명의 장병들을 지휘하여 횡성에서 홍천을 향해 반격하였다. 국군 8사단은 북진 때 덕천에서 중공군에 참패를 당하여 후퇴를 하다 재편성하여 처음으로 반격에 나선 것이다. 그리고 국군은 처음으로 미군의 전차를 공급받아 화력이 막강하였다.

인민군 5군단 소속 7사단과 12사단, 중공군 13병단 소속 40군과 66군은 82밀리 박격포 103문, 60밀리 38문, 대전차포 20문, 산포 41문, 92밀리 보병포 29문, 화학박격포 20문, 76밀리 자동 포 24문, 로켓포 72, 120밀리 곡사포 27문, 122밀리 곡사포 18문, 전사 9만 6000여 명을 동원하여, 국군 8사단을 덮쳐 전멸시켜 구멍을 낸 다음, 지평리 미 23연대를 박살내어 국군과 미군이 반격을 아예 못하게 하기 위하여 전력을 다하였다.

중공군 66군은 홍천 남쪽 삼현리에서, 40군은 양덕원리에서 횡성의 국군 8사단을 향해 공격준비를 하고 있었고, 39군은 덕수리에서 지평리에 있는 미 2사단 23연대를 덮치려고 움직이고 있었다.

미 10군단장 알몬드 소장은 8사단장 최영희 소장에게 "귀 사단은 횡성에서 좌는 용두리, 우는 홍천을 공격 목표로 3개 연대로 공격할 계획을 2일 내로 세우라!"라고 지시하였다. 최영희 사단장은 "1개 연대를 예비대로 하고 2개 연대로 좌우에서 공격할 것입니다"라고 작전을 설명하였다. 그러자 알몬드는 "그것은 안 됩니다" 하고 반대하였다. "적정을 모르는 상태에서 예비대까지 전원 무모한 공격은 어렵습니다.", "안됩니다!" 알몬드는 최영희 사단장이 건의한 것을 거절하며 작전계획을 세운 것을 내놓으면서 연대의 공격 위치까지 세밀히 선정해주었다. 작전 계획서를 살펴본 최 사단장은 "이 작전은 8사단이 잘못하면 전멸입니다" 하고 다시 건의하였다. "안 되오. 이 작전대로 실시하시오!" 알몬드 소장의 명령에 최단장은 작전계획이 마음에 들지 않아도 꾹 참고 '도움 받는 입장에서 명령에 따라야지' 하고 생각하였으나 '한국의 사단장은 허수아비인가?' 하는 수모를 참기가 어려웠다.

2월 7일 국군 8사단 16연대는 횡성에서 홍천을 향해 진격하다 신촌에 도착하였다. 16연대는 태봉산에서 인민군의 강력한 저항을 받고 고전했다. 이때 국군8사단 10연대가 증원되어 전멸하였다. 21연대는 신촌 우측의 독재봉을 중심해서 차례로 점령하고, 930미터 오음산을 향해 진격하였다. 인민군도 삼마리치 고개를 국군에게 빼앗기면 홍천이 점령되어 바로 춘천을 위협받게 됨으로 인민군 7사단도 사력을 다해 삼마리치 고개를 지키고 있었다. 인민군과 국군은 이곳에서 일진일퇴의 공방전을 벌였다. 10연대는 인민군의 수색을 열심히 하고 있었다. 2월 8일 8사단장 최영희 준장은 "우리가 작년 11월부터 덕천에서 후퇴하여 여기까지 왔다. 여기에서 밀리면 미군이 우리를 돕겠는가? 인민군을 물리치고 춘천을 거쳐 3.8선까지 진격해야 한다" 하고 연대장들과 참모들에게 훈시를 한 후 인민군 7사단을 격파하라고 명령하였다. 그는 21연대로 하여금 오음산과 삼마리치를 공격케 하였다. 그러나 해발 500미터가 넘는 꼬불꼬불한 삼마리치 고개 양쪽의 고지에서 인민군이 쉴 새 없이 박격포 공격을 하여 삼마리치 고개를 도저히 점령할 수가 없었다. 그래서 인민군 수색을 끝낸 10연대는 21연대와 같이 삼마리치 고개를 넘기 위하여 도로 양쪽의 고지를 하나하나 격전 끝에 점령해 나갔다. 그런데 전선을 유지해야 하는데 우측인 국군 3군단이 따라오지 못하여 8사단이 너무 앞서게 되어 포로가 될 위험이 많았다. 그래도 알몬드 군단장은 계속 공격하라고 명령하였다. 2월 9일 인민군 7사단이 고전하자 예비 12사단을 증원하여 방어하였고, 좌측으로 우회 공격을 시도하고 있었다. 국군 8사단 21연대는 삼마리치 고개에서 오음산에 걸쳐 공격을 시도하였으나 인민군의 결사적인 저항으로 고전하고 있었다. 21연대는 모든 포를 동원하여 공격하고, 보병은 돌격을 시도하여 백병전을 하여 고지를 점령하려 하였으나 인민군은 결사적으로 방어하였다. 10연대와 16연대도 고지를 공격하고 있었으나 큰 성과를 보지 못하였다. 2월 10일 최영희 사단장은 사단 포병대에 총 발포 명령을 내렸다. 그리고 미 항공기 지원 요청을 하여 고지마다 폭격을 하고 보병이 돌격하였으나 인민군의 방어 진지는 끄덕도 하지 않았다. 2월 11일 중공군 39군과 66군, 인민군 7사단과 12사단 일부 등 10만여 명이 국군 8사단을 포위 전멸시키려고 밤중에 이동하였다. 국군 8사단은 이날도 공격을 하였으나 인민군의 진지를 넘지 못하였다. 2월 12일 중공군 66군 196사단, 197사단, 198사단 등 3개 사단은 삼현리에서 삼마리치 고개를 공격중인 국군 8사단 21연대를 포위하였다. 또 중공군 40군의 118사단과 119사단, 120사단 등 3개 사단은 양덕원리에서 출발하여 국군 8사단 16연대를 포위하였다. 중공군 전방지휘자 한선초는 국군 8사단을 포위하여 전멸시킨 후, 원주, 제천까지 밀고 내려가 여주, 이천으로 이동하여 미군을 포위하고, 국군 3군단과 미군 10군단을 섬멸할 작전이었다. 새벽 2시, 중공군 66군의 3개 사단은 삼마리치 고개에서 진격중인 국군 21연대에 모든 박격포를 동원 공격하였다. 중공군 3만명은 능선과 계곡을 따라 벌떼같이 공격해 왔다. 중공군은 수류탄을 들고 공격하여 순식간에 국군 21연대를 포위하였다. 곧 어둠속에서 국군과 중공군은 한데 엉겨 붙어 육박전이 벌어졌다. 중공군은 죽이고 죽여도 끝이 없어 국군은 지쳐버렸다. 총열은 달구어졌고 총알을 넣을 시간도 없었다. 어느새 전장에는 국군은 보이지 않고 중공군뿐이었다. 국군 21연대는 도저히 견디지 못하고 포위망을 뚫어야했다.

그러나 중공군은 국군의 퇴로마저 차단했다. 21연대장 하갑천 대령은 앞이 캄캄하였다. 그는 전차를 앞세워 포위망을 뚫으려 필사적이었다. 그러나 중공군이 도로를 폭파하여 전차를 움직일 수가 없었다. 아침 5시, 결국 연대장은 "각 부대는 모든 장비를 파괴하고 횡성으로 집결하라!"고 명령하였다. 중공군 3만명은 국군 8사단 10연대를 벌떼 같이 공격하여 국군 10연대도 전멸 직전이었다. 10연대장 권태순 대령은 "부대별로 횡성으로 탈출하라!"고 명령을 내렸다. 그리고 그는 "포로가 되어 구차히 사는 것보다 차라리 죽겠다"고 하며 권총을 그의 머리에 대고 방아쇠를 당겼다. 10연대 1대대장 박치옥 중령은 중공군의 만세 공격에 죽자 살자 도망쳤다. 그는 1주일을 산에서 헤매다가 겨우 국군 6사단 상병들에 의해 구출되었다. 그러나 그는 덕치에서의 참패가 되살아나 괴로웠다. 8사단 16연대도 회안에서 중공군 40군 3개 사단 3만여 명의 공격을 받았다. 수류탄만 들고 만세 공격으로 달려드는 중공군을 16연대 장병들은 도저히 해볼 수가 없었다. 16연대도 포위되어 밤이 새도록 중공군에 얻어터지다 날이 새어보니 온통 시체뿐이었다. 중공군은 이재일 16연대장 천막까지 공격해 들어와 이재일 연대장은 결사적으로 포위망을 뚫고 도망쳐 3일 동안 산에서 헤매다가 겨우 구출되었다. 중공군은 2월 13일 오후 4시 횡성을 점령하였다. 8사단 패잔병들은 원주, 문막, 제천으로 철수하였다. 미 8군사령관 리지웨이 장군은 중공군 19병단의 공격을 저지하지 않으면 또 위기에 몰릴 것으로 판단하였다. 그리고 중공군의 공격을 강력하게 반격하기 위하여 부대를 이동시켰다. 리지웨이 장군은 원주에 있는 미 7사단과 제 187 공수 연대에게 횡성의 중공군을 공격하게 하였다. 이번 싸움에서 국군 8사단은 장교 323명, 장병 7,142명이 전사 및 실종하여 시체가 산을 이루었다. 8사단의 패전이 외부에 알려질까 봐 철저히 통제하였다. 그리고 8사단 부사단장

윤춘근 대령, 참모장 이희권 중령, 하갑청, 이재일 연대장이 보직에서 해임되었다. 8사단은 후방에서 재편을 해야 했다.

신성모 국방부 장관과 김백일 군단장은 이번 8사단 패전에 대해 최영희 사단장을 문책하였으나 알몬드 10군단장은 "귀 사단 장병들의 영웅적인 전투에 찬사를 아끼지 않으며 귀하의 공로에 훈장을 상신해 놓고 있다"라고 칭찬을 하여 어리둥절하였다. 그 후 최영희 8사단장은 미 은성훈장을 받았다.

알몬드 훈장 수여식에서 "8사단의 용전분투로 유엔군 작전을 역전시키는 데 결정적인 역할을 완수하였다"라고 칭찬을 아끼지 않아 신성모와 국군 장군들은 어리둥절하였다. 그 이유는 국군 8사단을 전선에서 돌출시키자 팽덕회는 "이게 웬 떡이냐?" 하고 덥석 물었다가 리지웨이 장군의 함정에 걸려들었던 것이다. 리지웨이 장군은 중공군 19병난이 압록강을 건너 한국전에 참전하였다는 첩보를 입수하였으나 중공군이 어디에 숨어있는지 도저히 참을 수 없어 반격하지 못하고 애태우며 고민 중에 있었는데 국군 8사단으로 하여금 중공군 19병단과 중공군 전체의 움직임과 작전을 파악하게 되어 반격할 수 있었기 때문이었다. 리지웨이 장군은 팽덕회 보다 머리가 좋았다. 전쟁은 머리 싸움이요 기술이다. 머리가 나쁜 사람은 전쟁에서 절대 승리할 수 없다. 이 전투로 팽덕회는 모택동에게 질타를 당하였다.

3. 51년 2월 10일 양평 옆 지평리에서 미 23연대 대승

51년 2월 3일 미 2사단 23연대는 양평 옆 지평리에서 반격을 하기 위하여 적정을 수집하고 있었다. 팽덕회는 미 23연대가 돌출해 있어 공격하기가 용이하다고 판단하였고, 미 23연대를 박살내어 리지웨이가 반격하지 못하게 할 계획으로 등화가 직접 지평리 북쪽 민가에 사령부를 두고 지휘하였다. 2월 9일 중공군 39군 소속 115사단과 116사단, 117사단의 3만여 명이 미 23연대를 전멸시켜 미군의 반격을 저지하려 하였다.

리지웨이 장군은 1월 31일 전 전선에서 반격을 시도해 38선까지만이라도 올라가려 하고 있었다. 그런데 지평리 미 23연대가 중공군에 밀려 후퇴한다면 미군과 국군의 반격에 큰 영향을 줄 수 있어, 리지웨이 장군은 9군단장 모르 소장에게 어떠한 일이 있어도 지평리를 지키라고 명령하였다. 모르 소장은 23연대장 프리맨 대령에게 단단히 명령하였다.

등화는 국군 8사단을 횡성에서 대파하여 국군의 공격을 차단하고 미 23연대도 대파하여 미군의 반격을 사전에 봉쇄하려고 하였다. 미군은 청천강에서부터 전투 한 번 하지 않고 죽자 살자 여기까지 도망쳤고, 또 2사단 23연대는 삼소리에서 중공군에게 비참하게 얻어터졌는데 또 여기서 패하여 도망친다면 세계의 웃음거리가 되고 전선은 반격도 못하고 또 무너질 형편이었다.

51년 2월 12일 밤을 이용하여 중공군 3개 사단은 지평리 미 23연대를 포위하고 있었다. 프리맨 23연대장은 1대대는 207고지에, 2대대는 망미산 능선에, 3대대를 동쪽 212고지에, 불란서 군대는 서쪽 준지의 논과 양평으로 향하는 도로를 방어하게 하였다. 무기는 155밀리 곡사포 6문, 105밀리 18문, 고사포 1개 중대, 전차 21대, 박격포 51문을 배치하였다. 그리고 탄약이 부족하지 않게 준비한 후 호를 깊이 파서 야간 공격에도 끄떡하지 않게 진지를 잘 준비하였다.

2월 21일 밤이 깊어지자 중공군 3만여 명이 진격해 왔다. 미 23연대는 모든 중화기를 동원하여 쉴 새 없이 공격하였다. 미군이 쏘아 올린 조명탄은 천지를 대낮 같이 밝혔다. 중공군의 박격포도 미군을 향해 퍼부었다. 보병은 수류탄을 들고 개미떼 같이 미군을 향해 기어올랐다. 미군과 중공군은 밤이 새도록 죽이고 죽고 하였다. 미 포병대는 1문당 250발식 발사하였고, 중공군은 23연대에 300발 이상 박격포를 쏘아댔다. 이 포격으로 프리맨 연대장이 가벼운 부상을 당하였다.

2월 13일 해가 떠오르자 미군 폭격기가 나타나 중공군의 머리 위에 폭탄을 뿌리자 중공군은 개인호에 두더지 같이 숨어버려 흔적도 찾을 수가 없었다. 같은 날 해가 지고 밤이 깊어지자 중공군이 피리와 나팔을 구슬프게 분 다음, 징과 꽹과리를 혼란스럽게 쳐대어 미군병사들의 정신을 빼놓고 보병은 수류탄을 들고 벌떼같이 공격해왔다. 중공군은 4면 전체에 구멍 내기가 어렵자 미 2대대 G중대를 집중 공격하여 2월 14일 새벽 2시 백병전 끝에 새벽 3시 G중대원은 150명중 한 명도 살아남지 못하고 전멸당하여 구멍이 났다. '만세공격'이란 자살특공대이다. 프리맨 연대장은 즉시 2개 소대를 증파해서 구멍을 막게 하였다. 동쪽에서 해가 떠오르자 중공군은 물러서야 했다. 리지웨이 장군은 프리맨 연대장이 부상을 당했으면서도 후송하려 하지 않고 2일 째 끝까지 진지를 방어하고 있으며, G중대 전원이 전사하였다는 보고를 받고 감탄하였다. 그는 장호원 미 5기갑 연대에 즉시 미 23연대를 지원하라고 명령하여 5연대장 크롬베즈 대령이 23연대의 전차를 몰고 지평리를 향하였다. 중공군은 미군의 지원부대가 올 것을 예상하고 지평리 못가서 곡수리 고개에서 매복하고 있다가 미 전차가 나타나자 벌떼같이 전차를 공격하였다.

2월 14일 오후 3시 전차 23대는 160여 명의 보병을 전차 위에 태우고 이들로 전차를 엄호하게 하였는데, 곡수리 고개에 도착했을 때는 오후 5시였다. 그때까지 전차 1대가 파괴되고 전차 위에 있던 160여 명의 보병 중 145명이 죽고 15명만 살았다. 결사적인 싸움으로 결국 전차가 고개 정상에 오르는데 성공하였다. 곡수리 고개에 올라 지평리를 바라보고 5연대 병사들은 "만세"를 불렀다. 23연대 전차와 5연대 전차는 망미산에 숨어있는 중공군에게 한없는 포격을 하였다. 중공군은 국군 6사단과 영국군 27여단이 지평리에 모여들자 2월 15일 오후 5시 30분 지평리 23연대 지역을 포기하고 흔적도 없이 도망쳐 2월 15일 밤에는 공격이 없었다.

이상 이선교 목사의 6·25전쟁사를 읽고서 감회가 새로웠다.

당시에는 최영희 사단장이 머리가 나빠서 그랬는지 영웅심이 앞선 만용으로 그랬는지 알 수 없었고 사단장의 작전 실패로 일개 사단이 궤멸되고 우리 같은 포로를 낳게 한데 대한 원망이 앞섰다. 이어서 중공군에 잡힌 2000여 명 포로들은 인민군 감시하에 양평, 화천을 거쳐 김화를 지나 계속 북상하였다.

우리가 포로가 된 직후 UN군의 대반격이 시작되어 양평지역에서 중공군 3개 군단이 섬멸되는 등, 중공군이 밀리기 시작하여 우리 뒤에서는 격전이 벌어지고 있었다. 그래서 감시병들은 북상을 재촉하고 있었다. UN군의 폭격으로 낮에는 행군할 수 없음으로 밤에만 행군하는데 가끔 조명탄이 대낮같이 밝혀 그때마다 숨어서 폭격을 피하였다. UN군의 폭격이 있으면 공산군을 섬멸하라고 박수를 치다가도 내가 폭격 맞을 수 있다는 현실에서는 아찔하고 눈앞이 캄캄하여 쥐구멍이라도 은신처를 삼고 엎드렸다. 화천을 통과할 때에 밭에 콩가리가 있어 모두가 달려들어 가리를 허물고 콩꼬투리를 구워먹는 도중에 UN군 비행기에 발견되어 폭격을 당하여 100여 명이 사망하는 참변을 당하기도 하였다.

UN군의 폭격을 피하기 위하여 밤에만 행군을 하는데 배고프고 힘이 없을 때면 밀양아리랑을 합창하여 힘을 돋우었으나 모두가 점점 쇄약해져서 피골이 상접해졌다. 안남미 밥을 먹으면 설어서 맛이 없고 중공군으로부터 보급 받은 미숫가루를 먹으면 밥 먹은 것 같지 않아 뱃속에서는 항상 꼬르륵 소리가 나, 물로 배를 채웠다. 400km 길고 긴 강행군 끝에 강동군 승호리(勝湖里) 강동 수용소에 1951년 4월 15일 도착하였다. 강동의 강은 대동강을 지칭하는 것으로 풍요하고 평화로운 고장이었다. 북쪽 대박산 남쪽 기슭에는 국조 단군능이 있다 하였다. 일찍이 기독교(장로교)가 전래되어 개화된 지역이었다. 경신학교, 광명학교, 숭덕학교 등이 세워져 교육받은 사람이 많았기에 국군이 북진하였을 때 주민들이 대대적으로 환영하였고 곧바로 후퇴하는 바람에 고통을 겪은 주민들이 많았던 듯, 국군포로에 대한 감정은 대체로 좋았으며, 국군이 북진하였을 때 열성적으로 환영했던 우익 인사의 집 대문에는 '반동분자의 집'이라 써 붙였다.

우리 포로들을 수용할 장소가 마땅치 않았는지 학대하기 위해 그랬는지 폐탄광으로 몰아넣었다. 어두운 굴속에서 포로 적응훈련을 시켜가지고, 해방전사 부대라는 명칭으로 인민군 502부대로 편성되었다. 강동에서 3개월가량 억류했다가 중화수용소로 이동하였다. 중화는 강동 바로 아래 군으로 이곳도 평양의 영향을 많이 받아 기독교(개신교), 천주교, 천도교 등 종교 활동이 활발한 지역으로 일찍이 근대 교육기관이 많이 설립되어 반공사상이 보편화 되었던 듯 민간인과의 교류를 엄격히 차단하며 포로들의 신뇌교육(사상교육)으로 괴롭혔다. 약 2개월 뒤에 1952년 3월에 신천(信川) 수용소로 이송하였다.

추억의 신천수용소

신천은 황해도 서북부에 위치한 군으로 우리가 잘 알고 있는 민족의 성산 구월산이 자리한 곳이다. 구월산에는 단군이 나라의 수도가 될 고을을 전망하였다는 단군대가 있는데 단군이 승천하였다고 전해지는 곳이다. 단군이 도읍을 정한 뒤 흙으로 쌓았다는 성터가 남아 있는 곳이기도 하다. 그래서 군민들의 민족의식과 애국심이 강한 지역이어서 반공 저항운동의 근거지가 되었다. 켈로 부대는(KLO) 1949년 미국 극동군 사령부 직할로 조직된 비정규전 부대로 첩보수집, 후방교란, 양민구출 등의 임무 수행을 위하여 수로 북한 출신을 선발하였다. 이들은 군번도 계급도 없는 군인이었으며 처음에는 서북청년단원들 중심으로 조직되었고 인천상륙작전 이후에는 백령도, 대화도, 소화도, 탄도, 가도 등을 점령하고 서해를 장악하고 있었다. 구월산 유격대는 자생유격대로 이정숙이라는 여자대장이 이끄는 내륙지역 부대로, 연풍부대, 백호부대, 수월부대, 송화치안대 등 활발하게 활동하고 있었다. 산지가 적고 농토가 광대하며 관개수리 시설이 잘 되어있어 기업적인 벼농사가 발달한 곳이다. 곡창지대인 이곳에서 쌀을 수집하여 군량미로 사용하기 위해 포로들을 노역시키려고 신천으로 데리고 온 것이었다. 우리 포로들은 신천지역과 가까운 민가에 분산 수용되었다. 중년의 부부와 딸 세 식구가 살고 있었다. 아들들은 군대에 갔는지 보이지 않고 김현숙이라는 딸은 나보다 두 살 아래인 17살 중학생이었다, 서북지방 사람들은 성격이 활달하여 여자들도 남녀 간 내외하지 않고 자유스러웠다. 현숙의 예쁜 모습에 포로라는 신분도 망각하고 똑바로 바라보지도 못하고 곁눈질로 훔쳐보았다. 체격은 보통 중키인데 눈이 또랑또랑 빛났고 무척 영리해 보였다. 남남북녀라더니 북한에는 예쁜 여자가 많았다. 나도 남쪽 남자의 표준은 된다고 자만하면서 그 집 식구들의 환심을 살 궁리를 해보았다. 우리 포로들이 하는 작업이 지역에서 수집한 쌀가마니를 화차에 상차하는 작업인지라 문득 생각이 났다. 쌀 한가마니를 가져다주어야겠다고 생각했다. 포로 주제에 군량미를 훔치다 들키면 두들겨 맞을 뿐 아니라 시베리아 강제노역장으로 가서 평생 고향에 돌아갈 수 없을지도 모를 일이었다. 현숙의 예쁜 얼굴을 떠올리고 그녀의 아버지 어머니 친절에 보답하고 싶었다. 실은 속마음으로 현숙 가족들의 환심을 사고 싶었는지도 모르겠다. 용기를 내는 핑계로 공산군의 군량미를 빼돌리는 것도 투쟁이라고 자부하기도 하였다. 동료들은 걱정이 되어 숨죽이고 바라보았다. 어두운 밤이지만 위험천만한 모험이었다. 영차! 쌀 한가마니를 번쩍 들어 오른쪽 어깨에 메고 뛰었다. 현숙의 집까지 1,000m를 비호같이 뛰었다. "쾅" 하고 쌀가마니를 현숙이네 집 안마당에 내려놓는 순간 큰 일을 한 기분이었다. 전시에 이 쌀 한가마는 목숨과 바꾼 귀중한 물건이었다. 현숙 어머니는 쌀 한가마를 받은 기쁨보다 들키면 큰일이라는 걱정이 앞서 신속히 부엌으로 숨기며 크게 숨을 쉬었다. 이렇게 하여 우리는 공산당에 반대하는 동지가 되었다. 현숙은 오빠가 3명인데 위 형제는 국군이 후퇴할 때 남한으로 가서 군에 입대하였고 막내 오빠는 인민군에 입대하였다는 사실들을 이야기 하던 중 중대한 비밀까지 알려주었다. 남한으로 월남하여 국군에 입대한 둘째 오빠가 최근에 구월산에 와 있다는 것이었다. 이렇게 동지애로 친해지자 바로 사랑으로 변해갔다. 200명 포로를 3~4명씩 민가로 분산 수용하고 식사는 민가에서 지어주는 쌀밥을 먹을 수 있어 좋았다(신천은 곡창지대라 전시인데도 쌀밥을 먹고 있었다). 군에서 보급되는 안남미를 먹지 않아도 되었고 식량수송 상하차 작업은 늘 어두운 밤에 하기 때문에 낮에는 시간 여유가 많아 틈만 나면 현숙이 와서 집구석에 숨어 속닥속닥 사랑을 나누느라 시간가는 줄 몰랐다. 힘든 야간작업을 할 때에도 끝나고 집에 돌아가면 현숙이 기다린다고 생각하면 고단한 줄도 몰랐다. 나는 그때까지 연애경험이 없어서 남녀가 사랑하면 포옹도 하고 키스도 한다는 생각도 못하던 숙맥이었는데 좁은 공간에서 서로 밀착하여 지내는 시간이 많아질수록 우리들의 가슴은 뜨거워지고 숨소리도 가빠졌다. 어느 날 누가 먼저랄 것도 없이 둘은 서로 끌어안고 사랑을 나누었다. 동료들은 킥킥거리며 응원했고, 현숙의 어머니, 아버지는 알고도 못 본체 하는 듯 싶었다. 우리 둘은 사랑이 깊어지고 일생을 같이 할 약속을 하면서도 포로라는 엄숙한 현실 앞에서 절망하기도 하였으나, 현숙이가 묘안이 있다며 구월산 켈로(유격대)부대의 상황을 설명하면서 탈출하자고 제안해왔다. 당시 구월산 유격대 대부분은 신천 출신이었고, 가끔 비밀연락 요원이 내려와서 보급품을 가져가고 가족들의 안부를 묻고 가기도 하는 등, 연락이 있어 그들의 안내를 받으면 안전하게 탈출할 수 있다고 제안했다. 나도 포로의 신분으로 종전이 되면 대한민국으로 송환될 것이지만 잘못하여 불법 억류당할지도 모르는 처지인지라 안전하게 탈출할 수만 있다면 거절할 일이 아니었다. 더구나 현숙이와 같이 간다면 얼마나 기쁜 일이겠는가? 현숙이와 결혼하고 백년해로 할 수 있다면 그 이상의 상책은 없었다. 둘이는 탈출을 약속 결의하고 현숙이가 시기와 방법을 알아왔다. 비밀연락 요원이 이달 그믐쯤에 내려오니 그믐날 어두운 밤에 약속된 장소로 오라는 지시를 받고 왔다. 기뻤다. 10일 후 달빛이 없는 그믐밤에 결행한다는 생각을 하니 약간 겁이 났지만 뛸 듯이 기뻤다.

현숙이가 자기는 부모님께 알려야 하지만 신석씨는 동료들에게 알리지 말라고 당부하였다. 만약 비밀이 탄로날 수도 있고, 여러 명이 탈출하면 발견될 우려가 있으니 둘이서만 가야한다고 했다. 우리들의 탈출 후에 나머지 동료들과 부모님에게 닥칠 걱정도 가벼운 문제가 아니었다. 그렇다고 계획을 포기할 수도 없었다. 신혼생활의 단꿈도 꾸었다. 하루하루가 긴장 속에 지나가던 중, 결행일 3일 전에 청천벽력 같은 포로전원의 이동명령이 떨어졌다. 신천에서의 꿈같은 생활이 3개월 만에 끝났다. 다른 곳으로 끌고 가서 무슨 노역을 시킬 것인지 걱정보다는 현숙이와 헤어진다는 생각에 가슴이 찢어지는 듯했다.

현숙이는 나보다 더 슬퍼하며 식음을 전폐하다시피하였다.

너무 울고 눈물을 많이 흘려 눈이 퉁퉁 부었다. 이별! 영원한 이별이 될 것이다. 종전이 되고 포로가 귀환되고 정치적 협상에 의해 남북통일이 될 수 있을까? 몇 년 안에 통일이 되어 우리가 다시 만날 날이 올 것인가? 마지막 날 밤 우리 둘은 부둥켜안고 눈물로 밤을 지새웠다. 동녘 하늘이 밝아오자 현숙이 2,000원 지폐를 돌돌 말아서 주었다. "신석씨 필요할 때 용돈으로 쓰세요." 나는 받을 수가 없었다. 3개월 동안 나는 현숙을 위해 아무것도 해준 것이 없었다. 그날 저녁 포로들 전원집합 명령이 떨어져 이별의 시각이 다가왔다. 나는 사물을 챙겨 집을 나섰다. 현숙이 대문 앞에 털썩 주저앉아 목놓아 울었다.

나의 발길도 떨어지지 않았다. 동료들이 나의 손을 잡아끌어서야 겨우 발길이 떨어졌다. 현숙의 부모들은 안절부절못하여 서성거렸다. 신천을 빠져나와 행군할 때 동료 한 명이 돈 2,000원을 내밀었다. 현숙이가 전해주라고 해서 받아 왔단다. 뒤에 요긴하게 썼지만 그 때마다 현숙이 생각이 나서 가슴이 아팠다.

안주(安州)에서의 반공투쟁

우리를 끌고 간 곳은 평남 서북단에 위치한 안주였다. 청천강 하류지역으로 고구려 때 을지문덕 장군이 수나라 백만 대군을 무찔러 나라를 구한 곳이다. 신천에서 5일간 야간에만 걸어서 왔기 때문에 우리들은 몹시 지쳐 있었다. 이곳에서도 민가에 분산 수용되어 상당히 자유롭게 지낼 수 있었다. 전장으로 가는 중공군의 군수품을 상하차하는 작업이었다. 우리를 980부대로 편성하여 혹사할 뿐 아니라 우리들 모두가 인민군에 입대하면 모스크바에 유학 보내준다는 감언과 협박으로 정신적으로 몹시 힘들었다. 우리들도 반항의식이 고조되어 우리가 이렇게 맹목적으로 순응만 할 것이 아니고 무언가 일을 해야 되겠다고 생각한 것이 전시에 가장 소중한 전쟁물자인 휘발유통 마개를 부실하게 잠궈 거꾸로 실으면 운송 도중 기름이 새 나간다는 사실에 착안하여 동료들에게 뜻과 방식을 전하니 모두가 좋은 생각이라 하여 나의 뜻에 따라주었다. 안주에서는 쌀은 없으나 돼지고기가 많아서 돼지고기와 군용장화 한 상자를 숙소 주인에게 가져다주니 고맙다며 대우를 잘해주었다. 어느 날 미군 B29 폭격기 한 대가 안주 상공에 나타나 1톤 폭탄 수십 발을 떨어뜨려 철로 수백 m가 엿가락처럼 휘어졌다. 우리는 미군폭격기가 폭탄 떨어뜨리는 광경을 보고 위험을 느끼기보다 야! 잘한다 하며 마음속으로 쾌재를 부르짖었다.

군사령부에 비상이 걸려 책임자들이 이리저리 뛰어다니고 요란법석을 떨더니, 다음 날 중공군 1000여 명이 달려들어 개미처럼 복

학도의용군 6·25 참전 기념상 대구

구 작업을 하여 사흘 만에 완성하였다. 철로 폭파로 자존심이 상하고 긴급 복구 작업하느라 고생한 지휘관들은 애꿎게 우리를 들볶았다. 인민군 편입권고를 강압으로 몰고 갔다. 우리 800여 명은 제네바 협정에 따라 전시포로로서 대우해 줄 것을 강력하게 요구하고 나섰다. 강제 노역을 시키지 말고 포로수용소로 보내 줄 것을 강력 요구했다. 이로 인해 나와 이춘원, 박하일, 김용기, 정태수 등 7명을 체포해서 처음부터 두들겨 패기 시작했다. 누가 주모자인가? 하는 질문에 우리 모두가 각자 "내가 주모자다"라며 덤비니 그들은 더욱 화가 나서 혹독한 고문이 시작되었다. 사실 그 때 우리는 모두가 주모자였다. 이심전심 한마음으로 뭉쳐 싸웠다. 여기에서 잘못 낙오되면 종전이 되어도 고향에 돌아갈 수 없다는 엄숙한 사실 앞에서 죽음이 무서워 시키는대로 할 수밖에 없었다. 단지 살아서 귀환해야 한다는 한 마음으로 투쟁했다.

북쪽이라 2월 초순인데도 살을 에는 혹한이었다. 문초하는 놈들이 먼저 지쳤는지 옷을 벗겨 알몸으로 토굴(폐탄광)에 집어넣었다. 우리들은 서로 부둥켜안고 체온을 나누며 "정신 차리자 잠들면 죽는다"라고 외쳤다. 먹을 거라고는 강냉이 한줌이었다. 모두가 동상에 걸려 처절한 모습이었다. 매 맞고 동상으로 엉망이 된 상처를 치료하기 위해 군의관 김대위에게 데리고 갔다. 군의관 김대위의 정성스러운 치료로 상처가 아물고 기력도 많이 회복되어가고 있을 즈음 나는 중대 결심을 하였다. 김대위가 일본에서 교육받은 지식인이고 따라서 가정도 공산당원이 아닐 것 같아 용기를 내어 상의하였다. "군의관님 저 좀 살려주세요. 이곳에서 건강히 생명을 보존하다가 꼭 고향에 돌아갈 수 있게 해주세요. 환자 병원에 입원시켜주세요." 나의 하소연을 듣고 얼굴을 살피던 김대위가 "한군! 되도록 밥을 적게 먹고 소금을 먹어라. 환자 검사가 있을 때에도 꼭 소금을 먹어라." 이렇게 김대위의 방책 지시에 따라 얼굴은 노랗게 되고 피골이 상접한 폐병 환자처럼 되었다. 이래서 군의관 김 대위의 호의로 영변 중앙병원으로 이송되었다.

영변 중앙병원

김소월의 시 〈진달래꽃〉으로 유명한 영변은 평안북도 남동부에 위치한 곳으로 우리나라 명산 묘향산이 있는 곳이다. 묘향산 향로봉 아래에 단군굴이 남아있는 역사적으로 중요한 지역이다. 우리가 도착한 계절엔 진달래가 온 천지를 덮고 있었다. 환자가 되기 위해 밥을 조금 먹으니 환자 모습은 합격점이었으나 기운이 쇠약해져서 걱정이 되었다. 나를 돌보아주던 간호장교가 "어느 학교 다녔습니까?"라고 묻기에 "양정 다녔습니다"라고 대답했더니 자기는 이화 다녔노라며 눈물을 흘렸다. 의용군으로 강제월북당한 모양이었다. 얼굴이 너무 예뻐 신천의 현숙이 생각이 나, 나도 눈물을 흘렸다. 이 무렵 휴전회담이 진전되었는지 전상(戰傷) 포로를 조기송환한다는 합의가 있어 심사가 시작되어 군의관 앞에 섰다. "이놈아 네놈이 무슨 환자냐?" 심사에서 보기 좋게 떨어졌다. 이렇게 되니 영변의 중앙병원에 더 머무를 필요가 없었다. 정식 포로수용소에 가 있어야 포로대접을 받을 수 있고 송환시에 낙오되지 않을 것이라고 생각하며 동지들을 규합하기 시작하였다. "우리들을 포로수용소로 보내주세요!" 내가 앞장서서 항의하고 건의한 결과 83명의 동지가 규합되어 바로 시중(始中) 포로수용소로 이송되었다.

시중(始中) 포로수용소

시중은 영변에서 북쪽으로 만포선이 지나가고 원래는 강계군에 속해 있던 지역으로 한·만 국경의 최북단 지역이다. 우리 국토 최북단에 포로들을 수용한 것은 장래 포로가 정치적 협상과정에서 유용하게 사용될 수 있기 때문에 안전하게 관리하기 위해서였던가보다. 포로들의 일상이란 정말 무위도식하는 삶이어서 무미건조하고 따분한 생활이었다. 다행이랄까? 내가 수용되었던 집은 60칸이나 되는 큰 집이었다. 지역 유지이고 부잣집이었던 듯 보존된 가구가 품위 있고 고가품이었고, 서가에 진열되어 있는 수백 권의 책은 아마도 집주인 아들이 일본에 유학한 지식인이 틀림없어 보였다. 재산가여서 공산당에 쫓겨났던지 자진 월남하여 대한민국 땅에 살고 있을지도 모를 일이었다. 손에 잡히는 대로 책을 읽었다 모파상의 《여자의 일생》을 비롯해서 수십 권을 읽었다. 연애소설을 읽을 때면 신천의 현숙이 생각이 나서 가슴이 답답하고 눈물이 났다. 이렇게 조용한 산골마을에 큰 사고가 발생하였다. B29 폭격기 1개 편대가 수십 톤의 폭탄을 투하해서 수용인원 600명 중 3분의 1 가량이 폭사한 사건이 발생하였다. 포로수용소에 대공표시로 POW(Prisoner of War, 전쟁포로) 표시를 하지 않았기 때문이었다. 우리는 생사가 걸린 문제라 즉시 엄중 항의하였다. 수용소 내에서 피비린내가 진동하고 선혈이 땅을 적셨다. 부상자들을 병동으로 옮기는 일과 시체 처리는 모두 포로들의 몫이었다. 여기까지 끌려와서 포로교환 날짜만 학수고대하던 많은 동료가 폭사했다. 자세한 신원파악도 못한 채 대충대충 땅을 파고 묻었다. 너무 힘들어서 항의할 힘도 없었고 모두가 넋나간 사람이 되어 남쪽 하늘만 쳐다보았다. 우리들의 불만이 쌓여 행동거지가 거칠어져서 감시병들의 언동도 거칠어졌다. 이런 정황을 파악한 중대장 대위가 "야! 이놈아 말조심하고 근신해라! 몸이 성해서 고향에 돌아가려면 명령에 순종해라!" 정신이 아찔했다. 아마도 휴전이 성사되고 포로를 송환하게 되면 당연히 심사해서 송환자를 결정한다는 것을 생각하니 대위의 말뜻을 알 수가 있었다. 송환 심사가 진행되면 신체 건강한 사람은 시베리아 노역장으로 보내고 인민군에 강제 입대시키고 나머지 병약자만 보낼 것이라고 생각하니 대위의 호통이 고마운 충고였다. 그날부터 밥을 조금 먹고 소금을 먹었다. 병약자가 되어 고향에 돌아가야 된다는 일념으로 근신하였다. 휴전협정이 체결되었다는 소식이 전해지자 우리 포로들은 뛸 듯이 기뻤다. 대한민국 만세! 하고 외치고 싶어도 꾹 참고 기다리자고 했다. 감시병들의 태도도 상당히 누그러졌다. 식사의 질도 약간 좋아졌다. 피골이 상접한 포로들을 단시일 내에 회복시킬 수는 없겠지만 너무 초라한 모습으로 송환하는 것이 부담을 주는 듯하였고 피복도 중공군 새 복장으로 갈아 입혔다. 1953년 7월 27일 휴전협정이 조인된 후, 영변수용소에 수용되었던 포로 400명은 무탈하게 기차에 실려 개성까지 내려왔다. 지난 1년 6개월을 상기하니 가슴이 벅찼고 눈물이 났다. 강원도 횡성에서 부터 평안북도 영변까지 걷고 또 걸었다. 굶주리고 동상에 걸리고 어떤 때는 강냉이 몇 알로 끼니를 때우면서 UN군 폭격의 위험도 잘 피하고 감시병들의 학대와 고문도 잘 견디어 냈다. 강원도 횡성에서 국토의 최북단까지 북진하였으나, 우리들은 총을 들지 못한 포로였다. 상세한 국제정세를 알 길이 없어 답답하기만 하였다. 드디어 1953년 8월 24일 대한민국의 품으로 돌아왔다. 고국 어머니의 품, 가슴이 벅차 눈물이 강물처럼 흘렀다. 강원도 홍천 태봉산 전투에서 1951년 2월 11일 중공군에게 포로가 된 지 1년 6개월 13일만이었다. 아! 내가 살아왔구나! 삶과 죽음의 갈림길에서 헤매던 북쪽 하늘에 눈길을 주니 거기 함께 오지 못하고 사고로 죽은 동료들의 모습과 현숙의 예쁜 얼굴 위로 이별이 서러워 울고 울어 눈이 퉁퉁 부었던 얼굴이 교차되어 떠오른다.

현숙! 아! 보고 싶구나!

그리운 현숙

열일곱 꽃같이 곱던 그대
꽃보다 더 곱던 그대의 마음
가슴 설레며 사랑했던 그날들
세월이 흘러도 그리운 그대
오늘도 북녘 하늘 눈길을 주니
꽃 같은 그대 모습 눈에 서리네!

6·25 동란 그 참혹한 민족상흔

3년 동안의 치열했던 전쟁은 끝났다. 제2차 세계대전이 끝난 이후 자유진영과 공산진영의 대립과 충돌이 한반도에서 터져 버렸다. 전쟁은 그 규모나 결과로 보아 우리 역사 이래 가장 큰 고난의 전란이었다.

그때 우리가 흘린 피의 대가(代價)는 무엇인가? 휴전 이후 64년이 지난 오늘날 6·25를 뒤돌아 볼 때, 그때 무엇이 잘못되었는지 되짚어 보며 현재 우리나라의 외교와 안보를 심각하게 고민해야 할 때라고 생각한다. 그 당시 미봉책으로 휴전협정한 것이 잘못이었는지, 그간 종북 정치인들의 과오가 더 컸는지도 따져보아야 할 것이다. 공산군의 불법 남침으로 인한 결과가 어떠했는지 되돌아본다.

6·25 피해 현황 통계

(출처 : 국가기록원–6·25 전쟁)

(1) 한국군 및 유엔군 인명 피해

단위 : 명

구분	계	전사	부상	실종/포로
계	776,360	178,569	555,022	42,769
한국군	621,479	137,899	450,742	32,838
유엔군	154,881	40,670	104,280	9,931

*출처 : 국방부 군사편찬연구소, 〈알아봅시다!〉 6·25 전쟁사(3권), 2005., p.144.

(2) 육·해·공군 전/사망·실종자·부상자 현황

단위 : 명

구분	계	육군	해군(해병포함)	공군
계	608,033	598,813	9,082	138
전/사망	137,899	135,858	1,903	138
실종자	19,392	19,392	71	–
부상자	450,742	443,634	7,108	–

*출처 : 국방군사연구소, 〈한국전쟁피해통계집〉, 1996., pp.33~34.

(3) 북한군 인명 피해

단위 : 명

출처문헌	총계	사망	실종/포로	비전투손실	비고
한국전란 4년지	607,396	508,797	98,599	–	–
군사정전위 편람	640,000	520,000	120,000	–	–
미군자료	801,000	522,000	102,000	177,000	사망에 부상 포함

*출처 : 국방군사연구소, 〈한국전쟁피해통계집〉, 1996., p.144.

(4) 한국 추정 중공군 인명 피해

단위 : 명

구분	계	전투손실	비전투손실
계	972,600	369,600	603,000
사망	148,600	135,600	13,000
부상	798,400	208,400	590,000
실종	3,900	3,900	–
포로	21,700	21,700	–

*출처 : 국방군사연구소, 〈한국전쟁피해통계집〉, 1996., p.145.

1) 부상(비전투손실)에는 질병에 의한 입원치료자(447만명)을 포함.

2) 미국의 자료(The US Military Experience in Korea 1871.~1982., James P. Finley, 1983., p.88)에 의하면, 총피해 123만여 명으로 26만여 명의 차이가 있음.

(5) 피난민 현황

구분	1951. 3. 현재(가)	1951. 5. 현재(나)	1953. 4. 현재(다)
계	6,514,582	5,758,435	2,611,328
서울	128,400	–	40,219
경기	1,729,516	1,661,312	804,030
충북	700,300	270,051	156,713
충남	760,477	802,572	275,932
전북	329,032	414,103	326,331
전남	523,125	577,737	156,929
경북	1,383,208	575,292	229,089
경남	558,496	521,414	440,415
강원	330,800	987,160	161,311
제주	71,228	148,794	20,359

*출처 : (가) 국방부, 〈한국전란 1년지〉, 1951., p.D35 (나) 국방부, 〈한국전란 1년지〉, 1951., p.D37 (다) 국방부, 〈한국전란 3년지〉, 1954., p.D6

(6) 인명 피해현황(1950. 6. 25~53. 7. 27)

구분	계	사망	학살	부상	납치	행불
총계	990,968	244,663	128,936	229,625	84,532	303,212
서울	129,908	29,628	8,800	34,680	20,738	36,062
경기	128,740	39,728	7,511	25,479	16,057	39,965
충북	70,003	24,320	3,409	12,658	6,312	23,304
충남	75,409	23,707	5,561	20,290	10,022	15,829
전북	91,861	40,462	14,216	15,364	7,210	14,609
전남	193,788	14,193	69,787	52,168	4,171	53,469
경북	97,851	35,485	6,609	21,061	7,584	27,112
경남	72,306	19,963	6,099	32,417	1,841	11,986
강원	130,777	17,122	6,825	15,483	10,528	80,819
제주	325	55	119	25	69	57

*출처 : 내무부 통계국, 〈대한민국 통계연감〉, 1955., pp.212~213.

오늘날 1950년 6월 25일 북한의 기습남침으로 인한 6·25 동란 당시보다 더 막중한 안보위기 상황에 처한 우리는 역사에서 무엇을 배우고 어떻게 대처해야 할지 걱정이 아닐 수 없다. 공산군과의 전투 전략상 국군 8사단 장병들이 미끼가 된 것을 원망하지는 않는다. 다만 돌아오지 못한 많은 국군포로가 생사조차 알 수 없을 뿐 아니라 억울하게 죽어간 동지들의 원혼이 북녘 땅에서, 시베리아 노역장에서 맴돌고 있다는 생각을 하면 너무 가슴이 아프다. 우리 귀환포로들은 그동안 대한민국의 품안에서 교육받고 가정을 꾸리고 생산현장에서 열심히 일해 대한민국이 세계 10위권의 경제대국으로 진입하는데 일익을 담당하였다는 성취감만으로도, 생사의 역경을 넘은 세월을 생각하며 감사할 따름이다. 그런데 최근의 우리 사회가 너무 변화한 것을 보면 가슴 아프다. 불의를 보고도 못본 척한다. 국민들의 가슴에 애국심이 없어져 버린 책임을 누구에게 물을 것인가? 답답한 심정이다. 애국심이 없다. 집단이기주의와 패거리정치가 판을 치고 있다. 정치지도자라는 사람들이 법치를 훼손하고 폭력을 유도하는 행동을 서슴지 않는다. 세계 4대 열강에 둘러싸인 엄정한 국제정치의 현실을 깨닫지 못하고 우물 안에서 싸우고 있다. 조지워싱턴 대학, 하버드 대학, 프린스턴 대학에서 대학교육을 받고 박사학위를 취득, 2차대전 전후의 국제정세를 꿰뚫어 본 이승만 박사 같은 이가 아쉽다.

고대인(高大人)의 민족술 막걸리 사랑

배홍섭(고려대학교 평생교육원, 약용식물학 교수)

선술집(대폿집)

목로주점 신윤복 그림.

고대인(高大人)의 민족술 막걸리 사랑

고대인의 막걸리 사랑은 고려대학교의 역사와 전통만큼 유명하다. 막걸리는 우리나라 역사와 식문화(食文化) 그리고 우리 민족의 심성(心性)에 근원을 두고 이해하여야 한다.

술이란 알코올 성분이 들어가 있어서 마시면 사람을 취하게 하는 음료를 총칭한다.

고대로부터 술에 관한 기록은 부여의 영고, 고구려의 동맹, 동예의 무천, 삼한의 시월제(十月祭) 등 제천의식 행사에서 술을 하늘에 올리고 모인 사람들이 술을 마시고 즐겼다. 추수감사제의 이런 행사에서 하늘에 감사하고 국가나 부족의 단합을 도모하였다.

막걸리는 우리나라 고유 술 중 하나이며, 농경사회에서 대표적인 술로 농민을 중심으로 사랑을 받아 농주(農酒)라고도 한다.

막걸리는 김치, 된장, 고추장 등과 함께 우리나라 전통 발효식품으로 국민의 건강을 지키는 데 큰 역할을 담당하였고, 최근에는 막걸리의 영양학적 연구에 힘입어 그 평가가 높아지고 있다.

술이란 무엇인가?

옛날에 노인을 봉양하고 제사를 받드는 데 필요한 음식이며, 기혈(氣血)을 순환시키고 정을 펴며 예(禮)를 행하는 데 필요한 것으로, 술을 마시니 근력이 생기고 묵은 병이 낫는다고 하여 권장하는 옛 기록도 있으나, 부정적인 면에서는 광약(狂藥)이라고도 불렸다.

이는 사람을 취하게 하여 정신을 흐리게 하기 때문이다. 사람에 따라서는 주정이 심하여 몸을 해치고, 가산을 탕진하기도 하고, 임금으로서 주색에 빠져 나라를 망치는 일도 있었기 때문에 '망신주', '망국주'라는 말이 생기기도 하였다.

우리나라 사람은 생활의 예의를 중히 여기는 민족이기에 비록 취하고자 마시더라도 심신을 흐트러뜨리게 하지 않고 어른께 공경의 예를 갖추고 남에게 추한 모습을 보이지 않는 것이 음주의 예절, 즉 주도(酒道)이다.

고대인(高大人)의 주도는 선배를 공경하고 후배를 사랑하며 동료애로 뭉치게 하는 전통에 바탕을 두었다.

주도에 어긋나는 음주는 사람의 품격을 떨어뜨리고 따라서 예찬할 수 없다. 고대인 100년 세월에 막걸리 사랑은 주도를 잘 지켰기에 자랑할 수 있다.

즉, 보전인(普專人)들의 막걸리 사랑은 큰 일을 하기 위해, 또 그 뜻을 더욱 굳게 하고, 그 정(情)을 깊게 하기 위해 마셨다.

1905년 보성전문학교 개교 이래 막걸리를 마실 기회가 많았다. 입학식 같은 즐거운 날에도 마시고, 비통한 날에도 마셨다. 나라가 망한 날에 술을 매우 많이 마셨고 나라의 독립을 위해 궐기할 때에도 마셨다.

보전인의 막걸리 사랑은 노래를 부르거나 합환주(合歡酒) 같은 목적이 아니었다. 나라를 걱정하는 구국(救國)의 일념으로 단결하기 위하여 마시고 행동하였다.

1905년경 술 종류는 쌀과 누룩을 원료로 빚은 막걸리와 청주 및 소주 등 두 가지 종류였다. 쌀과 누룩으로 빚은 발효된 술 밑에 용수를 박아 청주(약주)를 뜨고, 체를 받쳐놓고 물을 첨가하여 주물러

걸러내면 흐린 백색의 술을 얻게 된다. 이것이 막걸리다.

청주는 비싸고, 소주는 귀하고 값도 비쌌다.

학생들이나 민중들은 당연히 막걸리를 선택하지 않을 수 없었다. 맑은 술 청주를 마시느냐 아니면 대중적인 막걸리를 마시느냐의 선택에서 당연히 막걸리를 택하지 않을 수 없었던 것이다.

청주를 마시느냐 막걸리를 마시느냐 하는 술의 청(淸), 탁(濁) 구분은 신분사회를 구분하는 기준이 되기도 하였다.

막걸리를 탁주(濁酒)라고도 부르는데 탁(濁)은 흐리다는 뜻이니, 막걸리라 부르는 것이 좋겠다.

조선 시대 정치인이고 문인인 신흠(申欽)의 시조에서 애주가의 술 사랑을 느낄 수 있다.

"술이 몇 가지요 청주와 탁주로다.
다 먹고 취할지언정 청탁(淸濁)을 관계하랴.
달 밝고 풍청(風淸)한 밤이어서 아니깬들 어떠리."

젊은 고대인들의 기개를 드높이는 데에 막걸리가 큰 역할을 한 것은, 보성전문학교가 세워진 1905년부터 나라의 운명이 기울어지고, 마침내 한말의 최고 항일투사라고 할 수 있는 교주(校主) 이용익 선생이 해외로 망명하였다가 돌아가시고, 천도교 손병희 선생이 인수한 후 한 때 평온하였으나, 1919년 3·1독립만세운동 이후 천도교와 보성전문학교에 가해진 박해는 그야말로 가혹하고 피해 막심한 것이었다.

3월 1일 탑골공원에 모인 수천 명의 대중은 대부분이 학생이었고, 학생동원 총책을 맡은 강기덕 선배 활약은 눈부셨으며, 고대인들이

3·1독립만세운동 시위의 한 가운데에 있었다.

이어서 3월 5일 서울역에서 남대문까지의 만세행진은 실로 눈부신 전투장면이었다.

보전(普專)에서 헌법학, 국제공법을 강의하던 신익희 교수의 지시로 보전 대표 강기덕과 연전(延專) 대표 김원벽, 경성의전 대표 한창환이 이끄는 5000여 명의 시위대는 결사적으로 만세를 부르며 투쟁하였다.

이러한 투쟁의 거사 전이나 거사 이후에 막걸리가 빠질 수 없었다.

김성수 선생이 보전을 인수한 이후에도 일제의 억압은 더욱 심해졌으며, 교수와 학생 모두 숨을 죽이고 살 수밖에 없었다.

일제 말기 극심해진 억압과 최후의 발악에 식민지 보전인들은 더욱 독립 의지를 불태우고 있었으며, 당시 독일 철학을 강의하던 안호상 교수는 '젊은이들이 해야 할 유일한 일은 독립운동'이라고 설파하였다.

보전 학생들은 민족의 장래를 책임질 인재들로서 고난과 형극의 길을 걸으며 막걸리를 즐겨 마셨다. 즐거울 때보다 화가 치미는 때가 많은지라 한 잔, 두 잔에 만족하지 않고 통음(痛飮)을 하였다. 술을 많이 마신다고 해결될 일이 아니지만, 마시고 또 마셨다.

일제 말기, 전시 식량사정도 어렵고 관청의 단속이 심한 시절에도, 어머니들은 몰래 술을 빚어 아들들에게 주었다. 모정(母情)의 막걸리는 젊은이들에게 용기를 북돋아 주었다.

술은 혼자 마시는 것보다 여럿이 모여 어울려 마실 때가 그 맛도 좋거니와, 취흥으로 고조된 나라사랑과 모교사랑 정신이 승화되어 그 목적을 이루기가 좋았다.

이렇게 막걸리 사랑의 정신이 면면이 이어져 내려왔는데, 요즈음은 양조 기술의 발달과 소득의 향상으로 술에 대한 취향도 다양해지고 고급화되었음에도, 여전히 고대인이 모이는 곳에는 막걸리가 사랑을 받고 있다.

술을 마실 때에 주도(酒道)와 술에 대한 지식을 갖추고 마시면 더욱 좋을 것이다.

고려시대 원나라에서 들어온 소주는 논외로 하고, 약주와 막걸리에 관해서 고찰해 보겠다.

문헌상으로는 삼국시대부터 술 빚는 기록이 보인다. 원료는 쌀, 보리 등 곡식에 누룩을 섞어 빚는다.

곡식은 기호와 경제력에 따라 선택하면 되지만, 누룩은 정성을 다해야 한다. 누룩은 복중에 만들기 때문에 단단하게 잘 밟아야 한다. 강하게 밟아 좋은 누룩을 만들면 술 맛이 좋고, 살살 밟아서 정성이 들어가지 않은 누룩이 빚은 술은 산패하여 신맛이 난다.

술의 원료로 물이 중요한 것은 물론이다.

우리 국토는 금수강산이라 불릴 정도로 어느 지방을 둘러보아도 물이 좋아 심산유곡이나 강물, 심지어 들판을 가로지르는 냇물로도 좋은 술을 얻을 수 있다.

예부터 우리 선조들은 집에서 술을 담가 먹었다. 가정마다 주부들이 전수되어 오는 제조법으로 뛰어난 막걸리를 만들어 먹었다.

그러면 어디에서 술을 마셨을까?

시골길과 서울 변두리길 길목에는 주막(酒幕)이 있어, 입구 좌판에 쇠머리 고기나 돼지족발 삶은 것 등을 놓고 부뚜막에 주모(酒母)가 앉아 있다가 손님이 오면 술을 부어 주었다.

겨울철에는 추위를 이겨내려고 찬 기운을 없앨 정도로 조금 데워서 술을 마시기도 하였다.

초막의 허름한 주막(酒幕)이라도 주흥(酒興)은 시를 낳게 한다.

"어디든지 멀찌감치 통한다는
길옆 주막
그 수없이 입술이 닿은
이 빠진 낡은 사발에
나도 입술을 댄다.
흡사 정처럼 돌아오는
막걸리 맛."

김용호의 시 〈주막에서〉

다음은 목로술집이다.

한말에 목로술집은 큰 길가에도 있었지만, 주로 뒷골목에 많았다.

목로(木爐)란 길고 좋은 목판의 탁자상이다. 목로술집을 선술집이라고도 한다. 백잔을 마셔도 서서 마시고 앉을 수가 없었다.

그리고 목로술집을 사발 막걸리집, 대폿집이라고도 불렀다.

일제강점기 일제의 만주 침략으로 우리 청년들의 활동 범위도 넓어지고 세상 문물의 변화 발전과 시대의 변화에 따라 술 문화도 많이 변했고 술의 종류도 고급화되고 다양화되었다.

보전 수송동 시대 고대인의 막걸리 사랑과 취향은 다양하였으리라. 학교가 서울 장안 한복판에 있었기 때문에 인근엔 다양한 술집이 있었다. 목로집 주막에서부터 색주가까지 가까운 거리에 있으니 각자 호주머니 사정에 따라 마셨다. 지방 부호의 아들에서부터 경제 형편이 어려운 학생 그리고 30이 넘는 학생과 20대 초반의 학생이 섞여 있었고 그 사연도 다양하였으나, 술 취향은 단연 막걸리였다.

1934년 9월 28일 안암동으로 학교가 이전한 후로는 환경이 확 바뀌었다. 안암동 본관 앞 제기동 넓은 들에는 집이 몇 채 없었고, 논과 밭 가운데 급조된 상가 몇 채에 주막과 목로주점이 들어섰다.

학생 수에 비해 주점이 적었으므로 장사가 잘 되었다.

좁은 제기동 마을 좁은 주점에서 어울려 막걸리를 마시다 보니 서로 교제하기가 좋았다. 각 도(道)별로 학과별로 운동선수들은 팀별로 막걸리 잔을 높이 들었다.

노래가 나오고 응원가도 부르고 애국심이 발동되면 다같이 아리랑을 합창함으로써 식민지 청년들의 울분을 삭였다.

안암동 교사로 옮긴 후 한참 동안은 술 마시는 분위기가 좋았지만, 1938년부터 일본어 강의 수업을 강제로 하고 조선어 강의를 폐지하였다. 고대생들은 울분을 달래기 위해 대폿집에 가서 막걸리를 마셨다.

1944년 4월, 경성척식경제전문학교로 교명을 변경하였다. 1940년의 창씨개명에 이은 만행이었다. 일제는 전황이 불리해지자, 2학년 학생은 부평의 조병창에 강제 동원하고, 1학년 학생은 배속장교의 구령에 맞추어 교련 수업을 하는 처지가 되었다.

울화가 치밀어 막걸리를 마시고 싶으나 술이 없다. 전시라 식량 사정이 어려워 술 빚을 쌀이 없다. 주점 주인이 가끔 어렵사리 밀주(密酒)를 구해오니 양이 많지도 않고 값이 비싸져서 마음 놓고 마실 수가 없었다.

1945년 8.15 광복 후에도 식량 사정이 좋지 않아 술 빚기가 쉽지 않았다. 양조장의 술도 주질이 낮아 맛이 없으니, 밀주를 찾았지만 질 좋은 막걸리를 구하기가 어려웠다.

한동안 쌀 절약을 위해 밀가루로 술을 빚게도 했으나, 주질(酒質)

이 좋을 리 없었다. 무더운 여름철에 술이 산패(酸敗)하면 위장장애를 일으켰다.

이제는 쌀이 넉넉하여 질 좋은 우리 쌀로 마음 놓고 술을 담가 먹을 수가 있다. 집집마다 주점마다 냉장시설이 완비되었으니, 언제 어디서나 질 좋은 막걸리를 마실 수 있다.

각 지방마다 지역의 특성 있는 막걸리를 만들고 있다. 쌀과 누룩으로만 빚던 단순한 막걸리에서 쑥, 잣, 울금, 메밀 등 지역의 특산물을 이용한 다양한 막걸리가 생산되고 있다.

건강에 좋은 산야초와 과일 등의 막걸리는 마시기에도 좋을 뿐 아니라 몸에도 좋으니 일거삼득의 역할을 한다. 또한 막걸리는 알코올 도수가 낮아서 쉽게 취하지 않는 장점도 있다.

고대인들은 막걸리에 철학이 있는 것을 알고 마셨다.

선인(先人)들이 가르쳐주기를,

막걸리에는 오덕(五德)과 삼반(三反)이 있으니, 주도(酒道)의 기본 상식이다.

막걸리 오덕(五德)은

일덕(一德) : 취하되 인사불성일 만큼 취하지 않는 것

이덕(二德) : 새참에 마시면 요기가 되는 것

삼덕(三德) : 힘이 빠졌을 때 기운을 돋우는 것

사덕(四德) : 안 되던 일도 마시고 넌지시 웃으면 되는 것

오덕(五德) : 더불어 마시면 응어리가 풀리는 것

막걸리 삼반(三反)은

일반(一反) : 반유한(反有閑) : 놀고 먹는 사람이 막걸리를 마시면 속이 끓고 트림이 나며 숙취를 부르니, 일하고 막걸리를 마시면 소화흡수가 잘되고 기분이 상쾌해지므로 근로지향적이라 한다.

이반(二反) : 반귀족(反貴族) : 서민으로 살다가 임금이 된 철종이 궁안의 미주(美酒)를 마다하고 토방에서 멍석 옷 입힌 오지 항아리에서 빚은 막걸리만을 찾아 마셨던 것처럼 반귀족적이고 서민 지향이다.

삼반(三反) : 반계급(反階級) : 민관군이 참여하는 제사나 대사 때 합심주로 막걸리를 돌려 마셨으니, 평등 지향의 반계급적이다.

고대인의 막걸리 사랑에는 이런 선견지명이 있었음이 입증되었다.

최근 막걸리에 관한 연구가 활발히 이루어져 영양학적으로 우수한 식품인 것이 인정되었다. 즉, 막걸리에는 각종 아미노산, 유기산, 비타민이 함유되어 있어 피로 완화, 피부미용, 간기능 개선, 콜레스테롤 저하, 활성산소 제거, 암세포 성장저지 효과 등 여러가지 효능이 있는 웰빙 식품으로서의 가치가 높아졌다.

고대인들의 막걸리 사랑 행사는 시대에 따라 달리 행해졌다.

1950년대에는 운동장에서 신입생 환영회를 열고, 양동이에 술을 날라와 빵 한 개와 막걸리 한 잔으로 행사가 열렸으나 양이 너무 적어 입맛만 다시고 말았다.

요즈음은 막걸리도 넉넉하고 술 문화도 많이 변하였다. 입학 후 과별로 **'사발식'**을 행하는데 먼저 **"저는 드디어 안암골 아기호랑이가 되었습니다"**라는 고백으로 시작하고 대접에 여학생은 1병, 남학생은 $1\frac{1}{2}$을 마시게 한다. 수년전 과음으로 좋지 않은 모양의 사고가 일어난 뒤로 요즈음은 주량껏 마시게 하고 있어 새끼 호랑이의 포효하는 모습이 사라질까 걱정이다.

조상의 슬기로 빚어지고 고대인의 사랑으로 100여 년간 이어 내려온 전통 막걸리는, 균형 잡힌 식생활과 함께 적당량을 마시면, 국민들이 모두 무병장수하고 삶의 질을 높여준다 할 수 있다.

高大 3·3동지회 이념과 역사

高大 3·3 同志會 理念

國家至上　民族至上　民主至上 → (3上)

精神一到　團結一致　信義一位 → (3一)

自主獨立　自由統一　自我完成 → (3自)

高大 3·3 同志會 行動哲學

高 人　　　　　　　　　　　　精 理

3上　上到立　사랑實踐

大 間　　　　　　　　　　　　神 想

3一　上致一　慈悲行化

精 志　　　　　　　　　　　　文 世

3自　上位成　弘益人間

神 會　　　　　　　　　　　　明 界

고려대학교 3·3동지회 발기문

사랑하는 동지여!

나라가 우리를 부른다.
민족이 우리를 찾는다.
조국 위해 산화한 영령들이 우리를 채찍질한다.
고대 정신이 우리를 일깨운다.

동지여!

우리는 누구여야 하는가?
우리는 분명 동지여야 한다.
우리는 분명 고대 정신으로 뭉쳐야 한다.
우리는 인간지회 철학으로 삶의 본질을 깨달아야 한다.
우리는 각자의 삶을 성공시키고 그렇게 해서 뭉친 힘으로 민족의 장래에 횃불을 밝혀야 한다.
홍익인간의 사상을 이 땅에 실현시켜야 한다.
더불어 살고 굳게 뭉쳐서 구국의 결단으로 행동을 통일해야 한다.

동지여!

마음을 열면 모두가 하나가 된다.
가슴과 가슴의 문을 활짝 열고 뜨거운 정열을 불태우자.
자유 · 정의 · 진리를 위해
사랑하는 조국을 위해
민족의 장래를 위해

동지여!

우리 서로 다가서자.
우리 서로 용서하자.
우리 서로 힘을 모으자.
그 힘으로 나라를 구하자.
통일을 이루자.
천지인이 하나 되는 세상을 만들자.

1998 . 3 . 3
고 려 대 학 교 3·3동 지 회
발 기 인 박 종 기 외 50명
대 표 박 종 기

고려대학교 3·3동지회 역대 회장

(창립일자 1998. 03. 03)

회수	재임기간	회장	감사	수석 부회장	총무 부회장
1	98. 3~00. 2	김영표	김광성 김태욱	정옥란	김용호
2	00. 3~02. 2	박종기	이현성 조금성	주치호	설정경
3	02. 3~04. 2	박종기	이현성 조금성	이상진	김용호
4	04. 3~06. 2	서석중	반일석 변무현	곽광택	김화겸
5	06. 3~08. 2	곽광택	장동욱 배유현	윤상준	김용호
6	08. 3~10. 2	한신석	곽광택 장동욱	김장곤	조관연
7	10. 3~12. 2	이현성	이상진 김장곤	조금성	김용호
8	12. 3~14. 3	김형업	이상진 김장곤	조금성	장동욱
9	14. 3~16. 2	조금성	장동욱 배유현	윤상준	김화겸
10	16. 3~18. 2	김현석	김관치 장동욱	김병은	김화겸

이 책을 엮어내면서

아득한 옛날 우랄알타이산맥을 넘은 한무리들이 찬란한 햇빛을 바라보며 동으로 동으로 나아갔다. 중원(中原)에서 한족(漢族)과의 마찰과 투쟁을 겪으면서도 밝은 태양이 떠오르는 곳으로 발걸음을 옮겼다.

드디어 백두산을 중심으로 요동(遼東)과 요서(遼西) 만주 한반도에 터를 잡은 우리 민족은 5000여 년 전 단군왕검께서 나라를 세우셨으니 고요한 아침의 나라 조선(朝鮮)이다. 홍익인간과 이화세계의 이념으로 세운 조선은 오로지 8조법으로 나라를 평화롭게 다스리는 예의의 나라 군자의 나라였다.

고구려, 백제, 신라가 정립했던 삼국 시대에는 고구려의 용맹스러운 무사집단 조의선인(皁衣仙人) 백제의 싸울아비 신라의 화랑 등이 있었다.

평화를 지향하는 군자의 나라이면서도 한편으로는 용감한 무사정신을 기리었고 삼국 시대를 지나 발해(대진국)시대까지만 해도 대륙을 호령하며 해동성국(海東盛國)이란 칭송을 받던 우리 민족이 고려 조선 시대에 들어오며 불교 유교 사상으로 정치발전에 힘쓰고 문화융성에 힘썼으나 차츰 웅휘(雄揮)했던 고대의 상무(尙武)정신이 사라졌다. 이로 인하여 주변국의 끊임없는 외침을 받으면서도 위정자들은 경성(警醒)할 줄 몰랐다.

서양과 일본 제국주의 세력이 동양평화를 위협해 나라의 존망이 경각에 달렸을 때에도 시대의 변화에 대처하지 못하고 우왕좌왕 어정어정하다가 급기야 1905년 을사늑약을 시작으로 1910년 경술국치(庚戌國恥)를 당하였다.

단군조선 이래의 민족정신인 상무정신이 사라지고 모화사상(慕華思想)의 노예가 되어 급기야 왜적에게 나라를 빼앗기고 말았다.

이때에 대한제국 최고의 항일투사 이용익 선생이 보성전문학교를 세우셨으니 '광건학교' 교육이 구국의 길이었다. 일제의 극심한 탄압과 국내외의 정치적 혼란기에 고종의 밀명을 받고 비밀리에 상해를 거쳐 프랑스, 러시아로 가서 을사늑약의 불법 억울함을 호소하고 대한제국을 지키려던 이용익 선생은 괴한의 저격을 받고도 블라디보스토크에 가서 헤이그에서 열릴 예정인 만국평화회의 대표단 고종의 밀사 이상설, 이준, 이위종의 활동을 준비 지원하다가 분사순국(憤死殉國)하셨다.

손자 이종호가 할아버지의 유지를 받들어 열심히 경영하였으나 많은 은행예금이 일제에 강탈당하고 경술국치 이후 러시아로 망명하니 보성전문학교는 극심한 운영난에 빠지고 말았다.

이 때에 300만 시천주사상의 천도교 지도자 손병희 선생이 폐교위기의 민족사학 보성전문학교를 인수하여 지키고 발전시켰다.

손병희 선생은 빼앗긴 나라를 되찾기 위해 기미년 3월 1일 독립만세운동의 최고 지도자로 항일투쟁의 선봉에 섰다가 일제의 고문으로 타살순국(打殺殉國)하신다. 1919년 기미독립만세운동의 중심에는 보성전문학교가 있었다. 교주 손병희 선생과 많은 교직원들이 구속수감되고 교장 윤익선도 해외로 망명하게 된다. 당시 법과 3학년이던 강기덕(姜基德) 선배는 3월 1일 탑골공원에서의 시위와 3월 5일 서울역 앞 남대문에서 격렬시위의 총지도자로 3·1독립만세운동을 성공적으로 이끌었다. 이로 인해 많은 보성인이 체포 구금되어 학교는 텅비어 경영난에 빠졌다.

이 위기에 토지자본이 교육에 투자된 모범사례가 김성수 선생에 의해 이루어졌다. 김성수 선생은 이미 중앙학교를 인수하여 성공적으로 운영하고 있었으며, 민족산업 경방(京紡)을 설립하여 물산장려운동에 힘쓰고 이어서 동아일보(東亞日報)를 창간하여 언론과 계몽운동으로 민족혼을 일깨우는 언론인이고 교육자요 경세가(經世家, 警世家)였다.

3·1독립만세운동의 준비과정에서 중앙학교 숙직실에서 송진우, 현상윤, 최남선 등과 모의, 천도교측과 기독교측을 연결하는 중책을 수행하면서 거액을 자금을 지원하여 3·1독립만세운동을 성공적으로 이끄는데 큰 공을 세운 지혜로운 김성수 선생이 보전을 인수한 후, 안암골에 본관과 도서관을 건립함으로써 비로소 대학의 위용을 갖추고 명실상부한 사학의 선구자로 일취월장하였다.

일제 총독부의 억압과 회유에도 굴하지 않고 은인자중하며 지혜롭게 처신하였다. 김성수 선생 특유의 지혜, 인내, 뚝심을 겸비한 외유내강의 자세로 파란만장한 세월을 잘 견디고 보성전문학교를 지켰다.

1945년 8월 15일 광복 후 신탁통치와 소련의 적화 야욕을 막고 UN 감시하에 선거가능한 남한에서만이라도 대한민국을 세우는데 김성수 선생과 고려대학교는 분연히 앞장서서 큰 역할을 담당하였다. 좌우의 극렬한 투쟁과 6·25동란의 와중에서도 고대인들은 자유민주주의 대한민국을 잘 지켜냈다.

총장 유진오는 대한민국헌법을 기초하여 건국에 크게 기여하였다.

4·19의거로 4·19민주혁명을 선도하고 6월 항쟁으로 민주혁명을 완수하는데 고대인들이 중심에 있었다.

2017년 우리 고려대학교는 QS세계대학평가에서 90위로 평가받았다. 고대인도 30만의 대가족이 되었다. 10위권의 경제강국으로 성장한 대한민국의 오늘의 현실은 역사상 어느 때보다도 위험에 처해 있다.

미국과 중국의 패권 경쟁, 세계 4대 강국의 틈바구니에서 정치군사적으로 위협받고 있을 뿐 아니라 핵무장으로 적화통일하겠다는 호전적인 북한 정치집단과 대치하는 최악의 위기에 놓여 있는 상황임에도 우리 국민들은 변하지 않고 있다.

작년 2016년 광복절 행사로 〈대한민국과 고려대학교〉라는 주제로 석학들을 모시고 강연회를 열었다. 회원들은 공부하는 마음으로 이용익 선생, 손병희 선생, 김성수 선생 세 분의 업적을 재조명하는 글을 썼다. 그 세분의 업적을 요약하였으니 방대한 자료를 읽을 수 없는 현실에서 조금은 도움이 되리라 믿는다.

2016년 광복절 행사 강연내용을 보충보완하여 《안암골 호랑이 : 대한민국과 고려대학교》라는 이름으로 발간하게 되니 기쁘고 두렵기도 하다.

현재 우리나라가 경술국치 때나 6·25동란 때 보다도 더 위험한 처지에 놓여 있는 상황임을 생각하면 자유(自由)·정의(正義)·진리(眞理)의 정신과 지성(知性)과 야성(野性)의 30만 안암골 호랑이의 행동하는 애국심, 애교심이 더욱 요망되는 때이다.

홍일식 전 총장님, 이기수 전 총장님, 이학수 교우회장님의 도움과 배려가 있었기에 가능한 일이었다.

부족하고 미비하지만 고려대학교를 사랑하는 고대인들과 대한민국을 사랑하는 애국시민들의 지도편달을 바란다.

2017년 11월 20일

고려대학교 3·3동지회 회장 김현석

대한민국과 고려대학교

안암골 호랑이

초판 발행/2017. 12. 1

엮은이 고려대학교 3·3동지회 회장 김현석

발행인 고정일

발행처 동서문화사

창업 1956. 12. 12. 등록 16-3799

서울 중구 다산로 12길 6(신당동 4층)

☎ 546-0331~6 Fax. 545-0331

www.dongsuhbook.com

*

잘못 만들어진 책은 바꾸어 드립니다.

*

사업자등록번호 211-87-75330

ISBN 978-89-497-1648-0 03810